¡Ven conmigo!

HOLT SPANISH

LEVEL 1

HOLT, RINEHART AND WINSTON

A Harcourt Classroom Education Company

Austin · New York · Orlando · Atlanta · San Francisco · Boston · Dallas · Toronto · London

ASSOCIATE DIRECTOR
Barbara Kristof

SENIOR EDITORS
Lynda Cortez
Janet Welsh Crossley
Jean Miller
Beatriz Malo Pojman
Paul Provence
Douglas Ward

MANAGING EDITOR
Chris Hiltenbrand

EDITORIAL STAFF
Hubert Bays
Nancy Bundy
Jeff Cole
Milagros Escamilla
Catherine Gavin
Martha Lashbrook
Zahydée Minnick
Carmen de la Morena
Jorge Muñoz
Todd Phillips
Brent Turnipseed
Todd Wolf
J. Elisabeth Wright

Mark Eells, *Editorial Coordinator*

EDITORIAL PERMISSIONS
Ann B. Farrar, *Senior Permissions Editor*
Yuri Muñoz, *Interpreter-Translator*

ART, DESIGN, & PHOTO

BOOK DESIGN
Richard Metzger,
   Design Director
Marta L. Kimball,
   Design Manager
Mary Wages, *Senior Designer*
Andrew Lankes
Alicia Sullivan
Ruth Limon

IMAGE SERVICES
Joe London, Director
Jeannie Taylor, *Photo Research Supervisor*
Diana Suthard

Michelle Rumpf,
   Art Buyer Supervisor
Coco Weir

DESIGN NEW MEDIA
Susan Michael, *Design Director*
Amy Shank, *Design Manager*
Kimberly Cammerata,
   Design Manager
Czeslaw Sornat,
   Senior Designer
Grant Davidson

MEDIA DESIGN
Curtis Riker, *Design Director*
Richard Chavez

GRAPHIC SERVICES
Kristen Darby, *Manager*
Linda Wilbourn
Jane Dixon
Dean Hsieh

COVER DESIGN
Richard Metzger,
   Design Director
Candace Moore,
   Senior Designer

PRODUCTION
Amber McCormick, *Production Supervisor*
Diana Rodriguez, *Production Coordinator*

MANUFACTURING
Shirley Cantrell, *Supervisor, Inventory & Manufacturing*
Deborah Wisdom, *Senior Inventory Analyst*

NEW MEDIA
Jessica Bega, *Senior Project Manager*
Elizabeth Kline, *Senior Project Manager*

VIDEO PRODUCTION
Video materials produced by
Edge Productions, Inc.,
Aiken, S.C.

COVER PHOTOGRAPHY CREDITS

FRONT COVER: Robert Frerck/Odyssey/Chicago; (teens) Steve Ewert Photography.

BACK COVER: Robert Frerck/Odyssey/Chicago

Acknowledgments appear on page R45, which is an extension of the copyright page.

AUTHORS

Nancy A. Humbach
Miami University
Oxford, OH
Ms. Humbach collaborated in the development of the scope and sequence and video material, and created activities and culture features.

Dr. Oscar Ozete
University of Southern Indiana
Evansville, Indiana
Dr. Ozete collaborated in the development of the scope and sequence, reviewed all Pupil's Edition material, and wrote grammar explanations.

CONTRIBUTING WRITERS

Dr. Charles J. Bruno
Dr. Bruno wrote video materials.

Michael A. García
The University of Texas at Austin
Mr. García wrote the Location Openers.

Jean Rowe Miller
The University of Texas at Austin
Ms. Miller wrote the **Sugerencias.**

Susan Peterson
The Ohio State University
Columbus, OH
Mrs. Peterson selected realia for readings and developed reading activities.

The following people researched and wrote culture features:

Dolores Brown
Tucson, AZ

Mariana Colten
Frankfort, KY

Lisa Contreras
Lexington, KY

Melinda Gale
Portland, OR

Mary Maggi
Austin, TX

Jaime Ugaz
Austin, TX

CONSULTANTS

John DeMado
John DeMado Language Seminars, Inc.
Washington, CT

Dr. Ingeborg R. McCoy
Southwest Texas State University
San Marcos, TX

Jo Anne S. Wilson
J. Wilson Associates
Glen Arbor, MI

REVIEWERS

These educators reviewed one or more chapters of the Pupil's Edition.

Dr. Edward David Allen
The Ohio State University
Columbus, OH

Dr. Marjorie E. Artzer
Northern Kentucky University
Highland Heights, KY

Rocío Barajas
Native speaker reviewer
Mexico City, Mexico

Daniel J. Bender
Adlai Stevenson High School
Lincolnshire, IL

O. Lynn Bolton
Nathan Hale High School
West Allis, WI

Juanita Carfora
Central Regional High School
Bayville, NJ

Lolita Carfora
Central Regional High School
Bayville, NJ

Dr. June Carter
The University of Texas at Austin

Renato Cervantes
Pacific High School
San Bernardino, CA

Lucila Dorsett
Native speaker reviewer
Austin, TX

Myrtress G. Eddleman
Retired. Carver High School
Birmingham, AL

Rubén Garza
ESC XIII
Austin, TX

Dr. Gail Guntermann
Arizona State University
Tempe, AZ

Joseph N. Harris
Poudre School District
Fort Collins, CO

Dr. Audrey L. Heining-Boynton
The University of North Carolina
Chapel Hill, NC

Stephen L. Levy
Roslyn Public Schools
Roslyn, NY

Marcela Malo
Native speaker reviewer
Cuenca, Ecuador

Carmen Reyes
Jonesboro High School
Jonesboro, GA

Dr. Yolanda Russinovich Solé
The University of Texas at Austin

Elena Steele
Foreign Language Specialist
Clark County School District
Las Vegas, NV

Cristina Suárez
Native speaker reviewer
Madrid, Spain

Carol A. Villalobos
Hazelwood Central High School
St. Louis, MO

FIELD TEST PARTICIPANTS

We express our appreciation to the teachers and students who participated in the field test. Their comments were instrumental in the development of this program.

Bill Braden
South Junior High School
Boise, ID

Paula Critchlow
Indian Hills Middle School
Sandy, UT

Frances Cutter
Convent of the Visitation School
St. Paul, MN

Carlos Fernández
Sandy Creek High School
Tyrone, GA

Jan Holland
Lovejoy High School
Lovejoy, GA

Gloria Holmstrom
Emerson Junior High School
Yonkers, NY

K. A. Lagana
Ponus Ridge Middle School
Norwalk, CT

Michelle Mistric
Iowa High School
Iowa, LA

Rubén Moreno
Aycock Middle School
Greensboro, NC

Fred Pratt
San Marcos High School
San Marcos, TX

Regina Salvi
Museum Junior High School
Yonkers, NY

Lorraine Walsh
Lincoln Southeast High School
Lincoln, NE

FIELD TEST REVIEWERS

Maureen Fischer
Marian Catholic High School
Chicago Heights, IL

Nancy Holmes
Marian Catholic High School
Chicago Heights, IL

iii

TO THE STUDENT

Some people have the opportunity to learn a new language by living in another country. Most of us, however, begin learning another language and getting acquainted with a foreign culture in a classroom with the help of a teacher, classmates, and a textbook. To use your book effectively, you need to know how it works.

¡Ven conmigo! *(Come along!)* is organized to help you learn Spanish and become familiar with the cultures of people who speak Spanish. The Preliminary Chapter presents basic concepts in Spanish and strategies for learning a new language. This chapter is followed by six Location Openers and twelve chapters.

Location Opener Six four-page photo essays called Location Openers introduce different Spanish-speaking places. You can also see these locations on video, the *CD-ROM Tutor*, and the *DVD Tutor*.

Chapter Opener The Chapter Opener pages tell you the chapter theme and goals.

De antemano *(Getting started)* This illustrated story, which is also on video, shows you Spanish-speaking people in real-life situations, using the language you'll learn in the chapter.

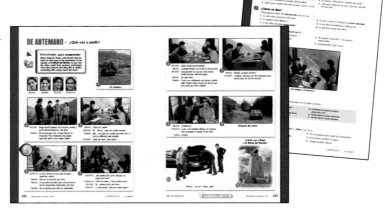

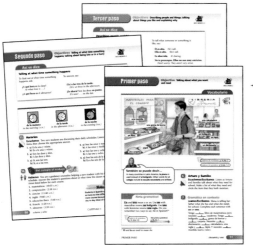

Primer, Segundo, and **Tercer paso** *(First, Second, and Third part)* After **De antemano,** the chapter is divided into three sections called **pasos.** Within the **paso** are **Así se dice** *(Here's how you say it)* boxes that contain the Spanish expressions you'll need to communicate and **Vocabulario** and **Gramática/ Nota gramatical** boxes that give you the Spanish words and grammatical structures you'll need to know. Activities in each **paso** enable you to develop your skills in listening, reading, speaking, and writing.

Panorama cultural *(Cultural panorama)* On this page are interviews with Spanish-speaking people from around the world. You can watch these interviews on video or listen to them on audio CD. You can also watch them using the *CD-ROM Tutor* and the *DVD Tutor*, then check to see how well you understood by answering some questions about what the people say.

Encuentro cultural *(Cultural encounter)* This section, found in six of the chapters, gives you a firsthand encounter with some aspect of a Spanish-speaking culture.

Nota cultural *(Culture note)* In each chapter, there are notes with more information about the cultures of Spanish-speaking people.

Vamos a leer *(Let's read)* The reading section follows the three **pasos.** The selections are related to the chapter themes and will help you develop your reading skills in Spanish.

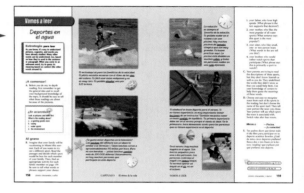

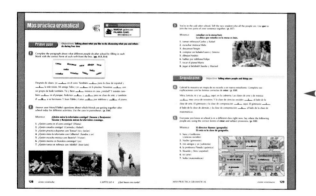

Más práctica gramatical *(Additional grammar practice)* This section begins the chapter review. You will find four pages of activities that provide additional practice with the grammar concepts you learned in the chapter.

Repaso *(Review)* The activities on these pages practice what you've learned in the chapter and help you improve your listening, reading, and communication skills. You'll also review what you've learned about culture. A section called **Vamos a escribir** *(Let's write)* in Chapters 3–12 will develop your writing skills.

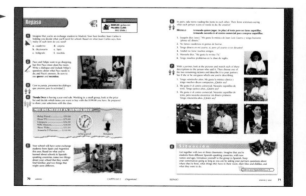

A ver si puedo... *(Let's see if I can . . .)* This page at the end of each chapter contains a series of questions and short activities to help you see if you've achieved the chapter goals.

Vocabulario *(Vocabulary)* In the Spanish-English vocabulary list on the last page of the chapter, the words are grouped by **paso.** These words and expressions will be on the quizzes and tests.

v

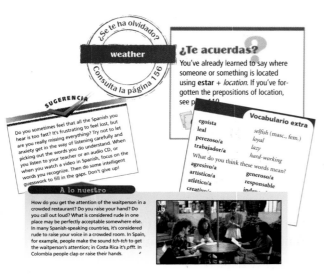

¿Se te ha olvidado?

weather

Consulta la página 156

SUGERENCIA

Do you sometimes feel that all the Spanish you hear is too fast? It's frustrating to feel lost, but are you really missing everything? Try not to let anxiety get in the way of listening carefully and picking out the words you do understand. When you listen to your teacher or an audio CD, or when you watch a video in Spanish, focus on the words you recognize. Then do some intelligent guesswork to fill in the gaps. Don't give up!

A lo nuestro

How do you get the attention of the waitperson in a crowded restaurant? Do you raise your hand? Do you call out loud? What is considered rude in one place may be perfectly acceptable somewhere else. In many Spanish-speaking countries, it's considered rude to raise your voice in a crowded room. In Spain, for example, people make the sound *tch-tch* to get the waitperson's attention; in Costa Rica it's *pfft*. In Colombia people clap or raise their hands.

¿Te acuerdas?

You've already learned to say where someone or something is located using **estar** + *location*. If you've forgotten the prepositions of location, see p. 110.

Vocabulario extra

egoísta	selfish (masc., fem.)
leal	loyal
perezoso/a	lazy
trabajador/a	hard-working

What do you think these words mean?

agresivo/a
artístico/a — generoso/a
atlético/a — responsable
creativo/a — inde...

You'll also find special features in each chapter that provide extra tips and reminders.

Sugerencia *(Suggestion)* offers study hints to help you succeed in a foreign language class.

¿Te acuerdas? *(Do you remember?)* and **¿Se te ha olvidado?** *(Have you forgotten?)* remind you of expressions, grammar, and vocabulary you may have forgotten.

A lo nuestro *(Our way)* gives you additional expressions to add more color to your speech.

Vocabulario extra *(Extra vocabulary)* lists extra words you might find helpful. These words will not appear on the quizzes and tests unless your teacher chooses to include them.

You'll also find Spanish-English and English-Spanish vocabulary lists at the end of the book. The words you'll need to know for the quizzes and tests are in boldface type.

At the end of your book, you'll find more helpful material, such as:
- a summary of the expressions you'll learn in the **Así se dice** boxes
- a summary of the grammar you'll study
- additional vocabulary words you might want to use
- a grammar index to help you find where structures are presented.

¡Ven conmigo! Come along on an exciting trip to new cultures and a new language!

¡Buen viaje!

Explanation of icons in ¡Ven conmigo!

Throughout ¡Ven conmigo!, you'll see these symbols, or icons, next to activities and presentations. The following key will help you understand them.

Video/DVD Whenever this icon appears, you'll know there is a related segment in the *¡Ven conmigo! Video* and *DVD* Programs.

Listening Activities

Pair Work/Group Work Activities

Writing Activities

Interactive Games and Activities Whenever this icon appears, you'll know there is a related activity on the *¡Ven conmigo! Interactive CD-ROM Tutor* and on the *DVD Tutor*.

Cuaderno de actividades, p. 28, Acts. 7–8

Cuaderno de gramática, p. 46, Acts. 3–4

Cuaderno para hispano-hablantes, pp. 23–24

Practice Activities These icons tell you which activities from the *Cuaderno de actividades*, *Cuaderno de gramática*, and *Cuaderno para hispano-hablantes* practice the material presented.

Más práctica gramatical, p. 316, Act. 5

Más práctica gramatical This reference tells you where you can find additional grammar practice in the review section of the chapter.

go.hrw.com

Internet Activities This icon provides the keyword you'll need to access related online activities at **go.hrw.com**.

¡Ven conmigo! Contents

Come along—to a world of new experiences!

¡Ven conmigo! offers you the opportunity to learn the language spoken by millions of people in the many Spanish-speaking countries around the world. Let's find out about the countries, the people, and the Spanish language.

¡VEN CONMIGO A
España!
LOCATION FOR CAPÍTULOS 1, 2 12

CAPÍTULO 1
¡Mucho gusto! 16

Capítulo 2
¡Organízate! 46

¡VEN CONMIGO A
México!
LOCATION FOR CAPÍTULOS 3, 4.....74

CAPÍTULO 3
Nuevas clases, nuevos amigos.....78

CAPÍTULO 4
¿Qué haces esta tarde? 108

¡VEN CONMIGO A LA
Florida!
LOCATION FOR CAPÍTULOS 5, 6.....136

CAPÍTULO 5
El ritmo de la vida.....140

CAPÍTULO 6
Entre familia 168

¡VEN CONMIGO A
Ecuador!
LOCATION FOR CAPÍTULOS 7, 8.....198

CAPÍTULO 7
¿Qué te gustaría hacer? 202

CAPÍTULO 8
¡A comer! 230

¡VEN CONMIGO A

Texas!

CAPÍTULO 9
¡Vamos de compras!.....264

CAPÍTULO 10
Celebraciones 292

¡VEN CONMIGO A
Puerto Rico!
LOCATION FOR CAPÍTULOS 11, 12 322

CAPÍTULO 11
Para vivir bien 326

Capítulo 12
Las vacaciones ideales 356

CULTURAL REFERENCES

xxi

La Península Ibérica

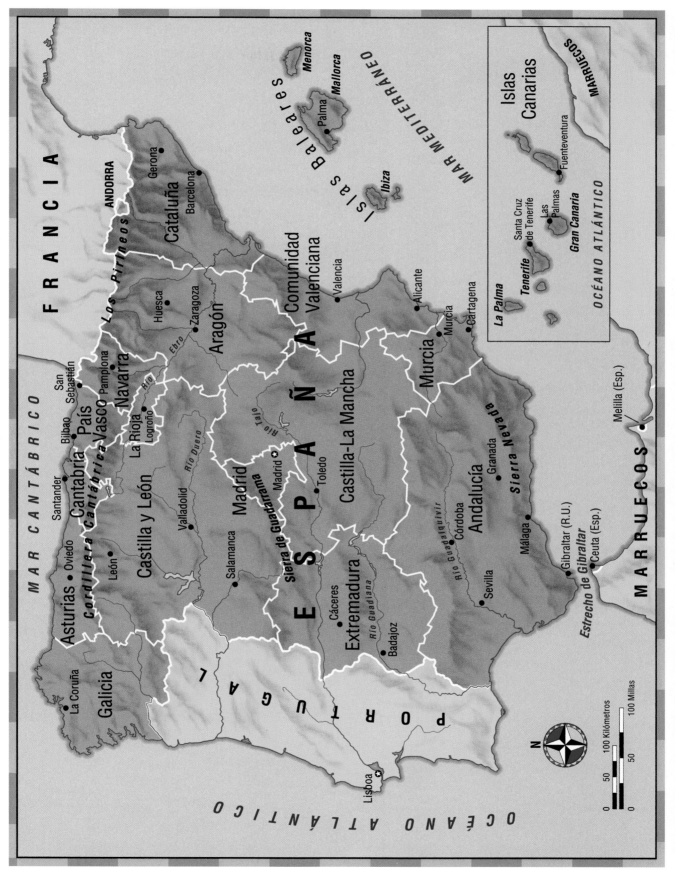

FRANCIA

ANDORRA

MAR MEDITERRÁNEO

Islas Baleares

Menorca

Mallorca

Palma

Ibiza

Islas Canarias

MARRUECOS

Fuenteventura

Santa Cruz de Tenerife

Las Palmas

Gran Canaria

Tenerife

La Palma

OCÉANO ATLÁNTICO

Gerona

Barcelona

Cataluña

Los Pirineos

Huesca

Zaragoza

Aragón

Ebro

Comunidad Valenciana

Valencia

Alicante

Murcia

Cartagena

Murcia

Melilla (Esp.)

San Sebastián

Pamplona

Navarra

Bilbao

País Vasco

La Rioja

Logroño

Río

MAR CANTÁBRICO

Santander

Cantabria

Cordillera Cantábrica

Oviedo

Asturias

León

Galicia

La Coruña

Castilla y León

Valladolid

Río Duero

Salamanca

Madrid

Madrid

Sierra de Guadarrama

E S P A Ñ A

Tajo

Toledo

Castilla-La Mancha

Sierra Nevada

Granada

Andalucía

Córdoba

Río Guadalquivir

Málaga

Sevilla

Gibraltar (R.U.)

Ceuta (Esp.)

Estrecho de Gibraltar

MARRUECOS

Cáceres

Extremadura

Río Guadiana

Badajoz

P O R T U G A L

Lisboa

OCÉANO ATLÁNTICO

N

100 Kilómetros

100 Millas

50

50

0

0

El mundo

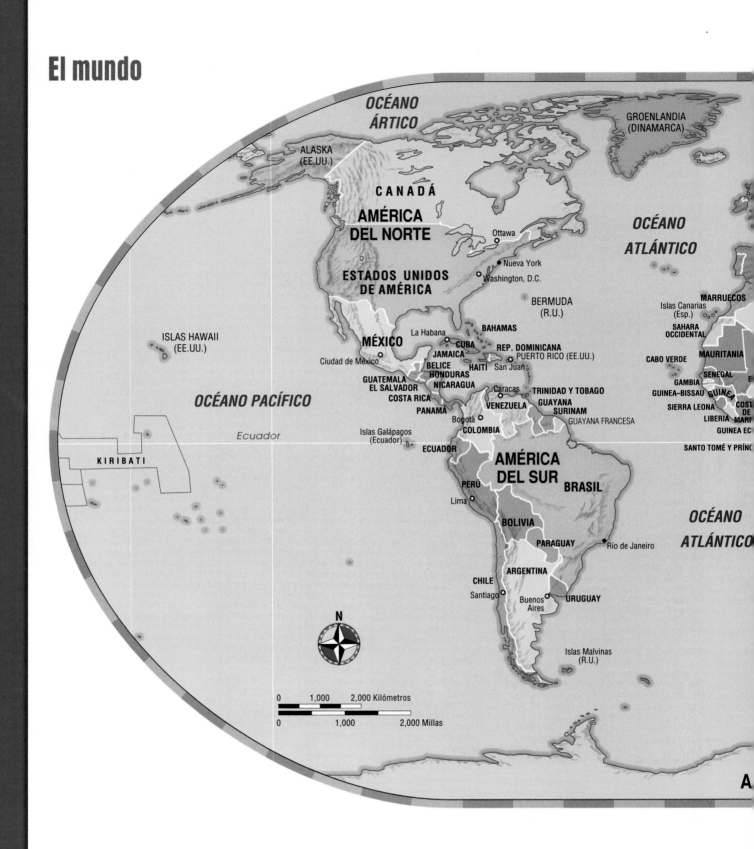

OCÉANO ÁRTICO

GROENLANDIA (DINAMARCA)

ALASKA (EE.UU.)

CANADÁ

AMÉRICA DEL NORTE

OCÉANO ATLÁNTICO

Ottawa

ESTADOS UNIDOS DE AMÉRICA

Nueva York
Washington, D.C.

BERMUDA (R.U.)

Islas Canarias (Esp.)

MARRUECOS

ISLAS HAWAII (EE.UU.)

La Habana

BAHAMAS

SAHARA OCCIDENTAL

MÉXICO

CUBA

REP. DOMINICANA

CABO VERDE

MAURITANIA

Ciudad de México

JAMAICA

PUERTO RICO (EE.UU.)

BELICE

HAITÍ

San Juan

GAMBIA

SENEGAL

GUATEMALA

HONDURAS

GUINEA–BISSAU

GUINEA

EL SALVADOR

NICARAGUA

Caracas

TRINIDAD Y TOBAGO

SIERRA LEONA

COSTA
DE
MARF

COSTA RICA

VENEZUELA

GUAYANA

LIBERIA

PANAMÁ

SURINAM

GUINEA EC

OCÉANO PACÍFICO

Bogotá

GUAYANA FRANCESA

SANTO TOMÉ Y PRÍNC

COLOMBIA

Ecuador

Islas Galápagos (Ecuador)

ECUADOR

AMÉRICA DEL SUR

BRASIL

KIRIBATI

PERÚ

Lima

BOLIVIA

OCÉANO ATLÁNTICO

PARAGUAY

Río de Janeiro

ARGENTINA

CHILE

URUGUAY

Santiago

Buenos Aires

N

Islas Malvinas (R.U.)

0   1,000   2,000 Kilómetros

0   1,000   2,000 Millas

A

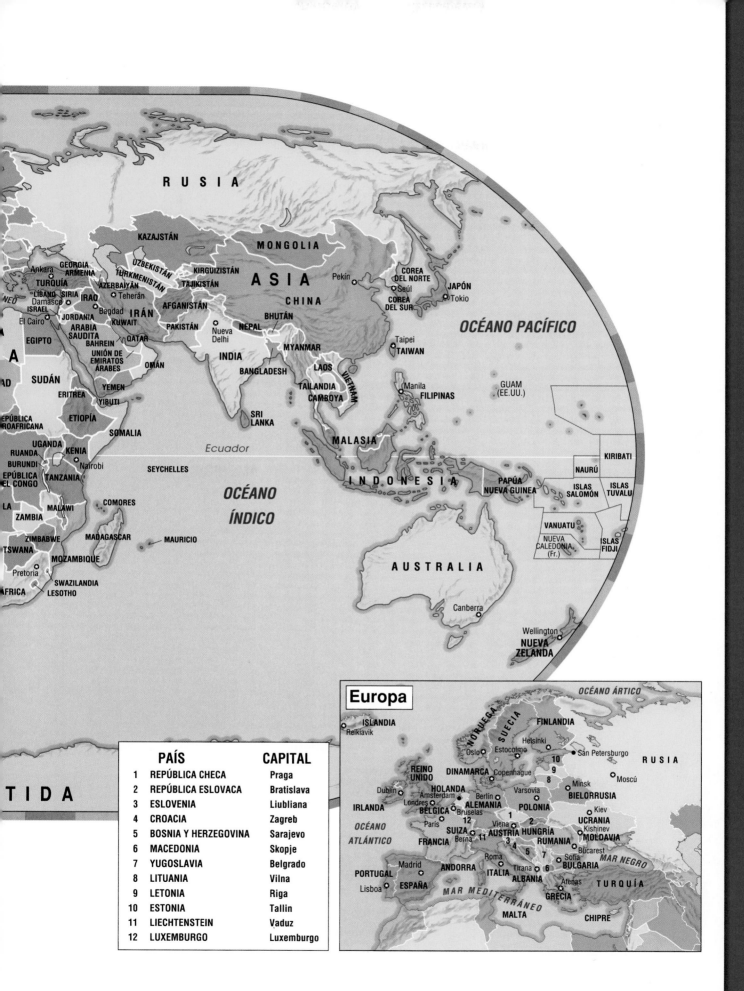

R U S I A

KAZAJSTÁN

MONGOLIA

ASIA

GEORGIA
ARMENIA
Ankara
TURQUÍA
LÍBANO SIRIA
Damasco
ISRAEL
El Cairo

UZBEKISTÁN
TURKMENISTÁN
AZERBAIYÁN
Teherán
IRÁN

KIRGUIZISTÁN
TAJIKISTÁN
AFGANISTÁN
Bagdad
KUWAIT
JORDANIA
IRAQ

Pekín
CHINA

COREA
DEL NORTE
Seúl
COREA
DEL SUR

JAPÓN
Tokio

OCÉANO PACÍFICO

EGIPTO
ARABIA
SAUDITA
BAHREIN
UNIÓN DE
EMIRATOS
ÁRABES
QATAR
OMÁN

PAKISTÁN
Nueva
Delhi
NEPAL
BHUTÁN

INDIA

MYANMAR

Taipei
TAIWAN

SUDÁN
ERITREA
YIBUTI
YEMEN

BANGLADESH
LAOS
TAILANDIA
CAMBOYA
VIETNAM

Manila
FILIPINAS

GUAM
(EE.UU.)

REPÚBLICA
CENTROAFRICANA

SRI
LANKA

SOMALIA

UGANDA
KENIA
Nairobi

Ecuador

MALASIA

KIRIBATI

NAURÚ

RUANDA
BURUNDI
REPÚBLICA
DEL CONGO
TANZANIA

SEYCHELLES

INDONESIA

PAPÚA
NUEVA GUINEA

ISLAS
SALOMÓN

ISLAS
TUVALU

OCÉANO
ÍNDICO

ZAMBIA
MALAWI
COMORES

MADAGASCAR
MAURICIO

VANUATU

NUEVA
CALEDONIA
(Fr.)

ISLAS
FIDJI

ZIMBABWE
MOZAMBIQUE
TSWANA
SWAZILANDIA
LESOTHO
Pretoria
ÁFRICA

AUSTRALIA

Canberra

Wellington
NUEVA
ZELANDA

TIDA

	PAÍS	CAPITAL
1	REPÚBLICA CHECA	Praga
2	REPÚBLICA ESLOVACA	Bratislava
3	ESLOVENIA	Liubliana
4	CROACIA	Zagreb
5	BOSNIA Y HERZEGOVINA	Sarajevo
6	MACEDONIA	Skopje
7	YUGOSLAVIA	Belgrado
8	LITUANIA	Vilna
9	LETONIA	Riga
10	ESTONIA	Tallin
11	LIECHTENSTEIN	Vaduz
12	LUXEMBURGO	Luxemburgo

Europa

OCÉANO ÁRTICO

ISLANDIA
Reikiavik

NORUEGA
SUECIA
FINLANDIA
Helsinki
Oslo
Estocolmo
10
San Petersburgo
9
RUSIA
8
Minsk
Moscú

REINO
UNIDO
DINAMARCA
Copenhague
Varsovia
BIELORRUSIA

Dublín
HOLANDA
Amsterdam
Berlín
IRLANDA
Londres
BÉLGICA
Bruselas
ALEMANIA
POLONIA
Kiev
UCRANIA

OCÉANO
ATLÁNTICO
París
FRANCIA
SUIZA
Berna
12
Viena
AUSTRIA
11
1
HUNGRÍA
2
RUMANIA
Kishinev
MOLDAVIA

3
4
5
Bucarest
Madrid
ITALIA
Roma
7
6
Sofía
BULGARIA
MAR NEGRO

PORTUGAL
Lisboa
ANDORRA
ESPAÑA
Tirana
ALBANIA
Atenas
GRECIA
TURQUÍA

MAR MEDITERRÁNEO
MALTA
CHIPRE

XXV

MAR DE LAS ANTILLAS

OCÉANO ATLÁNTICO

América Central

Cartagena
Maracaibo
Caracas
VENEZUELA
Orinoco
GUYANA
SURINAM
Medellín
Ciudad Bolívar
Georgetown
Cayena
Paramaribo
COLOMBIA
Bogotá
GUAYANA FRANCESA

Islas Galápagos (Ecuador)

Quito
Río Putumayo
Ecuador
ECUADOR
Guayaquil
Cuenca
Río
Manaus
Amazonas
Belén

Cordillera de los

BRASIL

Recife

PERÚ
Lima
Andes
Cuzco
Salvador

Lago Titicaca
La Paz
BOLIVIA
Sucre
Brasilia

OCÉANO

Paraná
PARAGUAY
Río de Janeiro
San Pablo
Asunción

Trópico de Capricornio
CHILE
Tucumán
Río
ARGENTINA
Córdoba

PACÍFICO
Cordillera de los Andes
Mendoza
URUGUAY
Valparaíso
Montevideo
Santiago
Buenos Aires
Río de la Plata

N

Bariloche

OCÉANO ATLÁNTICO

0   500   1.000 Kilómetros
0   500   1.000 Millas

Cordillera de los Andes
Estrecho de Magallanes
Islas Malvinas (R.U.)

Punta Arenas
Tierra del Fuego
Cabo de Hornos

América Central y las Antillas

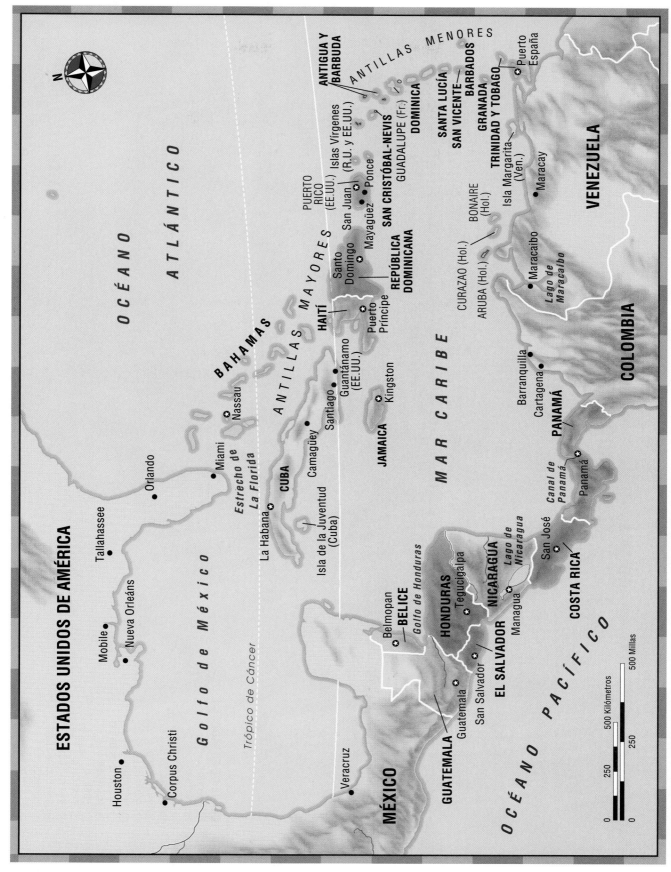

ESTADOS UNIDOS DE AMÉRICA

Houston
Corpus Christi
Mobile
Nueva Orleáns
Tallahassee
Orlando
Miami

Golfo de México

Veracruz

MÉXICO

GUATEMALA

Guatemala
San Salvador
EL SALVADOR

Trópico de Cáncer

Estrecho de La Florida

La Habana

CUBA

Isla de la Juventud (Cuba)

Camagüey
Santiago

OCÉANO
ATLÁNTICO

BAHAMAS

Nassau

ANTILLAS MAYORES

JAMAICA

Kingston

Guantánamo (EE.UU.)

HAITÍ

Puerto Príncipe

Santo Domingo

REPÚBLICA DOMINICANA

PUERTO RICO (EE.UU.)

Mayagüez
San Juan
Ponce

Islas Vírgenes (R.U. y EE.UU.)

SAN CRISTÓBAL-NEVIS

GUADALUPE (Fr.)

DOMINICA

ANTIGUA Y BARBUDA

ANTILLAS MENORES

SANTA LUCÍA
SAN VICENTE
BARBADOS
GRANADA
TRINIDAD Y TOBAGO

Puerto España

Isla Margarita (Ven.)

Maracay

CURAZAO (Hol.)
ARUBA (Hol.)
BONAIRE (Hol.)

Maracaibo

Lago de Maracaibo

VENEZUELA

COLOMBIA

Barranquilla
Cartagena

PANAMÁ

Panamá

Canal de Panamá

MAR CARIBE

Belmopan
BELICE

Golfo de Honduras

HONDURAS

Tegucigalpa

NICARAGUA

Managua

Lago de Nicaragua

San José

COSTA RICA

OCÉANO PACÍFICO

500 Millas
250

500 Kilómetros
250

250
0

250
0

México

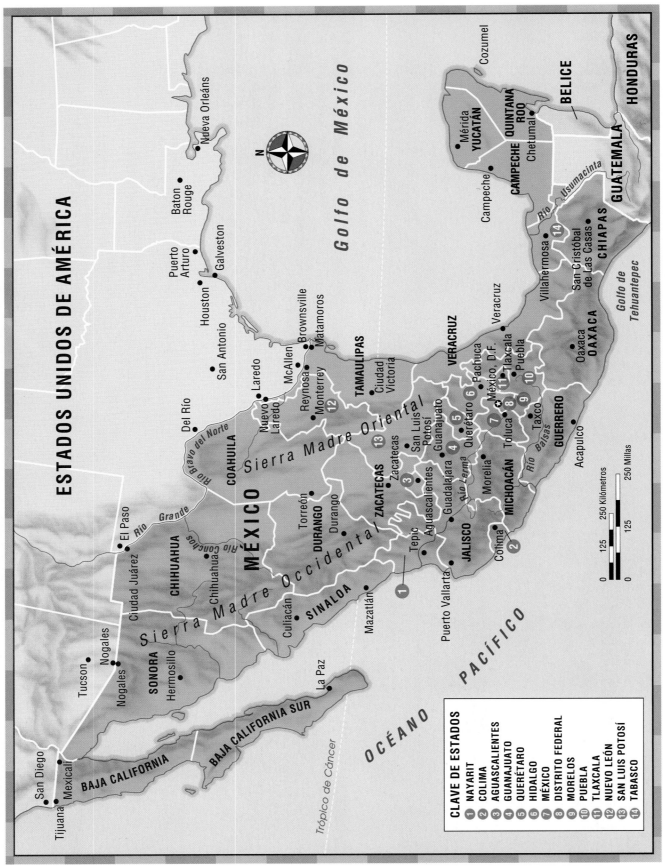

ESTADOS UNIDOS DE AMÉRICA

Golfo de México

Nueva Orléans

Baton Rouge

Puerto Arturo

Galveston

Houston

San Antonio

Laredo

McAllen

Brownsville

Matamoros

Reynosa

Monterrey

Nuevo Laredo

Del Río

El Paso

Ciudad Juárez

Río Bravo del Norte

Río Grande

Río Conchos

Río Chihuahua

COAHUILA

CHIHUAHUA

Sierra Madre Oriental

Sierra Madre Occidental

MÉXICO

Torreón

Durango

DURANGO

Chihuahua

Culiacán

SINALOA

Mazatlán

Tepic

Aguascalientes

ZACATECAS

Zacatecas

Guadalajara

JALISCO

Río Lerma

Río Balsas

Morelia

MICHOACÁN

Colima

Puerto Vallarta

Acapulco

GUERRERO

Taxco

Toluca

México, D.F.

Puebla

Tlaxcala

Pachuca

Veracruz

VERACRUZ

Ciudad Victoria

TAMAULIPAS

San Luis Potosí

Guanajuato

Querétaro

Mérida

YUCATÁN

Campeche

CAMPECHE

Chetumal

QUINTANA ROO

Cozumel

BELICE

HONDURAS

GUATEMALA

CHIAPAS

San Cristóbal de Las Casas

Villahermosa

OAXACA

Oaxaca

Golfo de Tehuantepec

Río Usumacinta

OCÉANO PACÍFICO

BAJA CALIFORNIA

BAJA CALIFORNIA SUR

La Paz

Hermosillo

SONORA

Nogales

Nogales

Tucson

San Diego

Tijuana

Mexicali

Trópico de Cáncer

N

250 Kilómetros

250 Millas

0   125   250 Kilómetros

0   125   250 Millas

CLAVE DE ESTADOS

1. NAYARIT
2. COLIMA
3. AGUASCALIENTES
4. GUANAJUATO
5. QUERÉTARO
6. HIDALGO
7. MÉXICO
8. DISTRITO FEDERAL
9. MORELOS
10. PUEBLA
11. TLAXCALA
12. NUEVO LEÓN
13. SAN LUIS POTOSÍ
14. TABASCO

Estados Unidos de América

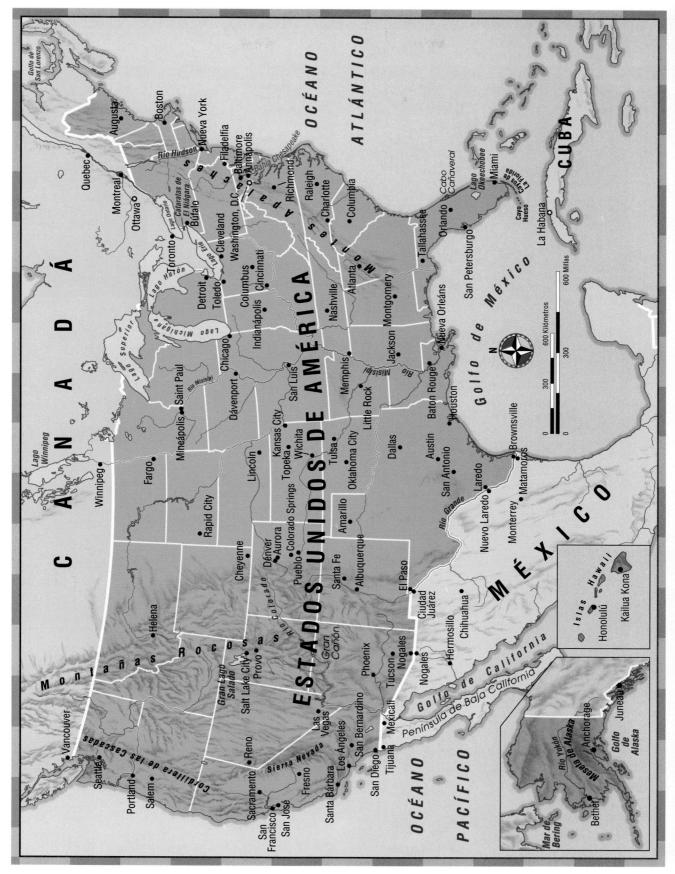

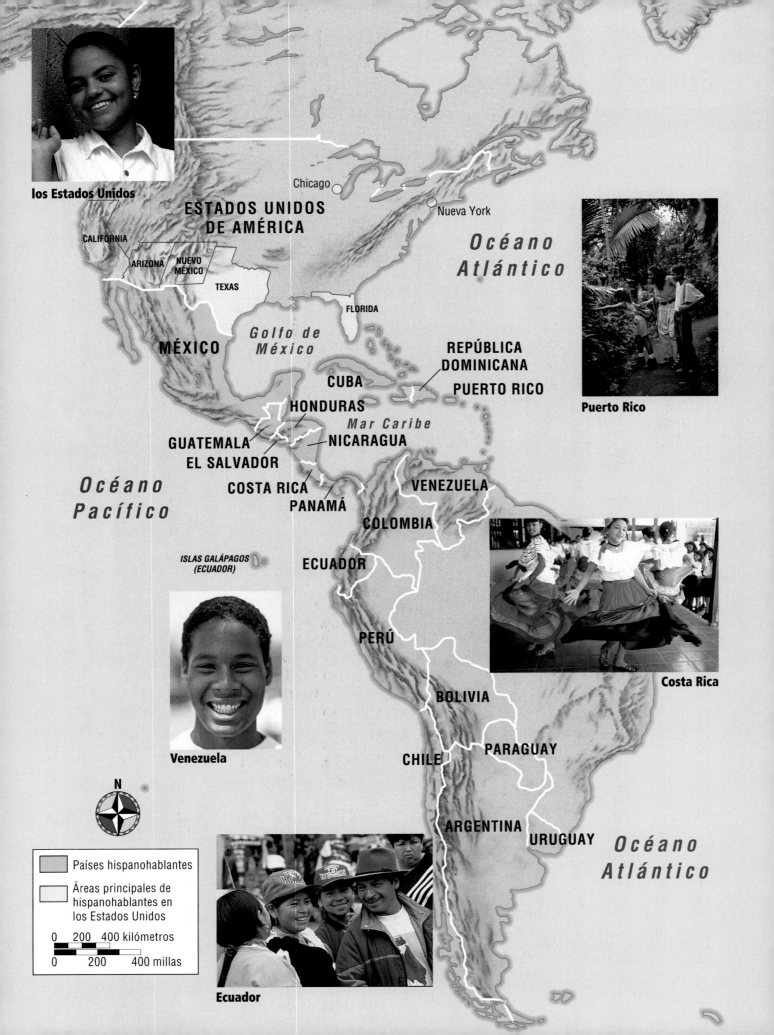

los Estados Unidos

ESTADOS UNIDOS
DE AMÉRICA

CALIFORNIA

ARIZONA NUEVO
MÉXICO

TEXAS

FLORIDA

Chicago

Nueva York

Océano
Atlántico

MÉXICO

Golfo de
México

CUBA

REPÚBLICA
DOMINICANA

PUERTO RICO

Puerto Rico

HONDURAS

Mar Caribe

GUATEMALA

NICARAGUA

EL SALVADOR

COSTA RICA

PANAMÁ

VENEZUELA

Océano
Pacífico

COLOMBIA

ISLAS GALÁPAGOS
(ECUADOR)

ECUADOR

Costa Rica

PERÚ

Venezuela

BOLIVIA

PARAGUAY

CHILE

N

ARGENTINA

URUGUAY

Océano
Atlántico

Países hispanohablantes

Áreas principales de
hispanohablantes en
los Estados Unidos

0   200   400 kilómetros

0   200   400 millas

Ecuador

ESPAÑA

ISLAS BALEARES
(ESPAÑA)

Mar Mediterráneo

ISLAS CANARIAS
(ESPAÑA)

México

GUINEA
ECUATORIAL

*Océano
Atlántico*

Argentina

¡Adelante!

España

¡Bienvenido al mundo hispanohablante!

Spanish, one of the five official languages of the United Nations, is spoken by approximately 340 million people in the world today. Originally a dialect of Latin, Spanish was first recognized as a language in its own right about 700 years ago. Spanish is spoken in Spain (where it originated), in 19 Latin American countries, and in parts of Africa and the Philippines. It is also spoken in the United States, where about one out of ten residents speaks Spanish. Can you find the countries where these Spanish speakers live?

El español—¿Por qué? · *Why learn Spanish?*

There are many reasons for learning to speak Spanish. Which of these reasons is most important to you?

To Expand Your Horizons

You're living in one of the major Spanish-speaking countries right now—the United States! Learning Spanish can open up a whole new world of information, entertainment, and adventure. Spanish-language movies, books, videos, magazines, TV shows, and music are all around you.

For College

If you plan to go to college, you'll find that many university programs require some foreign-language study. Taking a language now can improve your chances of admission and give you a head start on meeting your degree requirements.

For Travel

Each language has its own personality. To really get to know someone, you have to speak that person's language. Chances are good that someday you'll travel to a Spanish-speaking country. Whatever your reason for going, whether it be vacation, study, or business, you'll get a lot more out of your stay if you can speak the language.

For Career Opportunities

Bilingual employees are always in demand in business, social work, health care, education, journalism, and many other fields. Learning Spanish will help you find a more interesting, better-paying job.

For Fun!

One of the best reasons for studying Spanish is for fun. Studying another language is a challenge to your mind, and you get a great feeling of accomplishment the first time you have a conversation in Spanish!

¿Sabías...? ▪ *Did you know . . .?*

Spanish language and culture are important parts of our national history. As you begin your study of Spanish, you should be aware that . . .

- the Spanish were among the first European explorers in what is today the U.S.
- the first European settlement in the United States was founded by the Spanish in 1565 at St. Augustine, Florida.
- parts of the U.S. once belonged to Mexico.
- many common words, such as *rodeo* and *patio,* came into English from Spanish.
- Spanish is the second most frequently spoken language in the U.S.
- many of the United States' most important trading partners in this hemisphere are Spanish-speaking nations.

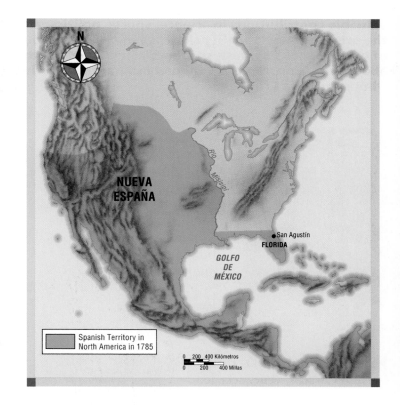

NUEVA ESPAÑA

Río Misisipi

●San Agustín
FLORIDA

GOLFO DE MÉXICO

Spanish Territory in North America in 1785

0 200 400 Kilómetros
0 200   400 Millas

① Herencia hispana *Hispanic heritage*

Leamos/Hablemos Working in small groups, choose and answer one of the following questions. Share your findings with the class.

1. Using your knowledge of geography, list several major U.S. cities with Spanish names. Also list states with names based on Spanish words.

2. Using the map on page xxx, name the major Spanish-speaking areas of the United States. What countries do many Spanish-speaking immigrants come from?

3. Under the headings *foods* and *cowboy lore,* list common English words you think may have been borrowed from Spanish.

4. Using the maps on pages xxiii–xxix, name 20 Spanish-speaking countries (one is a special part of the U.S.). Choose one country and list some things you know about it.

5. Name as many Spanish-language TV programs, radio stations, magazines, movies, and newspapers as you can.

¿Los conoces? ▪ *Do you know them?*

Spanish speakers from all over the world have made valuable contributions in science, sports, politics, and the arts. These personality sketches may remind you of other famous Spanish speakers you know something about, like Gloria Estefan, Miguel Induráin, Edward James Olmos, or Celia Cruz.

◀**Frida Kahlo** (1907–1954), a Mexican artist born in Coyoacán, is best known for her powerful self-portraits. Like her husband, the famous muralist Diego Rivera, Frida Kahlo reflected the history and political life of her country in her work.

▲ **Samuel (Sammy) Sosa** (b. 1968) was born in San Pedro de Macoris, Dominican Republic. He has broken several Major League, National League, and Chicago Cubs' records and became famous in 1998, along with Mark McGwire, for breaking Roger Maris's single-season home run record.

▶**Simón Bolívar** (1783–1830), born in Caracas, Venezuela, led a brilliant campaign against Spanish colonialism that eventually resulted in independence for most of South America. He died in poverty and disgrace but is still honored as **el Libertador,** *the Liberator.*

▲ **La reina Isabel** (Isabel I of Spain; 1451–1504) helped form the modern Spanish nation-state by marrying Fernando, king of Aragon. We know her best for financing Columbus's voyage to the New World.

▲ **Miguel de Cervantes y Saavedra** (1547–1616) authored the book *Don Quijote de la Mancha.* His personal experiences of poverty, imprisonment, and warfare enabled him to paint a sharply realistic, yet sympathetic, picture of Spanish life at the turn of the 17th century.

◀**Sor Juana Inés de la Cruz** (1651–1695), was a favorite of the Spanish viceroys in Mexico before entering the convent and dedicating herself to intellectual pursuits. Her writings, literary and scientific, have earned the respect of authors and historians.

Nombres comunes · *Common names*

Here are some common names from Spanish-speaking countries. Choose a name for yourself from the list if you wish.

Me llamo Ana Luisa.

Dolores (Lola)
Elena (Nena)
Graciela (Chela)
Inés
Isabel (Isa)
Juana
Luisa
Margarita
María
Marisol (Mari)

Adela
Alicia (Licha)
Ana, Anita
Ángela, Angélica
Beatriz
Carmen
Catalina (Cata)
Claudia
Cristina (Tina)
Daniela

Marta
Mercedes (Merche)
Natalia
Paloma
Pilar
Rosario (Charo)
Sara
Susana
Teresa
Verónica (Vero)

Alberto
Alejandro (Alejo)
Andrés
Antonio (Toño)
Carlos
Cristóbal
Diego
Eduardo (Lalo)
Francisco (Paco)
Gregorio
Guillermo
Ignacio (Nacho)
Jaime
Jesús (Chuy)
Jorge
José (Pepe)
Juan
Julio
Lorenzo
Luis

Me llamo Javier.

Manuel
Mario
Miguel
Pablo
Pedro
Rafael (Rafa)
Ricardo
Roberto (Beto)
Santiago
Tomás

2 Nombres en español *Names in Spanish*

Escuchemos/Hablemos Listen to a series of names in Spanish and repeat them aloud after the speaker. Try to guess the English equivalent of each one. Does your name have an equivalent in Spanish?

3 Mis amigos *My friends*

Escribamos Find and write Spanish names that match the names of at least six of your family members, friends, or classmates. Check to see that you've used accents in the correct places.

4 Me llamo... *My name is . . .*

Hablemos Form a name chain in your row. The first person turns to a partner and asks his or her name. That person answers with a chosen name in Spanish, and then asks the next person's name. Keep going to the end of the row.

MODELO
— ¿Cómo te llamas?
— Me llamo Carlos. ¿Cómo te llamas?

Los acentos

You may have noticed the accent mark (´) and the tilde (˜) on words in the name chart. They are used to help you pronounce the words correctly. You'll learn about these and other special marks, including the upside-down question mark and exclamation point, in Chapter 1.

El alfabeto · *The alphabet*

 The Spanish alphabet isn't quite the same as the English one. What differences do you notice? Listen to the names of the letters and repeat after the speaker.

Although **ch** and **ll** have been officially dropped from the Spanish alphabet, dictionaries and glossaries published before 1994 will continue to show them as separate entries.

A
águila

B
bandera

C

ciclismo

CH
chaleco

D

dinero

E
ensalada

F

fruta

G
geografía

H

helicóptero

I
iguana

J
jabón

K

karate

L
lámpara

LL
llanta

5 Los cognados *Cognates*

Leamos Cognates are words that look similar in both Spanish and English. Although they're pronounced differently, they often have the same meaning—but not always! For example, **embarazada** means *pregnant*, not *embarrassed*. How many cognates do you see in this ad? What happens to the spelling of English *-tion* in Spanish?

M máscara

N naranja

Ñ castañuelas

O oso

P piñata

Q quetzal

R toro

RR burro

S salvavidas

T teléfono

U uvas

V violín

W Walter

X examen

Y yate

Z zapatos

6 Por teléfono *On the phone*

Escuchemos/Escribamos Imagine that you work as a receptionist answering the telephone. Listen as several Spanish speakers spell their names for you. Write each name as you hear it spelled.

7 ¿Cómo se escribe...? *How is . . . written?*

Hablemos/Escribamos Work with a partner. Choose from the following items and spell each one aloud, letter by letter, in Spanish. Your partner will write the words as you spell them, then guess the number of the item you chose. Then switch roles.

1. your first name
2. your last name
3. the name of your school
4. the name of your city or town
5. your best friend's first and last names
6. your favorite radio or TV station's call letters

¡ADELANTE!

Frases útiles · *Useful phrases*

Para escuchar

Here are some phrases you'll probably hear regularly in Spanish class. Learn to recognize them and respond appropriately.

Abran el libro (en la página 20), por favor.	*Open your books (to page 20), please.*
Levántense, por favor.	*Please stand up.*
Siéntense, por favor.	*Please sit down.*
Levanten la mano.	*Raise your hands.*
Bajen la mano.	*Put your hands down.*
Escuchen con atención.	*Listen closely.*
Repitan después de mí.	*Repeat after me.*
Saquen una hoja de papel.	*Take out a sheet of paper.*
Silencio, por favor.	*Silence, please.*
Miren la pizarra.	*Look at the chalkboard.*

8 **Simón dice** *Simon says*

Escuchemos Listen to some commands and perform the action called for, such as raising your hand or opening your book. Respond only if the speaker says **Simón dice.**

Para decir

Here are some phrases that you'll need to use often. Learn as many as you can and use them when they're appropriate.

Buenos días.	*Good morning.*
Buenas tardes.	*Good afternoon.*
¿Cómo se dice ... en español?	*How do you say . . . in Spanish?*
¿Cómo se escribe...?	*How do you spell . . . ?* (lit., *How do you write . . . ?*)
Más despacio, por favor.	*Slower, please.*
¿Puedo ir por mi libro?	*Can (May) I go get my book?*
No entiendo.	*I don't understand.*
No sé.	*I don't know.*
¿Puede repetir, por favor?	*Can you repeat, please?*
Perdón.	*Excuse me.*
Tengo una pregunta.	*I have a question.*

9 **Situaciones**

Hablemos What would you say in the following situations? Choose your responses from above.

1. You see your teacher at the store one afternoon.
2. You left your book in your locker.
3. You don't understand the directions.
4. Your teacher is talking too fast.
5. You don't know the answer.
6. You'd like to ask a question.
7. You need to hear something again.

Colores y números · *Colors and numbers*

10 Colores típicos

Hablemos What colors come to mind when you think of the following items?
Say them in Spanish.

1. the flag of the United States
2. a zebra
3. the sky
4. grass
5. a pumpkin
6. a cloudy day
7. coffee
8. a banana
9. snow
10. grape juice
11. a tire
12. a strawberry

morado
rojo
gris
marrón
rosado
verde
blanco
azul
anaranjado
negro
amarillo

Vocabulario

0 cero
uno
dos
tres
cuatro
cinco

seis
siete
ocho
nueve
diez

11 ¿Cuántos dedos ves? *How many fingers do you see?*

Hablemos Using the photos above as a model, form a number with your hands and ask
your partner to say the number. Switch roles after four or five tries.

12 Números cotidianos *Everyday numbers*

Hablemos/Escribamos What numbers come to mind when you think of the following
items? Make up your own item for number 8.

1. a pair of shoes
2. your fingers
3. a tricycle
4. a pack of beverage cans
5. an octopus
6. a rectangle
7. a week
8. ¿?

13 **Números de teléfono**

Escuchemos Listen as four Spanish speakers tell you their telephone numbers. Based on what you hear, match each speaker's name with the right number.

1. Nicolás   3. Miguel
2. Juana   4. Cristina

745-08-12   473-00-16
        510-57-24   391-23-46

Vocabulario

11	**once**	16	**dieciséis**	21	**veintiuno**	26	**veintiséis**
12	**doce**	17	**diecisiete**	22	**veintidós**	27	**veintisiete**
13	**trece**	18	**dieciocho**	23	**veintitrés**	28	**veintiocho**
14	**catorce**	19	**diecinueve**	24	**veinticuatro**	29	**veintinueve**
15	**quince**	20	**veinte**	25	**veinticinco**	30	**treinta**

14 **Datos importantes** *Important facts*

Hablemos/Escribamos Use numbers in Spanish to give the following information.

1. your telephone number and area code
2. your zip code
3. the number of students in your row
4. your student I.D. number
5. the score of a recent game at your school or on TV

15 **Placas y permisos en México**

Hablemos Your partner will read a number or name a color from these license plates and stickers. If you hear a number, name a color from the license plate that has that number, and vice versa. Switch roles after four or five tries.

MODELO   ¿QZB 7829?
                —Verde.
                —¡Sí!

a.

c.

b.

d.

Sugerencias para aprender el español
Tips for learning Spanish

 **Listen**

It's important to listen carefully in class. Take notes and ask questions if you don't understand, even if you think your question seems a little silly. Other people are probably wondering the same thing you are. You won't be able to understand everything you hear at first, but don't feel frustrated. You're actually absorbing a lot even when you don't realize it.

 **Organize**

Your memory is going to get a workout, so it's important to get organized. Throughout the textbook you'll see learning tips (**Sugerencias**) that can improve your study skills. For starters, here's a hint: see things with your mind. Associate each new word, sentence, or phrase with an exaggerated or unusual mental picture. For example, if you're learning the word **regla** *(ruler),* visualize an enormous ruler on an enormous desk as you practice saying a sentence with the word.

 **Practice**

Learning a foreign language is like learning to ride a bicycle or play an instrument. You can't spend one night cramming and then expect to be able to ride or play perfectly the next morning. You didn't learn English that way either! Short, daily practice sessions are more effective than long, once-a-week sessions. Also, try to practice with a friend or a classmate. After all, language is about communication, and it takes two to communicate.

 Speak

Practice speaking Spanish aloud every day. Talking with your teachers and classmates is an easy and fun way to learn. Don't be afraid to experiment. Your mistakes will help identify problems, and they'll show you important differences in the way English and Spanish work as languages.

 **Expand**

Increase your contact with Spanish outside of class in every way you can. You may be able to find someone living near you who speaks Spanish. It's easy to find Spanish-language programs on TV, on the radio, or at the video store. Many magazines and newspapers in Spanish are published or sold in the United States. Don't be afraid to read, watch, or listen. You won't understand every word, but that's okay. You can get a lot out of a story or an article by concentrating on the words you do recognize and doing a little intelligent guesswork.

Connect

Some English and Spanish words have common roots in Latin, and the two languages have influenced each other, so your knowledge of English can give you clues about the meaning of many Spanish words. Look for an English connection when you need to guess at unfamiliar words. You may also find that learning Spanish will help you in English class!

 **Have fun!**

Above all, remember to have fun! The more you try, the more you'll learn. Besides, having fun will help you relax, and relaxed people learn better and faster. **¡Buena suerte!** *(Good luck!)*

¡Ven conmigo a España!

Population: 40,000,000

Area: 194,898 sq. miles (504,788 sq. kms), consists of 85% of the Iberian Peninsula, the Balearic Islands, and the Canary Islands. Spain is larger than California but smaller than Texas.

Capital: Madrid; population: about 3 million

Government: constitutional monarchy (King Juan Carlos I since 1975), with an elected parliament

Industries: food products, textiles, footwear, petrochemicals, steel, automobiles, ships, tourism

Chief crops: grains, vegetables, citrus fruits, olives

Monetary unit: euro

Main languages: Spanish, Catalan, Basque, Galician

Océano Atlántico del Norte

FRANCIA

Cordillera Cantábrica
León
Bilbao
Pirineos
ANDORRA

ESPAÑA

Barcelona

Madrid

Valencia

Islas Baleares

PORTUGAL

Sevilla

Gibraltar (Br.)
Ceuta (Esp.)
Melilla (Esp.)

Mar Mediterráneo

ARGELIA

MARRUECOS

Islas Canarias

N

0 100 200 Kilómetros
0 50 100 Millas

go.hrw.com
WV3 SPAIN

VIDEO

CD-ROM 1
DVD 1

La ciudad de Toledo a orillas del río Tajo ▶

España

What comes to mind when you think of Spain? Spain is a country of varied landscapes. In the north you'll find lush, green hills, along with *los Pirineos* (the Pyrenees), a chain of rugged mountains separating Spain and France. Central Spain consists of a huge, dry plateau called the *Meseta,* home of the modern capital city of Madrid. Southern Spain has some of the most beautiful beaches in Europe. Spain's people are as diverse as its landscapes. They enjoy distinct customs and a strong sense of regional identity.

1 Los rápidos
The swift rivers and rugged terrain in northern Spain are ideal for white-water rafting adventures.

2 La catedral de la Sagrada Familia
Antonio Gaudí spent his career designing the Sagrada Familia cathedral, but he died without seeing his masterpiece finished.

3 El traje andaluz
This young woman is wearing a traditional costume of Andalusia. Costumes like these are often worn to dance flamenco, a music and dance tradition that originated with the gypsies in southern Spain.

4 La Costa Blanca en el Mediterráneo
Benidorm is a Mediterranean resort located on the Costa Blanca. The beautiful beaches make this one of Spain's most popular tourist destinations.

Chapters 1 and 2
will introduce you to some students who live in Madrid, the capital of Spain. Located in the geographical center of the country, Madrid is a large, modern city of over three million people. Both visitors and *madrileños* (the residents of Madrid) love to explore the many cultural treasures, parks, and cafés of this busy city.

5 Los Pirineos
The Pyrenees Mountains form a natural border separating Spain and France. The highest peaks offer scenic views and excellent hiking.

6 La Feria de Sevilla
The lively Feria de Sevilla is an annual celebration of Andalusian culture.

7 Cultivo tradicional en la villa de Navacepeda
This farmer uses traditional farming methods in the village of Navacepeda in the Gredos Mountains. Fresh air and pine woods make this a popular weekend spot for residents of nearby Madrid.

1

¡Mucho gusto!

Objectives

In this chapter you will learn to

Primer paso

- say hello and goodbye
- introduce people and respond to an introduction
- ask how someone is and say how you are

Segundo paso

- ask and say how old someone is
- ask where someone is from and say where you're from

Tercer paso

- talk about likes and dislikes

🔲 internet

go.
hrw
.com **MARCAR:** go.hrw.com
PALABRA CLAVE:
WV3 SPAIN-1

◀ Hola, me llamo Miguel. Y tú, ¿cómo te llamas?

DE ANTEMANO · *¡Me llamo Francisco!* My name is Francisco!

Estrategia para comprender

Look at the characters in the **fotonovela,** or photo story. Where are they? What are their occupations? What do you think they're talking about? What do you suppose will happen in the story?

Paco

Felipe

Ramón

Abuela

1 **Mamá:** ¡Ay, Paco!
Paco: ¡Lo siento, mamá!

2 **Ramón:** Hola, buenos días, Paco. ¿Cómo estás?
Paco: Muy bien, gracias. ¿Hay una carta para mí?

3 **Ramón:** No, ésta no es. Ésta es para... el señor Francisco Xavier López Medina. Tú no te llamas Francisco... tú te llamas Paco.
Paco: ¡Sí, soy yo! Yo soy Francisco, pero me llaman Paco. ¡Gracias! Hasta luego, ¿eh?
Ramón: Adiós, don Francisco Xavier López Medina.

4 **Paco:** Hola, Francisco. Me llamo Mercedes Margarita Álvarez García, y soy de Madrid...

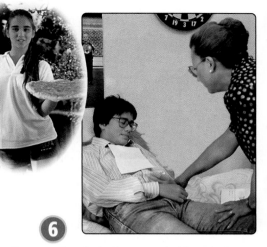

5

Madrid 3 de septiembre

¡Hola Francisco!

Me llamo Mercedes Margarita
Álvarez García y soy de Madrid.
Tengo 15 años. Me gusta la
pizza y me gusta mucho el
voleibol. ¿Cuántos años tienes?
¿Qué te gusta a ti?

Hasta luego,

Mercedes

Sr. Francisco Xavier López Medina
C/ Echegaray 21. 1° D
28014 Madrid

6

Paco: ¡Sí, señor! ¡Una carta de Mercedes!
¡Una chica fantástica!

Abuela: ¡Paco! ¡Paco! Está aquí tu amigo Felipe.

7

Felipe: Hola, Paco. ¿Qué tal?

Paco: Excelente. ¿Y tú?

8

Felipe: Oye, ¿qué es eso?

Paco: Es una carta... de una chica.

9

Felipe: ¿Una chica? ¿Cómo se llama?

Paco: Felipe, es un secreto.

Felipe: Paco, soy tu amigo. Por favor... cuéntame.

Paco: Bueno... mira...

Cuaderno de actividades, p. 3, Acts. 1–2

1 **¿Comprendes?** *Do you understand?*

How well do you understand what is happening in the **fotonovela**? Check by answering these questions. Don't be afraid to guess.

1. Who are the people in the **fotonovela**? Make a list of them. How are they related to Paco?
2. Why does Paco run out of the store?
3. What do you know about the family business?
4. What do you think will happen next?

2 **¿Cierto o falso?** *True or false?*

Con base en la fotonovela, indica **cierto** *(true)* si la oración es verdadera o **falso** *(false)* si no lo es. Si es falsa, cámbiala.

1. La carta es de *(from)* Felipe.
2. El nombre completo de Paco es Francisco Xavier López Medina.
3. Felipe es el papá de *(of)* Paco.
4. Mercedes es de Toledo.
5. A Mercedes le gusta mucho el voleibol.

3 **Cortesías** *Courtesies*

What Spanish phrases do the characters in the **fotonovela** use to say the following?

1. Hello.
2. Good morning!
3. I like volleyball.
4. My name is . . .
5. Thank you.
6. Goodbye.

Nota cultural

You might think Francisco Xavier López Medina is an unusually long name. Actually, Spaniards and Latin Americans commonly use both their first and middle names. They also generally use two last names: first the father's (in Paco's case, López) and then the mother's maiden name (for Paco, it's Medina). In the phone book, Paco's name would be listed under "L" as **López Medina**.

4 **¡Soy yo!** *It's me!*

Completa el diálogo con palabras o expresiones de la **fotonovela**.

PACO   ¿Hay una ——**1**—— para mí?

RAMÓN   No, ésta no es. Esta carta es para ——**2**——.

PACO   ¡——**3**—— yo! ¡Soy ——**4**——! ¡Yo ——**5**—— Francisco! ¡Gracias! ——**6**——, ¿eh?

RAMÓN   ——**7**——, señor Francisco Xavier López Medina.

5 **¿Y tú?** *And you?*

What would your name be if you used both your father's and your mother's last name? Where would it be listed in the phone book?

LOPEZ - 89

LOPEZ MATEOS, N. - Galileo, 21	248 90 93
» **MATEOS, J.** - Alonso Cano, 33	730 18 83
» **MATUTE, R.** - Giralda, 204	775 89 64
» **MAYORAL, A.** - Palencia, 101	263 32 76
» **MAYORAL, C.** - Luis Buñuel, 12	437 18 06
» **MEDIAVILLA, P.** - Embajadores, 78	711 84 19
LOPEZ MEDINA, A. - Av. S. Eloy, 301	472 49 32
» **MEDINA, F.** - Amor Hermoso, 69	326 37 71
» **MEDINA, R.** - Echegaray, 21	775 89 64
» **MEDINA, T.** - Av. Valle, 35	464 76 91
» **MEDRANO, A.** - Cerro Blanco, 14	558 22 20
LOPEZ MEGIA, J. - Bolivia, 35	471 49 36
» **MEIRA, L.** - Libertad, 45	792 20 39

Objectives Saying hello and goodbye; introducing people and responding to an introduction; asking how someone is and saying how you are

WV3 SPAIN-1

Así se dice   *Here's how you say it*

Saying hello and goodbye

To greet someone, say:

¡Hola!   *Hello!*

Buenos días, señor.
Good morning, sir.

Buenas tardes, señorita.
Good afternoon, miss.

Buenas noches, señora.
Good evening, ma'am.
Good night, ma'am.

To say goodbye to someone, say:

Adiós.	*Goodbye.*
Bueno, tengo clase.	*Well, I have class.*
Chao.	*'Bye.*
Hasta luego.	*See you later.*
Hasta mañana.	*See you tomorrow.*
Tengo que irme.	*I have to go.*

> Cuaderno de actividades, p. 4, Act. 3

> Cuaderno de gramática, p. 1, Act. 1

---

6 **Una recepción** *A reception*

Escuchemos You're at an all-day open house celebration at Miguel Ángel's house. As you listen, decide whether the person is arriving or leaving.

MODELO   —¡Hola, Miguel Ángel!
—Buenos días, señora de López. *(Mrs. López is arriving.)*

1. Alicia
2. Santiago
3. don Alonso
4. Mariana
5. doña Luisa
6. David

Nota cultural

Spanish speakers often greet each other with a handshake or a kiss. In Spain, friends may greet each other with a light kiss on both cheeks. Latin Americans kiss on only one cheek. When men greet each other, they often shake hands, pat each other on the back, or hug. Young people often shake hands when they meet or say goodbye. Family members usually greet each other with a kiss.

7 **Saludos y despedidas** *Hellos and goodbyes*

Escribamos How would you greet or say goodbye to the following people? How would they respond to your greetings? Choose your expressions from **Así se dice** on page 21.

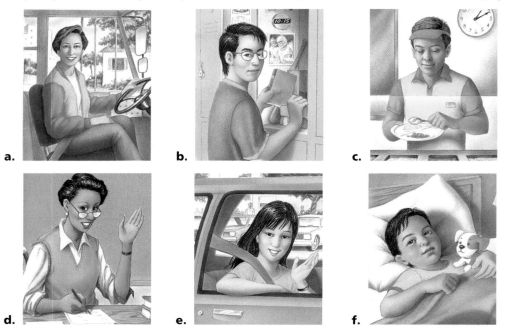

a.

b.

c.

d.

e.

f.

8 **Entre clases** *Between classes*

Hablemos Work with a partner. Imagine you just ran into each other in the hall between classes. Greet each other briefly. Then tell your partner you have to go, and say goodbye. Switch roles and replay the conversation, this time using different expressions.

Así se dice
Here's how you say it

Introducing people and responding to an introduction

To introduce yourself, say:

Me llamo... *My name is . . .*

Soy... *I am . . .*

¿Y tú? ¿Cómo te llamas?
And you? What's your name?

To introduce others, say:

Éste es mi amigo...
This is my (male) friend . . .

Ésta es mi amiga...
This is my (female) friend . . .

Se llama... *His/Her name is . . .*

> Cuaderno de gramática, p. 1, Act. 2

To respond to an introduction, say:

¡Mucho gusto! *Nice to meet you!*

Encantado/a.*
Delighted to meet you.

Igualmente. *Same here.*

> *If you're male, use **Encantado**. If you're female, use **Encantada**. You'll learn more about masculine and feminine endings in Chapter 2.

9 **¿Cómo respondes?** *How do you respond?*

 Escuchemos/Escribamos Look over the **Así se dice** section on page 22. Then, listen as some people at a party introduce themselves to you. Respond with one or two appropriate phrases.

10 **Mini-situaciones**

 Leamos/Hablemos What would you say in the following situations? First find the expressions you need in **Así se dice**. Then, with a partner, act out each mini-situation.

1. A friend introduces you to a new student.

2. You want to ask the person sitting next to you what his or her name is.

3. You've just been introduced to your new Spanish teacher.

4. You want to tell the new classmate who you are.

5. Your new counselor has just said **Mucho gusto**.

6. You want to introduce your friend Ana to another classmate.

11 **Gramática en contexto**

Leamos/Escribamos A friend wants to introduce someone to you. Choose your responses from the expressions you've learned. Some blanks may have more than one possible answer.

TU AMIGO	Hola.
TÚ	___**1**___.
TU AMIGO	Ésta es mi amiga Patricia.
TÚ	___**2**___, Patricia.
PATRICIA	Igualmente. Eh, perdón. ¿Cómo te ___**3**___, por favor?
TÚ	Me ___**4**___ ___**5**___.
TU AMIGO	Bueno, ___**6**___ clase. Tengo que irme.
TÚ	Hasta ___**7**___.
PATRICIA	___**8**___.

Nota gramatical

Have you noticed that Spanish uses upside-down punctuation marks to begin a question (¿) and an exclamation (¡)? An accent mark is sometimes needed over a vowel (**á, é, í, ó, ú**), usually to show which syllable is stressed. The mark on the **ñ** (as in **mañana**) is called the *tilde*. It indicates the sound *ny* as in *canyon*. How many of these new punctuation marks can you find in the **Así se dice** sections on pages 21 and 22?

Cuaderno de gramática, p. 2, Acts. 3–5

Más práctica gramatical, p. 38, Act. 1

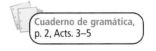

Nota cultural

Many people in Spain and Latin America are Roman Catholic. Children are often named after the Catholic saint celebrated on the day they are born, or after very important saints. Common first names are José and Juan Pablo for males, María José and Magdalena for females. Some common Jewish names include Miriam and Ester for girls, and Isaac and Jacobo for boys. Islamic names include Omar and Ismael for boys, and Jasmín and Zoraida for girls.

agosto

DOM	LUN	MAR	MIER	JUE	VIER	SAB
1 Sta. Esperanza	**2** N.S. de los Ang.	**3** Sta. Lydia	**4** Sto. Domingo de G.	**5** San Emigdio	**6** San Justo	**7** San Cayetano
8 San Emiliano	**9** San Román	**10** Sta. Paula	**11** Sta. Susana	**12** Sta. Clara	**13** Sta. Aurora	**14** Sta. Eusebia

12 **Nuevos amigos** *New friends*

Hablemos Role-play the following conversation with a classmate using expressions from **Así se dice** on pages 21–22. If you'd like to use a Spanish name or nickname, choose one from the list on page 5.

Estudiante 1	*Greet your classmate.*
Estudiante 2	*Respond and introduce yourself.*
Estudiante 1	*Say "nice to meet you" and introduce yourself.*
Estudiante 2	*Respond to the introduction.*
Estudiante 1	*Say you have class now.*
Estudiante 2	*Say that you also have class and say goodbye.*
Estudiante 1	*Say that you'll see your new friend tomorrow.*

Así se dice

Asking how someone is and saying how you are

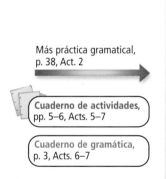

To find out how a friend is, ask:

¿Cómo estás? *How are you?*   **¿Qué tal?** *How's it going?*

¿Y tú? *And you?*

Your friend might say:

Estoy (bastante) bien, gracias. *I'm (pretty) well, thanks.*

Yo también. *Me too.*

Estupendo/a. *Great.*

Excelente. *Great.*

Regular. *Okay.*

Más o menos. *So-so.*

(Muy) mal. *(Very) bad.*

¡Horrible! *Horrible!*

Más práctica gramatical, p. 38, Act. 2 →

Cuaderno de actividades, pp. 5–6, Acts. 5–7

Cuaderno de gramática, p. 3, Acts. 6–7

---

 13 **¿Cómo estás?**

Escuchemos/Escribamos As each friend tells Sara how he or she is, write the person's name under the appropriate heading.

Modelo Buenas tardes, Felipe. ¿Qué tal?
Regular, gracias. ¿Y tú?

14 **¿Cómo contestas?** *How do you answer?*

Leamos/Escribamos How would you answer the following? Select your responses from the expressions you've learned.

1. ¡Hola! ¿Qué tal?
2. Ésta es mi amiga Charín.
3. ¿Cómo estás?
4. Soy Eduardo Robledo. ¿Y tú?
5. ¡Hasta luego!

A lo nuestro

In Spanish, there are many ways to ask a person how he or she is doing. Throughout Spain and Latin America you will hear **¿Qué pasa?** *(What's happening?)* and **¿Qué hay?/¿Qué tal?** *(What's up?)* In Mexico, you'll also hear **¿Qué hubo?** or **¿Qué onda?**

Subject pronouns *tú* and *yo*

1. Use the pronoun **yo** to refer to yourself. In Spanish, **yo** *(I)* is not capitalized, except at the beginning of a sentence. Use **tú** *(you)* when you're talking to another student, a friend, or to someone who is about your own age. Notice that **tú** has an accent.

2. In Chapter 4 you'll learn a different pronoun to use when speaking to someone older than you or when you want to be polite to a stranger. You'll also discover that subject pronouns like these aren't used as often in Spanish as in English.

3. How many expressions can you find in **Así se dice** on pages 21–24 where the pronoun **yo** is implied but not stated? *

Cuaderno de gramática, p. 4, Acts. 8–10

Más práctica gramatical, p. 38, Act. 3

15 **Gramática en contexto**

Leamos Which pronoun (**tú** or **yo**) is implied but not stated in each sentence?

1. ¿Cómo te llamas?
2. Me llamo Mercedes Margarita.
3. Soy Francisco.
4. ¿Cómo estás, Francisco?
5. Estoy bien, gracias.

16 **Charla** *Chitchat*

Escribamos Mercedes is talking to a new classmate. Using words or phrases you've learned, write their conversation.

MERCEDES	*greets her friend*
ELENA	*responds and introduces her friend Pedro*
MERCEDES	*says it is nice to meet Pedro*
PEDRO	*responds and asks Mercedes how she is*
MERCEDES	*responds and says she has class*
ELENA	*says she also has to go now*
ALL	*say goodbye*

17 **Mini-drama**

Hablemos The two teens in the photo have just been introduced to each other by a friend. Together with two partners, role-play the three students. You may use the conversation you created in Activity 16. Be creative and change the dialogue as needed to suit your group.

---

* **Yo** is implied in: (**Yo**) **tengo que...**, (**Yo**) **me llamo...**, (**Yo**) **soy...**, and in (**Yo**) **estoy...**

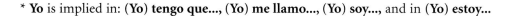

Encuentro cultural

La distancia interpersonal

In a Spanish-speaking country, you may encounter differences in "interpersonal distance," or the distance people keep from each other when they are together. Answer these questions to see if you can keep the right distance in various settings.

Para discutir...

1. You're sitting on a crowded bus. When one more passenger gets on, you should . . .
   a. move over and make room for the newcomer, even if it means rubbing shoulders with the person next to you.
   b. keep your place and avoid touching your neighbor.

2. You're standing on the street corner talking to a close friend. Your friend will probably expect you to stand . . .
   a. about an arm's length away.
   b. close enough to allow your friend to touch you without reaching.

Vamos a comprenderlo

1. a. Buses are often crowded, and people expect to squeeze together. This may take some getting used to!

2. b. Generally, Spanish speakers stand and sit closer to one another than most people in the United States do. Your Spanish-speaking friend might think you're a little bit unfriendly if you stand too far away.

Remember that there is seldom a single right answer in questions of etiquette. A good rule to follow in a new country is to watch what others do and let them take the lead in unfamiliar situations. As is said in Spanish, **Adónde fueres, haz lo que vieres**. *Wherever you go, do as you see. (When in Rome, do as the Romans do.)*

Así se dice

Asking and saying how old someone is

To ask how old someone is, say:

¿Cuántos años tienes?
How old are you?

¿Cuántos años tiene?
How old is (he/she)?

To answer, say:

Tengo ... años.
I'm . . . years old.

Tiene ... años.
(He/She) is . . . years old.

Vocabulario

Los números del 0 al 30

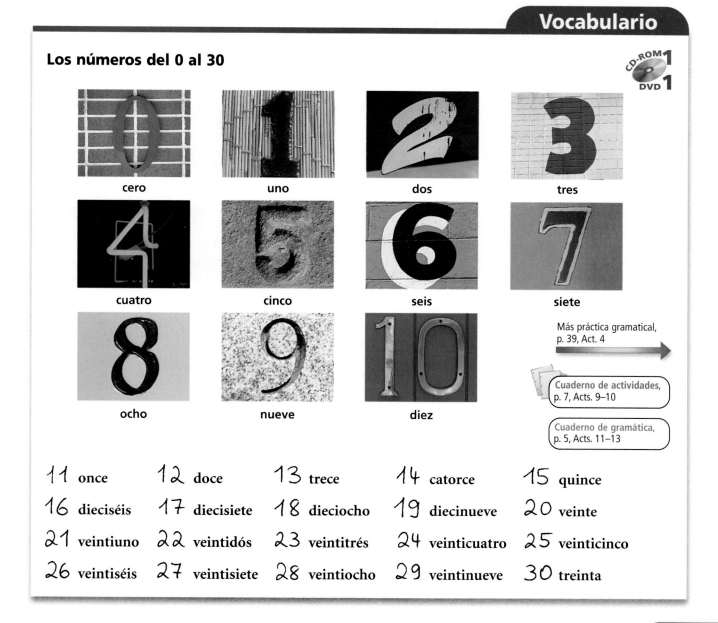

cero · uno · dos · tres

cuatro · cinco · seis · siete

ocho · nueve · diez

Más práctica gramatical, p. 39, Act. 4

Cuaderno de actividades, p. 7, Acts. 9–10

Cuaderno de gramática, p. 5, Acts. 11–13

CD-ROM 1
DVD 1

11 once	12 doce	13 trece	14 catorce	15 quince
16 dieciséis	17 diecisiete	18 dieciocho	19 diecinueve	20 veinte
21 veintiuno	22 veintidós	23 veintitrés	24 veinticuatro	25 veinticinco
26 veintiséis	27 veintisiete	28 veintiocho	29 veintinueve	30 treinta

18 Edades *Ages*

Escuchemos Daniel is showing Adriana pictures in the family album. Listen as he tells how old each relative is. Then match the correct picture to the age he gives.

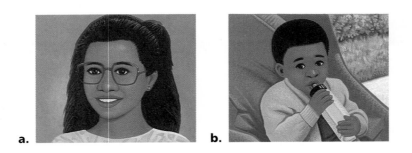

a. **b.**

c. **d.** **e.**

19 Número secreto *Secret number*

Hablemos Try to guess the secret number your partner is thinking of (it must be between zero and 30). If you're wrong, your partner will point up or down to indicate a higher or lower number. Keep trying until you guess right. Then switch roles and play again.

20 Presentaciones *Introductions*

Hablemos Introduce yourself to the three classmates sitting closest to you. Greet them and ask each one's name and age. Then introduce your three new friends to the class.

MODELO —Hola, ¿cómo te llamas?
—Me llamo...

Nota gramatical

The words **soy**, **eres**, and **es** are all forms of the verb **ser**, which is one way to say *to be* in Spanish. When talking about where someone is from, forms of **ser** are always used.

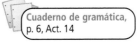

Cuaderno de gramática, p. 6, Act. 14

Más práctica gramatical, pp. 39–40, Acts. 5–6

Así se dice

Asking where someone is from and saying where you're from

To find out where someone is from, ask:

To answer, say:

¿De dónde eres?
Where are you from?

Soy de los Estados Unidos.
I'm from the United States.

¿De dónde es...?
Where is . . . from?

Es de...
(She/He) is from . . .

Cuaderno de actividades, p. 8, Acts. 11–13

21 **¿De dónde es?**

Escuchemos/Escribamos You'll overhear students talking at a party. As you listen, write the name of the country each person is from. Then choose three of the students and write a sentence telling where each one is from.

1. Gabriela   4. Antonio
2. Maricarmen   5. Laura Alicia
3. David   6. Pedro

 22 **Gramática en contexto**

Hablemos Ask five classmates where they are from and note each person's name and place of origin. Then introduce one of them to the class: **Ésta es Shawna; es de Allentown.** Anyone else from Allentown raises his or her hand and says **Yo también.**

 23 **Gramática en contexto**

Hablemos You and your partner will each list five famous women and five famous men. Include as many Spanish speakers as you can. Then take turns asking and answering where each famous person is from.

MODELO   —¿De dónde es Arantxa Sánchez Vicario?
              —Es de España.

Arantxa Sánchez Vicario

 24 **Amigos hispanos** *Hispanic friends*

Escribamos Write at least one sentence about each of these people. Tell each person's name and age, and what country he or she is from. What is the last name of each student's father and mother? Then, find the two countries on the map on pages xxiv–xxv and identify their capital cities.

Vocabulario extra

Los países hispanohablantes

(la) Argentina	*España*	*(el) Paraguay*
Bolivia	*los Estados*	*(el) Perú*
Chile	*Unidos*	*Puerto Rico*
Colombia	*Guatemala*	*(la) República*
Costa Rica	*Honduras*	*Dominicana*
Cuba	*México*	*(el) Uruguay*
(el) Ecuador	*Nicaragua*	*Venezuela*
El Salvador	*Panamá*	

SEGUNDO PASO

veintinueve **29**

Gramática

Forming questions with question words

1. So far, you've asked questions using several different words.

¿Cómo estás? *How are you?*
¿Cómo te llamas? *What's your name?*
¿Cuántos años tienes? *How old are you?*
¿De dónde eres? *Where are you from?*

To ask questions like these, put the question word at the beginning of the sentence. These question words have accents.

2. Notice that **¿cómo?** can mean *how?* or *what?* depending on context. What does this tell you about translating?*

Más práctica gramatical, p. 41, Act. 7

Cuaderno de gramática, p. 6, Act. 15

---

25 **Gramática en contexto**

Leamos/Escribamos It's the first day of school for Ana, a new student at a **colegio** *(secondary school)* in Madrid. Fill in each blank with the correct word.

ANA	Buenos días. ¿___1___ (Cómo/Cuántos) estás?
FEDERICO	Bien, ¿y tú?
ANA	Regular. Oye, soy Ana. Y tú, ¿___2___ (de dónde/cómo) te llamas?
FEDERICO	Me llamo Federico. Tú no eres de aquí, ¿verdad? ¿___3___ (Cuántos/De dónde) eres?
ANA	Soy de Andalucía. ¿___4___ (Cuántos/Cómo) años tienes?
FEDERICO	Tengo quince años. ¿Y tú?
ANA	Yo tengo quince también.

---

26 **Gramática en contexto**

Leamos You're listening to Javier as he is being interviewed over the phone for a survey. Below are the answers Javier gave. For each answer, choose the question from the box.

1. Bien, gracias.   **3.** Catorce.

2. De Madrid.   **4.** Javier Francisco González.

> ¿Cuántos años tienes?
>
> ¿Cómo te llamas?
>
> ¿Cómo estás?
>
> ¿De dónde eres?

---

27 **Tres amigos** *Three friends*

Hablemos Get to know the people in your class! Form a group with three students you don't know well and take turns interviewing each other. Ask each other's names, how you're feeling today, how old you are, and where you're from.

---

28 **Mi amigo/a se llama...** *My friend's name is . . .*

Escribamos Select one of your classmates from Activity 27 and write a brief paragraph telling what you've learned about him or her.

---

*There's not always a one-to-one match between words in different languages.

PANORAMA CULTURAL

¿De dónde eres?

Panorama cultural will introduce you to real Spanish speakers from around the globe, including Europe, Latin America, and the United States. In this chapter, we asked some people to tell us who they are and where they're from.

Miguel
Madrid, España

"Hola, buenas tardes. Me llamo Miguel Silva. Tengo dieciséis años y soy de Madrid".

Sandra
Venezuela

"Yo me llamo Sandra Terán y soy de Venezuela".

Ivette
Ponce, Puerto Rico

"Mi nombre es Ivette Marcano. Soy de Ponce, Puerto Rico".

Mauricio
San José, Costa Rica

"Me llamo Mauricio. Vivo aquí también en San José, Costa Rica y tengo quince años".

Para pensar y hablar...
Things to think and talk about . . .

A. Can you find the places Mauricio, Ivette, Miguel, and Sandra are from on the maps in the front of your book? Using the legend on the maps, can you figure out how far apart all four countries are from each other?

B. What do you think these four countries are like? With a partner, describe each country in three or four sentences, using the maps in the front of the book and information you already know. Then, share your descriptions with another team.

Así se dice

Talking about likes and dislikes

To find out what a friend likes, ask:

¿Qué te gusta?
What do you like?

¿Te gusta el fútbol?
Do you like soccer?

Your friend might answer:

Me gusta la comida mexicana.
I like Mexican food.

Me gusta mucho el tenis.
I like tennis a lot.

No me gusta la natación.
I don't like swimming.

**Sí, pero me gusta más
el béisbol.**
Yes, but I like baseball more.

Más práctica gramatical,
p. 41, Act. 8

Cuaderno de actividades,
p. 9, Act. 14

29 Planes

Escuchemos Elena and Carlos are trying to make plans. As you listen to them talk, note which items Elena likes and doesn't like. Is there anything she and Carlos both like? What would you suggest they do together?

1. el voleibol
2. la pizza
3. la música pop
4. la comida mexicana
5. el restaurante Taco Paco

Vocabulario

Los deportes *Sports*

el baloncesto
el béisbol
el fútbol
el fútbol norteamericano
la natación
el tenis
el voleibol

La música

el jazz
la música clásica
la música pop
la música rock
la música de...

La comida *Food*

la cafetería
el chocolate
la comida
  mexicana
  (italiana,
  china...)
la ensalada
la fruta
la pizza

Las clases

el español
la clase de inglés
la tarea *homework*

Más práctica gramatical,
p. 41, Acts. 8–9

Cuaderno de gramática,
p. 7, Acts. 16–17

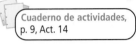

Nouns and definite articles

All the words in the **Vocabulario** on page 32 are nouns—words used to name people, places, and things. As you can see, all the nouns in the list have **el** or **la** *(the)* before them. Generally **el** is used before masculine nouns and **la** before feminine nouns. When learning new nouns, always learn the definite article that goes with the noun at the same time.

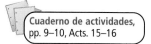

Cuaderno de actividades, pp. 9–10, Acts. 15–16

Cuaderno de gramática, p. 8, Acts. 18–20

Más práctica gramatical, p. 41, Act. 9

30 **Gramática en contexto**

Escribamos For each category listed, write a sentence stating one thing in that category that you like and another that you don't like. Be sure to use the correct definite article (**el** or **la**) in your sentence.

MODELO **deportes**
Me gusta el tenis.
No me gusta el fútbol.

1. deportes 3. música
2. comida 4. clases

31 **¿Te gusta...?** *Do you like . . .?*

Hablemos With a partner, take turns asking and answering whether you like the types of sports, music, food, and schoolwork listed in the **Vocabulario** on page 32. If your partner likes the same thing you do, you can say **¡A mí también!** *(Me too!)*

32 **Una fiesta**

Escuchemos/Escribamos You're in charge of planning a party for Diana. Listen as a friend asks Diana what she likes and doesn't like. Take notes. Then, based on your list, decide one sport, one food, and one kind of music you would include in a party to please her.

33 **¡Juego de ingenio!** *Guessing game!*

Escribamos/Hablemos Work with a partner. First write three guesses about what your partner likes and doesn't like. Ask if your partner likes these items. Take turns asking and answering, to see if you guessed right.

MODELO —¿Te gusta la natación?
—Sí, me gusta mucho la natación. *or* No, no me gusta.

También se puede decir...

Just like English, Spanish has different words that express the same idea. The word you use often depends on where you're from.

In Spain, the common word for basketball is **el baloncesto**. In many parts of the Spanish-speaking world, you'll also hear **el basquetbol**, or **el básquet**.

SUGERENCIA

Although the best way to learn a new language is by spending time in a country where that language is spoken, you can still make the most out of your classroom opportunities to hear, speak, read, and write Spanish. From the moment you walk into the classroom, use as much Spanish as you can. Pay attention to everything your teacher says, even if you don't understand it all.

34 **La nueva estudiante** *The new student*

Leamos/Escribamos Felipe is interviewing the new exchange student from Managua for the school newspaper. Take the role of the new student and write the words for his or her part.

FELIPE Hola. Soy Felipe. ¿Cómo te llamas?

ESTUDIANTE **1.** ═══════.

FELIPE ¿Cómo estás?

ESTUDIANTE **2.** ═══════. ¿═══════?

FELIPE Bien. ¿De dónde eres?

ESTUDIANTE **3.** ═══════.

FELIPE ¿Y cuántos años tienes?

ESTUDIANTE **4.** ═══════.

FELIPE El béisbol es muy popular en Nicaragua. ¿Te gusta el béisbol?

ESTUDIANTE **5.** ═══════.

FELIPE Personalmente, me gusta más el fútbol.

ESTUDIANTE **6.** ¿═══════?

FELIPE No, no me gusta. Bueno, gracias y hasta luego.

ESTUDIANTE **7.** ═══════.

35 **¡Mucho gusto!**

Hablemos Work with a partner and take turns playing the roles of Pilar and Miguel. Show each other the photos below from your scrapbooks to tell each other your name, how old you are, where you're from, and what you like.

A lo nuestro

There are many little words in Spanish that you can use to connect your ideas and to help you express yourself better. Some of these words are: **y** *(and)*, **también** *(too, also)*, and **más** *(more)*. Look back at the interviews in the **Panorama cultural** (p. 31) and see how one of these words is used.

Miguel Aguirre, 16 años
Barcelona, España

VALENZUELA

Pilar Morales, 14 años
Guatemala, Guatemala

36 **Del colegio al trabajo**

Hablemos You are a newspaper reporter interviewing a new student. Find out the student's name, age, and where he or she is from. Also, ask about at least three things he or she likes and dislikes. Be prepared to reenact your interview for the class.

37 **En mi cuaderno** *In my journal*

Escribamos Write a letter to a pen pal. Introduce yourself and give your age and where you're from. List three or four of your likes and dislikes. Then ask your pen pal some questions. Keep a copy of this letter in your journal.

> Querido amigo / Querida amiga,
>
> Me llamo . . .   Tengo . . .
> Me gusta . . .   pero no . . .
>
> También me . . .   pero . . . más
>
> Con abrazos,

LETRA Y SONIDO

A. The Spanish vowels (**a, e, i, o, u**) are pronounced clearly and distinctly. Learn to pronounce them by mimicking the recording or your teacher.

1. **a:** as in f*a*ther, but with the tongue closer to the front of the mouth
   | Ana | cámara | amiga | tarea | llama |

2. **e:** as in th*e*y, but without the y sound
   | este | eres | noche | excelente | café |

3. **i:** as in mach*i*ne, but much shorter
   | íntimo | isla | legítimo | Misisipi | día |

4. **o:** as in l*o*w, but without the w sound
   | hola | moto | años | dónde | color |

5. **u:** as in r*u*le
   | fruta | uno | fútbol | único | música |

B. Dictado

Ana has just met several new friends in Madrid and is practicing the new phrases she has heard. Write what you hear.

C. Trabalenguas

¡A, e, i, o, u! Arbolito del Perú, ¿cómo te llamas tú?

Categorías

Estrategia para leer

Spanish shares many words with English. Words with similar meanings and spellings in both languages are called *cognates.** Recognizing cognates can help you understand more Spanish words.

¡A comenzar!

A. These illustrations are from different Spanish-language magazines. How many Spanish/English cognates can you find in one minute? Compare your list with a classmate's and try to guess what each word means. Look up any you're not sure of in a bilingual dictionary.

Al grano

B. Many cognates, like the ones in the reading, have similar beginnings in both languages: **extinción, vehículo, partes,** and **construcción**. Give the English equivalent of the following words. Check your work with a Spanish-English dictionary.

tecnología	restaurante	biología
república	etiqueta	bilingüe
ecología	historia	natural

*So-called false cognates can be misleading. For example, **librería** means *bookstore,* not *library.*

LA ARQUEOLOGÍA

El misterio de las pirámides

La gran pirámide es una construcción magnífica.

El cuerpo humano

El Esqueleto

El esqueleto humano es maravilloso.
Las partes diferentes son increíbles.

El transporte por el espacio

VEHÍCULO ORBITAL

USA

DEPÓSITO EXTERNO DE COMBUSTIBLE

COHETES AUXILIARES

TRES... DOS... UNO... CEROOO...

Hay cinco motores: los tres principales del vehículo orbital y los dos cohetes auxiliares. Es una máquina fabulosa. Los astronautas son muy valientes.

Un animal en peligro de extinción

El panda es nativo de las montañas Himalaya, pero hoy en día la población de los pandas no es grande. Su protección es esencial.

C. Refer to the magazine illustrations to answer the following:

Indicate the articles that . . .

1. might appear in a newsmagazine

2. would be in a nature magazine

3. seem to deal with ancient history

4. provide terms for biology class

5. describe motors and machinery

6. deal with the future

7. tell about the past

D. Contesta las siguientes preguntas:

1. What part of the world is home to pandas?

2. Why do you think it's important to protect pandas?

3. Judging from the context of **El transporte por el espacio**, what do you think **cohetes auxiliares** are?

4. Which illustration is the easiest to understand? Why? Does the context help you guess the cognates?

5. Which magazine illustration first caught your attention? Why?

Cognados falsos

E. Some words look alike in Spanish and English but don't mean the same thing. These are called false cognates. For example, **vaso** means *drinking glass*, not *vase*. List a similar English equivalent for each Spanish word below. Then look up the Spanish words in a Spanish-English dictionary to see what they actually mean.

gripe	ropa	sopa
éxito	fábrica	nota

Cuaderno de actividades, p. 11, Act. 19

Más práctica gramatical

CD-ROM 1
DVD 1

internet

MARCAR: go.hrw.com
PALABRA CLAVE:
WV3 SPAIN-1

Primer paso

Objectives Saying hello and goodbye; introducing people and responding to an introduction; asking how someone is and saying how you are

1 Help your friend by adding the correct punctuation and accent marks to her homework. (**p. 23**)

1. —Que tal, Paco
   —Yo, bien. Y como estas tu
2. —Adios, senor Montoya.
   —Adios, dona Carmen. Hasta manana.
3. —Maria, este es mi amigo, Jose Miguel.
   —Mucho gusto
4. —Como te llamas
   —Me llamo Rafael. Y tu

2 Can you match the different questions and answers that Guille overheard in the cafeteria? (**p. 24**)

1. Buenos días, profesora Guerrero.
2. Ésta es mi amiga Rebeca.
3. ¿Cómo se llama tu (your) amiga?
4. Bueno, tengo que irme.
5. ¿Qué tal, Fernanda?
6. Hola, ¿cómo te llamas?
7. Hasta luego, Adriana.

a. Mi amiga se llama Camila.
b. Yo también. Tengo clase.
c. Encantado, Rebeca. Soy Roberto.
d. ¡Horrible! ¿Y tú?
e. Chao, Tere. Hasta mañana.
f. Buenos días, señor Medina.
g. Soy Felipe. ¿Cómo te llamas tú?

3 Which subject pronoun, **tú** or **yo**, is implied but not stated in each sentence? (**p. 25**)

1. Buenos días, Paco. ¿Cómo estás?
2. ¿Te llamas Francisco?
3. Me llamo Mercedes Álvarez, y soy de Madrid.
4. Tengo quince años.
5. Me gusta la pizza y me gusta mucho el voleibol.
6. ¿Cuántos años tienes?
7. ¿Qué te gusta a ti?
8. Paco, soy tu amigo.

4 Write out these math problems for your little brother, following the **modelo**. (**p. 27**)

MODELO 2 + 8 = _____ **Dos y ocho son diez.**

1. 4 + 15 = _____

2. 12 + 3 = _____

3. 6 + 20 = _____

4. 11 + 13 = _____

5. 27 + 1 = _____

6. 14 + 16 = _____

5 Complete the conversation between Patricia, Ernesto, and Juan Luis with **soy, eres,** or **es**. (**p. 28**)

soy   eres   es

ERNESTO   Hola, buenos días.

PATRICIA   Hola, yo ___1___ Patricia Méndez.

ERNESTO   Mucho gusto, Patricia. ___2___ Ernesto Zaldívar.

PATRICIA   Encantada. Ernesto, éste ___3___ mi amigo Juan Luis.

ERNESTO   Mucho gusto, Juan Luis. ¿Qué tal?

JUAN LUIS   Estupendo, gracias, Ernesto. ¿___4___ estudiante nuevo?

ERNESTO   Sí, yo ___5___ de México.

PATRICIA   ¿Tú ___6___ de México? ¡Qué bueno! Mi mamá ___7___ de México también. Pero yo ___8___ de los Estados Unidos.

ERNESTO   Y tú, Juan Luis, ¿de dónde ___9___?

JUAN LUIS   Yo también ___10___ de los Estados Unidos, pero mi papá ___11___ de Guatemala.

Más práctica gramatical

CD-ROM 1
DVD 1

go.
hrw
.com
WV3 SPAIN-1

6 What country is each of these students from? Look at the map of South America to find the answer. (**p. 28**)

MODELO   **Marta/Buenos Aires**
                Marta es de Argentina.

1. Mario/Asunción
2. Orlando/Cuzco
3. Beatriz/Cuenca
4. Gabriel/Cartagena

5. Marcia/Caracas
6. Fernando/La Paz
7. Teresa/Montevideo
8. Cristina/Valparaíso

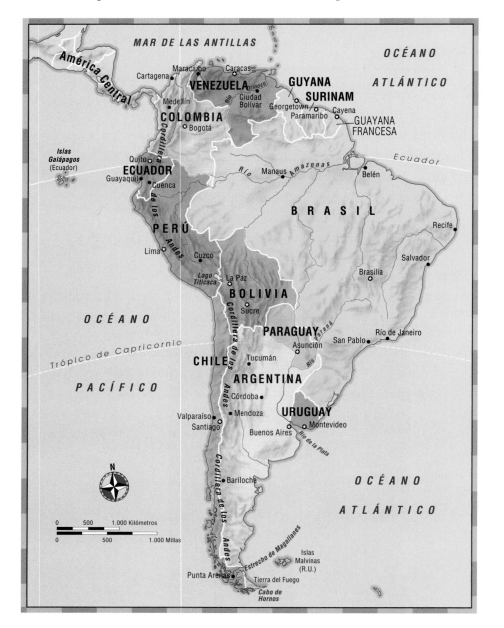

7 Complete Vero and Lupe's conversation by filling in the blanks with the correct question words. (**p. 30**)

VERO   Hola. ¿___**1**___ tal?

LUPE   Bien, gracias. Y tú, ¿___**2**___ estás?

VERO   Bastante bien. ¿___**3**___ te llamas?

LUPE   Me llamo Lupe, ¿y tú?

VERO   Me llamo Verónica. Oye, Lupe, ¿___**4**___ años tienes?

LUPE   Tengo 15 años.

VERO   Yo también. ¿Y de ___**5**___ eres?

LUPE   Yo soy de San Juan, Puerto Rico. ¿Y tú?

VERO   Soy de Monterrey, México.

Tercer paso

Objective Talking about likes and dislikes

8 How would you ask the new student if . . . (**p. 32**)

1. she likes soccer?
2. she likes English class?
3. she likes Italian food?
4. she likes jazz?

How would you tell the new student that . . .

5. you like basketball a lot?
6. you don't like homework?
7. you like Italian food, but you like Chinese food more?
8. you like rock music?

9 Complete these statements with the correct article, **el** or **la**. (**p. 33**)

1. Me gusta ===== comida mexicana.
2. No me gusta ===== pizza.
3. ===== natación es mi deporte favorito.
4. ===== clase de inglés me gusta.
5. ===== chocolate es delicioso.
6. ===== español es excelente.
7. ===== tarea no me gusta.
8. ¿Te gusta ===== música rock?
9. Me gusta mucho ===== tenis.
10. ===== béisbol es un deporte popular.

internet

go.
hrw
.com
MARCAR: go.hrw.com
PALABRA CLAVE:
WV3 SPAIN-1

1 Imagine that you work for a pen pal service. Your job is to complete a set of cards with information left by the clients on the answering machine. One card has been done for you as an example. Create two other cards and fill them in as you listen to the messages.

NOMBRE: Mariana Castillo
ORIGEN: Es de España
EDAD: Tiene 15 años
LE GUSTA: la música rock
NO LE GUSTA: el tenis

2 Read the following letter that a client has sent to the pen pal service. Then decide which of the three candidates in Activity 1 would be a good pen pal for him according to their likes and dislikes.

> Hola. Busco un amigo por correspondencia. Me llamo José Luis Bazán. Tengo quince años y soy de Guatemala. Me gustan mucho el fútbol y el béisbol. También me gusta la música rock, pero no me gusta la música clásica.

3 Look at the picture of Paco and his friends in front of the pizzeria. Keeping in mind what you've learned about gestures and interpersonal distance, explain how the picture would differ if it took place in your hometown.

4 Mira a los jóvenes en la fotografía. Escribe una conversación breve entre Paco y Mercedes.

5 Working with a partner, role-play each of your dialogues from the previous activity. Add a phrase or two to end the conversation politely. Be prepared to present one of your dialogues to the class.

 6 Think of one item you like and one you dislike in each of the categories in the box. Interview your group members to find who shares at least two of your likes and two of your dislikes.

comida	música
deportes	clases

 7 Write a short autobiographical paragraph. Be creative! Give yourself a new name, age, hometown, country, likes, and dislikes. Exchange papers with a partner and help each other correct mistakes.

 8 With your partner from Activity 7, introduce each other to the class. Give as much information as you can. You and your partner should be prepared to answer questions about your likes and dislikes.

9 The editor of your school newspaper has asked you to come up with a standard questionnaire for interviewing new students. Create an interview form using the questions you've learned, and try it out on a classmate.

10 Juan's full name is Juan Luis Fernández Jiménez. Where would you find his name in the telephone book?

11
Situación

ECUADOR TENIS Y SQUASH CLUB

Esta tarjeta da al socio derecho de ingresar al Club a sus instalaciones.
La utilización de servicios.
En caso de pérdida notificar al Ecuador Tenis y Squash Club.

Nombre **MARIA LORENA DE MALO**
Socio **ESPECIAL Nº 12-911**
Fecha Nac. **13-08-1987**

María Lorena De Malo

You've been asked to meet the new exchange student from Ecuador at the airport. Role-play the scene with a partner, using the information given. Be sure to exchange names, ages, where you're from, and several likes and dislikes in your conversation.

A ver si puedo...

Can you say hello and goodbye? p. 21

1 How would you greet or say goodbye to these people?
1. your best friend
2. the principal before classes
3. a classmate as the bell rings
4. your neighbor as he or she leaves your house one evening
5. a friend at the end of the school day

Can you introduce people and respond to an introduction? p. 22

2 What would you say in the following situations?
1. You want to introduce yourself to an interesting new classmate at a party.
2. The new Spanish teacher asks your name.
3. You have just been introduced to Juan, the new exchange student from Spain.
4. Juan has just said, "Mucho gusto."

Can you ask how someone is and say how you are? p. 24

3 Juan has just joined your class and you want to get to know him. How would you . . .?
1. ask him how he is doing
2. tell him how you're doing

Can you ask and say how old someone is? p. 27

4 How would you . . .?
1. ask Juan how old he is
2. tell him how old you are
3. tell your friend how old Juan is

Can you ask where someone is from, and say where you're from? p. 28

5 Can you . . .?
1. tell Juan where you're from
2. ask him where he's from
3. tell your friend where Juan is from

Juan Luis Fernández Jiménez

Can you talk about likes and dislikes? p. 32

6 You'd like to ask Juan to do something with you on Saturday, but you don't know what he likes. Ask him if he likes these things, and tell him which ones you like.
1. Chinese food
2. rock music
3. volleyball
4. baseball
5. Italian food
6. pop music
7. swimming
8. basketball
9. jazz

CAPÍTULO 1   ¡Mucho gusto!

Primer paso

Saying hello and goodbye

Adiós.	Goodbye.
Buenas noches.	Good night.
Buenas tardes.	Good afternoon.
Bueno, tengo clase.	Well, I have class (now).
Buenos días.	Good morning.
Chao.	'Bye.
Hasta luego.	See you later.
Hasta mañana.	See you tomorrow.
¡Hola!	Hello!
señor	sir, Mr.
señora	ma'am, Mrs.
señorita	miss
Tengo que irme.	I have to go.

Introducing people and responding to an introduction

¿Cómo te llamas?	What's your name?
Encantado/a.	Delighted to meet you.
Ésta es mi amiga.	This is my friend. (to introduce a female)
Éste es mi amigo.	This is my friend. (to introduce a male)
Igualmente.	Same here.
Me llamo...	My name is . . .
Mucho gusto.	Nice to meet you.
Se llama...	His/Her name is . . .
Soy...	I am . . .
¿Y tú?	And you? (familiar)

Asking how someone is and saying how you are

¿Cómo estás?	How are you? (to ask a friend)
Estoy (bastante) bien, gracias.	I'm (pretty) well, thanks.
Estupendo/a.	Great./Marvelous.
Excelente.	Great./Excellent.
Gracias.	Thanks.
Horrible.	Horrible.
Más o menos.	So-so.
(Muy) mal.	(Very) bad.
¿Qué tal?	How's it going?
Regular.	Okay.
tú	you (informal)
yo	I
Yo también.	Me too.

Segundo paso

Asking and saying how old someone is

¿Cuántos años tiene?	How old is (she/he)?
¿Cuántos años tienes?	How old are you?
el número	number
Tengo ... años.	I'm . . . years old.

Tiene ... años.	She/He is . . . years old.

Asking where someone is from and saying where you are from

¿De dónde eres?	Where are you from?

¿De dónde es?	Where is she/he from?
Es de...	He/She is from . . .
ser	to be
Soy de...	I'm from . . .

Numbers 0–30 See p. 27.

Tercer paso

Talking about likes and dislikes

el baloncesto	basketball
el béisbol	baseball
la cafetería	cafeteria
el chocolate	chocolate
la clase de inglés	English class
la comida mexicana/ italiana/china	Mexican/Italian/ Chinese food
el	the
la ensalada	salad
el español	Spanish
la fruta	fruit

el fútbol	soccer
el fútbol norteamericano	football
el jazz	jazz
la	the
más	more
Me gusta...	I like . . .
Me gusta más...	I like . . . more.
mucho	a lot
la música clásica/ pop/rock	classical/pop/rock music
la música de...	music by . . .

la natación	swimming
no	no
No me gusta...	I don't like . . .
pero	but
la pizza	pizza
¿Qué te gusta?	What do you like?
sí	yes
la tarea	homework
¿Te gusta...?	Do you like . . . ?
el tenis	tennis
el voleibol	volleyball

Objectives

In this chapter you will learn to

Primer paso

- talk about what you want and need

Segundo paso

- describe the contents of your room

Tercer paso

- talk about what you need and want to do

◀ **Mañana es el primer día de clases. ¿Qué necesitas comprar?**

DE ANTEMANO ▪ *¡Mañana es el primer día de clases!*

DVD

VIDEO

Estrategia para comprender
Look at the pictures in the **fotonovela**.
Who are the characters? Where are they? Is
there a problem? What clues tell you this?

Paco   **Abuela**

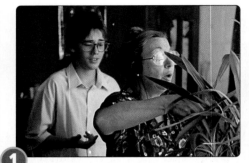

①
Abuela: Ta...ta...da...da...
Paco: Abuela... ¡Abuela! ... ¿Abuela?

②

Abuela: Ah, lo siento, Paco, ¿qué
necesitas?
Paco: Pues, abuela... mañana es
el primer día de clases y
necesito muchas cosas.
Necesito una mochila, ...
unos cuadernos ... unos
lápices ... libros ... papel ...
bolígrafos ... una calculadora
... un diccionario ... y unas
zapatillas de tenis.

③
Abuela: Sí, sí. Ven conmigo,
Paco. ¡Ven conmigo!

④
Abuela: Paco, mira. ¡Tu cuarto es
un desastre! Primero...
organiza tu cuarto.

⑤
Abuela: Y ves, ya tienes lápices.

⑥
Abuela: Aquí tienes el dinero, pero para las cosas
que necesitas.
Paco: Gracias, abuelita. Pero... ¿organizar mi
cuarto?

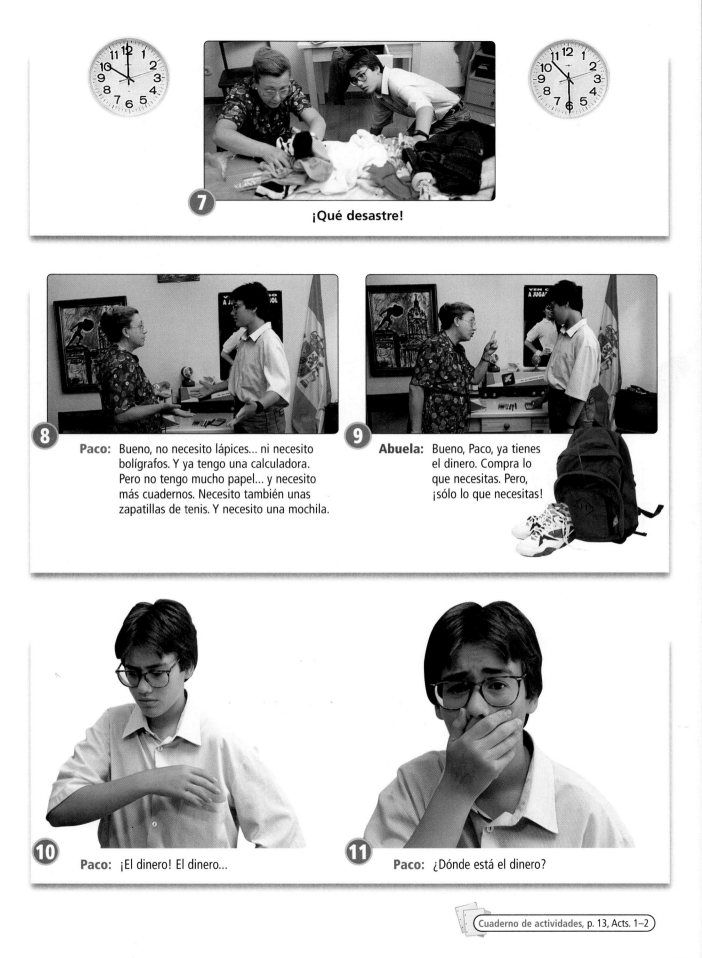

¡Qué desastre!

Paco: Bueno, no necesito lápices... ni necesito bolígrafos. Y ya tengo una calculadora. Pero no tengo mucho papel... y necesito más cuadernos. Necesito también unas zapatillas de tenis. Y necesito una mochila.

Abuela: Bueno, Paco, ya tienes el dinero. Compra lo que necesitas. Pero, ¡sólo lo que necesitas!

Paco: ¡El dinero! El dinero...

Paco: ¿Dónde está el dinero?

Cuaderno de actividades, p. 13, Acts. 1–2

1 ¿Comprendes?

Do you understand what is happening in the **fotonovela**? Check your understanding by answering these questions. Don't be afraid to guess!

1. Where does the story take place?
2. At the beginning of the **fotonovela**, what does Paco say he needs?
3. What does Paco's grandmother tell him to do? Why?
4. At the end of the **fotonovela**, what does Paco end up needing for school?
5. How does the scene end? What problem does Paco have?

2 ¿Cierto o falso?

Con base en la fotonovela, indica **cierto** *(true)* si la oración es verdadera o **falso** *(false)* si no lo es. Si es falsa, cámbiala.

1. Mañana es el primer día de clases.
2. Paco no necesita más cuadernos.
3. Paco no necesita más lápices ni *(nor)* bolígrafos.
4. La abuela organiza el cuarto de Paco.
5. Paco tiene unas zapatillas de tenis y necesita una calculadora.

3 ¿Cómo se dice...?

Find the words and phrases Paco uses . . .

1. to say he needs something
2. to say he also needs something else
3. to say that he already has something
4. to say that he needs a backpack
5. to ask where the money is

4 ¿Listos? *Ready?*

Using the **fotonovela** as a guide, complete the following paragraph with the words from the box.

Ay, ¡mañana es el primer día de ___1___! Bueno, no ___2___ lápices ni necesito ___3___, y ya tengo una ___4___. Pero no tengo mucho ___5___ y necesito más ___6___. Y también necesito unas ___7___ de tenis. ¡Pero no tengo ___8___!

> zapatillas
> necesito
> cuadernos
> dinero
> papel
> clases
> calculadora
> bolígrafos

5 ¿Y tú?

How about you? Have you run out of school supplies? Make a list of the supplies Paco mentions. Next to each, write (**No**) **necesito** or (**No**) **tengo** to say whether it is something you need or don't need, have or don't have.

Vocabulario

MATERIALES PARA EL COLEGIO

LIBRERIA El Grande

una mochila

una goma de borrar

un cuaderno

un libro

una regla

papel

una carpeta

una calculadora

un bolígrafo

un lápiz

un diccionario

Cuaderno de actividades, p. 14, Act. 3

Cuaderno de gramática, p. 9, Acts. 1–2

También se puede decir...

In many countries in Latin America, **la pluma** is used instead of **el bolígrafo**. Other words for **el colegio** include **la escuela secundaria** and **el liceo**.

Nota gramatical

Un and **una** mean *a* or *an*. Use **un** with masculine nouns: **un bolígrafo.** Use **una** with feminine nouns: **una regla.** Do you remember two ways to say *the* in Spanish?*

Cuaderno de gramática, p. 10, Acts. 3–4

Más práctica gramatical, p. 66, Act. 1

---

* **El** and **la** are used to mean *the*.

6 ### Arturo y Sumiko

Escuchemos/Escribamos Listen as Arturo and Sumiko talk about what they need for school. Make a list of what they need and circle the item that they both mention.

7 ### Gramática en contexto

Leamos/Escribamos Elena is telling her father what she has and what she needs for school. Complete each sentence with **un** or **una**.

Tengo ___1___ libro de matemáticas pero necesito ___2___ cuaderno. Tengo ___3___ bolígrafo, ___4___ goma de borrar y ___5___ carpeta. Necesito ___6___ diccionario, ___7___ calculadora, una regla y ___8___ lápiz. Y necesito ___9___ mochila nueva *(new)*.

Talking about what you want and need

To find out what someone wants, ask:

¿Qué quieres?

¿Paco **quiere** una mochila?

To find out what someone needs, ask:

¿Qué necesitas?

¿Necesitas papel?

¿Qué **necesita** Merche?

To answer, say:

Quiero una mochila.

Sí, él **quiere** una mochila.

Necesito un cuaderno.

No, **ya tengo** papel.
  . . . I already have . . .

¡Ella necesita muchas cosas!
  She needs a lot of things!

---

8 **¿Qué necesito?**

Escuchemos/Escribamos Blanca is stocking up on school supplies before school starts. Listen as she makes up her shopping list. Ignoring the things she already has, write only the things she needs. Start your answer with **Necesito...**

9 **¿Qué necesitas para...?** *What do you need for . . .?*

Escribamos Using the drawing of the items in the bookstore and **Vocabulario extra,** identify the Spanish words for the things you might need. . .

1. to write a report
2. to carry loose papers
3. to make a poster for art class
4. to add up your bill
5. to do your geometry homework
6. to take notes in class
7. to carry your supplies
8. to look up unknown words

Vocabulario extra	
un lápiz de color	*colored pencil*
un marcador	*marker*
un pincel	*paintbrush*
(la) pintura	*paint*

Gramática

Making nouns plural

1. So far, you've been talking about single things. To make a noun plural, add **-s** if it ends in a vowel: **diccionario** → **diccionarios**. If the noun ends in a consonant, add **-es: papel** → **papeles**.

2. If a noun ends in -**z**, change -**z** to -**c** and add -**es: lápiz** → **lápices**.

3. How would you make these nouns plural?
   a. cruz b. luz c. vez*

Cuaderno de gramática, p. 11, Acts. 5–6

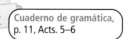
Más práctica gramatical, p. 66, Act. 2

---

* The plurals are **cruces, luces, veces**.

10 **Gramática en contexto**

 Hablemos With a partner, play the roles of Paco and a friend. Each time Paco says he wants an item, his friend tells him he already has several. Use the numbers in parentheses.

MODELO   (6) libro de béisbol
—**Quiero un libro de béisbol.**
—**Pero Paco, ¡ya tienes seis libros de béisbol!**

1. (3) calculadora   **3.** (9) cuaderno   **5.** (15) bolígrafo   **7.** (20) goma de borrar

2. (11) lápiz   **4.** (2) mochila   **6.** (5) carpeta   **8.** (4) regla

11 **Una lista**

Hablemos/Escribamos Work in pairs. Find out if your partner needs or already has these school supplies. Then tell your partner which ones you need. Make a list for each partner.

12 **La lista de mi compañero/a** *My partner's list*

Escribamos Based on Activity 11, write a brief paragraph telling what school supplies your partner already has and what she or he needs. Use **Ya tiene…** and **Necesita…**

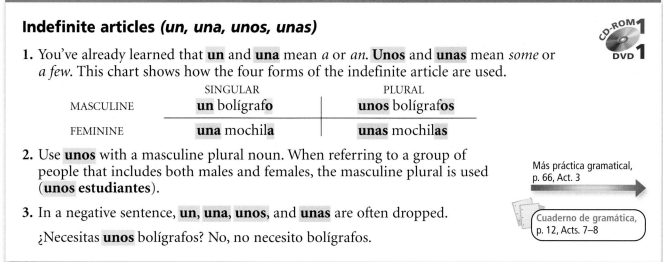

Gramática

Indefinite articles (*un, una, unos, unas*)

1. You've already learned that **un** and **una** mean *a* or *an*. **Unos** and **unas** mean *some* or *a few*. This chart shows how the four forms of the indefinite article are used.

	SINGULAR	PLURAL
MASCULINE	**un** bolígraf**o**	**unos** bolígraf**os**
FEMININE	**una** mochil**a**	**unas** mochil**as**

2. Use **unos** with a masculine plural noun. When referring to a group of people that includes both males and females, the masculine plural is used (**unos estudiantes**).

Más práctica gramatical, p. 66, Act. 3

3. In a negative sentence, **un**, **una**, **unos**, and **unas** are often dropped.

¿Necesitas **unos** bolígrafos? No, no necesito bolígrafos.

Cuaderno de gramática, p. 12, Acts. 7–8

13

Gramática en contexto

A. Leamos/Hablemos Read the conversation between Leo and Marta, choosing the correct indefinite article. Then answer Part B to tell what the two students will probably shop for.

LEO   Ya tengo (un, una) cuaderno rojo pero necesito (un, una) goma de borrar.

MARTA   Pues, yo tengo (un, unos) cuadernos pero no tengo (una, un) calculadora para la clase de matemáticas. ¿Qué quieres?

LEO   Quiero (unos, un) lápices, (una, un) regla azul y (una, un) mochila grande.

MARTA   Yo también quiero (una, unas) mochila. ¡Necesitamos dinero!

B. Hablemos What do Leo and Marta each need, want, and already have?

Nota gramatical

In Chapter 1 you learned to use the subject pronoun **yo** when talking about yourself and **tú** when talking to another student or someone your own age. When you want to talk about someone else, use **él** to mean *he* and **ella** to mean *she*.

Paco y **Merche** quieren ir a la tienda. **Él** necesita una mochila y **ella** necesita muchas cosas.

Cuaderno de gramática, p. 13, Acts. 9–10

Más práctica gramatical, p. 67, Acts. 4–5

Nota cultural

In many high schools in Spain and Latin America, students stay in the same room for their classes all day and the teachers change classrooms. Because of this, it's rare to find a school that has lockers. Students carry their supplies to and from school each day in book bags or backpacks.

---

14 **Gramática en contexto**

Hablemos/Escribamos Answer the questions using the correct pronoun (**él** or **ella**).

MODELO   ¿Qué tiene Marta? (lápiz)
Ella tiene un lápiz.

1. ¿Qué tiene Paco? (bolígrafos)
2. ¿Qué quiere Merche? (mochila)
3. ¿Qué necesita Carlos? (cuaderno)
4. ¿Qué tiene la abuela? (libros)

5. ¿Qué necesita tu amigo? (carpetas)
6. ¿Qué quiere Beatriz? (papel)
7. ¿Qué necesita Ana? (calculadora)
8. ¿Qué tiene Raúl? (regla)

15 **¿Cierto o falso?**

Leamos/Escribamos Imagine you are the older brother in the drawing. Are these statements true (**cierto**) or false (**falso**)? If they're false, change them to make them true.

1. Yo necesito ir al colegio.
2. Tú necesitas ir también.
3. Tú quieres ir a la escuela.
4. Yo tengo una mochila.
5. Yo tengo un libro y tú tienes un libro también.

¿Qué necesitas para el colegio?

In this chapter, we asked some people what they need to buy before the school year starts.

Jimena
Buenos Aires,
Argentina
"Tuve que comprar lápices, lapiceras, gomas, reglas, cartuchera, mochila, cuadernos y carpetas".

Fabiola
Caracas, Venezuela
"Bueno, cuadernos, lápices, libros, borradores, calculadora".

Paulina
Quito, Ecuador
"Tengo que comprar todos los cuadernos, los libros y mi uniforme".

Para pensar y hablar...

A. What do you need to buy before the school year starts? In some countries of the Spanish-speaking world, there's a basic list of school supplies. Do you find differences and similarities between the supplies you buy and the items mentioned by these Latin American students?

B. Paulina mentions having to buy a uniform. How do you feel about wearing uniforms to school? What would be the advantages and disadvantages?

Cuaderno para hispanohablantes, p. 10

Vocabulario

El cuarto de Débora

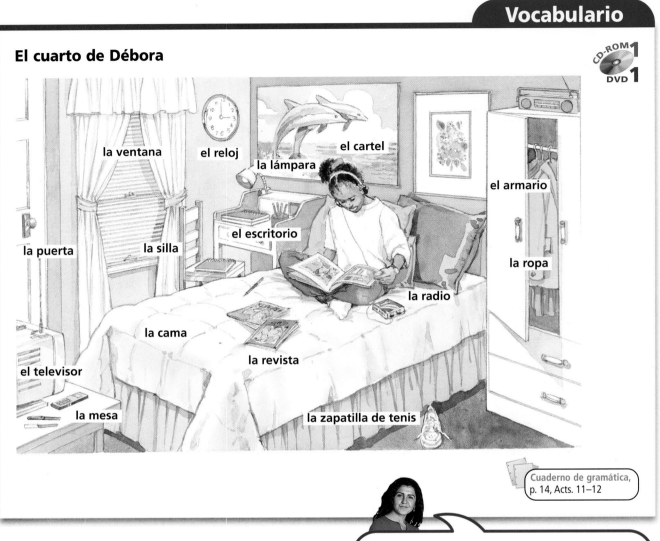

CD-ROM 1

DVD 1

la ventana

el reloj

el cartel

la lámpara

el armario

la puerta

la silla

el escritorio

la ropa

la radio

la cama

el televisor

la revista

la mesa

la zapatilla de tenis

Cuaderno de gramática,
p. 14, Acts. 11–12

16 **¿Qué hay?**

Escuchemos/Escribamos Listen as Julio describes what's in his room. Write the items he mentions. How is the room he describes different from Débora's room in the picture?

También se puede decir...

In many Spanish-speaking countries, you will also hear **el pupitre** for **el escritorio** and **el afiche** or **el póster** for **el cartel**.

17 **En la sala de clase** *In the classroom*

Escribamos Which of the things in Débora's room are also found in your classroom? Make two lists, one showing how many there are (**hay**) of each item, and another one showing what isn't in the classroom (**no hay**).

Vocabulario extra

la computadora	*computer*
el DVD	*DVD*
el estéreo	*stereo*
el teléfono (celular)	*(cellular) telephone*
la videocasetera	*VCR*

Así se dice

Describing the contents of your room

Más práctica gramatical, p. 67, Act. 6

To find out what there is in someone's room, ask:

¿Qué hay en tu cuarto?

¿Qué hay **en el cuarto de Paco?**
. . . *in Paco's room?*

¿Tienes un televisor?
Do you have a TV set?

¿Qué tiene Merche **en su cuarto?**
. . . *in her room?*

To answer, say:

Tengo una mesa y dos sillas **en
mi cuarto.** *I have . . . in my room.*

Hay libros y cuadernos **en su cuarto.**
There are . . . in his room.

No, **no tengo** televisor.

Merche **tiene** unos carteles y una
radio **en su cuarto.**

---

18 Describir el cuarto

Describing the room

Escribamos Look at the **Vocabulario** on page 56. How many of each item does Débora have in her room? Start your descriptions with **En el cuarto de Débora hay...** or **Ella tiene...**

1. bolígrafo	**9.** armario
2. ventana	**10.** zapatilla de tenis
3. revista	**11.** silla
4. cuaderno	**12.** radio
5. lápiz	**13.** televisor
6. lámpara	**14.** reloj
7. cama	**15.** puerta
8. cartel	

SUGERENCIA

Try making Spanish labels for things you use every day at school and at home (your school supplies, things in your room, etc.). This way, every time you look at an item you'll be reminded of how to say it in Spanish. And don't forget to include **el** and **la** to remind you which words are masculine and which ones are feminine.

19 Un cuarto perfecto

Escribamos Look at the picture of this bedroom and write five sentences about it. Begin your description with **En el cuarto hay...** Be as detailed as you can.

20 ¿Qué hay en tu cuarto?

Hablemos With a partner, take turns asking each other about what's in your rooms. Use both **¿Hay...?** and **¿Tienes...?** and refer to the art on page 56 for ideas. Feel free to describe an imaginary room.

Agreement of *mucho* and *¿cuánto?* with nouns

1. Many nouns and adjectives have the following endings:

	SINGULAR	PLURAL
MASCULINE	**–o**	**–os**
FEMININE	**–a**	**–as**

Making the endings of adjectives and nouns match is called *agreement in gender* (masculine/feminine) *and number* (singular/plural).*

2. The forms of **¿cuánto?** are used to ask *how much?* or *how many?* Like other adjectives, **¿cuánto?** matches the noun it describes.

(el papel) **¿Cuánto** papel tienes?
(la tarea) **¿Cuánta** tarea?
(los bolígrafos) **¿Cuántos** bolígrafos?
(las carpetas) **¿Cuántas** carpetas?

3. The forms of **mucho** mean *a lot, much,* or *many.* Like **¿cuánto?**, **mucho** changes to match the noun it modifies.

No necesito **muchas** carpetas, pero necesito **muchos** bolígrafos y **mucho** papel.

Tengo **mucha** tarea.

Más práctica gramatical,
p. 68, Act. 7

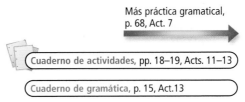

Cuaderno de actividades, pp. 18–19, Acts. 11–13

Cuaderno de gramática, p. 15, Act.13

21 Gramática en contexto

Leamos/Escribamos Patricia has just moved here, and her new friend David wants to know more about her. Fill in the blanks of their conversation using forms of **¿cuánto?** and **mucho.**

DAVID ¿Te gusta el colegio? ¿___1___ clases tienes? ¿___2___ tarea hay?

PATRICIA Me gusta el colegio. Tengo siete clases y hay ___3___ tarea.

DAVID ¿Te gusta tu cuarto? ¿Hay ___4___ ventanas?

PATRICIA No hay ___5___ ventanas. Sólo (*only*) hay una.

DAVID ¿___6___ carteles hay? ¿Y ___7___ libros tienes?

PATRICIA Tengo ___8___ carteles y ___9___ libros. Pero David… no tengo ___10___ amigos.

DAVID Ay, Patricia… ¡yo soy tu amigo!

Nota cultural

In Spain, most people live in **pisos** (*apartments*) in cities or towns. Bedrooms are often smaller, and sisters or brothers will sometimes have to share a room. Generally, the family shares a single TV set and a single phone. It's not as common for teenagers to have a TV or a phone of their own in their bedroom.

---

* You will learn more about *agreement* in Chapter 3.

22 Comparación de cuartos

Comparing rooms

Hablemos Work with a partner. One of you is staying in the **Hotel Dineral,** and the other is staying in the **Hotel Pocovale.** Imagine that you're on the telephone with each other comparing your rooms. Tell your partner what's in your room, or tell about what's not there.

MODELO —En mi cuarto hay dos camas. No tengo televisor pero hay dos lámparas.

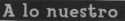

Hotel Pocovale

Hotel Dineral

23 La sala de clase

Hablemos Work with three to five class-mates to find out what's in the ideal classroom. Be prepared to tell the class what kind of classroom your group would design.

MODELO —En la sala de clase ideal hay…

Vocabulario extra	
una alfombra	*rug*
un balcón	*balcony*
unos discos compactos	*CDs*
un estante	*bookcase*
una pecera	*fishbowl*
unas plantas	*plants*
un tocador de discos compactos	*CD player*

24 En mi cuaderno

Escribamos Choose a picture of your ideal room from a magazine, or draw a room yourself. Imagine that it is your room, and write how many there are of each item in it.

Así se dice

Talking about what you need and want to do

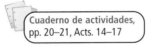

To find out what someone needs to do, ask:

¿Qué necesitas hacer?
  What do you need to do?

¿Y qué **necesita** hacer Paco?

To answer, say:

Necesito organizar mi cuarto.
  . . . to organize my room.

Necesita ir a la librería.
  . . . to go to the bookstore.

To find out what someone wants to do, ask:

¿Qué quieres hacer?

¿Y qué quiere hacer Merche?

No sé, pero no quiero hacer la tarea.
  I don't know, but I don't want . . .

Quiere ir a la **pizzería.**

Cuaderno de actividades, pp. 20–21, Acts. 14–17

Más práctica gramatical, p. 68, Act. 8

---

25 **¿Qué necesita comprar?**

Leamos/Escribamos Complete Paco and Abuela's conversation with the phrases in the box. First, read the sentences that come after the missing phrases so that the conversation makes sense.

- necesito comprar papel
- zapatillas de tenis
- no necesitas una calculadora
- hacer muchas cosas
- necesitas organizar
- necesito comprar cuadernos
- qué necesitas hacer
- pero necesito una calculadora

ABUELA   Oye, Paco. Manaña es el primer día de clases, ¿verdad? **1.** ¿══════?

PACO   Sí, es el primer día de clases. **2.** Necesito ══════.

ABUELA   ¿Qué cosas necesitas hacer?

PACO   **3.** ══════.

ABUELA   Sí, es cierto. No tienes mucho papel.

PACO   **4.** Y también quiero comprar ══════.

ABUELA   Sí, también necesitas zapatillas de tenis. ¿Y cuadernos?

PACO   **5.** No, no ══════.

ABUELA   Bueno, no necesitas cuadernos.

PACO   **6.** ¡══════ para la clase de álgebra!

ABUELA   ¡Paco! **7.** ¡══════! Y tu cuarto es un desastre. **8.** ══════ tu cuarto.

26 **Paco y su abuela**

Hablemos Now, with a partner, act out the roles of Paco and his grandmother, using the dialogue from the previous activity. Then switch roles and try to vary what the two characters say. Be creative!

Necesito...

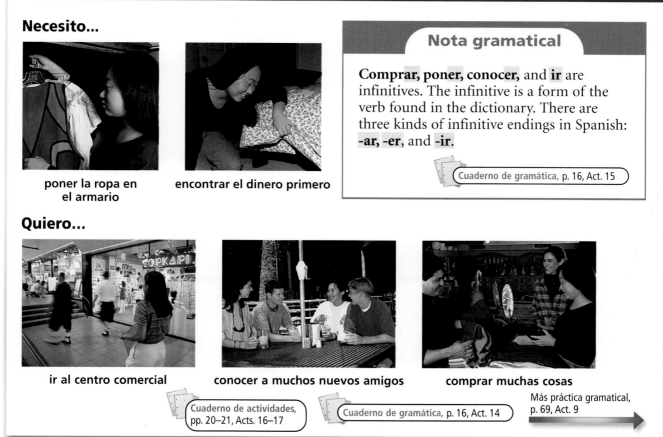

poner la ropa en
el armario

encontrar el dinero primero

Nota gramatical

Comprar, **poner**, **conocer**, and **ir** are infinitives. The infinitive is a form of the verb found in the dictionary. There are three kinds of infinitive endings in Spanish: **-ar**, **-er**, and **-ir**.

Cuaderno de gramática, p. 16, Act. 15

Quiero...

ir al centro comercial

conocer a muchos nuevos amigos

comprar muchas cosas

Cuaderno de actividades,
pp. 20–21, Acts. 16–17

Cuaderno de gramática, p. 16, Act. 14

Más práctica gramatical,
p. 69, Act. 9

---

27 Victoria y Tomás

Escuchemos/Escribamos Listen as Victoria lists what she and Tomás need to do before Monday. Write the name of the person who needs to do each thing. What do both of them need to do?

1. hacer muchas cosas
2. ir al centro comercial
3. comprar una mochila
4. organizar el cuarto
5. encontrar la mochila
6. poner la ropa en el armario
7. hacer la tarea

28 Gramática en contexto

Leamos/Hablemos Use verbs from the first column with phrases from the second to talk about some things you plan to do this week. Start each sentence with (**No**) **Necesito...** or (**No**) **Quiero...**

poner	mi cuarto
hacer	a clase
comprar	los lápices en la mesa
organizar	la sala de clase
ir	la tarea para mañana
encontrar	el dinero
	un diccionario de español
	mi libro de español en la mochila
	a la librería

29 Problemas

Escribamos The following people need your help. Write what each person needs to do, wants to buy, or where each one needs to go, using as many new expressions as you can.

1. Juanita never knows what time it is.
2. Jorge's room is too dark.
3. María doesn't have enough clothes.
4. Isabel can't find tomorrow's homework in her cluttered room.
5. Rafael is trying to build his vocabulary.
6. Diego is totally out of pens, pencils, and paper.
7. Inés is new in town and is feeling lonely.

30 ¿Qué necesitas hacer?

Hablemos Work in pairs. Tell your partner what each person in Activity 29 needs to do. Then find out if your partner wants or needs to do the same things. Switch roles after number four.

MODELO — Diego necesita ir a la librería. ¿Y tú? ¿Quieres ir a la librería?
— No, no quiero ir a la librería, pero necesito...

31 De vuelta al colegio *Back to school*

Hablemos With a partner, take turns asking and telling each other how many of each item you need to buy and how much money you need.

regla	diccionario
cuaderno	lápiz
mochila	goma de borrar
libro	bolígrafo

MODELO — ¿Cuántas carpetas necesitas comprar?
— Necesito comprar siete carpetas.
— Necesitas ... dólares y ... centavos.

Vocabulario

¿Cuánto es en dólares?

31	treinta y uno	40	cuarenta	101	ciento uno
32	treinta y dos	50	cincuenta	102	ciento dos
33	treinta y tres	60	sesenta	103	ciento tres
34	treinta y cuatro	70	setenta		...
35	treinta y cinco	80	ochenta		...
36	treinta y seis	90	noventa		...
	...	100	cien	199	ciento noventa y nueve

Uno at the end of a number changes to **un** before a masculine noun and **una** before a feminine noun: **veintiún dólares** *(dollars)*, **veintiuna reglas.**

Más práctica gramatical, p. 69, Act. 10

Cuaderno de gramática, p. 17, Acts. 16–17

Cuaderno de actividades, p. 22, Act. 19

32 Del colegio al trabajo

Hablemos Play the roles of clerks in a **papelería**. The store needs to have 100 of each of the following items for the upcoming semester. Working with a partner, tell how many of each are needed, given the quantity on hand.

MODELO — Hay cuarenta carpetas.
— Necesitamos sesenta más.

1. gomas de borrar (70)
2. bolígrafos (48)
3. cuadernos (34)
4. lápices (55)
5. reglas (23)
6. mochilas (12)

33 ¿Cuántos años tiene?

Hablemos/Escribamos In Chapter 1 you learned how to say how old someone is. Give the ages of the following people, using the person's name and **tiene** _____ **años.** If you don't know, you'll have to ask! If you can't ask, just guess.

1. your parent or guardian
2. your principal
3. the person sitting next to you
4. a TV star
5. the President

6. a grandparent or elderly person
7. your best friend
8. the person in your family nearest your age
9. your favorite movie star
10. a recording artist

34 Números de teléfono

Hablemos/Escribamos Your partner will say a name and a telephone number. Write the number, then repeat it to your partner to verify that you copied it correctly. Write three names and numbers, then switch roles and start over.

MODELO   El teléfono de Mark es el cinco, cincuenta y cinco, ochenta y siete, treinta y seis.

35 En mi cuaderno

Escribamos Most of us could use a little more organization in our lives. In your journal, write a paragraph about what you need to do this week. Include some things you need to do, where you need to go, and what you need to buy. Write how much money you need.

LETRA Y SONIDO

A. The letter **d** in Spanish represents two possible pronunciations.

1. At the very beginning of a phrase, or after an **l** or **n,** it sounds like the *d* in the English word *did* except with the tip of the tongue closer to the back of the teeth.

   dinero   diez   diccionario   dar   andar   dónde   el día   falda

2. Anywhere else in the word or phrase (especially between vowels) its pronunciation is softened and is similar to the *th* in the English word *they.*

   qué día   cerdo   modo   cada   verdad   estudiar   calculadora

B. Dictado

Adriana is making a shopping list. Complete her list based on what she says.

Tengo...   **Necesito...**

C. Trabalenguas

Pronounce this tongue twister after your teacher or after the recording.
   Cada dado da dos dedos,
   dice el hado, y cada lado
   de dos dados, o dos dedos,
   da un dos en cada uno de los lados.

Vamos a leer

Portadas

A trip to the bookstore to buy school supplies is also a good opportunity to browse through some other interesting and fun items.

Estrategia para leer

Look at pictures, titles, and subtitles before you begin to read. Also look for other words that stand out (bold or large print). By looking at these first, you can often tell what a passage is about without reading every word.

¡A comenzar!

A. Look at the pictures and titles on these two pages. Are these items…

1. advertisements?
2. movie reviews?
3. book covers, CD-ROMs, magazines, and videotapes?
4. posters?

B. By looking at just the <u>pictures</u> on the covers, can you tell which item is about…

1. the environment?
2. food?
3. dogs?
4. marine life?

¿Te acuerdas?

Do you remember?
Remember the strategy you learned in Chapter 1. Use cognates to figure out meaning.

NUTRICIÓN Y SALUD
Mitos, peligros y errores de las dietas de adelgazamiento
Información sobre comidas y hábitos sanos.

YA SOY COMPOSITOR
Nuevo CD-ROM con el que se convierte música en señales digitales. Crea tus propias melodías en la computadora.

Educar para el futuro.
50 COSAS QUE LOS NIÑOS PUEDEN HACER PARA SALVAR LA TIERRA *The earth works group. Ed. Emecé.*

Buscando la utilidad
GUÍA COMPLETA PARA EL ADIESTRAMIENTO DEL PERRO
V. Rossi. De Vecchi.

LAROUSSE ILUSTRADO
Diccionario
Enciclopédico
LENGUA
Definiciones de la
   palabra
Sinónimos y antónimos
Dificultades del idioma
Reglas gramaticales
CULTURA
Historia y geografía
Tecnología y biología
Ciencias naturales
Arte y literatura

GEOMUNDO
Revista de la naturaleza
mundial: animales,
lugares y situaciones
interesantes.

BILLIKEN PRESENTA:
MUNDO MARINO
Video documental filmado
en el oceanario de San
Clemente del Tuyú.
ATLÁNTIDA

Al grano

Now take a little more time and look at the words in bold print.

C. Which item would you buy as a gift for each of these people?

For someone who. . .

1. loves music
2. likes animals
3. wants to be a marine biologist
4. wants to learn about ecology

D. Now read the information accompanying each picture and answer the questions.

1. Look at the *Pequeño Larousse Ilustrado.* Does it have cultural information? Which cognates tell you this?
2. Look at the *Guía completa para el adiestramiento del perro.* **Guía** means *guide.* What kind of a guide is this?
3. Look at *50 cosas que los niños pueden hacer para salvar la Tierra.* What's this book about? How do you know?
4. Look at the *GeoMundo.* What kind of magazine is it? What do you think you'd learn about if you read it?

E. Quieres comprar un video y un libro. Completa el párrafo *(paragraph)* para explicar *(to explain)* adónde necesitas ir y qué te gusta.

tienda   *store*

interesante   *interesting*

bueno   *good*

Quiero comprar unos... Primero, necesito ir... donde está mi... favorita. De los videos que hay, me gusta... porque es... El libro que quiero comprar es... porque es...

Cuaderno para hispanohablantes, pp. 6–8

Cuaderno de actividades, p. 23, Act. 20

Más práctica gramatical

MARCAR: go.hrw.com
PALABRA CLAVE: WV3 SPAIN-2

Primer paso   Objective Talking about what you want and need

1 Complete Susana's school shopping list by filling in each blank with the correct indefinite article, **un** or **una**. (**p. 51**)

La lista de Susana

1. _____ bolígrafo   5. _____ diccionario
2. _____ regla   6. _____ mochila
3. _____ goma de borrar 7. _____ libro
4. _____ carpeta   8. _____ lápiz

2 You've offered to help Susana shop for school supplies. Make a joint list to take to the bookstore by combining her list from Activity 1 with yours. (**p. 52**)

1. _____
2. _____
3. _____
4. _____
5. _____
6. _____
7. _____
8. _____
9. _____
10. _____

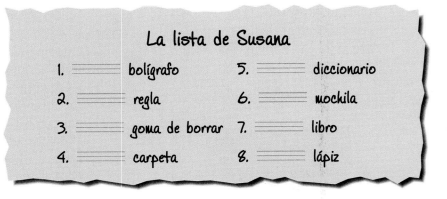

Mi lista
1 regla
1 goma de borrar
1 libro
1 lápiz
1 diccionario
1 cuaderno
1 calculadora

3 Rosa and Luis are talking in a bookstore. Complete their conversation by filling in each blank with the correct indefinite article: **un, una, unos,** or **unas**. (**p. 53**)

ROSA   Luis, ¿qué necesitas para las clases?

LUIS   A ver... necesito ___1___ mochila y ___2___ calculadora. ¿Y tú, Rosa?

ROSA   Pues, para mi clase de arte necesito ___3___ lápices y ___4___ cuadernos.
Y quiero ___5___ regla y ___6___ gomas de borrar para la clase de matemáticas.

LUIS   ¿Y qué necesitas para las clases de inglés y español?

ROSA   Necesito ___7___ diccionarios y ___8___ carpetas.

6 In pairs, take turns reading the items to each other. Then form sentences saying what each person wants or needs to do. Be creative!

MODELO **Armando quiere jugar *(to play)* al tenis pero no tiene zapatillas.**
Armando necesita ir al centro comercial para comprar zapatillas.

1. Joaquín dice *(says)*, "Me gusta la música de Juan Luis Guerra y tengo bastante *(plenty of)* dinero."
2. No tienes cuadernos ni gomas de borrar.
3. Tengo dinero en mi cuarto, sí, pero ¡el cuarto es un desastre!
4. Anabel no tiene muchos amigos.
5. Manuela dice, "Me gusta la revista *Tú*."
6. Tengo muchos problemas en la clase de inglés.

7 With a partner, look at the pictures and match each of these descriptions to the person who said it. Then choose one of the two remaining pictures and describe it to your partner. See if she or he can guess which one you're describing.

1. Tengo veintiocho años. Me gusta la música clásica y tengo muchos discos compactos. ¿Quién soy?
2. Me gusta ir al centro comercial. Necesito zapatillas de tenis. Tengo quince años. ¿Quién soy?
3. Me gusta ir al centro comercial. Necesito zapatillas de tenis, pero necesito encontrar mi dinero primero. Tengo cincuenta años. ¿Quién soy?

8 ## Situación

Get together with two or three classmates. Imagine that you're students from different Spanish-speaking countries, with new names and ages. Introduce yourself to the group in Spanish. Keep your conversation going as long as you can by asking your partners questions about where they're from, what things they have in their room, their likes and dislikes, and what they want to do.

Cuaderno para hispanohablantes, p. 10

A ver si puedo...

Can you talk about what you want and need? p. 52

1 How would you ask these students if they need the items listed? How would the students answer?
1. Juanita   some pens and paper
2. Paco   a calculator
3. Felipe   some notebooks
4. Mercedes   a backpack
5. Tú   ¿?

Can you describe the contents of your room? p. 57

2 How would you tell a friend how many, if any, of each item is in your room? How would you say you don't have a certain item but want one? Now write out the questions you would use to ask your friend if she or he has these items in his or her room.

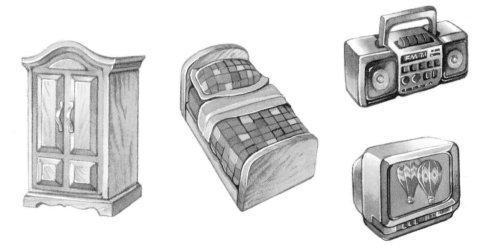

3 Tomorrow is the first day of class. Ask a friend how much or how many he or she needs of these things. How would your friend answer?
1. paper   4. notebooks
2. books   5. folders
3. rulers   6. pencils

Can you talk about what you need and want to do? p. 60

4 How would you say you need to do the following things? How would you say you want to do the same things?
1. to organize your room
2. to put your tennis shoes in the closet
3. to find your money
4. to go to the bookstore
5. to buy a lot of things
6. to meet some new friends

Primer paso

Talking about what you want and need

el bolígrafo	ballpoint pen
Bueno	Well . . .
la calculadora	calculator
la carpeta	folder
el colegio	high school
el cuaderno	notebook
el diccionario	dictionary
él	he
ella	she
la goma de borrar	eraser
el lápiz	pencil

la librería	bookstore
el libro	book
la mochila	book bag, backpack
necesita	she/he needs
necesitar	to need
necesitas	you need
necesito	I need
el papel	paper
querer (ie)	to want
quiere	he/she wants

quieres	you want
quiero	I want
la regla	ruler
tengo	I have
un	a, an (masc. sing.)
una	a, an (fem. sing.)
unas	some, a few (fem. pl.)
unos	some, a few (masc. pl.)
ya	already

Segundo paso

Describing the contents of your room

el armario	closet
la cama	bed
el cartel	poster
¿Cuánto/a?	How much?
¿Cuántos/as?	How many?
el cuarto	room
el escritorio	desk
hay	there is, there are
la lámpara	lamp
la mesa	table

mi	my
mucho/a	a lot (of)
muchos/as	many, a lot (of)
la puerta	door
¿Qué hay en...?	What's in . . .?
la radio	radio
el reloj	clock; watch
la revista	magazine
la ropa	clothes, clothing
la silla	chair

su	his; her
el televisor	TV set
tener (ie)	to have
tiene	he/she has
tienes	you have (familiar)
tu	your (familiar)
la ventana	window
las zapatillas de tenis	tennis shoes (Spain)

Tercer paso

Talking about what you need and want to do

el centro comercial	shopping mall
comprar	to buy
conocer	to get to know (someone)
la cosa	thing

el dinero	money
el dólar	dollar
encontrar (ue)	to find
hacer	to do, to make
ir	to go
No sé.	I don't know.

nuevos amigos	new friends
organizar	to organize
la pizzería	pizzeria
poner	to put
primero	first

Numbers 31–199 See p. 62.

¡Ven conmigo a México!

Población: 98.000.000

Área: 1.949.706 km² (761.604 millas cuadradas); tres veces más grande que el estado de Texas

Capital: Ciudad de México (Distrito Federal), población más de 20.000.000 (área metropolitana)

Gobierno: república federal

Industrias: acero, plata, químicos, electrodomésticos, textiles, caucho, petróleo, turismo

Cosechas principales: algodón, café, trigo, arroz, caña de azúcar, tomates, maíz, frutas

Unidad monetaria: el nuevo peso

Idiomas: español, más de cincuenta lenguas indígenas

ESTADOS UNIDOS

Sierra Madre Occidental

Sierra Madre Oriental

Río Bravo del Norte

Monterrey

Golfo de México

MÉXICO

OCÉANO PACÍFICO

Guadalajara

Ciudad de México

Puebla
Cuernavaca

N

0   250   500 Kilómetros
0   250   500 Millas

CENTROAMÉRICA

go.
hrw
.com

WV3 MEXICO

VIDEO

CD-ROM 1

DVD 1

Ruinas de una civilización pre-azteca en Teotihuacán ▶

México

Mexico, a rich and diverse nation with a wealth of resources, culture, and history, has been a cradle of advanced civilizations for more than two thousand years. Many Mexicans are of mixed indigenous and European descent. The country is a leading producer of petroleum, silver, corn, coffee, oranges, and cotton. Mexico City, the national capital, is the world's largest city.

internet

go.hrw.com
MARCAR: go.hrw.com
PALABRA CLAVE:
WV3 MEXICO

1 Alfarero de Oaxaca
The markets of Oaxaca are a great place to find colorful pottery, weavings, jewelry, ceramics, and baskets.

2 "El Popo"
Popocatépetl, one of two volcanoes near Mexico City, means "smoking mountain" in Náhuatl, the language of the ancient Aztecs and the native language of over one million Mexicans today.

3 Bellas Artes
El Palacio de Bellas Artes, home of the *Ballet Folklórico*, is Mexico's most important theater.

5 **Cabeza olmeca**
The Olmecs, Mexico's earliest recorded civilization, left behind huge carved stone heads, the earliest portraits of Native Americans.

In Chapters 3 and 4
you will meet several students who live in Cuernavaca, a historic city of about 400,000 people that is the capital of the Mexican state of Morelos. Cuernavaca is a popular place where people from all over the world come to study Spanish. Young people from Mexico City come to Morelos for a fun-filled weekend of skiing on natural lakes, swimming in spring-fed pools, sailboat racing, and visiting historical sites like the *Palacio de Cortés* or the ruins at Xochicalco.

4 **La UNAM**
Spectacular murals are found throughout Mexico, like this mosaic mural at the *Universidad Nacional Autónoma de México*.

6 **El parque de Chapultepec**
Chapultepec Park, the largest wooded area in Mexico City, is one of the best places for outdoor relaxation in the capital.

7 **Las charreadas**
The biggest rodeo rings in Mexico are in Mexico City and Guadalajara. These women are dressed in typical *amazona* costume.

3

Nuevas clases, nuevos amigos

Objectives

In this chapter you will learn to

Primer paso

- talk about classes and sequence events
- tell time

Segundo paso

- tell at what time something happens
- talk about being late or in a hurry

Tercer paso

- describe people and things
- talk about things you like and explain why

🔲 internet

go. hrw .com

MARCAR: go.hrw.com
PALABRA CLAVE:
WV3 MEXICO-3

◀ **¿Te gustan las clases este semestre?**

DE ANTEMANO · *¡Bienvenida al colegio!*

Estrategia
para comprender
Look at the photos that accompany the story. Where and when do you think these scenes are taking place? What clues tell you this? What do you think will happen in the story?

María Inés **Fernando** **Claudia**

Director Altamirano **Profesor Romanca**

1

Director: Bueno, ya son las ocho menos cinco. Aquí tienes el horario. Ahorita tienes clase de ciencias sociales... y a las ocho y cincuenta tienes clase de francés. El descanso es a las nueve y cuarenta...

2

Director: Muchachos, buenos días. Ella es una compañera nueva. Se llama Claudia Obregón Sánchez. Es de la Ciudad de México.

3

María Inés: Me llamo María Inés.

Fernando: Y yo soy Fernando. Encantado. Y ¡bienvenida a Cuernavaca!

María Inés: Eres de la Ciudad de México, ¡ay, qué padre! Hay muchas cosas interesantes allá, ¿no?

4

Claudia: Sí, la capital es muy divertida. Mira, me gusta ir al parque... visitar los museos... y también me gusta mucho jugar al basquetbol.

Fernando: Miren, ya son las ocho. ¿Dónde está el profesor? Está atrasado.

5

Claudia: Fernando, ¿cómo es esta clase?

Fernando: Ay, es horrible. El profesor es muy aburrido... ¡y no le gustan los exámenes fáciles!

María Inés: No te preocupes, Claudia, no es verdad. Esta clase es mi favorita. Es muy interesante, y el profesor, pues, es... así.

6

María Inés: Señor Rodríguez, una pregunta, ¿le gustan las ciencias sociales?

Fernando: Sí, "profesora"... me gustan.

María Inés: ¿Y le gusta estudiar?

7

Fernando: Sí, me gusta estudiar.

María Inés: Entonces, ¿por qué no le gusta estudiar las ciencias sociales?

8

¡Ay, no!

Cuaderno de actividades, p. 25, Acts. 1–2

1 ¿Comprendes?

Check your understanding of the **fotonovela** by answering these questions. Remember that intelligent guessing is a useful way to increase your understanding in a foreign language.

1. What time is it when this story begins?
2. What do you think the principal is discussing with Claudia?
3. What's in the photographs that Claudia is showing Fernando and María Inés?
4. How do María Inés and Fernando's opinions of this class differ?
5. Which of the students seems to be mischievous? How?
6. How does the **fotonovela** end? How do you think María Inés feels?

2 Errores

Con base en la fotonovela, cambia las oraciones para hacerlas verdaderas.

1. La primera clase de Claudia es la clase de francés.
2. Claudia es una profesora nueva en la clase.
3. Claudia es de España.
4. La capital de México es muy aburrida.
5. Para Fernando, la clase es fácil.

3 ¿Cómo se dice...?

What phrases do these characters use in each situation?

Claudia
1. to say she also likes to do something
2. to ask Fernando what this class is like

the principal
6. to say what time it is
7. to tell Claudia at what time she has French

María Inés
3. to tell Claudia not to worry
4. to say "it's not true"
5. to say the professor is "like this"

Fernando
8. to say he likes social sciences
9. to say what the teacher doesn't like

4 ¡Opiniones!

Using the **fotonovela** as a guide, fill in the blanks with words from the box.

Tengo la clase de ___1___ a las ocho. No ___2___ la clase. Es ___3___ y los exámenes son ___4___. Necesito más clases ___5___. Mi clase de español es mi ___6___ porque es ___7___.

ciencias sociales   me gusta
interesantes
horrible
divertida   favorita
difíciles

5 ¿Y tú?

Complete the following with your own ideas about what's fun, boring, easy, or difficult.

1. La capital de mi estado es (divertida/aburrida).
2. Mis clases son (fáciles/difíciles).
3. La clase de español es (fácil/difícil).
4. La música clásica es (divertida/aburrida).
5. El tenis es (divertido/aburrido).

Vocabulario

¿Qué materias estudias? *What subjects are you studying?*

CD-ROM 1
DVD 1

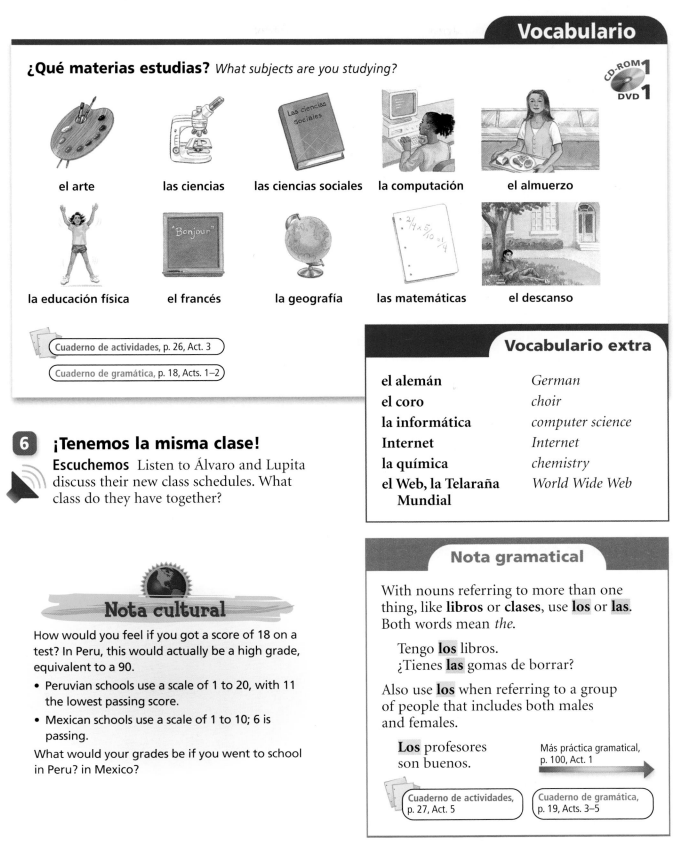

el arte

las ciencias

las ciencias sociales

la computación

el almuerzo

la educación física

el francés

la geografía

las matemáticas

el descanso

Cuaderno de actividades, p. 26, Act. 3

Cuaderno de gramática, p. 18, Acts. 1–2

Vocabulario extra

el alemán	*German*
el coro	*choir*
la informática	*computer science*
Internet	*Internet*
la química	*chemistry*
el Web, la Telaraña Mundial	*World Wide Web*

6 **¡Tenemos la misma clase!**

Escuchemos Listen to Álvaro and Lupita discuss their new class schedules. What class do they have together?

Nota cultural

How would you feel if you got a score of 18 on a test? In Peru, this would actually be a high grade, equivalent to a 90.

• Peruvian schools use a scale of 1 to 20, with 11 the lowest passing score.

• Mexican schools use a scale of 1 to 10; 6 is passing.

What would your grades be if you went to school in Peru? in Mexico?

Nota gramatical

With nouns referring to more than one thing, like **libros** or **clases**, use **los** or **las**. Both words mean *the*.

Tengo **los** libros.
¿Tienes **las** gomas de borrar?

Also use **los** when referring to a group of people that includes both males and females.

Los profesores
son buenos.

Más práctica gramatical,
p. 100, Act. 1

Cuaderno de actividades,
p. 27, Act. 5

Cuaderno de gramática,
p. 19, Acts. 3–5

Así se dice

Talking about classes and sequencing events

To find out what classes a friend has, ask:

¿Qué clases tienes este semestre?
. . . this semester?

¿Qué clases tienes hoy?
. . . today?

¿Y cuándo tienes un día libre?
And when do you have a free day?

Your friend might answer:

Bueno, **tengo** matemáticas, inglés, español y ciencias sociales.

Primero tengo geografía, **después** computación y **luego** francés.
First I have . . . afterward . . . then . . .

¡Mañana por fin tengo un día libre!
Tomorrow at last I have a free day!

---

7 **Gramática en contexto**

Leamos/Escribamos Today is the first day of the new school year. The students have just received their class schedule. Explain what school supplies they need for the classes they are taking. Use **los** and **las** in your answers.

MODELO **Los estudiantes necesitan las reglas para la clase de geometría.**

reglas
mapas (m.)
lápices, gomas de borrar
zapatillas de tenis
calculadoras
diccionarios
computadoras

geometría
francés y español
arte
educación física
informática
geografía
matemáticas

---

8 **Primero tiene...**

Leamos/Escribamos Complete this description of Claudia's Monday morning schedule, using the words provided.

luego   después   mañana
    primero   hoy

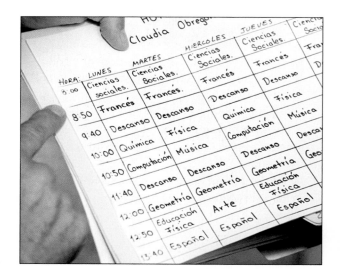

____1____ Claudia tiene siete clases. ____2____ tiene la clase de ciencias sociales con el profesor Romanca. ____3____ tiene francés y un descanso. ____4____ tiene química, computación y un descanso. ____5____ tiene física a las 10:00 y música a las 10:50.

9 Pues, tengo...

Hablemos Get together with a partner. Greet one another and ask how your partner is. Find out what classes you each have and in what order. Use the expressions you've learned for talking about your schedule.

10 El reloj

Escuchemos Bernardo is babysitting today. You'll hear his brother at different times throughout the day ask him what time it is. Match each time mentioned with the correct clock below.

a.

b.

c.

d.

e.

f.

g.

h.

11 Hora local

Escribamos Generally, what time is it when . . .?

1. the sun comes up
2. you wake up
3. you get out of bed
4. the school day begins
5. you eat lunch
6. you leave school
7. you eat dinner
8. you get in bed
9. you go to sleep

Gramática

Telling Time

1. To tell the hour (except for times around one o'clock),
   use **Son las…** plus the hour. **Son las ocho.** *It's 8 o'clock.*

2. For times after the hour, follow this pattern:
   Son las siete **y cuarto**. *It's a quarter after 7.*
   Son las ocho **y veinticinco**. *It's 8:25.*
   Son las once **y media**. *It's 11:30.*

3. For times before the hour, say:
   Es la una **menos veinte**. *It's 20 minutes to 1.*
   Son las doce **menos cuarto**. *It's a quarter to 12.*
   Son las ocho **menos diez**. *It's 10 minutes to 8.*

4. For times including 1:00, use **Es la una…**
   Es la una y veinte. *It's 1:20.*

Cuaderno de actividades, p. 28, Acts. 7–8

Cuaderno de gramática, p. 20, Acts. 6–7

Más práctica gramatical,
p. 100, Act. 2

---

12 **Gramática en contexto**

Hablemos Intercambia papeles con tu compañero/a. Indiquen qué hora es en cada reloj.

1.

2.

3.

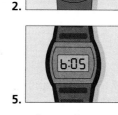

4.

5.

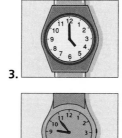

6.

13 **¿Qué clase tengo ahora?**

Escuchemos/Escribamos Imagine that you're keeping your new friend Alberto company during a typical school day. Listen as he tells you about his schedule. First write the times of day he mentions. Then listen again and write the class he has at each time.

MODELO   —**Son las doce y diez. Tengo la clase de computación.**
                        12:10—computación

14 **Gramática en contexto**

Escribamos Para cada una de las siguientes oraciones, escribe qué hora es. Tus respuestas pueden variar.

1. Ya no tengo clases.
2. Necesito hacer la tarea.
3. Necesito ir al colegio.
4. Hay un descanso.

5. Tengo clase de español.
6. Es la hora del almuerzo.
7. Quiero ir a la pizzería con amigos.
8. Quiero ir al centro comercial.

PANORAMA CULTURAL

VIDEO · CD-ROM 1 · DVD 1

¿Cómo es un día escolar típico?

In this chapter, we asked some students at what time they usually go to school, what they do after class, and which classes they like.

Mario
Lagunilla de Heredia, Costa Rica

"Bueno... son varios horarios. En el horario de la mañana voy a las siete de la mañana, y en el horario de la tarde a las doce y media, más o menos".

Lucía
Buenos Aires, Argentina

"Bueno... el día es tranquilo. En general es lindo. Me la paso bien acá dentro del colegio y tengo alrededor de doce materias. Mi materia preferida es literatura y todas las que tengan que ver con lo humanístico".

Natalie
Maracaibo, Venezuela

"Bueno... voy a la escuela de [las] 7 de la mañana a [la] 1:30 de la tarde; de ahí voy a mi casa, almuerzo; normalmente después me acuesto como hasta las 3 de la tarde y después me pongo a estudiar si tengo algo que estudiar".

Para pensar y hablar...

A. At what time do you usually go to school? How many hours are you in school? What do you do after school? In Costa Rica, Mario has classes almost all day with a lunch break. Why do you think he has such a schedule? What are the advantages and disadvantages of going to school for a longer period during the day?

B. In groups, ask your classmates what their favorite classes are and why. Discuss why some people like sciences and others humanities or social sciences.

Cuaderno para hispanohablantes, p. 14

Así se dice

Telling at what time something happens

To find out at what time something happens, ask:

¿A qué hora es la clase?
At what time is . . .?

¿A qué hora es el almuerzo?

To answer, say:

(Es) a las tres de la tarde.
(It's) at three in the afternoon.

¡Es ahora! Son las doce **en punto.**
It's now! . . . on the dot.

Más práctica gramatical, p. 101, Act. 3 ⟶

Vocabulario

Más práctica gramatical, p. 101, Act. 4 ⟶

de la mañana
in the morning (A.M.)

de la tarde
in the afternoon (P.M.)

de la noche
in the evening (P.M.)

Cuaderno de actividades, p. 29, Act. 10

Cuaderno de gramática, p. 21, Acts. 8–9

15 **Horarios**

Escuchemos Two new students are discussing their daily schedules. Listen to the questions, then choose the appropriate answer.

1. **a)** Es la una y veinte.
   b) Es a la una y veinte.

2. **a)** Son las doce y diez.
   b) A las doce y diez.

3. **a)** Sí, son las tres.
   b) Sí, es a las tres.

4. **a)** Son las once y media.
   b) A las once y media.

5. **a)** Son las tres y ocho.
   b) A las tres y ocho.

6. **a)** Son las seis de la tarde.
   b) Es a las seis de la tarde.

16  **Del colegio al trabajo**

Hablemos You are a guidance counselor helping a new student with his or her class schedule. Answer the student's questions about at what time the classes meet. Use the times listed below for each course.

1. matemáticas (10:35 A.M.)

2. computación (2:10 P.M.)

3. ciencias (11:40 A.M.)

4. inglés (9:40 A.M.)

5. educación física (3:40 P.M.)

6. francés (1:20 P.M.)

7. almuerzo (1:55 P.M.)

Nota cultural

Students in Spanish-speaking countries may take as many as nine different courses. They can take more courses because their schedules vary from day to day. Most of these are required courses.

17 Los programas de televisión

Hablemos/Leamos Choose two programs from this television listing from Mexico City and tell your partner what time they begin. Your partner will guess which programs you chose. Then think of two television programs you like to watch at home. Tell your partner at what time they begin, and your partner will guess the programs.

18 Entrevista

Hablemos/Escribamos Get together with two classmates. Imagine that you have just met. Exchange greetings with them and ask where they are from and how they're doing. Find out what classes they have today and at what times the classes meet. Then write their schedules, including classes and times. Be sure to use words like **primero,** **después,** and **luego** to help you sequence their schedules.

7:00 5 BEETLEJUICE. Dibujos animados.
NOCHE 7 ALF. Comedia.
9 ESPECIAL MUSICAL. Variedades. "Timbiriche".
11 HOY EN LA CULTURA Entrevista especial a Octavio Paz. Premio Nobel de Literatura y Orgullo de México. Conducción: Sari Bermúdez.

7:30 2 ¡LLEVATELO! Concursos para toda la familia, con Paco Stanley y Gabriela Ruffo.
5 BATMAN. Dibujos animados.
7 SALVADO POR LA CAMPANA. Aventuras.
11 EL HOMBRE Y LA INDUSTRIA. Reportajes. Juventud.
13 SEÑORA. Telenovela.
22 POR AQUI PUEDEN PASAR. Animación infantil. Cuentos alrededor del mundo: Rumpelstiltskin.

7:50 22 ENCUADRE. Cartelera cinematográfica. Con Leonardo García Tsao y Nelson Carro.

8:00 4 LOS INTOCABLES. Aventuras policíacas.
5 INTRIGA TROPICAL. Aventuras de un ex-agente antinarcóticos y su socia detective. Rob Stewart "Nick Slaughter", Carolyn Dunn "Sylvie Girard", Pedro Armendáriz "Lt. Carrillo".

JUEVES

Nota gramatical

In Spanish, to show that something belongs to someone, use **de.** This is the equivalent of *'s* (apostrophe *s*) in English.

los zapatos de David   *David's shoes*
las clases de Eva   *Eva's classes*

De combines with **el** to form the contraction **del.**

el perro del profesor   *the teacher's dog*
la directora del colegio   *the school's director*

Cuaderno de gramática, p. 22, Acts. 10–11

Más práctica gramatical, p. 102, Act. 5

SUGERENCIA

Sometimes students often don't know *how* to study a foreign language. Learning a language is like learning a new sport—you have to do a little bit every day. You also have to practice. Set aside time each day for Spanish. Study in a quiet place, where you can say words out loud. Review what you did in Spanish class that day, then go on to your homework. Keep at it and plan to study regularly with a classmate. All your hard work will pay off!

19 Gramática en contexto

Hablemos/Escribamos Work in a group of three. Each student completes the sentences below. Then exchange answers with your partners. Take turns reporting to the group.

MODELO
—**Mi actor favorito es Andy García.**
—**El actor favorito de Luis es Andy García.**

1. Mi actor favorito es...
2. Mi actriz favorita es...
3. Mi libro favorito es...
4. Mi deporte favorito es...
5. Mi clase favorita es...
6. Mi color favorito es...
7. Mi programa de televisión favorito es...
8. Mi grupo musical favorito es...
9. Mi comida favorita es...

Talking about being late or in a hurry

To tell someone you are late, say:

Estoy atrasada. *(if you're female)*

Estoy atrasado. *(if you're male)*

To say that someone else is late, say:

Está atrasada. *(if the person is female)*

Está atrasado. *(if the person is male)*

To tell someone you are in a hurry, say:
Tengo prisa.

To tell a friend to hurry up, say:
¡Date prisa!

Cuaderno de actividades,
pp. 30–31, Acts. 11–12

También se puede decir...

To tell a friend to hurry up, Mexicans also may say
¡Ándale!, **¡Apúrate!**, or **¡Córrele!**

---

20 **¡Ya es tarde!**

Leamos/Escribamos Everyone's running late today! Match the correct photos to the sentences below. Then, using phrases from **Así se dice,** create a caption for the remaining photo.

a.

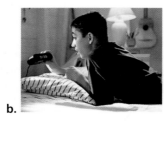

b.

c.

d.

1. ¡Date prisa! Ya tengo todo en mi mochila.
2. Buenos días, señor Rodríguez. Usted está atrasado, ¿no?
3. ¡Ay, ya son las nueve y media! ¡Tengo prisa!
4. ¿ ?

21 **¿Quién está atrasado?**

Escribamos Of the people you know, who is always late and who is never late? Write sentences about five people you know, using **siempre** for always, and **nunca** for never.

MODELO **Mi amigo Juan siempre está atrasado.**

22 **Lo siento, no tengo tiempo.** *I'm sorry, I don't have time.*

Escribamos Imagine that you and your friend have just run into each other. Write a dialogue in which one of you keeps on chatting while the other tries to end the conversation.

Encuentro cultural

Hora latina

Eric recently moved to Taxco, Mexico, from Minnesota. Last weekend, he was invited to a party by his new friends Paloma and Consuelo. He arrived at 8:00 P.M., as Paloma and Consuelo had told him. When he got there, however, none of the other guests had arrived and the two girls weren't even ready. Eric felt really awkward.

Tomorrow, Eric has an interview with the principal at the school he'll be attending. His appointment is for 9:00 A.M. Eric isn't sure when to show up. Working with a partner, decide how to answer the questions under **Para discutir**... below. Then check your answers in the **Vamos a comprenderlo** section to see if they are reasonable.

COLEGIO SAN ROQUE

Para discutir...

1. Should Eric show up for his interview at 9:00 on the dot?
2. What would have been a good time for Eric to arrive at Paloma and Consuelo's party?
3. What would you do if you arrived at a party before the hosts were ready?

Vamos a comprenderlo

In Mexico, as in other Spanish-speaking countries, people are expected to arrive a little late for a party—a half-hour to an hour later than they are told to come. This custom is called **hora latina** *(Latin time)*. But at school or on the job, people are expected to be on time. There's no set rule for what to do if you arrive too early to a social event. Eric could have made a polite excuse to leave and come back later, but it's likely that his hosts would have invited him in for a soft drink while he waited for the other guests.

Así se dice

Describing people and things

To find out what people and things are like, ask:

¿Cómo es tu compañero/a nuevo/a?
What's your new friend like?

¿Cómo es la clase?

¿Cómo son los profesores?
What are the teachers like?

To tell what someone or something is like, say:

Él es alto. *He's tall.*
Ella es alta. *She's tall.*

Es aburrida. *It's boring.*

No te preocupes. Ellos no son muy estrictos.
Don't worry. They aren't very strict.

Nota gramatical

You're familiar with the singular forms of **ser** *(to be)*. Here are all forms of the verb.

Soy alto/a.	Nosotros/as **somos** altos/as.
Eres bajo/a.	Vosotros/as **sois** bajos/as.
Es cómico/a.	**Son** cómicos/as.

 Cuaderno de gramática, p. 23, Acts. 12–13

Más práctica gramatical, p. 102, Act. 6

Vocabulario

antipático/a *disagreeable*
bajo/a *short*
bonito/a *pretty*
bueno/a *good*
cómico/a *funny*
difícil *difficult*
divertido/a *fun, amusing*
fácil *easy*
feo/a *ugly*
grande *big*
guapo/a *good-looking*

inteligente *intelligent*
interesante *interesting*
malo/a *bad*
moreno/a *dark-haired, dark-skinned*
nuevo/a *new*
pequeño/a *small*
rubio/a *blond*
simpático/a *nice*

Cuaderno de gramática, p. 24, Acts. 14–16

Más práctica gramatical, p. 103, Act. 7

23 **Gramática en contexto**

Leamos Empareja cada uno de los dibujos con la descripción correcta.

a.

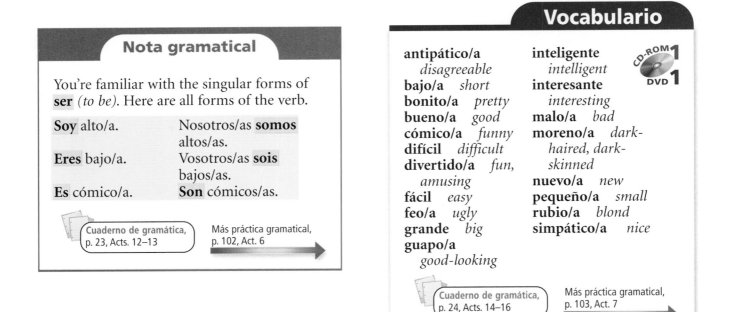
b.

c.

d.

1. Es nuevo pero es aburrido.
2. Son bajos y muy cómicos.

3. Son pequeños pero son muy malos.
4. Es alta y fea.

Adjective Agreement

Have you noticed that adjectives such as **divertido** change to match the nouns they modify?

	MASCULINE	FEMININE
SINGULAR	un libro **divertido**	una clase **divertida**
PLURAL	unos libros **divertidos**	unas clases **divertidas**

1. To describe one person or thing, use **es** + a singular adjective.

   El libro **es divertido**.   La clase **es divertida**.

2. To describe more than one person or thing, use **son** + a plural adjective.

   Los libros **son buenos**.   Las clases **son buenas**.

3. If you're describing a group of males and females, use a masculine plural adjective.

   Mis compañeros **son simpáticos**.

4. Adjectives ending in -e or a consonant such as **l, r,** or **n** have only two forms: singular and plural. To make these adjectives plural, add **-s** or **-es**.

   El libro es **interesante**. → Los libros son **interesantes**.
   La clase es **difícil**.   → Las clases son **difíciles**.

Más práctica gramatical,
p. 103, Act. 7

Cuaderno de actividades,
pp. 33–34, Acts. 16–17

Cuaderno de gramática,
p. 25, Act. 17

24 ### Gramática en contexto

Leamos/Escribamos Claudia is writing to her cousin Marisa, telling her about her new school and her friends there. Complete her letter with the correct forms of the adjectives in the word box. Use each adjective only once.

bonito   simpático   inteligente

interesante   divertido

guapo   difícil

cómico

Querida Marisa,
¡Hola! ¿Cómo estás? Bueno, aquí estoy en el Instituto Centro Unión.
Me gusta mucho. Las clases son ___1___ y ___2___, pero no son
___3___. Los profesores son muy ___4___. Los estudiantes en este
colegio son ___5___. Mi amiga María Inés es ___6___ y ___7___.
Fernando es el amigo de Sandra. Él es muy ___8___. Bueno, ahora
tengo clase. ¡Ya estoy atrasada!
        ¡Hasta luego!
        Claudia

25 **Gramática en contexto**

Leamos/Escribamos Your friend is always talking, but everything he says is wrong. Change each statement to say the opposite of what your friend says.

> **MODELO** **Fernando es moreno.**
> **—No, no es moreno. Es rubio.**

1. Mis clases son fáciles.
2. La clase de español es aburrida.
3. Texas es pequeño.
4. Los profesores son antipáticos.
5. Alberto es alto.
6. Mis compañeros son malos.

26 **Descripciones**

Hablemos Work with a partner and form as many sentences as you can describing the picture. Use the words from the **Vocabulario** on page 92.

El carro
Mario
Ana

A lo nuestro

What words do you use to get someone's attention? In Spanish, two common expressions are **¡Mira!** *(Look!)* and **¡Oye!** *(Listen!)*. When speaking to more than one person, use **miren** or **oigan**.

Oye, ¿cómo es la clase?
Hey, what's the class like?

Mira, es fácil, pero hay mucha tarea.
Look, it's easy, but there's a lot of homework.

Although **oye** and **oigan** mean *listen*, they are used like the English expression *"hey."*

---

27 **Mis amigos son...**

Hablemos Con un/a compañero/a describe las cosas y a las personas siguientes.

> **MODELO** **—Oye, ¿cómo es tu cuarto?**
> **—Mira, es pequeño, pero bonito.**

1. el libro de...
2. los profesores de...
3. la cafetería
4. los centros comerciales
5. la clase de...
6. la tarea de...
7. tus amigos
8. la música de...

28 **¿Cómo son tus clases?**

Escribamos En un párrafo de seis o siete oraciones describe a tus maestros, amigos y tus clases.

Talking about things you like and explaining why

To find out if a friend likes more than one thing, ask:

Your friend might answer:

CD-ROM **1**
DVD **1**

¿Te gustan las clases?

Sí, **me gustan**. Son fáciles.

¿Cuál es tu clase favorita?
Which is . . .?

Mi clase **favorita** es inglés.

¿A Claudia le gustan las ciencias?
Does Claudia like . . .?

Sí. **Le gustan** mucho y también **le gusta** la geografía.

¿Por qué?
Why?

Porque son muy interesantes.
Because . . .

Más práctica gramatical,
p. 103, Act. 8

Vocabulario

el baile

el concierto

los deportes

el examen
(pl. los exámenes)

la fiesta

la novela

el partido de...

el videojuego

Cuaderno de gramática, p. 26, Acts. 18–19

Más práctica gramatical,
p. 103, Act. 8

29 ### Patricia y Gregorio

Escuchemos/Leamos Patricia and Gregorio have just met at school. Listen to their conversation as they try to decide what to do. Based on their conversation, respond to these statements with **cierto** or **falso**.

1. A Patricia no le gustan las fiestas.
2. A Gregorio le gustan los partidos de fútbol porque son interesantes.
3. A Patricia no le gustan los conciertos.
4. A Gregorio le gusta la música rock.

30 ¿Por qué te gusta?

Leamos/Hablemos Working with a partner, take turns asking whether or not you like the things in the list below. Explain why or why not, using the adjectives you've learned so far. Be prepared to report five of your partner's answers to the class.

MODELO —Te gustan las clases, ¿no?
—Sí, me gustan mucho.
—¿Por qué?
—Porque son divertidas.

1. la música pop
2. los exámenes
3. el basquetbol
4. las fiestas
5. el fútbol

6. los bailes
7. la música clásica
8. las novelas
9. la natación
10. los conciertos

11. el programa de...
12. los deportes
13. los videojuegos
14. el tenis
15. los videos de...

CALENDARIO DE EVENTOS

12h00:
FESTIVAL DE CINE FRANCES
LOCAL: AUDITORIO DEL MUSEO

15h00:
EXPOSICION DE ARTE
LOCAL: NUEVO MUSEO

17h00:
CONCIERTO DE PIANO
LOCAL: AUDITORIO DEL MUSEO

18h30:
PRESENTACION DE DANZA
LOCAL: TEATRO CARLOS TAMARIZ

20h00:
FESTIVAL VIDEO-ROCK
LOCAL: AUDITORIO DEL MUSEO

22h00:
GRAN BAILE: "LOS PRISIONEROS"
LOCAL: PARQUE DE SAN SEBASTIAN

Nota gramatical

One way of asking a question is by adding **¿no?** or **¿verdad?** to the end of a sentence. These are called *tag questions*. The tag question can be translated several different ways, depending on the English context.

La clase es difícil, **¿no?**
isn't it? right?
Te gustan los bailes, **¿verdad?**
don't you? right?

Cuaderno de actividades, p. 32, Act. 14

31 Gramática en contexto

Hablemos With a partner, take a look at this entertainment guide and try to figure out what to do. Take turns asking each other whether or not you like the events listed in the entertainment guide and at what time they take place. When possible, try to use tag questions like those explained in the **Nota gramatical**.

MODELO —Te gustan los festivales de cine, ¿verdad?
—Sí, me gustan mucho. ¿A qué hora es el festival?
—A las doce de la tarde.

32 De visita

Escribamos/Hablemos Work in groups of three. Imagine that you are students at the Instituto Centro Unión in Cuernavaca. Prepare a list of questions you can use to interview a student from the U.S. Include questions about age, classes, friends, and teachers. Also, ask about likes and dislikes.

33 Ahora, dime...

Hablemos Choose a classmate to take the role of the visiting student in Activity 32. Interview your partner using the questions you've prepared. Then switch roles, allowing your partner to ask you his or her questions.

34 Soy...

Hablemos/Escribamos Form a group of five and write a detailed description of one person in your group. Include the person's age, personality traits, and physical characteristics, and things she or he likes or dislikes. Then read your group's description to the class and have them guess who it is.

35 En mi cuaderno

Escribamos In your journal, write seven or eight sentences about what you need and want to do at different times tomorrow. Include going to class, doing homework, and going shopping. Use **me gusta(n)** to tell how you feel about the classes and places you mention, and explain why.

LETRA Y SONIDO

A. 1. h: The letter **h** in Spanish is always silent.

hora	ahora	héroe	Hugo	hijo	hospital

2. j: The letter **j** in Spanish represents a sound that has no equivalent in English. It's pronounced like the *h* in the English word *house*, but much stronger and with the back of the tongue near the soft palate.

jugar	jefe	ají	joven	pasaje	caja	juego

3. g: The letter **g** before the vowels **e** and **i** has the same sound as the letter **j** in the examples above.

gente	general	geografía	gimnasio	corregir	agitar

4. Before the vowels *a*, *o*, and *u*, the letter *g* is pronounced like the *g* in the English word *go*.

ángulo	tengo	gusto	mango

Between vowels this sound is much softer.

haga	agua	agotar	mucho gusto

5. The **g** is pronounced "hard," like the *g* in *get*, when it's followed by **ue** or **ui**.

guerra	llegué	guitarra	guía

B. Dictado

Jimena describes for us what she needs in two of her classes. Write what Jimena is saying.

C. Trabalenguas

La gente de San José generalmente juega a las barajas con ganas de ganar.

MATRÍCULA	ÓSCAR GONZÁLEZ LÓPEZ					(MÉXICO)
B0847842	SEPT.	OCT.	NOV.	ENE.	FEB.	MAR.
ESPAÑOL	7.7	9.8	9.5	9.5	9.2	8.4
MATEMÁTICAS	8.8	8.2	9.0	6.4	7.1	8.0
LENG.A.A/ESPAÑOLA	8.5	6.5	7.5	9.0	10.0	10.0
C. NATURALES	7.2	7.4	7.6	8.1	8.8	7.7
C. SOCIALES	9.0	7.7	9.6	10.0	9.7	9.4
EDUC. FÍSICA	10.0	7.5	10.0	9.5	9.6	9.5
EDUC. ARTÍSTICA	10.0	10.0	10.0	10.0	9.5	9.5
EDUC. TECNOLÓGICA	10.0	10.0	10.0	10.0	10.0	10.0

ALUMNA: JUANA ACOSTA RUIZ					(ESPAÑA)	
	PRIMERA EVALUACIÓN			TERCERA EVALUACIÓN		
Segundo De B.U.P.	Faltas de asistencia	conoci-mientos	Actitud	Faltas de asistencia	conoci-mientos	Actitud
L. y L. Españolas		7	C		7'5	C
Latín		8	B	1	5'5	C
Lengua Extranjera (___)		6'5	C		5	C
Geografía Humana		8	C		7	C
F. Polít. Soc. y Econ.						
Matemáticas		4'5	C		4'5	C
Física-Química		9	C		5'5	C
Religión		7	C		7	B
Educ. Física y Deport.					6	C
EATP. Ens. Ac. Tec-Prof.		4'5	C		5	C

Calificaciones y horarios

¡A comenzar!

A. You're probably already familiar with the items above. Skim them briefly and then complete the following statement.

These items are . . .

1. TV schedules and sports scores
2. report cards and TV schedules
3. sports scores and class schedules
4. class schedules and report cards

B. Now, before you read them again more carefully, think about what you already know about these two topics. Would the following probably be found in a school schedule, in a report card, in both, or in neither?

1. letter grades
2. name(s) of parent(s)
3. class names
4. days of the week
5. student's name
6. textbook names
7. numerical grades
8. best friend's name
9. class times

El horario de Gloria (México)

Hora	lunes	martes	miércoles	jueves	viernes
7:30-8:20	música	civismo	geografía	biología	historia
8:30-9:20	español	inglés	inglés	matemáticas	matemáticas
9:30-10:20	matemáticas	español	historia	educación física	civismo
10:30-11:20	historia	música	matemáticas	geografía	educación física
11:30-12:20	inglés	descanso	descanso	descanso	español
12:30-13:20	biología	matemáticas	español	español	biología
13:30-14:20					

El horario de María (España)

	lunes	martes	miércoles	jueves	viernes
9:20-10:10	historia	e. física	lit. gallega	latín	filosofía
10:10-11:00	latín	inglés	historia	l. gallega	matemáticas
11:00-11:50	inglés	filosofía	lit. española	l. española	latín
	descanso	descanso	descanso	descanso	descanso
12:10-13:00	matemáticas	inglés	diseño	diseño	inglés
13:00-13:50	e. física	latín	filosofía	filosofía	historia
13:50-14:40			matemáticas		lit. española
15:30-16:20	lit. española	religión			
16:20-17:10	religión	matemáticas			
17:10-18:00		lit. gallega			

Al grano

C. Comparaciones. Look at the last columns of the documents for Óscar and Juana.

1. The numerical grades are the achievement grades for the class. There are also letter grades. What do the letter grades on Juana's report card represent?

2. What is the highest grade each student got in science?

3. Who did better in physical education?

4. Who did better in Spanish?

D. ¿Qué horario prefieres? Read the class schedules carefully. Do you prefer Gloria's schedule, María's schedule, or your schedule? These questions may help you decide.

1. Which classes do all three of you have?

2. How many days a week does each of you have English?

3. What kinds of language classes does each of you take?

4. How many days a week do you each take physical education?

E. ¿Dónde te gustaría estudiar? Contesta las siguientes preguntas.

1. ¿Cuántas clases tiene Gloria? ¿María? ¿Óscar? ¿Juana?

2. ¿Te gustan las clases de Gloria? ¿de María? ¿Por qué?

3. ¿A qué hora empiezan (begin) las clases de Gloria? ¿de María?

> Cuaderno para hispanohablantes, pp. 11–13
>
> Cuaderno de actividades, p. 35, Act. 20

Más práctica gramatical

CD-ROM 1 DVD 1

internet

MARCAR: go.hrw.com
PALABRA CLAVE:
WV3 MEXICO-3

Primer paso

Objectives Talking about class schedules and sequencing events; telling time

1 Víctor is checking to make sure he has everything in his backpack. Complete what he says by filling in each blank with the correct definite article: **el, la, los,** or **las.** (**p. 83**)

A ver... ¿tengo ___1___ cuadernos? Sí, aquí están, con ___2___ lápices y bolígrafos. Y necesito ___3___ libros de historia y español. También necesito ___4___ carpetas para ___5___ clases de inglés y geografía. Y para ___6___ clase de educación física... ___7___ zapatillas de tenis. ¿Qué más? Necesito encontrar ___8___ calculadora y ___9___ regla. ¿Dónde están? Y, ¡ay! necesito encontrar ___10___ dinero ahora mismo.

2 Mira el horario de clases de Gloria y di a qué hora tiene sus clases. (**p. 86**)

MODELO   **Tiene la clase de arte.**
                Son las diez y diez.

HORA	MIÉRCOLES	JUEVES
7:20	geografía	biología
8:25	inglés	matemáticas
9:15	historia	educación física
10:10	matemáticas	arte
11:05	almuerzo	almuerzo
11:45	español	español
12:35	francés	computación
1:40	ciencias sociales	ciencias sociales

1. Tiene la clase de educación física.
2. Quiere comprar una ensalada en la cafetería.
3. Su clase de biología es ahora.
4. Ahora tiene la clase de español.
5. Necesita ir a la clase que tiene después de historia.
6. Tiene inglés ahora.
7. Necesita ir a la clase de computación.
8. Su clase de ciencias sociales es ahora.

3 Tell what Javier plans to do after school today. Be sure to write out the time he will do things. (**p. 88**)

MODELO   **Primero/quiere/ir a la pizzería/3:45 P.M.**
Primero, Javier quiere ir a la pizzería a las cuatro menos cuarto de la tarde.

1. Después/quiere/ir al centro comercial/4:30 P.M.
2. Luego/necesita/comprar zapatillas de tenis/4:45 P.M.
3. Luego/necesita/ir a la librería/5:00 P.M.
4. Después/quiere/comprar una mochila/5:15 P.M.
5. Luego/necesita/organizar su cuarto/7:30 P.M.
6. Por fin/necesita/hacer la tarea/8:00 P.M.

4 Look at these courses offered at Colegio Benito Juárez. Then, write when the students below have their favorite classes. (**p. 88**)

MODELO   **La clase favorita de Virginia es biología.**
Su clase favorita es a las once y cuarto de la mañana.

MATERIA	HORA	MATERIA	HORA
arte	8:50	geografía	7:55
biología	11:15	historia	14:20
computación	9:20	literatura	10:30
educación física	10:05	inglés	9:50
español	13:45	música	15:25

1. La clase favorita de Yolanda es inglés.
2. La clase favorita de Simón es historia.
3. La clase favorita de Teresa es computación.
4. La clase favorita de Paloma es música.
5. La clase favorita de Fabián es geografía.
6. La clase favorita de Leonor es educación física.
7. La clase favorita de Jaime es arte.
8. La clase favorita de Fernanda es literatura.

5 Tell which items in the teachers' lounge belong to each teacher, so they don't get misplaced. (**p. 89**)

> **MODELO** exámenes/el profesor Vargas
> **Son los exámenes del profesor Vargas.**

1. cuadernos/la profesora Jiménez
2. radio/el profesor Vega
3. papeles/el director Iriarte
4. carpetas/el profesor Rico
5. revistas/la profesora Guillén
6. calculadora/la profesora Elizondo
7. diccionario/el profesor Román

Tercer paso

Objectives Describing people and things; talking about things you like and explaining why

6 Completa la descripción de Claudia de su nueva escuela con las formas correctas del verbo **ser**. (**p. 92**)

¡Me gusta mucho mi colegio! ___1___ grande y nuevo. Tengo ocho clases. La clase de ciencias sociales ___2___ a las ocho menos cinco. El profesor de ciencias sociales ___3___ el profesor Romanca. Él ___4___ estricto pero interesante. Yo ___5___ la estudiante nueva de la clase. Mis compañeros de clase ___6___ simpáticos y divertidos. Mi compañera María Inés ___7___ muy cómica. Nosotras ya ___8___ buenas amigas. Bueno, ya ___9___ las cuatro de la tarde y necesito hacer la tarea.

7 Write a sentence describing each thing or person below, using the verb **ser** and the correct Spanish form of the adjective in parentheses. (**pp. 92, 93**)

MODELO   **profesores** *(intelligent)*
                Los profesores son inteligentes.

1. cafetería *(ugly)*
2. matemáticas *(interesting)*
3. compañeros *(nice)*
4. clases por la mañana *(boring)*
5. director *(strict)*
6. colegio *(big)*
7. María Inés *(funny)*
8. tarea *(hard)*

8 You and your friend Isabel have different opinions. Tell what you each like and dislike, using the information in the chart. (**p. 95**)

MODELO   **Me gustan las fiestas. A Isabel no le gustan.**

	YO	ISABEL
las fiestas	sí	no
las matemáticas	no	sí
los deportes	sí	no
los videojuegos	sí	no
los bailes	no	sí
los partidos	no	sí
los conciertos	sí	no

1. las matemáticas
2. los deportes
3. los videojuegos
4. los bailes
5. los partidos
6. los conciertos

1 Look at the time zone map. Listen as times around Latin America and the U.S. are announced. For each time you hear, figure out what time it is where you are.

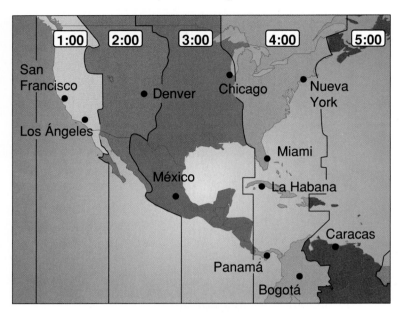

2 These are the classes that Martín and Gabriela have on Monday. Answer the following questions in Spanish.

Hora	Martín	Gabriela
7:50 - 8:40	Francés	Ciencias sociales
8:40 - 9:30	Geografía	Computación
9:30 - 9:40	DESCANSO	DESCANSO
9:40 - 10:30	Arte	Inglés
10:30 - 11:20	Computación	Geografía
11:20 - 11:40	Inglés	Arte
11:40 - 12:30	ALMUERZO	ALMUERZO
12:30 - 13:20	Ciencias sociales	Español
13:20 - 13:30	DESCANSO	DESCANSO
13:30 - 14:20	Español	Educación física

1. ¿A qué hora tiene Gabriela la clase de español? ¿y Martín?

2. ¿Qué clase tiene Gabriela primero? ¿y Martín?

3. A las diez y media, ¿qué clase tiene Gabriela? ¿y Martín?

4. Son las 8:40. ¿Qué clase tiene Gabriela? ¿y Martín?

3 Working with a partner, create two blank class schedules like the one in Activity 2. As you name your classes and the times they meet, your partner will fill in your schedule. Then switch roles. Discuss what your classes are like. Are they big? fun? interesting?

4 Answer the following questions according to the culture sections of this chapter.

1. Would you be pleased if you got a 9 on your report card in Peru? in Mexico?

2. Do students in Spanish-speaking countries have the same classes every day? How many classes can they take?

3. **Hora latina** means . . .

5 Form a group of four. Role-play a dialogue in which your partners ask you what you and a few of your friends are like, where each one is from, what they like or dislike, where they go to school, and what courses they take. Keep the conversation going as long as you can.

6 ## Vamos a escribir

You're creating a Spanish page for your school's Web site. Include information about your Spanish class: when it meets, what your teacher and some classmates are like, and what you like about the class. Before you start, organize your ideas in a cluster diagram.

Estrategia **para escribir**
Cluster diagrams are a useful way to organize ideas and to see how different ideas and information about a topic are related. The steps below give an example of how to create this kind of diagram.

1. Draw a central circle and label it **la clase de español.**

2. Draw four more circles and connect them to the original one. Label each circle with a category: **la hora y una descripción de la clase, el profesor/la profesora, mis compañeros,** and **yo.** Continue adding circles with more specific information.

3. Use your cluster diagram to write the entries for the Web page.

¿cómo es?   ¿qué le gusta?

¿cómo es? ¿cuándo es?   el profesor

la clase de español

mis compañeros   yo

¿cómo son?   ¿qué me gusta?

7 ## Situación

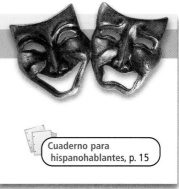

A reporter for the school newspaper is interviewing Alejandro Morales, an exchange student from Cuernavaca. The reporter asks Alejandro questions about his classes, his schedule, and the things he likes and doesn't like. Working with a partner, take the roles of the reporter and Alejandro. One of you ends the interview by saying you're late and in a hurry.

Cuaderno para hispanohablantes, p. 15

Can you talk about classes and sequence events? p. 84

1 How would you tell a classmate the sequence of your classes today? and tomorrow?

Can you tell time? p. 85

2 Write the time shown on each clock.

a.

b.

c.

d.

Can you tell at what time something happens? p. 88

3 How would you ask each of these students what classes they have and at what time the classes meet? How would each student answer?

1. Sofía –physical education (8:13)
    –art (2:10)

2. César –French (11:40)
    –geography (2:25)

3. Simón –social sciences (9:07)
    –mathematics (3:15)

4. Adela –science (10:38)
    –computer science (12:54)

Can you talk about being late or in a hurry? p. 90

4 How would you . . .?

1. say that you are in a hurry
2. say that you are late
3. say that a friend is late
4. tell a friend to hurry up

Can you describe people and things? p. 92

5 Imagine you're an exchange student in Cuernavaca. Describe the following people and things in your school in the U.S. to your new friends in Cuernavaca.

1. the teachers
2. Spanish class
3. the exams
4. physical education class
5. school friends
6. art class

6 Look at the photos. Write a sentence describing each person or thing.

Yolanda

Andrés

Simón

Bruto

Can you talk about things you like and explain why? p. 95

7 How would you say which activities and classes you like or dislike, and why? How would you ask a friend for the same information? How would you report what your friend likes and doesn't like?

Primer paso

Talking about classes and sequencing events

el almuerzo	lunch	el francés	French
el arte	art	la geografía	geography
las ciencias	science	hoy	today
las ciencias sociales	social studies	las, los	the
		luego	then
la computación	computer science	mañana	tomorrow
¿Cuándo?	When?	las matemáticas	mathematics
el descanso	recess, break	la materia	subject
después	after, afterward	por fin	at last
el día libre	a free day	primero	first
la educación física	physical education	el semestre	semester

Telling time

Es la una.	It's one o'clock.
menos cuarto	quarter to (the hour)
¿Qué hora es?	What time is it?
Son las...	It's . . . o'clock.
tarde	late, afternoon
y cuarto	quarter past (the hour)
y media	half past (the hour)

Segundo paso

Telling at what time something happens

ahora	now	de la mañana	in the morning (A.M.)
¿A qué hora...?	At what time . . .?	de la noche	in the evening (P.M.)
de	of, from	de la tarde	in the afternoon, (P.M.)
del	of the, from the	en punto	on the dot

Talking about being late or in a hurry

¡Date prisa!	Hurry up!
Está atrasado/a.	He/She is late.
Estoy atrasado/a.	I'm late.
Tengo prisa.	I'm in a hurry.

Tercer paso

Describing people and things

aburrido/a	boring	estricto/a	strict
alto/a	tall	fácil	easy
antipático/a	disagreeable	feo/a	ugly
bajo/a	short (to describe people)	grande	big
		guapo/a	good-looking
bonito/a	pretty	inteligente	intelligent
bueno/a	good	interesante	interesting
cómico/a	funny	malo/a	bad
¿Cómo es...?	What's . . . like?	moreno/a	dark-haired, dark-skinned
¿Cómo son...?	What are . . . like?		
el (la) compañero/a	friend, pal	No te preocupes.	Don't worry.
		nuevo/a	new
difícil	difficult	pequeño/a	small
divertido/a	fun, amusing	el (la) profesor/a	teacher
ellas, ellos	they	rubio/a	blond
eres	you are	simpático/a	nice
es	he/she/it is	somos	we are

Talking about things you like and explaining why

el baile	dance
el concierto	concert
¿Cuál?	Which?
los deportes	sports
el examen	exam (pl. los exámenes)
favorito/a	favorite
la fiesta	party
le gusta(n)	he/she likes
me gusta(n)	I like
¿no?	isn't it?/right?
la novela	novel
el partido de...	game of . . . (sport)
¿Por qué?	Why?
porque	because
te gusta(n)	you like
¿verdad?	don't you?/right?
el videojuego	videogame

4

¿Qué haces esta tarde?

Objectives

In this chapter you will learn to

Primer paso

- talk about what you like to do
- discuss what you and others do during free time

Segundo paso

- tell where people and things are

Tercer paso

- talk about where you and others go during free time

📶 internet

MARCAR: go.hrw.com
PALABRA CLAVE:
WV3 MEXICO-4

◀ **Después de clases, nos gusta tomar helado.**

DE ANTEMANO ▪ *¿Dónde está María Inés?*

Rosa

Claudia

Luis

María Inés

Estrategia

para comprender
You met Claudia and her new friends in Chapter 3. Look at the **fotonovela**. What do you think happens in this story? Where do you think Claudia and her new friends are going? Read the story and find out!

1

Claudia: Papi, él es mi amigo Luis. Después de clases, yo canto en el coro con Luis.

Papi: Sí, los miércoles y los viernes, ¿verdad?

Claudia: No, papi, los martes y los jueves.

Papi: Ah... Entonces, Luis... ¿vas a Taxco con Claudia y Rosa?

Luis: Sí, señor... voy con ellas.

2

Rosa: Hola, Luis. Claudia habla mucho de ti. Tú juegas al basquetbol muy bien, ¿no?

Luis: Pues... no sé.

Rosa: Bueno, Luis, vamos a Taxco porque mi tío Ernesto tiene un regalo especial para mamá.

3

Claudia: ¡Tengo una muy buena idea! A María Inés le gusta mucho Taxco. ¿Llamo a María Inés?

Rosa: Sí, cómo no. Buena idea.

4

Claudia: Ah, pero los sábados por la mañana practica con su grupo de baile folklórico.

Luis: Pues, vamos allá. La escuela de baile donde tiene clase está en la Avenida Juárez.

5

Juan: Oye, María Inés... voy al centro. ¿Me acompañas?

María Inés: Gracias, Juan, pero no. Necesito ir al correo. ¡Adiós!

6

Claudia: ¿Está aquí María Inés Hernández?

Juan: No, va ahorita hacia el correo.

Claudia: ¿Dónde está?

Luis: En la Plaza de la Constitución.

7

Claudia: Bueno, ¿qué hacemos? ¿Regresamos a casa?

Luis: Sí. Aquí no está.

Claudia: Momento... Por lo general, estudia en la biblioteca después de bailar. ¿Por qué no vamos allá?

8

Claudia: María Inés no está en la escuela de baile, no está en el correo, y no está aquí en la biblioteca. ¿Qué hacemos?

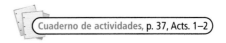

Cuaderno de actividades, p. 37, Acts. 1–2

1 ¿Comprendes? ¡Contesta las preguntas!

Do you understand who the characters are and what they're doing in the **fotonovela**?
Check your comprehension by answering these questions. Don't be afraid to guess!

1. Where does the story begin?
2. Where do Luis, Claudia, and Rosa plan to go?
3. Who are Luis and Claudia looking for?
4. Where do they look?

2 ¿Cierto o falso?

Con base en la fotonovela, indica **cierto** si la oración es verdadera o **falso** si no lo es.
Si es falsa, cámbiala.

1. Luis y Claudia cantan en el coro los miércoles y los viernes.
2. Tío Ernesto tiene un regalo para la madre de Claudia y Rosa.
3. María Inés practica el béisbol los sábados por la mañana.
4. Claudia y Luis van al correo.
5. Por lo general, María Inés estudia en casa después de la clase de baile.

3 ¿Dónde está ella? *Where is she?*

In the **fotonovela**, Luis and Claudia go all over
downtown Cuernavaca. Retrace their steps by
putting the following events in order.

a. Claudia y Luis van a la clase de baile.
b. Ellos van al correo.
c. Luis va a la casa de Claudia.
d. Van a la biblioteca.
e. María Inés va al correo.

4 ¿Qué hacemos?

Complete these three conversations with words from the box. Use the **fotonovela** as a
guide. One word will be used more than once.

CLAUDIA   Ah, pero los ___1___ por la mañana
          María Inés ___2___ con su grupo de
          baile folklórico.

LUIS   Pues, ___3___ allá. La escuela de
          baile donde tiene clase ___4___ en
          la Avenida Juárez.

CLAUDIA   Vamos al ___5___. ¿Dónde está?

LUIS   ___6___ en la Plaza de la Constitución.

CLAUDIA   Momento... Por lo general ___7___
          en la ___8___ después de bailar.
          ¿Vamos allá?

LUIS   Sí, ¿por qué no?

correo	vamos
practica sábados	está
estudia	biblioteca

5 ¿Y tú?

Claudia and Luis have looked all over for María Inés without finding her. What do you
think will happen next in the story? Discuss your ideas with a partner.

Así se dice

Talking about what you like to do

To find out what a friend likes to do, ask:

A ti, ¿qué te gusta hacer?
What do you like to do?

¿A Manuel le gusta estudiar?
Does Manuel like to study?

¿A quién le gusta bailar y cantar?
Who likes to dance and sing?

Your friend might respond:

Me gusta pintar.
I like to paint.

No, **no le gusta** estudiar.
Pero le gusta **hablar por teléfono.**
. . . he doesn't like . . .
. . . to talk on the phone.

A mí me gusta bailar y cantar.
Por eso me gustan las fiestas.
I like . . .
That's why I like . . .

Vocabulario

cuidar a tu hermano/a	*to take care of your brother/sister*	**lavar la ropa**	*to wash the clothes*
descansar en el parque	*to rest in the park*	**mirar la televisión**	*to watch TV*
dibujar	*to draw*	**nadar en la piscina**	*to swim in the pool*
escuchar música	*to listen to music*	**sacar la basura**	*to take out the trash*
jugar a	*to play (a sport or game)*	**tocar**	*to play (an instrument)*
lavar el carro	*to wash the car*		

CD-ROM 1
DVD 1

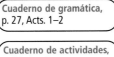
Cuaderno de gramática,
p. 27, Acts. 1–2

Más práctica gramatical,
p. 128, Act. 1

Cuaderno de actividades,
p. 38, Act. 3

6 Actividades

Escuchemos Listen to what the following
people like to do. Match the name of each
person with the appropriate picture.

1. Tomás 3. Bárbara
2. Arturo 4. Patricia

a.

b.

c.

d.

7 ¿Qué te gusta hacer?

Escribamos/Hablemos Look at the activities in **Así se dice** and the **Vocabulario** on
this page. List three activities you like to do
and three that you don't like to do. Get
together with a partner and compare
lists. Be prepared to tell the class what
your partner likes and doesn't like to do.

Gramática

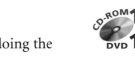

Present tense of regular *-ar* verbs

1. In Spanish and English, verbs change depending on the *subject* (the person doing the action). This is called *conjugating the verb*.

2. In Spanish, there are three main groups of verbs; their infinitive (the unchanged form of a verb) ends in **-ar**, **-er**, or **-ir**. The first group you'll learn to conjugate is the **-ar** verbs.

3. To conjugate **hablar** or any other regular **-ar** verb, take the part of the verb called the *stem* (**habl-**) and add these endings:

(yo)	habl**o**	(nosotros/as)	habl**amos**	*we speak*
(tú)	habl**as**	(vosotros/as)	habl**áis**	*you speak* (plural, Spain)
(usted) (él) (ella)	habl**a**	(ustedes) (ellos) (ellas)	habl**an**	*you* or *they speak*

> Más práctica gramatical,
> p. 128, Act. 1 →

> Cuaderno de gramática,
> p. 28, Acts. 3–4

Así se dice

Discussing what you and others do during free time

> Cuaderno de gramática,
> p. 29, Acts. 5–6

To ask what a friend does after school, say:

¿Qué haces después de clases?
What do you do after school?

¿Tocas el piano?
Do you play the piano?

¿Bailan ustedes antes de regresar a casa?
Do you (plural) dance before returning home?

¿Practican deportes Luis y Carmen en el tiempo libre?
Do Luis and Carmen practice sports during free time?

Your friend might answer:

Descanso. Después **juego al** fútbol.
I rest . . . I play . . .

No, pero **toco la guitarra.**
. . . I play the guitar.

Sí, **nosotros bailamos con** un grupo de baile. Y también **jugamos al** tenis.
Yes, we dance with a dance troupe . . . we play . . .

No, ellos **no practican** deportes. **Juegan** a los videojuegos.
. . . they don't practice . . . They play

8 El tiempo libre

Escuchemos/Leamos Listen as each person tells you what he or she does during his or her free time. Match the person with the correct activity.

1. Carmen
2. Javier
3. Armando y Ana
4. Susana
5. Pablo

a. bailar y cantar
b. hablar con amigos
c. practicar deportes
d. escuchar música
e. estudiar

Nota gramatical

The verb **jugar** has the following conjugation:

jue**go**	**ju**g**amos**
jue**gas**	**ju**g**áis**
jue**ga**	**ju**e**gan**

The preposition **a** combines with **el** to form the contraction **al.**
¿Juegas al tenis?

pasar el rato con amigos

caminar con el perro

montar en bicicleta

trabajar en un restaurante

tomar un refresco

tomar un helado

preparar la cena

Cuaderno de gramática,
p. 29, Act. 7

También se puede decir...

In many Spanish-speaking countries, you'll also hear **andar en bicicleta** or **pasear en bici** in addition to **montar en bicicleta**.

9 **Gramática en contexto**

Escribamos Tell Mariana, your new classmate, what these people do in their free time. Write complete sentences using the information provided.

1. Yo/tocar/la guitarra en el tiempo libre
2. Mi hermana/trabajar/después de clases
3. Mi padre/caminar con el perro/en el parque a las cinco
4. Beto y Shoji/hablar por teléfono/después de clases
5. Maya y yo/nadar en la piscina/antes de regresar a casa
6. Ellas/escuchar la radio/antes de clases

Nota cultural

Many athletes from Spanish-speaking countries broke new ground in the 2000 Olympic Games. María Urrutia from Colombia and Soraya Jiménez from Mexico gave their countries their first gold in weightlifting. Cuba garnered six medals in boxing, four of them gold, and a third consecutive gold by its women's volleyball team. Costa Rica's swimmer Claudia Poll won two bronze medals. In sailing, medals went to Argentina's Carlos Espínola and Serena Amato. Spain captured the gold in diverse competitions: judo (Isabel Fernández), cycling (Juan Llaneras) and gymnastics (Gervasio Deferr).

10 Después de clases

Leamos/Escribamos Read what each person or group likes, then write a sentence telling what these people probably do after school.

> **MODELO**   **A Reynaldo le gustan los animales.**
> **Reynaldo camina con el perro.**

1. A Emilia le gusta hablar con sus amigos.
2. A Luisa le gusta la clase de arte. A mí me gusta también.
3. A Tyrone le gusta la comida.
4. A Pablo le gustan los deportes. A Marcela le gustan los deportes también.
5. A Joaquín le gusta mucho trabajar en casa.
6. A mí me gusta la música.
7. A Paola le gustan los bailes del colegio.

11 Combina las frases

Leamos/Escribamos Combina las palabras de los tres cuadros y escribe todas las oraciones que puedas.

yo	practicar	tomar		el piano	un helado	en la piscina
tú	nadar	escuchar		un refresco	por teléfono	en bicicleta
ella	hablar	tocar		música	el voleibol	en una fiesta
él	montar	jugar a		el béisbol	en el parque	en un baile

12 ¿Qué haces después de clases?

Hablemos/Escribamos Work in pairs. Find out what your partner does in his or her free time with friends. Use the expressions **después de clases, antes de regresar a casa,** and **en el tiempo libre.** Take notes on your partner's responses and be prepared to report your findings to the class.

Nota gramatical

To talk about doing things with someone else, **con** is used with a pronoun like **él** or **ella.**

> ¿Quién trabaja **con** Luisa?
>
> Yo trabajo **con ella.**
>
> ¿Quién toma un refresco **con** David?
>
> Alegría toma limonada **con él.**

The expressions *with me* and *with you* (familiar) have special forms.

> **¿Quién** estudia **contigo?**
> *Who ... with you?*
>
> Mi amigo Miguel estudia **conmigo.** *... with me.*

Cuaderno de gramática, p. 30, Act. 8

Más práctica gramatical, p. 128, Act. 2

---

13 Gramática en contexto

Hablemos Think about all the people you see every day. Ask your partner who does the following activities with him or her each day. Then tell who does the activities with you. Take turns asking and answering the questions.

> **MODELO**   tocar un instrumento
> —¿Quién toca un instrumento contigo?
> —Mi papá toca el piano conmigo.

1. tomar un refresco
2. jugar a un deporte
3. dibujar
4. estudiar
5. mirar la televisión
6. escuchar música
7. caminar con el perro
8. montar en bicicleta
9. tomar un helado

14 Con mis amigos

Hablemos Form a small group with two other classmates. Ask your partners what they do in their free time and with whom they do each activity. Switch roles after four questions. Use **siempre** *(always)* or **nunca** *(never)* before the verb when appropriate. Be prepared to share your findings with the class.

15 ¿Con quién?

Leamos/Escribamos For each person or group listed, write two sentences telling what the person is like and what you or others do with that person. Use some of the activities in the box.

> **MODELO** Carlos
> **Carlos es muy simpático. Lava la ropa y prepara la cena con su mamá.**

1. yo
2. tu mejor amigo/a *(best friend)*
3. tus compañeros de clase
4. el profesor/la profesora de español
5. mamá
6. tu novio/a
   (boyfriend/girlfriend)
7. nosotros

> trabajar
> montar en bicicleta
> estudiar
> hablar por teléfono
> preparar la cena
> lavar la ropa
> mirar la televisión

Nota gramatical

Que is a very common word in Spanish. It can refer to either people or things and can mean *that*, *which*, or *who*.

Tengo **una amiga que canta** bien.

La música que me gusta escuchar es rock en español.

Cuaderno de gramática, p. 30, Act. 9 → Más práctica gramatical, p. 129, Act. 3

---

17 Pienso en... *I'm thinking about*

Hablemos Work with a partner and play this guessing game. Describe people using the pronoun **que**. Your partner has to guess whom you're describing. Take turns guessing. Start with **Pienso en**.

> **MODELO** —**Pienso en una persona famosa que es de México, y canta y toca en** *Supernatural.*
> —**¿Es Carlos Santana?**
> —**¡Sí, es él!**

16 Gramática en contexto

Hablemos Take turns asking and answering questions with two or three of your classmates. Be sure to use **que** in your answer.

> **MODELO** la clase/te gusta más
> —**¿Qué clase te gusta más?**
> —**La clase que me gusta más es el español.**

1. la música/te gusta escuchar
2. el estado/quieres visitar
3. el programa de televisión/te gusta mirar
4. el refresco/quieres tomar
5. el deporte/te gusta practicar
6. la cena/te gusta preparar
7. el restaurante/te gusta más

A lo nuestro

In Spanish there are many different ways to refer to your classmates and friends. To greet a friend in Peru, say **¡Hola, pata!** Throughout Latin America and Mexico, men call each other **compadre**. You'll hear friends call each other **'mano/a** (short for **hermano/a**) or **compañero/a** in Mexico and Central America. Another Mexican expression for a friend is **cuate**.

Así se dice

Telling where people and things are

To find out where someone or something is, ask:

¿Dónde estás?
Where are you?

¿No está en la escuela de baile?
Isn't she . . .?

Your friend might answer:

Estoy en el centro. Necesito encontrar a María Inés.   *I'm downtown.*

No, no está aquí.
No, she's not here.

Está en el trabajo.
She's at work.

---

18 **¿Dónde está?**

Escuchemos Listen to these people talking about where things are. Match each statement you hear with the correct picture.

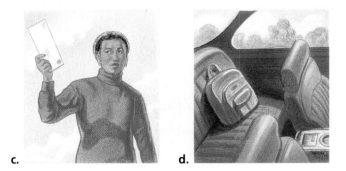

a.

b.

c.

d.

Nota gramatical

The verb **estar** *(to be)* is used to talk about location. Here are the present tense forms of the verb.

Estoy en la librería.
Estás con tu familia.
Está en el centro.

Estamos en casa.
Estáis en la clase.
Están en el cuarto.

Cuaderno de gramática, p. 31, Acts. 10–11

Más práctica gramatical, p. 129, Acts. 4–5

---

19 **Gramática en contexto**

Leamos/Escribamos This is the first time Luis has been to Taxco, so María Inés is acting as his guide. Read her description of the city and fill in each blank with the correct form of **estar**.

Estamos en un lugar magnífico. Luis, es la primera vez que tú ___1___ en Taxco, ¿no? Bueno, allá ___2___ el parque, y allá ___3___ Los Arcos. El Museo ___4___ en la Plaza Borda. Muchos hoteles buenos ___5___ en la calle Hidalgo. El cine y una tienda ___6___ en la Plazuela de San Juan.

¿Quiénes y qué?

Hablemos/Escribamos Name some people or things that are in the following places right now. Give as many answers as you can think of for each item.

MODELO   **Mis padres están en el trabajo.**

1. en la clase de español
2. en tu cuarto
3. en el centro
4. en tu armario
5. en tu casa
6. en México

Vocabulario

al lado de	next to; to one side of
allá	there
aquí	here
cerca de	near
debajo de	under; beneath
encima de	on top of
lejos de	far from

Cuaderno de actividades, pp. 41–42, Acts. 8–9

Cuaderno de gramática, p. 32, Acts. 12–13

También se puede decir...

In Mexico, people say **la alberca** instead of **la piscina**; in Argentina and Uruguay, you'll hear **la pileta**.

21 ¿Quiénes son y dónde están?

Escuchemos Listen as Luis Miguel describes his friends and family. Match each picture with the description you hear.

MODELO **Paco es bajo y moreno. Le gusta jugar con su perro. Está en el parque.**

a.   b.   c.   d.

e.   f.   g.   h.

22

Hablemos You work as a waitperson at a restaurant and a busload of tourists has just arrived. You know the city well and offer them directions. With a partner, refer to the downtown scene on page 119 to explain where everyone needs to go. Take turns being the waitperson and tourists. Use the prepositions **en, cerca de, al lado de,** and **lejos de** to explain your directions from the restaurant (**el restaurante**).

MODELO **Juan Luis quiere comprar fruta y chocolate.**
—Él necesita ir al super-mercado. Está cerca del restaurante y al lado del cine.

1. Reynaldo necesita comprar ropa.
2. Berta quiere caminar con el perro.
3. Alejandro necesita comprar estampillas (*stamps*).
4. Paula y Sergio quieren nadar.
5. Álvaro quiere ver una película (*to see a film*).
6. Bárbara quiere jugar al voleibol.

Do you sometimes feel that all the Spanish you hear is too fast? It's frustrating to feel lost, but are you really missing *everything?* Try not to let anxiety get in the way of listening carefully and picking out the words you do understand. When you listen to your teacher or an audio CD, or when you watch a video in Spanish, focus on the words you recognize. Then do some intelligent guesswork to fill in the gaps. Don't give up!

23 ¿Dónde están las cosas en tu escritorio?

Hablemos Get together with a classmate. With your backs to each other, take turns arranging four things on your desks and describing their location to each other. As your partner describes, draw what you hear. Then compare the drawings to the arrangements and make corrections: **No, el lápiz no está encima del libro. Está al lado del libro.**

24 En mi ciudad... *In my city*

Hablemos/Escribamos Completa las oraciones sobre los lugares que conoces. Puedes cambiar las oraciones a la forma negativa.

1. El supermercado está lejos de...
2. El cine está al lado de...
3. El centro comercial está cerca de...
4. El restaurante está al lado de...

5. Hay ... debajo de mi cama.
6. En mi armario, hay...
7. Mi ventana está...
8. Normalmente mis libros están...

Gramática

Subject pronouns

Spanish speakers don't use subject pronouns as often as English speakers do. That's because the verb ending usually indicates the subject of the verb. But the pronoun may be used to clarify or to emphasize the subject.

yo	compr**o**	**nosotros, nosotras**	compr**amos**	
tú	compr**as**	**vosotros, vosotras**	compr**áis**	
usted **él, ella** }	compr**a**	**ustedes** **ellos, ellas** }	compr**an**	

1. In general, **tú** is used to speak to people with whom you are on a first-name basis. Use **usted** with adults and people in authority.

2. In Spain, **vosotros** is the plural of **tú**, while **ustedes** is the plural of **usted**. In the Americas, **ustedes** is the plural of both **tú** and **usted**.

3. The masculine forms (**nosotros** and **vosotros**) are used to refer to groups of males or groups including both males and females. The feminine forms **nosotras** and **vosotras** refer to groups including only females.

Más práctica gramatical, p. 130, Act. 6

Cuaderno de actividades, p. 43, Act. 10

Cuaderno de gramática, p. 33, Acts. 14–16

 25 Gramática en contexto

Escribamos Write sentences to tell where the following people are. Use the correct subject pronoun.

MODELO los estudiantes
Ellos están en la biblioteca.

1. tú y tus amigos
2. tu abuela
3. tú
4. nosotros

Hablemos Now, ask the following people what they do during the week. Be sure to use the correct form of address, **tú** or **usted**.

MODELO el señor Pérez
¿Trabaja usted en el supermercado?

5. el director del colegio
6. tu mejor amigo
7. una profesora
8. el señor y la señora Navarro

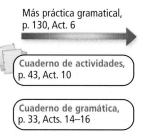

Nota cultural

The use of **tú** and **usted** varies from country to country. Children in some areas are likely to address a parent as **usted**, while children in other areas use **tú**. If you're in a Spanish-speaking area, listen to others and try to use **tú** and **usted** as they do. When in doubt, use **usted** and wait for the other person to invite you to be less formal.

¿Te gusta pasear con tus amigos?

The **paseo** is a tradition in Spanish-speaking countries; people stroll around the **plaza** or along the streets of a town in the evening to socialize, and to see and be seen by others. In this chapter we asked some teens about the **paseo**.

David
Ciudad de México, México

"Sí, con mis amigos sí me gusta pasear... Podemos ir de la casa de uno a la casa de otro".

Jimena
Buenos Aires, Argentina

"Vamos a pasear, vamos a muchísimos lugares... Me parece divertido estar todos juntos, es una manera de hacerse más amigos de todos".

Patricia
San Diego, California

"Me gusta ir con mis amigos a las tiendas, de compras... me gusta ir mucho... al parque, para ir a ver a los muchachos, y también a la playa".

Juan Pablo
Sevilla, España

"Sí, me gusta pasear. Vamos a la Cartuja, [al parque de] María Luisa, y hablamos de todo un poco... Que aquí en Sevilla es muy común, si no se sale de vacaciones, dar una vuelta ya que con el calor la casa es un infierno... y vamos, se pasa bien aquí con los amigos".

Para pensar y hablar...

A. Which interviewee has the best reason for going out on a **paseo**? Why?

B. Why do you think people enjoy the **paseo**? What activity do you participate in that serves the same purpose as the **paseo**?

Cuaderno para hispanohablantes, p. 20

Así se dice

Talking about where you and others go during free time

To ask where someone is going, say:

¿Adónde vas?
Where are you going?

¿Adónde va María Inés?
Where is María Inés going?

Your friend might answer:

Voy a la biblioteca **para estudiar**.
I'm going . . . in order to study.

María Inés va al correo. Luego va al cine **para ver una película**.
. . . in order to see a movie.

Nota gramatical

Ir *(to go)* is an irregular verb, since its conjugation doesn't follow any pattern. To ask where someone is going, use the question word **¿adónde?** *([to] where?).*

Voy al cine.
¿Adónde vas ahora?
Va al gimnasio.

Vamos a la piscina.
Vais a casa.
Van al baile.

Más práctica gramatical, p. 130, Act. 7

Cuaderno de actividades, p. 44, Acts. 11–12

Cuaderno de gramática, p. 34, Acts. 17–18

26 ¿Adónde vas?

Escuchemos/Escribamos Listen as Filiberto asks his friend Alicia where everyone is going this afternoon after school. Write each person's name and where he or she is going. Then decide who can give Filiberto a ride to the movies.

27 Gramática en contexto

Leamos/Escribamos Claudia and her friends are visiting Taxco and everyone is going to a different place. Fill in the blanks with the correct forms of the verb **ir**.

ROSA   Claudia ___1___ a la casa de mi tío y yo ___2___ con ella. Luis, ¿adónde ___3___ tú?

LUIS   Yo ___4___ al parque. Oye, María Inés, ¿adónde ___5___ tú?

MARÍA INÉS   Yo ___6___ al centro.

LUIS   ¿A qué hora ___7___ ustedes a la casa de su tío?

CLAUDIA   ¡Nosotros ___8___ a Cuernavaca a las nueve!

28 **Cosas que hacer** *Things to do*

Leamos/Hablemos You and a friend are trying to think of something to do this weekend. Look at the entertainment guide and say where you're going. Base your answers on the following.

1. Te gusta jugar al tenis.
2. A tu compañero le gusta nadar.
3. Quieres hacer ejercicios aeróbicos *(to do aerobics)*.
4. Quieres ver una película.

CINES

CINES LUMIERE.
Pasaje Martín de los Heros o Princesa, 5. Tel. 542 11 72. Acceso directo desde el parking. Precio por sesión, 3€ y otra película sin determinar. Confirmar cambios de horarios y película en taquilla.

GIMNASIOS

GIMNASIO GARCÍA.
Andrés Bello, 21-23. Teléfono. 312 86 01. Karate (club campeón de España), clases de aeróbicos, gimnasia, jazz, voleibol, basquet-bol y baile. Máquinas Polaris.

PISCINAS

MUNICIPALES ALUCHE
(Latina). A. General Fanjul, 14 (metro Aluche, autobuses 17, 34 y 39). Tel. 706 28 68.

TENIS

CLUB DE TENIS LAS LOMAS.
Avenida de Las Lomas. Tel. 633 04 63. Escuela de tenis. Todos los niveles. Todos los días de la semana.

29 **Destinos**

Escribamos Escribe seis oraciones con el vocabulario de la página 119. Nombra los lugares adónde van tú, tus amigos/as y tus padres en su tiempo libre.

MODELO **Voy al parque para montar en bicicleta.**

Vocabulario

Los días de la semana *The days of the week*

 CD-ROM **1** DVD **1**

Monday	OCTUBRE				*el fin de semana*	
lunes	martes	miércoles	jueves	viernes	sábado	domingo
	1	2	3	4	5	6
7	8	9	10	11	12	13

Cuaderno de gramática, p. 35, Acts. 19–20

Nota gramatical

1. Always use **el** before a day of the week except when stating what day it is. **Hoy es martes.**
2. To make **sábado** and **domingo** plural, add **-s.**
3. To say *on Monday, on Tuesday,* etc., use **el lunes, el martes.**
   Voy al gimnasio **el jueves.**
4. To say *on Mondays, on Tuesdays,* etc., use **los lunes, los martes.**
   Los lunes, vamos al colegio.
5. Days of the week are not capitalized in Spanish.

Cuaderno de gramática, p. 36, Acts. 21–23

Más práctica gramatical, p. 131, Acts. 8–9

Nota cultural

In Spain and Latin America, there are fewer school-sponsored extracurricular activities for high school students than in the United States. Teenagers who play sports will often join independent teams, since many schools don't have their own teams.

30 **Gramática en contexto**

Leamos/Hablemos Compare schedules with a partner. Ask each other where you are at the following times during the week.

MODELO —¿Dónde estás los lunes a las ocho de la mañana?
—Estoy en la clase de inglés.

1. los viernes a las cuatro de la tarde
2. los sábados a las diez y media de la mañana
3. los sábados por la noche
4. los martes a la una de la tarde
5. los jueves a las once de la mañana
6. los lunes por la noche
7. los domingos por la mañana
8. los miércoles por la tarde

31 **¡Una encuesta!**

Hablemos/Escribamos Take a survey of three classmates to find out where they go on the weekend. Write the name of each person and at least two places where he or she goes. Be prepared to present the class with the results of your survey.

32 **En mi cuaderno**

Escribamos Write a short description of a typical week in your life. Make a calendar for the week and include at least two activities for each day. Start some of your sentences with the phrases in the word box.

> Después de clases, voy a...
>
> En mi tiempo libre...
>
> Los sábados estoy en...

LETRA Y SONIDO

A. The letters **b** and **v** in Spanish represent the same sound. That single sound has two possible variations.

1. At the beginning of a phrase, or after an **m** or an **n**, these letters sound like the *b* in the English word *bean*.

   biblioteca   basquetbol   bailar   invierno   viernes

2. Between vowels and after other consonants, their pronunciation is softened, with the lower lip slightly forward and not resting against the upper teeth.

   lobo   lo bueno   uva   Cuba

3. Note that the **b** and **v** in the following pairs of words and phrases have exactly the same pronunciation.

   tubo/tuvo   a ver/haber
   vienes/bienes   botar/votar

B. Dictado

Pablo hasn't learned to spell words that use **b** and **v** yet. As he says the words he's not sure of, write what you hear.

C. Trabalenguas

El lobo sabe bailar bien el vals bajo el árbol.

Anuncios personales

Estrategia para leer

Scanning for specific information means looking for one thing at a time, without concerning yourself with the rest of the information there. Some examples of scanning are looking up the spelling of a word in a dictionary or hunting through the TV listing to see what time a certain show comes on.

¡A comenzar!

The ads on these pages are for pen pals. They come from *Tú*, a magazine for Spanish-speaking teens. Before doing any scanning, gather more general information.

¿Te acuerdas?

Use your background knowledge before you read in depth.

A. If you were writing an ad for a pen pal, what kind of information would you include? Choose the items you would want to include.

- your name
- your best friend's name
- your address
- the name of your school
- your age
- what you look like
- what your parents do
- your hobbies

B. Now look briefly at the ads. Of the eight possibilities listed above, which four are included in the ads?

LÍNEA DIRECTA

Nombre: Sandra Duque
Edad: 17 años
Dirección: P.O. Box # 1752, Colón, REPÚBLICA DE PANAMÁ.
Pasatiempos: Escuchar música, coleccionar unicornios, ver televisión, ir al cine, escribir cartas.

▲▲▲▲▲▲▲▲▲▲▲▲▲▲▲▲▲▲▲▲

Nombre: Susana Tam
Edad: 13 años
Dirección: 4ta. Ave., N #41-07, La Flora, Cali, REPÚBLICA DE COLOMBIA.
Pasatiempos: Ir al cine, a fiestas, a bailar y hablar por teléfono. Pueden escribirme en inglés.

▲▲▲▲▲▲▲▲▲▲▲▲▲▲▲▲▲▲▲▲

Nombre: Juan Dos Santos
Edad: 15 años
Dirección: 55mts sur, Bomba Gasotica, Pérez Zeledón, COSTA RICA.
Pasatiempos: Oír música rock, hablar con los turistas y tener amigos.

▲▲▲▲▲▲▲▲▲▲▲▲▲▲▲▲▲▲▲▲

Nombre: Juana Saldívar
Edad: 16 años
Dirección: P.O. Box 678, Hato Rey 00919, PUERTO RICO.
Pasatiempos: Conocer a chicos de otros países, oír música y pasear.

▲▲▲▲▲▲▲▲▲▲▲▲▲▲▲▲▲▲▲▲

Nombre: Wilmer Ramírez
Edad: 16 años
Dirección: Urb. Las Batallas, Calle La Puerta #2, San Félix, Edo. Bolívar, VENEZUELA.
Pasatiempos: Leer, escuchar música e intercambiar correspondencia y estudiar.

Nombre: Gerardo Vargas
Edad: 14 años
Dirección: P.O. Box 2002,
Borrego Springs,
California 92004,
ESTADOS UNIDOS.
Pasatiempos: Leer, bailar y escuchar música rock en español. Mantener correspondencia con chicas de otros países.

▲▲▲▲▲▲▲▲▲▲▲▲▲▲▲▲▲▲▲

Nombre: Julia Ileana Oliveras
Edad: 15 años
Dirección: Yapeyú 9550 (1210) Cap. Fed. Buenos Aires, ARGENTINA.
Pasatiempos: Escuchar la radio, leer, nadar y jugar al tenis. Pueden escribirme también en inglés y en alemán.

▲▲▲▲▲▲▲▲▲▲▲▲▲▲▲▲▲▲▲

Nombre: Pedro Manuel Yue
Edad: 17 años
Dirección: Apartado Postal 9054, La Habana 9, Ciudad Habana C.P.10900, CUBA.
Pasatiempos: Leer, bailar y escuchar música romántica.

▲▲▲▲▲▲▲▲▲▲▲▲▲▲▲▲▲▲▲

Nombre: Esteban Hernández
Edad: 15 años
Dirección: Apartado 8-3009, El Dorado, PANAMÁ
Pasatiempos: Ir al cine, practicar deportes, jugar a los videojuegos.

▲▲▲▲▲▲▲▲▲▲▲▲▲▲▲▲▲▲▲

Nombre: Bessy Ortiz
Edad: 15 años
Dirección: Res. Carro Grande, Zona 4, B-12 C. 2111, Tegucigalpa, D.C. HONDURAS.
Pasatiempos: Ver televisión, tocar la flauta, pasear en bicicleta.

Al grano

Now that you have a general overview of the pen pal ads, you can *scan* for more details.

C. Imagine that you're organizing a letter exchange for your Spanish class. Your classmates have listed their preferences regarding age and country where the pen pal lives. Which pen pal would be best for each classmate?

1. someone from Venezuela
2. someone who's 14 years old
3. a boy from Panama
4. a 16-year-old girl
5. someone from the United States
6. someone who lives in the city of Buenos Aires
7. a 17-year-old boy

D. Now it's time to choose a pen pal for yourself. You're hoping to develop a long-term friendship with someone who shares your own interests and hobbies. Whom will you choose if you . . .?

1. like to dance
2. like to ride a bike
3. prefer to write letters in English
4. love listening to music

Whom *won't* you choose if you . . .?

5. don't like to study
6. don't like video games
7. don't like to swim

E. Escribe un anuncio *(ad)* personal en español. Usa vocabulario conocido. Después, lee el anuncio de un/a compañero/a y trata de encontrarle un/a amigo/a por correspondencia *(pen pal)*. Explícale a tu compañero/a por qué esta persona es su amigo/a por correspondencia ideal.

Cuaderno para hispanohablantes, pp. 16–19

Cuaderno de actividades, p. 47, Act. 17

Más práctica gramatical

internet

go.hrw.com
MARCAR: go.hrw.com
PALABRA CLAVE:
WV3 MEXICO-4

Primer paso

Objectives Talking about what you like to do; discussing what you and others do during free time

1 Complete the paragraph about what different people do after school by filling in each blank with the correct form of each verb from the box. (**pp. 113, 114**)

> cantar *Sing*   descansar *To rest*   mirar *To look*   dibujar *To draw*   tocar *To play instrument*
> pintar *Paint*   nadar *Swim*   escuchar *listen*   hablar *talk*   bailar *Dance*   cuidar *To take care of*
> estudiar *To study*

Después de clases, yo ___1___ en el coro. También ___2___ para la clase de español y ___3___ la televisión. Mi amiga Talía y yo ___4___ en la piscina. Nosotros ___5___ con un grupo de baile también. Tú y Beni ___6___ música en casa, ¿verdad? Y ustedes también ___7___ en el parque. Federico ___8___ y ___9___ para su clase de arte, y también él ___10___ a su hermano. Y Juan Pablo y Luisa ___11___ por teléfono y ___12___ el piano.

2 Answer your friend Pablo's questions about which friends are getting together after school today for different activities. Use the cues in parentheses. (**p. 116**)

MODELO   ¿Quién mira la televisión contigo? (Susana y Benjamín)
Susana y Benjamín miran la televisión conmigo.

1. ¿Quién canta en el coro contigo? (Diana)
2. ¿Quién estudia contigo? (Carmela y Rafael)
3. ¿Quién practica deportes con Teresa? (tú y Javier)
4. ¿Quién mira la televisión con Gilberto? (Sandra y yo)
5. ¿Quién escucha música con Beatriz? (Víctor)
6. ¿Quién monta en bicicleta conmigo? (yo)
7. ¿Quién toma un refresco con Adolfo? (José Luis)

3 You're in the café after school. Tell the new student who all the people are. Use **que** to join the two parts of your sentence together. (**p. 117**)

MODELO   estudiar en la mesa/Inés
          La chica que estudia en la mesa es Inés.

1. tomar refrescos/Carlos y Rafael
2. escuchar música/Alida
3. descansar/Sergio
4. comprar un helado/Laura y Jimena
5. dibujar/Andrés
6. hablar por teléfono/Felipe
7. tocar el piano/María
8. jugar al béisbol/Claudia y Marisol

Segundo paso

Objective Telling where people and things are

4 Gabriel le muestra un mapa de su escuela a un nuevo estudiante. Completa sus explicaciones con las formas correctas de **estar**. (**p. 118**)

Mira, Leticia, tú y yo ___**1**___ aquí, en la cafetería. Las clases de arte y de música ___**2**___ muy cerca de nosotros. Y la clase de ciencias sociales ___**3**___ al lado de la clase de arte. El gimnasio y la clase de computación ___**4**___ aquí. El gimnasio ___**5**___ al lado de la clase de alemán, y la clase de computación ___**6**___ al lado de la clase de matemáticas.

5 Everyone you know at school is in a different class right now. Say where the following people are, using the correct forms of **estar** and subject pronouns. (**p. 118**)

MODELO   El director Ramos (geografía)
          Él está en la clase de geografía.

1. Sara y Guillermo
   (ciencias sociales)
2. Nacho (gimnasio)
3. mis amigos y yo (cafetería)
4. la profesora Pineda (química)
5. Ricardo y Beto (español)
6. tú (arte)
7. Sofía (matemáticas)

6 ¿**Tú** o **usted**? Completa las oraciones con la forma correcta del verbo. (**p. 121**)

1. Buenos días, señora Silva. ¿Cómo (está usted/estás) hoy?

2. Oye, Maripili, ¿qué (necesita usted/necesitas) comprar para las clases?

3. Profesora Benavente, ¿(mira usted/miras) la televisión mucho?

4. Suso, ¿a qué hora (trabaja usted/trabajas) hoy? ¿Quieres ir al centro comercial?

5. Señor Durán, ¿(habla usted/hablas) inglés?

6. Margarita, ¿(quiere usted/quieres) montar en bicicleta conmigo después de clases?

7. Sergio, te gustan los deportes, ¿no? ¿Cuántos deportes (practica usted/practicas)?

Tercer paso

Objective Talking about where you and others go during free time

7 Tell where the following people are going after school, using a different location from the box in each sentence. (**p. 123**)

MODELO   **Santiago necesita preparar la cena.**
                 Él va a casa.

casa	parque	cine	supermercado
pizzería	gimnasio	piscina	biblioteca

1. A Marcos le gusta mucho la pizza.

2. Virginia necesita comprar unos refrescos para una fiesta.

3. Esteban y Lupe necesitan estudiar.

4. Quiero ver la nueva película.

5. Necesitas caminar con el perro.

6. Mi amigo y yo tomamos una clase de natación.

7. Fernanda y Luisa toman una clase de karate.

8. El profesor Arce necesita descansar.

8 Use the after-school schedules for Miguel, Merche, and Ana to state on what days they do the activities listed. If an activity is used twice, give both days. (**p. 124**)

MODELO   **tomar un refresco en el café**
Merche toma un refresco en el café los miércoles.

	LUNES	MARTES	MIÉRCOLES	JUEVES	VIERNES
Miguel	biblioteca	parque	biblioteca	parque	plaza
Merche	plaza	gimnasio	café	gimnasio	cine
Ana	piscina	clase de baile	piscina	clase de baile	restaurante

1. estudiar en la biblioteca
2. nadar en la piscina
3. ir al parque
4. practicar deportes en el gimnasio
5. trabajar en un restaurante
6. tener clase de baile
7. ver una película con amigos

9 Look back at the after-school schedules for Miguel, Merche, and Ana in the previous activity. Based on that information and the information in the following sentences, tell what day of the week it is. More than one answer is possible in some cases. Guess what day it could be in number 7, based on your own experiences. (**p. 124**)

MODELO   **Miguel está en la biblioteca porque...**
...hoy es lunes.

1. Ana está en la piscina porque...
2. Merche va al cine porque...
3. Ana tiene clase de baile porque...
4. Miguel va a la plaza porque...
5. Merche va a la plaza porque...
6. Miguel está en la biblioteca porque...
7. Miguel, Merche y Ana no van a la escuela porque...

Repaso

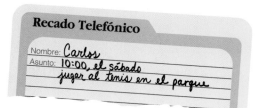
1 A friend has asked you to listen to some messages left on the answering machine. Take notes about who calls, what they want, and times or days they mention.

Recado Telefónico

Nombre: *Carlos*
Asunto: *10:00, el sábado*
  jugar al tenis en el parque

2 Complete María Elena's letter to her family using forms of the verbs you've learned.

> Queridos papás,
>
> Aquí ___1___ yo en St. Louis. Me ___2___ mucho mi colegio. Es muy grande y está cerca de mi casa. Mis amigos son muy simpáticos. Nosotros ___3___ al partido de fútbol los viernes, y yo ___4___ con Gloria y Linda al centro comercial los sábados. Yo ___5___ inglés, pero Miguel Ángel, un chico de Colombia, ___6___ mejor *(better)*. Todos nosotros ___7___ juntos en la biblioteca y hacemos la tarea. Mis amigos Ricardo y Andrés ___8___ los sábados y domingos en el cine porque necesitan dinero, pero ___9___ al fútbol todas las tardes a las cuatro. Yo ___10___ a casa después de clases y ___11___ con el perro. El perro ___12___ "Spot". Es blanco y negro. Bueno, tengo que estudiar para un examen mañana. ¡Hasta luego!
>
> Un abrazo para todos,
> María Elena

3 With a partner, create a conversation in which Claudia, Rosa, Luis, and María Inés talk about what they do in their free time. Be sure to include times of day and days of the week.

4 Use these notes to report María Inés' activities during the week.

1. lunes (7:45) - ir al colegio

2. martes (5:00) - hablar por teléfono con Claudia

3. lunes (6:30) - practicar el basquetbol

4. jueves - estudiar con Luis por tres horas

5. viernes (después de clases) - tomar refrescos con amigos

6. sábado y domingo - montar en bicicleta en el parque

5 En las siguientes oraciones, corrige *(correct)* las oraciones falsas. Basa tus respuestas en las **Notas culturales** y el **Panorama cultural** de este capítulo.

1. El paseo ya no existe en Latinoamérica.

2. En los países hispanohablantes *(Spanish-speaking countries)* los colegios tienen muchas actividades después de clases.

3. Muchos atletas hispanos participaron *(participated)* en los Juegos Olímpicos *(Olympic Games)* en el 2000.

4. El paseo no es muy común en España.

5. Por lo general, los jóvenes *(young people)* usan el **tú** para hablar con su padre o su madre.

---

6 ## Vamos a escribir

Your cousin who lives in another city wants to know all about your typical school day: where you go, what you do there, and where places are located in your school. Write him a letter and use the **Estrategia** to help you sketch a map. It will help him visualize your day and will help you organize your ideas.

Estrategia para escribir
Use drawings to help you write and to organize your thoughts and ideas. If you can see your ideas on paper, you'll be able to write more effectively.

1. Draw a simple map of your school and label five places you go during a typical day.

2. Under each place write two activities you do there.

3. Tell what you do in each place and where it's located. Use phrases like **al lado de, cerca de,** and **lejos de.**

---

7 ## Situación

Work with two or three classmates to create a conversation. You want to get together to do something for fun, but you're all really busy. Discuss your schedules and responsibilities, and decide on the activity, the time, and the place where you'll meet.

Cuaderno para hispanohablantes, p. 20

Can you talk about what you like to do? p. 113

1 Write a sentence telling what these people like to do at the place given.

MODELO   **Mr. López - la oficina**
Le gusta trabajar.

1. Cecilia - la piscina
2. Gustavo - el centro comercial
3. Diego y Berta - una fiesta
4. Carlos y yo - el parque
5. Linda y Eva - la biblioteca
6. yo - el colegio

Can you discuss what you and others do during free time? p. 114

2 How would you tell someone that you . . .?

1. play the guitar
2. wash the car
3. prepare dinner
4. paint and draw
5. watch television
6. swim in the pool

Can you tell where people and things are? p. 118

3 Write sentences in Spanish telling where the following people are.

1. Rosa is reading books and must be very quiet.
2. Claudia is shopping for gifts for her parents.
3. Geraldo is walking the dogs.
4. Sofía is exercising and lifting weights.
5. You and your friends are watching a movie.
6. You're talking on the phone.

4 How would you tell a visitor who needs directions that . . .?

1. the supermarket is next to the park
2. the bookstore is far from the store
3. the gym is near the library

Can you talk about where you and others go during free time? p. 123

5 Create a sentence telling where each person is going and why.

MODELO   **Mr. Suárez is really thirsty.**
Él va al restaurante para tomar un refresco.

1. Mariana wants to buy some books, notebooks, and pencils.
2. Pedro needs to talk to his English teacher.
3. Lupe wants to spend time with her friend.
4. Mrs. Suárez and her sister want to go swimming.
5. Carlos and Adriana need to buy stamps.
6. You and a friend want to play tennis.

6 Think of a typical week in your life. Write a sentence telling at what time and on which day you're at the following places.

1. el centro comercial
2. el cine
3. la casa de un amigo o una amiga
4. el parque

Primer paso

Talking about what you like to do

A mí me gusta + inf.	I (emphatic) like to . . .
¿A quién le gusta + inf.?	Who likes to . . . ?
A ti, ¿qué te gusta hacer?	What do you (emphatic) like to do?
bailar	to dance
cantar	to sing
cuidar a tu hermano/a	to take care of your brother/sister
descansar en el parque	to rest in the park
dibujar	to draw
escuchar música	to listen to music
estudiar	to study
hablar por teléfono	to talk on the phone
lavar el carro	to wash the car
lavar la ropa	to wash the clothes
mirar la televisión	to watch TV
nadar	to swim
pintar	to paint
la piscina	swimming pool
por eso	that's why
¿Quién?	Who?
sacar la basura	to take out the trash

Discussing what you and others do during free time

al	to the
antes de	before
caminar con el perro	to walk the dog
la cena	dinner
con	with
conmigo	with me
contigo	with you
después de	after
(en) el tiempo libre	(during) free time
la guitarra	guitar
el helado	ice cream
jugar (ue) a	to play (a sport or game)
montar en bicicleta	to ride a bicycle
pasar el rato con amigos	to spend time with friends
el piano	piano
practicar	to practice
preparar	to prepare
que	that, which, who
¿Qué haces después de clases?	What do you do after school?
el refresco	soft drink
regresar	to return
el restaurante	restaurant
tocar	to play (an instrument)
tomar	to drink, to take
trabajar	to work

Segundo paso

Telling where people and things are

al lado de	next to
allá	there
aquí	here
la biblioteca	library
la casa	house, home
el centro	downtown
cerca de	near
el cine	movie theater
el correo	post office
debajo de	under, beneath
¿Dónde?	Where?
encima de	on top of
estar	to be
el gimnasio	gym
lejos de	far from
nosotros/nosotras	we
el parque	park
el paseo	walk, stroll (social)
el supermercado	supermarket
la tienda	store
el trabajo	work, job
usted	you (formal)
ustedes	you (plural, formal)
vosotros/vosotras	you (plural, informal)

Tercer paso

Talking about where you and others go during free time

¿Adónde?	Where (to)?
¿Adónde vas?	Where are you going?
el día	day
el domingo	Sunday
el fin de semana	weekend
el jueves	Thursday
el lunes	Monday
el martes	Tuesday
el miércoles	Wednesday
para + inf.	in order to . . .
la película	movie
el sábado	Saturday
la semana	week
ver	to see
el viernes	Friday

¡Ven conmigo a la Florida!

Población: Más de 16.000.000 de habitantes, de los cuales más de 16% son de origen hispano

Área: 58.664 millas cuadradas (151.940 km²)

Capital: Tallahassee

Ciudad principal: Miami y área metropolitana, 3.711.000 habitantes

Clima: subtropical

Economía: manufactura, turismo, productos de frutas cítricas, caña de azúcar, pesca comercial, electrónica, comercio con Latinoamérica

Historia: Poblada por indígenas norteamericanos antes de la llegada del explorador español Ponce de León en 1513. Colonia francesa establecida en 1564. Colonia española establecida en 1565. Poblada, en parte, por los Seminole en el siglo XVIII. España cedió el territorio a los Estados Unidos en 1819.

go.hrw.com

WV3 FLORIDA

VIDEO

CD-ROM 2
DVD 1

La zona "art deco" de la ciudad de Miami Beach ▶

LA FLORIDA

★ Tallahassee

Orlando

Tampa

West Palm Beach

Miami

Parque Nacional Everglades

Cayos de la Florida

N

LA FLORIDA

Islas Bahamas

CUBA

0   50   100 Kilómetros
0   25   50 Millas

La Florida

Florida has many attractions, such as the Kennedy Space Center, the wetlands of the Everglades, and hundreds of miles of fantastic beaches. The Spanish came in the early 1500s, followed by other European settlers. A wide variety of ethnic heritages from other countries and other parts of the U.S. have greatly enriched the peninsula's population.

internet

go.hrw.com
MARCAR: go.hrw.com
PALABRA CLAVE:
WV3 FLORIDA

1 Los arrecifes de coral
The warm waters of Biscayne Bay and the nearby Gulf Stream provide a fine setting for year-round water sports. Coral reefs and keys (small islands) provide a magical world for scuba divers to explore.

2 Las tierras pantanosas
Home to alligators, manatees, and a riot of colorful aquatic birds, Everglades wetlands are one of the United States' great natural treasures.

Chapters 5 and 6
will introduce you to Patricia, José Luis, and Raquel, some students who live in Miami. Spanish speakers make up about two-thirds of the city's population. The great majority of Spanish speakers here are of Cuban heritage. You'll have a chance to find out a little about what ordinary life is like in this extraordinary North American city!

3 El Festival de la Calle Ocho
People of many backgrounds converge in Miami to play and hear Caribbean music.

4 La Piscina de Coral
The Venetian Municipal Pool, carved out of solid coral, attracts visitors from around the world.

5 Un partido de ajedrez
Little Havana is the symbolic center of South Florida's thriving Cuban community, a place to enjoy a delicious meal or a game of chess or dominoes with good friends.

5
El ritmo de la vida

Objectives

In this chapter you will learn to

Primer paso

- discuss how often you do things

Segundo paso

- talk about what you and your friends like to do together
- talk about what you do during a typical week

Tercer paso

- give today's date
- talk about the weather

◢ internet

go.
hrw
.com

MARCAR: go.hrw.com
PALABRA CLAVE:
WV3 FLORIDA-5

◀ Nos gusta ir al parque cuando hace buen tiempo.

DE ANTEMANO ▪ *¿Cómo es el ritmo de tu vida?*

Estrategia
para comprender
Look at the pictures in the foto-novela. Can you tell what Patricia, José Luis, and Raquel are doing? Where are they? Does something go wrong? How can you tell?

Patricia   **José Luis**   **Raquel**   **Armando**

1

Patricia: ¡Bienvenidos! Hoy es el seis de noviembre y ésta es la nueva edición de "Noticias Colegio Seminole". Soy Patricia Carter...

José Luis: Y yo soy José Luis Jiménez. Como siempre, tenemos un programa muy interesante para ustedes esta semana.

2

José Luis: Pero primero, ¿qué tiempo hace? Aquí en Miami, hace buen tiempo. Hace mucho sol. En Nueva York, hace un poco de frío... Y en Texas, está lloviendo... ¡a cántaros!

3

Patricia: Gracias, José Luis. Ahora, vamos al reportaje especial de Raquel. Esta semana, ella habla con la gente del colegio sobre el ritmo de sus actividades en una semana típica.

4

Raquel: ¡Hola! Raquel Villanueva a sus órdenes. Todos estamos aquí, en el colegio, durante las horas de clase. ¿Pero qué hacemos cuando no estamos aquí? Ramón... ¿qué haces por la tarde?

Ramón: Bueno... los martes y los jueves, trabajo en el restaurante de mis padres. Y cuando no trabajo, hago la tarea o paso el rato con mis amigos.

5

Raquel: ¿Qué tal, Anita y Josué? Dime, Anita... ¿qué haces típicamente los domingos?

Anita: Eh... todos los domingos, descanso y leo el periódico. Y Josué y yo siempre corremos juntos por la tarde.

Raquel: Ah, ¿sí? ¿Y corren mucho?

Josué: Sí, mucho. Nos gusta correr. ¡Pero en el verano no, porque hace demasiado calor!

6

Raquel: Buenos días, profesor Williams. ¿Qué hace usted por la noche cuando está en casa?

Prof. Williams: Bueno, Raquel... primero la señora Williams y yo preparamos la cena. Después, a veces escucho música o escribo cartas.

7

Raquel: ¡Tenemos un nuevo estudiante en el Colegio Seminole! ¿Quién es? Es Armando Tamayo, y es de Panamá. Armando, ¿qué haces en tu tiempo libre?

Armando: En mi tiempo libre, yo pinto y dibujo.

Raquel: ¿En serio? A mí también me gusta mucho pintar y dibujar. Qué casualidad, ¿no?

8

Raquel: Bueno, amigos... aquí termina mi reportaje. Quiero recibir tarjetas postales de ustedes. ¿Les gusta el programa? ¡Escríbanme! ¡Y hasta la próxima!

9

Patricia: Gracias, Raquel, y ahora... ¿qué pasa?

José Luis: ¿Hay un problema con la cámara?

10

Cuaderno de actividades, p. 49, Act. 1

DE ANTEMANO

1 **¿Comprendes?**

Contesta las preguntas (*Answer the questions*). Si no estás seguro/a sobre lo que pasa en la fotonovela, ¡adivina!

1. What are the teenagers in the story doing?

2. What kind of report does José Luis give?

3. What does Raquel do in her special report?

4. Who is Armando, and what does he have in common with Raquel?

5. How will the crew deal with the accident at the end of the broadcast?

2 **¿Cómo se dice?**

Using the **fotonovela** as a guide, find the words and phrases you could use to . . .

1. say that the weather is nice

2. ask what a friend does on Sundays

3. say that you and a friend run a lot

4. say that you write letters

5. say that you paint and draw in your free time

3 **Equivocaciones** *Errors*

There are five errors in this paragraph describing Raquel and her friends. Find and correct the errors, and then read the corrected paragraph aloud.

Patricia y José Luis están en Nueva York, donde hace mucho sol. Anita trabaja en un restaurante los martes y los jueves. Josué y Anita corren todos los días. Raquel y Armando miran la televisión en su tiempo libre. ¿Y el profesor Williams? Él lee el periódico después de clases y prepara la cena con su esposa.

4 **Cuando hace mal tiempo...** *When the weather's bad . . .*

Read what Raquel says she and her friends do when the weather is bad. Then match the correct character's name with each activity.

Cuando hace frío, yo escucho música. Mi amiga Anita lee el periódico y el profesor Williams trabaja en casa. Cuando está lloviendo, Armando y yo dibujamos, Anita descansa y el profesor Williams y su señora escriben cartas.

1. Anita
2. el profesor Williams
3. Raquel
4. Armando
5. la señora del profesor

a. leer el periódico
b. escribir cartas
c. descansar
d. escuchar música
e. trabajar en casa
f. dibujar

5 **¿Y tú?**

Usa la fotonovela como modelo. Describe lo que (*what*) haces, y cuándo, en un típico fin de semana.

Así se dice

Discussing how often you do things

To find out how often a friend does things, ask:

¿Con qué frecuencia desayunas?
How often do you eat breakfast?

¿Siempre organizas tu cuarto?
(Do you) always . . .?

¿Y qué haces **durante** la semana?
. . . during the week?

¿Todavía tocas la guitarra?
(Do you) still . . .?

Your friend might respond:

Desayuno todos los días.
I eat breakfast every day.

Nunca organizo mi cuarto.
(I) never . . .

A veces cuido a mi hermano.
Sometimes . . .

Muchas veces ayudo en casa.
Often I help at home.

Sí, pero **sólo cuando** no tengo tarea.
. . . only when . . .

---

6 **Viejos amigos** *Old friends*

Escuchemos Listen as Teresa tells Carlos what some of his old friends are doing. Match the name of each friend with when he or she works with Teresa.

1. Juan Luis
2. Maite
3. Alejandro
4. Flora
5. Ramón

a. todos los días
b. los fines de semana
c. sólo cuando tiene tiempo los jueves
d. nunca
e. siempre los lunes, a veces los jueves

Gramática

Negation

In Chapter 2 you learned to make sentences negative by putting **no** before the verb.
To say *never* or *not ever*, put **nunca** before the verb.

Nunca tomo el autobús.   *I never take the bus.*

In Spanish, you'll often use **no** and **nunca** or **no** and **nada** (nothing) together in the same sentence.
In that case, be sure to put **no** in front of the verb, and **nunca** or **nada** after the verb.

No tomo el autobús **nunca**.   *I never take the bus.*
Los sábados **no** hago **nada**.   *On Saturdays I don't do anything.*

Another negative word is **nadie.** It is always used with a singular verb form.

No toca la guitarra **nadie.**
Nadie toca la guitarra. }   *Nobody plays the guitar.*

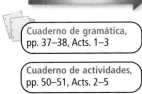

Más práctica gramatical,
p. 160. Acts. 1–2 →

Cuaderno de gramática,
pp. 37–38, Acts. 1–3

Cuaderno de actividades,
pp. 50–51, Acts. 2–5

7 Gramática en contexto

Leamos Think of the following people you know and complete the sentences with one of the activities below.

1. Yo nunca...
2. Mi mejor amigo/a siempre...
3. A veces mi hermano/a...
4. Mis abuelos siempre...

5. Todos los días la profesora...
6. Mi perro/a nunca...
7. A veces tú...
8. Los fines de semana yo...

practicar un deporte   desayunar   cuidar a tu hermano/a   trabajar

caminar con el perro   pintar

estudiar en la biblioteca   tocar un instrumento   preparar la cena   ir al colegio

8 Mi semana

Escribamos What do you do during a typical week? Write six sentences using activities from the box above. Be sure to explain how often you do each activity. Include two activities you never do.

9 Una encuesta

Hablemos Interview five classmates to find out how often they do the things mentioned in the first column. Your classmates will respond by using words from both columns.

lavar la ropa	nunca
organizar tu cuarto	a veces
hablar por teléfono	sólo cuando tengo tiempo
ayudar en casa	los lunes, los martes, etc.
tomar el autobús	los fines de semana
sacar la basura	todos los días
mirar la televisión	

MODELO —¿Con qué frecuencia lavas la ropa?
—Nunca lavo la ropa.

Nota gramatical

You've already learned the question word **¿quién?** (who?). **¿Quién?** is used to ask about one person. When asking about more than one person, use **¿quiénes?** (who?). Compare the two sentences below.

¿Quién es el chico rubio?
Who is the blond boy?

¿Quiénes son las chicas altas?
Who are the tall girls?

Cuaderno de gramática, p. 38, Act. 4

Más práctica gramatical, pp. 160–161, Act. 3

10 Gramática en contexto

Escribamos Fill in the blanks with **quién** or **quiénes** to complete David and Ana's conversation about guests at Ana's party.

DAVID Ana, hay muchas personas aquí, ¿no? ¿___1___ es el chico alto?

ANA Se llama Andrés.

DAVID ¿Y ___2___ son las chicas al lado de Andrés?

ANA Se llaman Veronique y Marie Agnès. Son de París.

DAVID Ah, ¿sí? Yo tengo familia de Francia también.

ANA ¿___3___ es de Francia en tu familia?

DAVID Mi abuela. ¿Y ___4___ son los chicos cerca de la puerta?

ANA Se llaman Mario, Roberto y Julia.

11 ¿Quién hace eso? *Who does that?*

Hablemos Who is doing what in the drawings? Get together with a partner and take turns asking and answering questions about the people and activities pictured.

Modelo   ¿Quiénes nadan en la Piscina Alberti?
Julia y Silvia nadan en la Piscina Alberti.

1. estar/gimnasio
2. mirar/televisión
3. ir/parque
4. cuidar a/su hermano
5. pintar/la clase de arte
6. tomar/helado

Julia y Silvia   Rita   Li

Micki y Pablo   Roberto y Laura   Keesha   Ricardo y Daniel

12 ¿Tienes buena memoria?

Escribamos/Hablemos Work in groups of five. On three slips of paper each person writes the categories **siempre, a veces,** and **nunca.** Under each category write one activity that you always, sometimes, and never do. Then shuffle the papers. Each person draws three slips and asks **¿Quién...?** or **¿Quiénes...?**, the activity, and the category to try to guess who wrote the activity on each slip.

Segundo paso

Objectives Talking about what you and your friends like to do together; talking about what you do during a typical week

WV3 FLORIDA-5

Así se dice

Talking about what you and your friends like to do together

So far, you've been using **gusta** with the pronouns **me, te,** and **le** to talk about what just one person likes and dislikes.

To find out what some of your friends like to do, ask them:

¿Qué **les gusta** hacer?
  . . . *do you like . . .?*

Y a Celia y Roberto, **¿les gusta esquiar?**
  . . . *do they like to ski?*

¿Les gusta **acampar** y **pescar?**
  . . . *to camp . . . to fish?*

Your friends might answer:

Nos gusta hacer ejercicio o correr por la playa.
  We like to exercise or run on the beach.

No sé, pero les gusta **bucear juntos.**
  . . . *to scuba dive together.*

Sí, **especialmente** durante **las vacaciones.**
  . . . *especially . . . vacation.*

Cuaderno de gramática, p. 39, Act. 5

---

13 **Mejores amigos**

Escuchemos Gloria is writing an article about best friends for the school newspaper. Listen as she interviews Carlos and Eddie. Then, for each activity shown, choose the best answer.

1. Les gusta.
2. No les gusta.
3. Sólo le gusta a Carlos.
4. Sólo le gusta a Eddie.

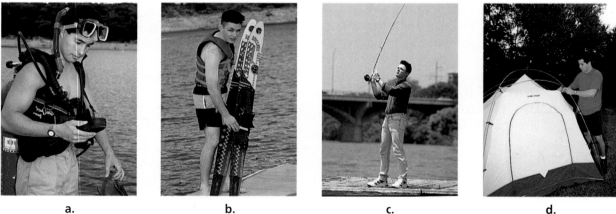

a.   b.   c.   d.

CD-ROM 2
DVD 1

asistir a una clase de ejercicios aeróbicos

comer un sándwich o una hamburguesa con papas fritas

beber agua o jugo

leer las tiras cómicas en el periódico

escribir tarjetas postales

recibir cartas

Cuaderno de gramática, p. 39, Act. 6

Cuaderno de actividades, p. 54, Act. 11

14 ¿Qué les gusta hacer?

Hablemos Tell what you and your friends like to do at each of these times and places. For each answer, choose at least one item from the **Vocabulario** and at least one from vocabulary you already know.

MODELO después de correr
Nos gusta descansar y beber jugo. A veces nos gusta nadar después de correr.

1. en casa los domingos
2. después de jugar a un deporte
3. los sábados (en el gimnasio, por ejemplo)
4. en la biblioteca
5. en la playa los fines de semana
6. durante las vacaciones

Nota gramatical

Look at the examples in the **Así se dice** box on page 148. When **les gusta** is translated literally, it means *is pleasing to them* or *is pleasing to you* (plural). Sometimes the phrases **a ustedes** and **a ellos** or **a ellas** are added for clarification.

Look at the literal translations of these questions.

¿A ustedes les gusta nadar?
Is swimming pleasing to you?

¿A ellos les gusta preparar la cena juntos?
Is preparing dinner together pleasing to them?

What would the non-literal English translations be?*

Más práctica gramatical, p. 161, Act. 4

Cuaderno de gramática, p. 40, Act. 7

15 Gramática en contexto

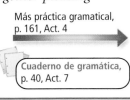

Leamos/Hablemos Work in pairs. Using the cues, ask a series of questions to find out which activities your partner likes to do and how often. Be prepared to tell the class what you learn. For an activity you both like to do, use **nos gusta**.

MODELO correr: playa/parque
—¿Te gusta correr por la playa o en el parque?
—Me gusta correr en el parque.
—¿Y con qué frecuencia?

1. escribir: cartas/tarjetas postales
2. recibir: notas de amigos/cartas de amor (*love letters*)
3. comer: ensalada/un sándwich
4. leer: revistas/el periódico
5. asistir: a clases/a un concierto de...
6. beber: jugo/agua

Do you like to swim? Do they like to fix dinner together?

-er and -ir verbs

In Chapter 4 you learned to work with **-ar** verbs, such as **hablar.** Look at the conjugations of **comer** and **escribir** to see how **-er** and **-ir** verbs work. Which two endings aren't identical for both types of verbs?*

(yo)	**como**	(nosotros, nosotras)	**comemos**
(tú)	**comes**	(vosotros, vosotras)	**coméis**
(él, ella, usted)	**come**	(ellos, ellas, ustedes)	**comen**

(yo)	escri**bo**	(nosotros, nosotras)	escri**bimos**
(tú)	escri**bes**	(vosotros, vosotras)	escri**bís**
(él, ella, usted)	escri**be**	(ellos, ellas, ustedes)	escri**ben**

You also know the verb **ver.** It is regular except in the **yo** form.

(yo)	**veo**	(nosotros, nosotras)	**vemos**
(tú)	**ves**	(vosotros, vosotras)	**veis**
(él, ella, usted)	**ve**	(ellos, ellas, ustedes)	**ven**

Más práctica gramatical,
p. 161, Act. 5

Cuaderno de gramática,
pp. 40–41, Acts. 8–10

Cuaderno de actividades,
p. 54, Act. 11

16 Gramática en contexto

Leamos/Escribamos Completa las oraciones sobre las vacaciones de Antonio y su familia. Usa la forma correcta del verbo entre paréntesis.

1. Ana y yo (correr) por la playa.
2. Luego descansamos y yo (leer) las tiras cómicas en inglés.
3. Los lunes y los miércoles mis padres (asistir) a una clase de ejercicios.
4. A Miguel le gustan las hamburguesas y las papas fritas. ¡Siempre (comer) mucho!
5. Mis padres no (ver) muchas películas. Les gustan las novelas.
6. Y tú, Diana, ¿por qué no me (escribir) una tarjeta postal?
7. Todos los días nosotros (recibir) cartas, pero ¡no de ti! *Not from you!*

Nota cultural

Spending time with a group of friends is an important part of life for young adults in the Spanish-speaking world. Fewer young people own cars in Spain or Latin America than in the United States, so they often share rides with friends. Meeting friends in public is a big part of life for both young and old. Public gathering places like parks and cafés are common meeting places. The streets of a Spanish-speaking town are usually alive both day and night.

---

*The **nosotros** forms are different: **com**emos, **escrib**imos. And the **vosotros** forms are different: **com**éis, **escrib**ís.

Gramática en contexto

Hablemos What do the people in these pictures do during the week?

MODELO   **Alejandra y sus amigos hacen la tarea juntos.**

Alejandra y sus amigos

ustedes

la señora Pérez

tú

yo

nosotros

¿Te acuerdas?

Do you remember that masculine plural adjectives and nouns can refer to mixed groups of males and females as well as all-male groups? If you're talking about two males or a male and a female together, use **juntos**. If you're talking about two females, use **juntas**.

A lo nuestro

In Spanish, there are many ways to express how often you do things. Some of these expressions include: **una vez** *(once)*, **de vez en cuando** *(once in a while)*, **todo el tiempo** *(all the time)*, **cada día** *(each day)*, and **a menudo** *(often)*.

Así se dice

Talking about what you do during a typical week

To find out what your friends typically do during the week, ask:

Some responses might be:

Cuaderno de actividades, p. 55, Act. 12

¿Qué haces **típicamente** durante el día?

Asisto a clases, trabajo y paso el rato con amigos.

¿Qué hace Josué **por la mañana?**
. . . *in the morning?*

Corre **dos millas** por la playa.
. . . *two miles . . .*

¿Hacen ustedes ejercicio juntos?

Sí, pero sólo **por la tarde.**
. . . *in the afternoon.*

¿Y qué hacen Raquel y Anita **por la noche?**
. . . *at night?*

A veces van a un restaurante.

18 Un día típico en la vida de...

Escuchemos/Hablemos Listen as Miguel's mother describes a typical day in his life, and decide which of these illustrations shows the real Miguel. Explain what is wrong with the incorrect illustrations.

a.

b.

c.

19 ¿Quién lo hace?

Hablemos/Escribamos Try to identify at least one person in your partner's family or circle of friends who does each of the activities listed. Also find out how often each person does the activity. Take notes, and try to find activities that your friends or family members have in common. If nobody does the activity, use **Nadie...** in your answer.

MODELO
—Juana, ¿quién en tu familia lee revistas?
—Nadie, pero mi padre lee el periódico todos los días por la mañana.

> leer: revistas, las tiras cómicas, el periódico, novelas
> asistir a: una clase de ejercicios, bailes, conciertos
> escribir: poemas, cartas, tarjetas postales
> comer: ensaladas, fruta, hamburguesas
> correr: en el parque, después de clases, cinco millas

20 ¿Cómo pasas tú los días? *How do you spend your days?*

Hablemos Interview a partner to find out how she or he spends a typical weekday. Ask about morning, afternoon, and evening activities. Switch roles and answer your partner's questions about a typical weekend morning, afternoon, or evening.

MODELO
—¿Qué haces los lunes por la mañana?
—Los lunes asisto al colegio y hablo con mis amigos.

21 Los sábados

Escribamos With whom do you usually spend Saturdays? Write three paragraphs, one for the morning, one for the afternoon, and one for the evening. In each paragraph, tell whom you're with, where you go, and what you typically do together. Use some of the expressions listed in the word box to make your paragraphs flow naturally.

> siempre   especialmente
> primero
> vamos a   a veces
> nunca
> por fin
> típicamente   nos gusta   luego

CD-ROM 2
DVD 1

¿Cómo es una semana típica?

In this chapter, we asked some students what they usually do during the week and on weekends.

María Luisa
Quito, Ecuador

"Vengo al colegio y del colegio a la casa, y de ahí no hago nada más".

¿Y los fines de semana?
"Salgo a comer con mis amigas, me voy a casa de ellas o ellas vienen a mi casa".

Maikel
Caracas, Venezuela

"Ir al liceo, llegar a casa en la tarde, hacer mis tareas y descansar".

¿Y los fines de semana?
"Bueno, quedarme en mi casa o si no, salgo con mis padres".

Matías
Buenos Aires, Argentina

"Vengo al colegio a las ocho y cuarto; salgo [a las] doce y cuarto para irme a comer, vuelvo a la una y media y salgo de nuevo a las cuatro y cuarto, llego a mi casa, veo tele y como, y voy a dormir".

¿Y los fines de semana?
"Voy a andar en velero al club náutico, y después vuelvo tarde a eso de las ocho y vuelvo a mi casa directo a dormir".

Para pensar y hablar...

A. Read the interviews carefully. Whose weekday routine is most like yours? Whose weekend routine is similar to yours?

B. What you do says a lot about you. What do you think María Luisa, Matías, and Maikel are like?

Cuaderno para hispanohablantes, pp. 24–25

Así se dice

Giving today's date

To find out today's date, ask:

¿Cuál es la fecha?
¿Qué fecha es hoy?

To give today's date, say:

Hoy **es el primero de diciembre.**
. . . *is the first of December.*

Es el quince de enero.
It's the fifteenth of January.

To tell on what date something happens, say:

El cuatro de este mes hay un examen.
On the fourth of this month . . .

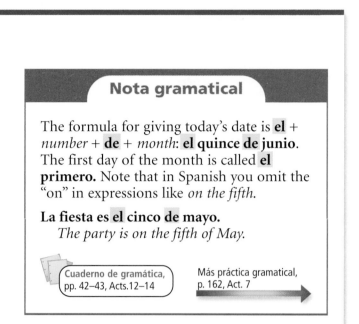

Nota gramatical

The formula for giving today's date is **el** + *number* + **de** + *month*: **el quince de junio.** The first day of the month is called **el primero.** Note that in Spanish you omit the "on" in expressions like *on the fifth.*

La fiesta es el cinco de mayo.
The party is on the fifth of May.

Cuaderno de gramática, pp. 42–43, Acts.12–14

Más práctica gramatical, p. 162, Act. 7

---

22 Gramática en contexto

Escribamos/Hablemos Working individually first, write a special date for each month of the year. You might include holidays and more personal dates like birthdays or upcoming special events. Then compare lists with your partner. For each date that you don't recognize, ask why that date is special to your partner. For holidays or other special occasions, see page R5.

Vocabulario

la primavera
• marzo
• abril
• mayo

el verano
• junio
• julio
• agosto

el invierno
• diciembre
• enero
• febrero

el otoño
• septiembre
• octubre
• noviembre

El otoño es una estación.
Hay cuatro estaciones en un año.

Octubre es un mes.
Hay doce meses en un año.

Cuaderno de actividades, p. 56, Acts. 13–15

Cuaderno de gramática, p. 42, Act. 11

23 Meses y estaciones

Escuchemos Listen and match the date you hear with the correct picture.

a.

b.

c.

d.

e.

f.

24 Actividades

Leamos/Escribamos What do you usually do during different seasons of the year? Combine elements from all three columns to form answers. Then, create a sentence telling what you like to do in the places mentioned.

MODELO   **En el verano voy a la playa. Me gusta bucear, jugar al voleibol y descansar.**

En el invierno	ir a...	el colegio
En la primavera	trabajar en...	el gimnasio
En el verano	hacer ejercicio...	el parque
En el otoño	comer...	la piscina
	beber...	la playa
	asistir a...	en casa
	leer...	el centro
	escribir...	comercial
	jugar al...	

Nota cultural

The seasons in the southern cone of South America occur at opposite times of year from seasons north of the equator. Summer begins in December, and winter begins in June. The equator runs through northern South America, where the weather is warm all year round. Here there are only two seasons, wet and dry. In the tropics, altitude plays a major role in climate. The Andes region is quite cold even though it's near the equator.

25 Y tú, ¿adónde vas?

Hablemos Get together with a partner. Try to guess at least five sentences your partner wrote in Activity 24. Check how many of your guesses were right. What activities do you and your partner have in common?

26 ¿Cuál es la fecha?

Escribamos/Hablemos Make a list of six dates, including at least one from each season. Then read them to your partner one at a time. Your partner will tell you what season it is, and at least one activity she or he associates with that time of year.

MODELO   —**Es el treinta de abril.**
—**Es la primavera, y juego al béisbol.**

Talking about the weather

To find out what the weather is like, ask:

¿Qué tiempo hace?

To answer, say:

Hace buen tiempo.
Hace muy mal tiempo hoy.

Más práctica gramatical,
p. 163, Acts. 8–9

Vocabulario

Hace (mucho) frío. Hace fresco. Hace (mucho) calor.

–10s –0s 0s 10s 20s 30s 40s 50s 60s 70s 80s 90s 100s 110s

Está nevando. / Nieva.

Está lloviendo.
Llueve.

Está nublado.

Hace (mucho) viento.

Hace sol.

CD-ROM 2
DVD 1

Portland · Great Falls · Fargo · Milwaukee · Chicago · Nueva York · Sacramento · Denver · Los Angeles · Yuma · Shreveport · Montgomery · San Antonio · Miami

Cuaderno de actividades, pp. 57–58, Acts. 16–18   Cuaderno de gramática, p. 44, Acts. 15–16

Más práctica gramatical,
p. 163, Acts. 8–9

27 **El pronóstico del tiempo** *The weather report*

Leamos Mira el mapa e indica qué tiempo hace en cada ciudad.

1. Miami
2. Nueva York
3. Portland
4. Sacramento
5. San Antonio
6. Milwaukee
7. Shreveport
8. Chicago

a. hace sol y hace buen tiempo
b. está lloviendo
c. hace buen tiempo
d. hace calor y hace sol
e. hace viento
f. hace mucho frío
g. hace frío y está nevando
h. hace calor
i. hace fresco

28 **Del colegio al trabajo**

Escribamos A travel agency has contracted you to help develop an informational Web page for Spanish-speaking visitors to your area. Describe the weather in your city during different months for tourists planning to visit.

MODELO   en diciembre y enero
          En diciembre y enero, hace
          mucho frío y nieva.

1. en julio y agosto   2. en septiembre y octubre   3. en febrero y marzo   4. en marzo y abril

29 **¿Qué haces cuando...?**

Hablemos Find out what activities your partner does in the following kinds of weather. Use the **-ar**, **-er**, and **-ir** verbs you know. Be prepared to report your findings to the class.

1. cuando hace frío   3. cuando nieva   5. cuando hace sol
2. cuando llueve   4. cuando hace mal tiempo   6. cuando hace calor

30 **En mi cuaderno**

Escribamos Write two paragraphs describing your favorite season and explaining why you like it. First, tell which months are in that season and describe the weather. Then, write about the activities that you and your friends like to do, and any special places where you go at that time.

LETRA Y SONIDO

A. One of the purposes of accent marks is to tell you which syllable to stress.

1. Words ending in a vowel, **n**, or **s** are stressed on the next to the last syllable.
   examen   hablan   discos   toma   quiero

2. Words ending in any consonant besides **n** or **s** are stressed on the last syllable.
   animal   feliz   Madrid   hablar

3. Exceptions to rules 1 and 2 get an accent mark over the syllable to be stressed.
   semáforo   lápices   rápido   lámpara   música   Víctor   suéter

4. All question words have an accent mark.
   ¿qué?   ¿cuándo?   ¿quién?   ¿cómo?   ¿cuánto?   ¿dónde?

B. Some words have an accent mark to tell them apart from a similar word.
   mi *my*   **tu** *your*   **si** *if*
   mí *me*   **tú** *you*   **sí** *yes*

C. Dictado

Listen and read the phone conversation and rewrite the words that need accent marks.

Voy al almacen hoy porque necesito una camara nueva. Pero, ¿donde esta mi sueter? ¿Y el cinturon para mi falda? Ah, aqui estan. ¿Tu quieres ir conmigo?

D. Trabalenguas

Tin marín dedós pingüé, cúcara, mácara, títere fue

Vamos a leer

Deportes en el agua

Estrategia para leer

As you know, it's easy to understand pictures, cognates, and words you have already studied. Many other words can be understood, too, based on how they're used in the sentence or paragraph. When you come to an unknown word, try to guess its meaning based on context (the other words around it).

¡A comenzar!

A. Before you do any in-depth reading, first remember to get the general idea and to recall your background knowledge of the topic. It should be easy to tell what these readings are about because of the pictures.

¿Te acuerdas?

Look at pictures and titles first. What is the reading about?
a. a sporting goods store
b. racing
c. water sports
d. the environment

Al grano

B. Imagine that your family will be vacationing in Miami this summer. Each of you wants to try out a different sport. Read the passages and decide which sport would be best for each member of your family. Then, find an appropriate activity for each family member on page 159. Be sure to tell what words or phrases support your choice.

El motoesquí es para los fanáticos de la velocidad. El piloto necesita moverse con el ritmo de las <u>olas</u> del océano. Es fácil usar estas máquinas y no es muy caro. Es posible <u>alquilar</u> una por $25 la hora.

¿Te gusta mirar deportes en la televisión? Las <u>lanchas</u> del offshore son un deporte similar a la Fórmula 1. Estas lanchas corren a aproximadamente 110 millas por hora. Pero no son baratas — ¡estas lanchas <u>cuestan</u> más de 200.000 dólares! Naturalmente, no hay muchas personas que participen en este deporte.

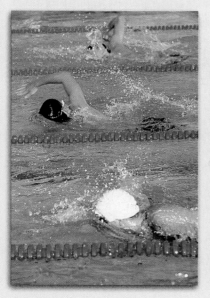

La natación es siempre el favorito de la estación. Es posible nadar en el océano o en una piscina. Hay muchas piscinas de <u>tamaño</u> olímpico que son muy grandes. Es bueno practicar aquí. La piscina está dividida en muchas <u>calles</u>, y todas las personas nadan en una <u>calle</u> diferente.

El windsurf es buen deporte para el verano. Si no tienes experiencia, es muy importante tomar <u>lecciones</u> de un instructor. También necesitas tener un buen <u>sentido</u> de equilibrio. Tu primera experiencia debe ser en el verano porque el viento es ideal. En la primavera, hace demasiado viento para las personas que no tienen experiencia en el deporte.

En el verano, hay muchos kayaks en el agua. Son barcos pequeños para una o dos personas. Las personas controlan el kayak con <u>remos</u> largos. Es normal operar un kayak en el <u>río</u>, no en el océano.

1. your father, who loves high speeds (What phrase in the text supports that decision?)
2. your mother, who likes the most popular of all water sports (What sentence says this sport is the most popular?)
3. your sister, who likes small, one- or two-person boats (What words in the text tell you this?)
4. your brother, who would rather watch sports than participate (What phrase says this is primarily a sport to watch?)

C. Your parents are trying to read the descriptions of these sports, but they don't know Spanish as well as you do. They underlined the words they didn't know so that you could help them. Use your knowledge of context to help them guess the meanings of these words.

D. Choose one easy-to-recognize noun from each of the sports in the reading, but don't choose the name of the sport itself. Then tell your partner the noun you chose. Your partner will say which sport the noun is associated with. Switch roles after four nouns.

MODELO —Piscina.
—¡La natación!

E. Tus padres dicen que tienes todo el día libre para participar en tu deporte acuático favorito. ¿Cuál de estos cinco deportes prefieres? Busca dos o tres frases en la lectura *(reading)* que explican por qué prefieres este deporte.

Cuaderno para hispanohablantes, pp. 21–23

Cuaderno de actividades, p. 59, Act. 19

Más práctica gramatical

internet

go.
hrw
.com

MARCAR: go.hrw.com
PALABRA CLAVE:
WV3 FLORIDA-5

Primer paso

Objective Discussing how often you do things

1 Daniel is complaining about all the responsibilities he has and all the fun things he never gets a chance to do. Create a sentence for each of his complaints. (**p. 145**)

MODELO   cuidar a mi hermano/mirar la televisión
              ¡Siempre cuido a mi hermano! Nunca miro la televisión.

1. practicar el piano/montar en bicicleta
2. preparar la cena/tomar un refresco con amigos
3. estudiar/nadar en la piscina
4. lavar la ropa/ir al gimnasio
5. sacar la basura/descansar
6. organizar mi cuarto/escuchar música
7. lavar el carro/ir al parque

2 Pilar has just transferred to a new school and is feeling lonely. Complete her letter to an advice columnist by filling in each blank with **nunca, nada,** or **nadie.** (**p. 145**)

Quiero conocer a los estudiantes pero es difícil.

En la cafetería, ___1___ pasa el rato conmigo.

Después de clases, mis compañeros van al café a

tomar un refresco, pero ___2___ voy con ellos.

Después de clases, ___3___ habla por teléfono

conmigo. Los fines de semana, no hago ___4___.

Por ejemplo, ___5___ voy a la pizzería con los

compañeros. Cuando voy al parque,

no hablo con ___6___. ¡Qué horrible! ¿Qué

necesito hacer para tener amigos?

3 Completa la conversación sobre los estudiantes en una fiesta. Usa **quién** o **quiénes**. (**p. 146**)

MATEO   Sonia, ¿___1___ es la chica alta?

SONIA   Es Soledad, la amiga de Felipe. ¿Y sabes ___2___ son los jóvenes
         bajos y rubios allí?

MATEO   Sí, sí. Son Pablo y Tomás. ¿___3___ es la chica baja? Es Estela, ¿verdad?

SONIA No, es Lola, la hermana de Estela. ¿___4___ es el chico guapo con ella?

MATEO Es mi amigo Simón. Oye, ¿___5___ tocan la guitarra y el piano?

SONIA La chica que toca la guitarra es Laura. ¿___6___ toca el piano, sabes?

Segundo paso

Objectives Talking about what you and your friends like to do together; talking about what you do during a typical week

4 What do the following people like to do? Use a verb from the box in each sentence you create to say what they like. Be sure to include **a ustedes, a ellos,** or **a ellas** for clarification. (**p. 149**)

MODELO Héctor y Olivia van a la piscina.
A ellos les gusta nadar.

1. Martín y Enrique compran una pizza grande.
2. Raimundo y Laura van al gimnasio.
3. Daniela y Linda compran jugo de frutas.
4. Tú y Rita van al parque.
5. Guillermo y Ana van al correo.
6. Tú y Yolanda compran el periódico.

leer las tiras cómicas

beber jugo

correr

hacer ejercicio

comer

escribir tarjetas postales

5 Complete the description of the cafeteria at lunch break by filling in each blank with the correct form of the verbs from the box. Some verbs may be used more than once. (**p. 150**)

comer   beber   escribir

hacer   leer   correr

Hay muchos estudiantes en la cafetería. En una mesa, Fernanda ___1___ el periódico. Cerca de ella, Diego y Esteban ___2___ pizza. Al lado de Fernanda, José Patricio ___3___ una carta y ___4___ una ensalada. Yo ___5___ jugo con Martín. Nosotros también ___6___ la tarea para la clase de inglés. ¿Y qué ___7___ Sara? Ella ___8___ un sándwich muy rápido porque tiene clase en tres minutos. Y Luis ___9___ para comprar otra hamburguesa, porque la cafetería se cierra (closes) ahora.

Más práctica gramatical

6 Indica lo que a la gente le gusta y lo que no le gusta hacer. Completa cada oración con el pronombre correcto: **me, te, le** o **les**. (**p. 149**)

1. A María ___1___ gusta asistir a su clase de aeróbicos, pero a Patricia y a Lourdes no ___2___ gusta hacer ejercicio.

2. A mí ___3___ gusta beber jugo todos los días, pero a Daniel no ___4___ gusta.

3. A Elena y a Pedro ___5___ gusta leer las tiras cómicas en el periódico, pero a mí ___6___ gusta más leer un libro interesante.

4. ¿A ti ___7___ gusta recibir cartas? No, a mí no ___8___ gusta.

Tercer paso

Objectives Giving today's date; talking about the weather

7 Indica la fecha de las siguientes actividades con base en el calendario de Paloma. Deletrea *(Spell out)* los números. (**p. 154**)

MODELO el partido de voleibol
El partido de voleibol es el dieciséis de noviembre.

NOVIEMBRE

lunes	martes	miércoles	jueves	viernes	sábado	domingo
		1 *examen de historia*	2	3 *partido de fútbol*	4	5
6 *examen de español*	7 *clase de natación*	8	9 *clase de natación*	10	11 *¡¡Día Libre!!*	12 *baile*
13	14 *concierto*	15	16 *partido de voleibol*	17	18 *fiesta para Julia*	19

1. las clases de natación
2. el concierto
3. el examen de español
4. el examen de historia
5. la fiesta para Julia
6. el baile
7. el día libre
8. el partido de fútbol

Ana keeps a diary throughout the year. Read these excerpts, and then match each one with the weather and the season. (**pp. 154, 156**)

a. nieva; invierno	**d.** hace sol; primavera
b. hace fresco; otoño	**e.** hace calor; verano
c. llueve; primavera	**f.** está nublado; otoño

1. Hoy es un día estupendo. Es el quince de abril y voy al parque con el perro.
2. ¡Qué mal tiempo hace! Hoy es el primero de mayo y voy al cine con unos amigos.
3. El tres de diciembre—¡me encanta el frío! Beto y yo vamos esta tarde a esquiar.
4. No me gusta el tiempo así, ¡está tan gris! Es el diecisiete de octubre y Mamá escribe cartas en la sala.
5. Hoy es el nueve de agosto y hace mucho sol. Laura y Rafa van a nadar en la piscina.
6. Me gusta el tiempo así. Es el doce de septiembre y mi familia acampa este fin de semana.

As you read each description below, decide which picture best illustrates it. Answer **ninguna foto** if no picture illustrates it. (**p. 156**)

a.

b.

c.

1. Hace muy buen tiempo hoy.
2. Hoy no hace buen tiempo. Está lloviendo.
3. Aquí nieva mucho y qué bien porque me gusta esquiar.
4. Hace fresco por la tarde y no está lloviendo.
5. Está nevando y está nublado también.
6. Nos gusta bucear cuando hace fresco.
7. A Julián le gusta acampar cuando hace fresco.

CD-ROM 2
DVD 1

internet

MARCAR: go.hrw.com
PALABRA CLAVE:
WV3 FLORIDA-5

1 For each weather report you hear, determine which of the photos is being described.

a.

b.

c.

d.

2 Raquel necesita entrevistarte para poder terminar su segmento en *Noticias Colegio Seminole*. Contesta sus preguntas.

1. Típicamente, ¿qué haces con tus amigos?
2. ¿Qué haces con tu familia durante la semana?
3. A tus amigos, ¿les gusta mirar la televisión? ¿Con qué frecuencia?
4. Cuando hace buen tiempo, ¿qué te gusta hacer?
5. ¿Qué haces con tus amigos cuando hace mal tiempo?

3 See if your partner knows who in your class likes to do the following activities and how often.

1. escribir poemas
2. bailar
3. pescar
4. tocar el piano
5. dibujar
6. correr
7. comer ensaladas
8. organizar el cuarto
9. acampar
10. leer el periódico
11. asistir a conciertos
12. hacer ejercicio

4 Write the following dates in correct Spanish form. See if you can locate a Spanish-language almanac or calendar to find out what special day each one represents.

1. May 5 2. December 28 3. June 24 4. October 12 5. January 6

5 Pick four different cities from the weather map on page 165. Describe the weather there and list two different activities you might do in each place.

6 Decide if the following statements would most likely be made by someone from the United States (**un/a estadounidense**) or someone from a Spanish-speaking country (**una persona de un país hispanohablante**). Some statements might be made by both!

1. Bueno, durante la semana juego al fútbol con el equipo de mi colegio.

2. ¿En una semana típica? Pues, de lunes a sábado asisto a clases en mi colegio. Los domingos, mi familia y yo hacemos cosas juntos.

3. Trabajo todos los días después de clases en un restaurante.

4. Por la tarde, mis amigos y yo paseamos por el centro y tomamos algo en un café.

7

Vamos a escribir

You're exchanging e-mail with a student from Argentina who wants to know what you normally do during the day. Start by making a writing plan. Then, based on your plan, write a detailed description of what you and your friends like to do and how often. Describe different activities you do depending on the weather. End your e-mail by asking about your Argentine friend's favorite activities.

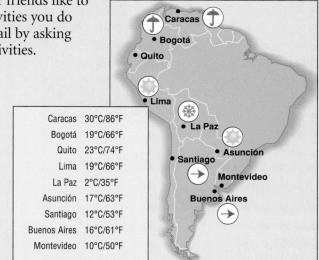

Caracas	30°C/86°F
Bogotá	19°C/66°F
Quito	23°C/74°F
Lima	19°C/66°F
La Paz	2°C/35°F
Asunción	17°C/63°F
Santiago	12°C/53°F
Buenos Aires	16°C/61°F
Montevideo	10°C/50°F

Estrategia para escribir
Making a writing plan before you begin is important. Think about your topic carefully. Do you know all the vocabulary you'll need? Will your topic require you to use certain verbs or grammatical structures frequently? If you're not sure, consult your textbook or your teacher.

1. First brainstorm to come up with the vocabulary you'll need. Think of indoor and outdoor activities you've talked about in this chapter. Include the people you're with and where you like to go.

2. Now think about what verbs and grammar structures you'll need. Can you talk about what you like to do and what the weather is like? Use the weather vocabulary on page 156 to get started.

8

Situación

You are the host of your own late night talk show. With a partner, choose a famous person and role-play the interview. Be sure to ask what your guest does during certain times of the year, what he or she likes to do, where he or she likes to go, and why.

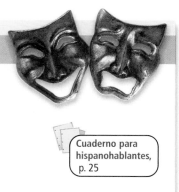

Cuaderno para hispanohablantes, p. 25

A ver si puedo...

WV3 FLORIDA-5

Can you discuss how often you do things? p. 145

1 How would José Luis say that . . .?
1. he never swims
2. he always eats breakfast
3. he sometimes talks to Luisa
4. he always works on the weekends
5. he sometimes goes to the movies on Fridays
6. he never studies in the library
7. he always helps at home

Can you talk about what you and your friends like to do together? p. 148

2 How would you ask the following people or groups of people if they like to do each of the following activities? How would each person or group answer you?
1. Franco/to organize his room
2. Cristina y Marta/to run in the park together
3. Geraldo y Esteban/to scuba dive together
4. Pablo/to read novels
5. Linda y Laura/to ski together
6. Daniel/to exercise in the gym
7. Isabel/to write letters

Can you talk about what you do during a typical week? p. 151

3 How would you tell a classmate about five activities you typically do each week?

Can you give today's date? p. 154

4 How would you tell a classmate the date of the following things?
1. the Spanish test - March 5
2. the football game - September 14
3. John's party - May 1
4. the school dance - July 29
5. the jazz concert - January 18

Can you talk about the weather? p. 156

5 How would you describe the weather if it were . . .?
1. rainy and cold
2. a nice, sunny day
3. cold and windy
4. snowy
5. hot and sunny
6. a cloudy day
7. cool
8. a terrible, rainy day

6 What would be a typical weather description of your hometown during the following times of the year?
1. el otoño
2. el invierno
3. la primavera
4. el verano

Primer paso

Discussing how often you do things

a veces	sometimes	durante	during	siempre	always
ayudar en casa	to help at home	muchas veces	often	sólo cuando	only when
la chica	girl	nada	nothing	todavía	still, yet
el chico	boy	nadie	nobody	todos los días	every day
¿Con qué frecuencia?	How often?	nunca	never	tomar el autobús	to take the bus
		¿quiénes?	who? (plural)		
desayunar	to eat breakfast				

Segundo paso

Talking about what you and your friends like to do together

a ellos/as	to them	especialmente	especially	el sándwich	sandwich
a Uds.	to you (plural)	esquiar	to ski	las tarjetas postales	postcards
acampar	to camp	hacer ejercicio	to exercise	las tiras cómicas	comics
el agua	water (f.)	la hamburguesa	hamburger	las vacaciones	vacation
asistir a	to attend	el jugo	juice		
beber	to drink	juntos/as	together		
bucear	to scuba dive	leer	to read	**Talking about what you do during a typical week**	
la carta	letter	les gusta	they/you (pl.) like		
la clase de ejercicios aeróbicos	aerobics class	nos gusta	we like	la milla	mile
		las papas fritas	french fries	por la mañana	in the morning
comer	to eat	el periódico	newspaper	por la noche	at night (in the evening)
correr	to run	pescar	to fish	por la tarde	in the afternoon
escribir	to write	por la playa	along the beach	típicamente	typically
		recibir	to receive		

Tercer paso

Giving today's date

abril	April	el invierno	winter
agosto	August	julio	July
el año	year	junio	June
¿Cuál es la fecha?	What is the date?	marzo	March
		mayo	May
diciembre	December	el mes	month
El... de este mes...	On the (date) of this month . . .	noviembre	November
		octubre	October
enero	January	el otoño	fall
Es el... de...	It's the (date) of (month).	la primavera	spring
		el primero	the first (of the month)
la estación	season		
febrero	February	¿Qué fecha es hoy?	What's today's date?
Es el... de...	It's the (date) of (month).	septiembre	September
		el verano	summer

Talking about the weather

Está lloviendo.	It's raining.
Está nevando.	It's snowing.
Está nublado.	It's cloudy.
Hace buen/mal tiempo.	The weather is nice/bad.
Hace calor.	It's hot.
Hace fresco.	It's cool.
Hace (mucho) frío.	It's (very) cold.
Hace (mucho) viento.	It's (very) windy.
Hace sol.	It's sunny.
Llueve.	It's raining.
Nieva.	It's snowing.
¿Qué tiempo hace?	What's the weather like?

6
Entre familia

Objectives

In this chapter you will learn to

Primer paso

- describe a family

Segundo paso

- describe people
- discuss things a family does together

Tercer paso

- discuss problems and give advice

internet

go.
hrw
.com

MARCAR: go.hrw.com
PALABRA CLAVE:
    WV3 FLORIDA-6

◀ **Mi abuelo y yo somos muy unidos.**

DE ANTEMANO · *¿Cómo es tu familia?*

DVD VIDEO

Estrategia **para comprender**
Look at the pictures below. What is going on? Who is Raquel talking about with Armando? Does something surprising happen at the end? What could have happened?

Raquel   **Armando**   **Pepe**

1

Armando: A ver, Raquel, ¿cómo es tu familia?

Raquel: Bueno, es bastante grande... tengo tres hermanos, una hermana... y muchísimos primos...

Armando: ¿Y cuántos viven aquí?

Raquel: Somos ocho en casa: mis padres, todos mis hermanos menos uno, una abuela y una tía.

2

Armando: ¿Y cómo son tus padres? ¿Son simpáticos?

Raquel: Sí, son muy simpáticos. ¿Por qué no miramos mi álbum de fotos? Así puedes conocer a toda la familia.

3

Raquel: Éstos son mis padres. Ellos son de Cuba. Les gusta mucho trabajar en el jardín. Mi mamá es muy buena cocinera. Alguna vez debes probar la barbacoa que ella prepara. ¡Es fenomenal!

4

Raquel: Éstos son mis hermanos mayores. Y ella es mi hermana menor.

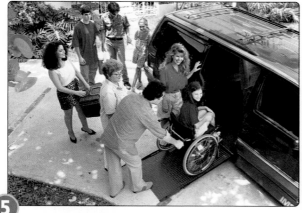

5 **Raquel:** Nosotros hacemos muchas cosas juntos, especialmente los domingos. Primero, vamos a la iglesia. Después, comemos juntos y salimos a alguna parte. En esta foto, salimos al parque.

6 **Raquel:** Aquí estamos en el parque. A mis hermanos les gusta mucho jugar al fútbol americano... y a mí también. Juego con ellos un poco todos los fines de semana.

7 **Raquel:** Comemos de todo: arroz con frijoles negros, maduros, tostones, pollo asado... Ummm, el pollo asado de mi tía Gloria es fenomenal.

8 **Raquel:** Aquí hay una foto de nuestro perro Pepe y de mí.

¡CRAC!

Raquel: ¡Ay, no! ¿Dónde está Pepe?

9

Cuaderno de actividades, p. 61, Acts. 1-2

1 ¡Contesta las preguntas!

Contesta las preguntas sobre la fotonovela. Si no estás seguro/a, ¡adivina!

1. ¿Dónde están Raquel y Armando?
2. ¿De qué hablan Raquel y Armando?
3. ¿Cómo es la familia de Raquel?
4. ¿Qué hacen juntos Raquel y su familia?
5. ¿Quién es Pepe y cómo es él?

2 ¿Son ciertas o falsas las oraciones?

Con base en la fotonovela, indica **cierto** si la oración es verdadera y **falso** si no lo es. Si es falsa, cámbiala.

1. Armando y Raquel son hermanos.
2. Una tía de Raquel vive en casa con ella.
3. Raquel y sus hermanos tocan el piano.
4. Toda la familia hace algo los sábados.
5. Pepe es un primo de Raquel.

3 ¿Cómo se dice?

Look through the **fotonovela** and find the words and phrases you would use . . .

1. to ask what someone's family is like
2. to point out your parents in a photo
3. to ask a friend how many people live in his or her house
4. to say that you and a family member go out together on Sundays
5. to say that a friend should try your mom's barbecue

4 La familia de Raquel

Mira las fotos de la familia de Raquel en las páginas 170–171 y decide a qué foto corresponde cada descripción.

a. Sus padres trabajan en el jardín.
b. La comida es deliciosa.
c. Sus hermanos tocan la guitarra.
d. Raquel juega al fútbol americano en el parque.
e. La familia va al parque en su carro.
f. Raquel tiene un perro muy bonito.

5 Y tú, ¿qué piensas? *What do you think?*

Completa las oraciones con tus opiniones personales.

1. La familia ideal es...
   a. grande   b. pequeña   c. ni *(neither)* grande ni *(nor)* pequeña
2. Las personas en una familia ideal hacen cosas juntas...
   a. a veces   b. muchas veces   c. todos los fines de semana
3. La familia ideal es...
   a. unida   b. independiente   c. independiente y unida también

WV3 FLORIDA-6

Vocabulario

a. Ésta es **la familia** de Miguel: su **madre**, su **media hermana** *(half sister)* y su **gato**.

b. La familia Pérez es grande. Están aquí **el padre** y su **esposa** *(wife)*, los dos **hijos** y una **hija**, **la abuela** y **el tío** *(uncle)* de los chicos. **La tía** *(aunt)* Catalina y **el abuelo** *(grandfather)* no están en la foto.

c. **Éstas** son las personas en mi familia: mi **medio hermano**, mi **madre** y yo, y **el esposo** *(husband)* de **mamá**, Rolando. Es mi **padrastro** *(stepfather)*.

los hermanos	brothers and sisters
los hijos	children
los abuelos	grandparents
la madrastra	stepmother
el hermanastro	stepbrother
la hermanastra	stepsister

d. Soy María. **Éstos** son mis **padres** (mi **padre** y mi **madre**) y mi **perro** Chuleta.

Cuaderno de actividades, p. 62, Act. 3   Cuaderno de gramática, p. 45, Acts. 1–2

6 **¿Quién es quién?**

Escuchemos Imagine that you're on the phone with the photographer who took the family portraits above. As she describes members of each family, find the picture that matches. If no picture matches, answer **ninguna foto**.

Así se dice

Describing a family

To find out about a friend's family, ask:

¿Cuántas personas hay en tu familia?

¿Cómo es tu familia?

Your friend might answer:

Hay cinco personas **en mi familia.**
Mi abuela **vive** con nosotros.
. . . lives . . .

Somos cinco.
There are . . . of us.

También **tenemos** un perro.
. . . we have . . .

Nuestra familia es muy grande. Tenemos
muchos **primos.**
. . . cousins.

Somos muy **unidos.**
We're . . . close-knit.

Nota gramatical

You've been using **mi(s), tu(s),** and **su(s),** which are *possessive adjectives*. Here are the others:

nuestro/a(s)	our
vuestro/a(s)	your (when "you" is plural)
su(s)	your (when "you" is plural)
su(s)	their

1. Note that **nuestro** and **vuestro** also have a feminine form:

    Nuestra familia es pequeña.

2. Like **mi, tu,** and **su,** these forms add an -s when they modify a plural noun:
    sus primos, **nuestros** gatos.

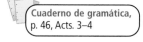

Cuaderno de gramática, p. 46, Acts. 3–4

Más práctica gramatical, p. 190, Acts. 1–2

---

7 **Retrato de familia** *Family portrait*

Hablemos Work in pairs. Take the role of one of the people in the family pictures in the **Vocabulario** on page 173. Introduce yourself and the other members of your family to your partner.

MODELO Ésta es mi madre y aquí están mi padrastro y mi hermano.

hijo	padrastro
media hermana	perro
tía	abuelo

---

8 ### Gramática en contexto

Leamos/Escribamos Pati y Luis están mirando las fotos de la familia de Pati. Completa su conversación con el adjetivo posesivo correcto.

PATI   Aquí está ___1___ *(our)* abuela conmigo y con ___2___ *(my)* primos.

LUIS   ¿Y quién es este señor?

PATI   ¿Con mi tía? Es ___3___ *(her)* esposo, Adolfo. Es el padrastro de mis primos.

LUIS   Es bastante grande la familia de ___4___ *(your)* primos, ¿verdad?

PATI   Sí, hay siete personas en ___5___ *(their)* familia. En ___6___ *(my)* familia somos cuatro.

LUIS   En ___7___ *(our)* familia somos cuatro también. Pero si *(if)* contamos *(count)* a ___8___ *(our)* perros también, ¡somos siete!

---

9 La familia extendida

Hablemos/Escribamos Work with a partner to write a paragraph about an extended family. Use the family picture below to help you. Answer the following questions and be prepared to share your paragraph with the class.

1. ¿Cuántas personas hay en la familia?
2. ¿Qué les gusta hacer a tres de las personas?
3. ¿Es grande la familia? ¿pequeña?

4. ¿Cómo son? Describe a tres de las personas. (Usa los adjetivos posesivos.)
5. ¿Qué actividades les gusta hacer juntos?

10 ¿Quién en tu familia es...?

Hablemos Work in pairs. Ask your partner, **¿Quién en tu familia es...?** using adjectives like those in the box.

guapo	moreno	bonito
		alto
	simpático	cómico
bajo		
	inteligente	rubio

11 Una entrevista

Hablemos/Escribamos Work with a partner. Create six to eight questions about someone's family and take turns interviewing each other. Then, using forms of **nuestro** as needed, work together to write a paragraph telling two or three things you have in common.

Nota cultural

When a man and a woman serve as **padrino** (*godfather*) and **madrina** (*godmother*) at a baby's baptism, it's understood that they'll have a special lifelong relationship with their godchild. The godparents give their **ahijados** love, advice, and help with education and careers. El **compadrazgo** is the relationship between the parents and godparents of a child. **Compadres** and **comadres** often consider each other family. Should a parent die, **compadres** and **comadres** are expected to care for each other's children.

Cuaderno de actividades, p. 72, Act. 20

12 Cuestionario sobre la familia

Leamos/Escribamos Based on what you see in the questionnaire below, how would you describe this family? The verb **vivir** means *to live.*

1. Ésta es una familia...
2. En la familia, hay...
3. Viven en...
4. Probablemente tienen...
5. Les gusta...
6. Cuando tienen problemas...

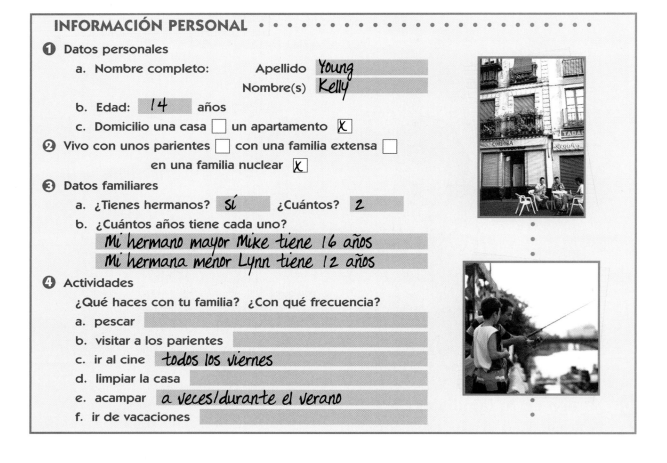

INFORMACIÓN PERSONAL • • • • • • • • • • •

1 Datos personales

a. Nombre completo: Apellido *Young*
                        Nombre(s) *Kelly*

b. Edad: *14* años

c. Domicilio una casa ☐ un apartamento ☒

**2 Vivo con unos parientes ☐ con una familia extensa ☐
      en una familia nuclear ☒**

3 Datos familiares

a. ¿Tienes hermanos? *Sí*   ¿Cuántos? *2*

b. ¿Cuántos años tiene cada uno?
   Mi hermano mayor Mike tiene 16 años
   Mi hermana menor Lynn tiene 12 años

4 Actividades

¿Qué haces con tu familia? ¿Con qué frecuencia?

a. pescar
b. visitar a los parientes
c. ir al cine *todos los viernes*
d. limpiar la casa
e. acampar *a veces/durante el verano*
f. ir de vacaciones

13 ¿Cómo es tu familia?

Escribamos Create your own questionnaire to find out about another family. Include questions about how people look, what they are like, what their house is like, and whether or not they have any pets.

14 Mi familia imaginaria

Hablemos/Escribamos First create an imaginary family or think of a TV family you and your partner are familiar with. Using the questionnaire you created in Activity 13, interview your partner about his or her "family," filling in the blanks as you go. Then switch roles. What characteristics do the families have in common?

Vocabulario extra	
el animal doméstico, la mascota	*pet*
el caballo	*horse*
el conejo	*rabbit*
la culebra	*snake*
el pájaro	*bird*
el pez dorado	*goldfish*
el ratón	*mouse*
la tortuga	*turtle*

Encuentro cultural

¿Estás bien, hija?

Alison's spending her summer with Mrs. Saralegui and her children Marcela and Cristián in Concepción, Chile. After a busy day, Alison goes to her room to read and relax. Read the dialogues and try to answer the questions that follow.

MARCELA   Oye, Alison, ¿no quieres tomar un té con nosotros? Estamos en la sala.

ALISON   No, gracias, Marcela. Quiero leer esta novela.

Diez minutos después...

SRA. CECILIA   ¿Te sientes mal, hijita? ¿Te hace falta* tu familia?

ALISON   No. Estoy leyendo, nada más.

Quince minutos después...

CRISTIÁN   Alison, ¿qué haces aquí solita? ¿Estás bien?

ALISON   Sí, estoy bien. Sólo quiero leer ahora, gracias.

Para discutir...

A. Why do you think everyone assumes that Alison is upset or sick?

B. What do you do when you want to be alone?

C. In small groups, discuss what you think Alison is learning about privacy in Hispanic culture.

Vamos a comprenderlo

The concept of privacy is different in Spanish-speaking countries. People spend less time alone and more time among friends and family. Even though Alison just wants a few moments alone, the Saralegui family is worried that something must be wrong. Checking on her is their way of expressing concern.

---

* **¿Te hace falta...?** Do you miss …?

Así se dice

Describing people

To ask for a description of someone, say:

> **¿Cómo es** tu abuelo?
>
> **¿De qué color son los ojos** de Pedro?
> *What color are . . . eyes?*
>
> **¿De qué color es el pelo** de tu padre?
> *What color is . . . hair?*

Some responses might be:

> Él es alto y cariñoso.
>
> **Tiene (los) ojos verdes.**
> *He has green eyes.*
>
> **Tiene canas.**
> *He has gray hair.*

> Cuaderno de actividades, p. 65, Act. 9

También se puede decir...
Other words for *brown* are **marrón, castaño,** and **pardo.**

15 ¿Ciencia ficción?

Escuchemos Listen to the following descriptions of some fictional characters and use **probable** or **improbable** to tell what you think of their appearance.

Vocabulario

La profesora Fajardo es muy lista. Es pelirroja, delgada y tiene (los) ojos azules.

Los hijos de Julio son traviesos. Pepe es mayor y Pedro es menor. Julio y sus hijos tienen pelo negro y (los) ojos de color café.

Los abuelos son muy cariñosos. La abuela es atractiva y un poco gorda. El abuelo es viejo. Tiene canas pero se ve joven.

> Cuaderno de actividades, p. 65, Act. 10

> Cuaderno de gramática, pp. 47–48, Acts. 5–7

16 ¿Cómo son tus amigos?

Escuchemos Listen as Rogelio describes some people and his cat to his aunt Maki. Identify each character by name. Does Maki know one of them especially well?

Rebeca

Simón y Quique

Gabriel y Conchita

David

Maki

17 Los amigos de Rogelio

Escribamos Escribe una descripción de cada personaje de la Actividad 16. Incluye la edad y el color del pelo y de los ojos en tu descripción. Usa algunas de las palabras nuevas del **Vocabulario** en la página 178.

18 Una entrevista

Hablemos Work with a partner and interview each other about three of your relatives or characters in a TV series. Include at least one adult and at least one teenager. Describe each person as fully as possible, telling where he or she lives and works and some things that person does. Be prepared to tell the class about one of the people you learned about.

19 Adivina... ¿quién es?

Hablemos Work in groups of three. Each should pick a famous person and describe him or her in two to five sentences to the group. Your partners must guess whom you're describing.

Vocabulario extra

egoísta	*selfish* (masc., fem.)
leal	*loyal*
perezoso/a	*lazy*
trabajador/a	*hard-working*

What do you think these words mean?

agresivo/a	**generoso/a**
artístico/a	**responsable**
atlético/a	**independiente**
creativo/a	**romántico/a**
desorganizado/a	**tímido/a**

20 Así soy yo.

Escribamos Imagine that you're going to spend the next school year in Spain. Write a description of yourself for the agency that places students with host families. What do you look like? What things do you especially like or dislike? Make your description as detailed as you can. Be prepared to share your description with the class.

Discussing things a family does together

To find out what a family does together, ask:

¿Qué hacen ustedes los fines de semana?
What do you do . . .?

¿Hacen ustedes algo durante el verano?
. . . something . . .

Some responses might be:

Salimos juntos y **visitamos a** nuestros abuelos. **Casi siempre cenamos** con ellos los domingos.
We go out . . . we visit . . .
We almost always eat dinner . . .

Sí. Siempre **hacemos un viaje.**
. . . we take a trip.

Caracas, Venezuela

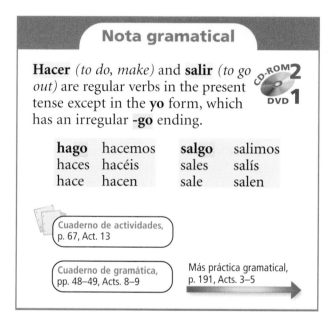

Nota gramatical

Hacer *(to do, make)* and **salir** *(to go out)* are regular verbs in the present tense except in the **yo** form, which has an irregular **-go** ending.

hago	hacemos	**salgo**	salimos
haces	hacéis	sales	salís
hace	hacen	sale	salen

Cuaderno de actividades, p. 67, Act. 13

Cuaderno de gramática, pp. 48–49, Acts. 8–9

Más práctica gramatical, p. 191, Acts. 3–5

21 Con la familia

Escuchemos Listen as four friends discuss what they do with their families and friends. Match the description you hear with the correct photo.

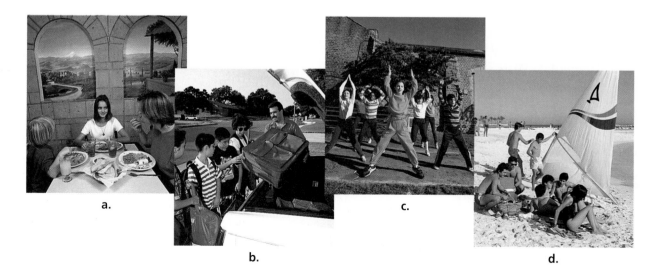

a.

b.

c.

d.

22 Gramática en contexto

Leamos/Escribamos Escribe un párrafo sobre lo que haces cuando sales. Utiliza las siguientes preguntas como guía.

1. ¿Sales los fines de semana?
2. ¿Qué te gusta hacer cuando sales?
3. ¿Con quién o con quiénes sales?
4. ¿Qué haces cuando sales con tus amigos?
5. ¿Qué te gusta hacer cuando sales con tu familia?
6. Si no sales mucho, ¿qué haces?

Nota gramatical

When a direct object refers to a person who receives the action of a verb, use the "personal **a**" before the noun. If the direct object is a place or thing, no **a** is used.

Visito a mis tíos en Guatemala todos los veranos. Cuando estoy con ellos, siempre **visitamos las ruinas** mayas.

Cuaderno de actividades, p. 66, Act. 11

Más práctica gramatical, p. 192, Act. 6

Cuaderno de gramática, p. 49, Act. 10

23 Gramática en contexto

Leamos/Escribamos Completa las siguientes oraciones con la **a personal**. Algunas oraciones no necesitan nada.

1. Visitamos ——— nuestros primos tres veces por mes.
2. Mario va a visitar ——— el Museo de Antropología con su hermana.
3. Llamo ——— mis abuelos todos los domingos.
4. Voy a visitar ——— mis amigos en Colorado este verano.
5. Paula quiere conocer ——— unos nuevos amigos este año.
6. Miro ——— la televisión por la noche con mi familia.

24 Una excursión

Leamos/Hablemos You and your family are planning a trip to Miami. Combine phrases from each box to make a list of people and places you each need to visit. Use the personal **a** as needed.

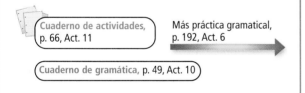

yo
mis padres
mi hermano/a
todos nosotros
mis abuelos

la piscina de Venecia
mis tíos en Coral Gables
los museos históricos
nuestros primos
una amiga de la familia

MODELO   **Yo necesito visitar a un primo en Hialeah.**

Voy a visitar a mi amiga en Miami.

SUGERENCIA

Make your Spanish real by connecting what you learn in class to people or events in your life. For example, as you're learning how to describe families, imagine talking to someone you know about his or her family. That person might be a new friend or even a coworker at your job. What kinds of questions would you want to ask? If you were living with a family in Venezuela, what do you think they'd like to know about your family in the United States?

25 ¿Con qué frecuencia?

Hablemos Use some of the following questions to interview a partner about his or her family, or about an imaginary family. Switch roles after four or five questions and be prepared to report your findings to the class.

1. ¿Dónde vives? ¿Quiénes viven contigo?
2. ¿Sales con tu familia los fines de semana? ¿Adónde van y qué hacen?
3. ¿Con quién vas a un centro comercial? ¿Cómo se llama el centro?
4. ¿Con qué frecuencia visitas a (tus abuelos, tus primos...)?
5. ¿A tu familia le gusta acampar, bucear o hacer esquí acuático?

26 La chica sándwich

Leamos/Hablemos Together with a partner, read the descriptions of **la hermana mayor, la chica sándwich,** and **la hermana menor**. Imagine that you're one of the three pictured and describe yourself to your partner. See if your partner can guess if you're the oldest, the youngest, or the middle child in the family.

TRES HERMANAS, TRES PERSONALIDADES

Retrato de "La mayor": Madura, responsable. Nadie tiene que decirle que estudie; saca muy buenas notas. Siempre está presentable. Se puede abrir su closet sin miedo de ser sepultada en vida.

Retrato de "la chica sándwich": Es el polo opuesto de sus hermanas, pero ¿es ésta su verdadera personalidad o nada contra la corriente? Más conocida como "La chica camaleón".

Retrato de "baby de la familia": Es simpática, alegre, el alma de la fiesta. ¿Responsabilidad? Y eso... ¿con qué se come? De todas formas, todos la adoran. Pero ¡qué insoportable!

27 Un conflicto

Escribamos Write a dialogue with six to nine sentences between a parent and a teenage son or daughter. The parent wants to do more things with the teenager as a family. The teenager feels that they already do too many things together. For example, will the teenager go with his or her parent to visit relatives this weekend, or go to the mall with friends? Follow these steps:

a. The parent asks to do something with the teenager.
b. The teenager objects, and tells what he or she really wants to do.
c. The parent says they never do things together.
d. The teenager says it's not true, and points out something they often do together.
e. Now create an ending! What do they end up doing?

¿Cuántas personas hay en tu familia?

In this chapter, we asked some people about their families and what they do to help around the house.

Pablo
Quito, Ecuador

"En mi familia hay cinco personas. Mi papá, mi mamá y mis dos hermanas. Yo lavo los platos, limpio la cocina,... arreglo mi cuarto y limpio mi baño".

Arantxa
Madrid, España

"Somos cinco... Tengo dos hermanos menores... Cuando se van mis padres, me quedo con ellos en casa... Tengo que ayudar en casa... Ayudo a mi madre a recoger la casa".

Brenda
San Antonio, Texas

"Yo vivo en una familia de cinco... mi mamá es... muy protectiva... mi hermana es muy rebelde... mi hermano es como niño chiquito... y mi papá es... muy bueno... Mi hermano no hace muchas cosas; la que hace más soy yo, porque mi mamá va al trabajo todos los días y viene cansada. Soy yo, como soy la más grande de los niños, yo los cuido, hago los trastes *(dishes)*, trapeo *(mop)*".

Para pensar y hablar...

A. What responsibilities do you have? Are they similar to those mentioned above?

B. Many Hispanic families are large and close-knit. Family members spend a lot of time together and depend on each other for support. What advantages could this type of family offer?

Cuaderno para hispanohablantes, pp. 29–30

Así se dice

Discussing problems and giving advice

To discuss a problem, say:

> **Tengo un problema.** El profesor **dice que** hablo **demasiado** en clase, pero **no es cierto.**
> *. . . says that . . . too much . . . it's not true.*

> **¿Qué debo hacer?**
> *What should I do?*

Your friend might answer:

> **Debes** hablar **menos** en clase y escuchar más.
> *You should . . . less . . .*

Nota gramatical

The verb **deber** (*should, ought to*) is a regular **-er** verb.

debo	debemos
debes	debéis
debe	deben

Cuaderno de actividades, p. 68, Acts. 14–15

Más práctica gramatical, pp. 192–193, Acts. 7–8

Cuaderno de gramática, p. 50, Acts. 11–12

28

Los problemas de Mónica

Escuchemos Listen as Mónica describes her family. Then match the pictures below to the correct description you hear. One of the people she describes isn't pictured. Who is it?

1. Mónica
2. su mamá
3. su hermana menor
4. su tía

a.   b.   c.

29

Gramática en contexto

Hablemos With a partner, look at the pictures above of Mónica's family. First state the problem or situation and say what Mónica, her mother, and her younger sister should do. Then create an original solution for each problem. Be prepared to present your ideas to the class.

Modelo —La madre de Mónica trabaja demasiado. Debe trabajar menos y descansar un poco más.

Los quehaceres domésticos *Household chores*

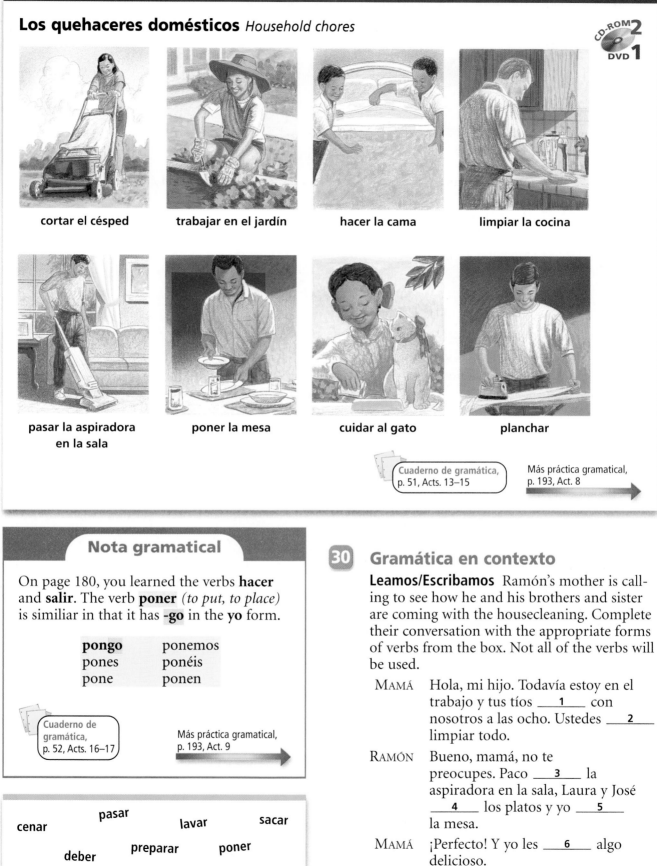

CD-ROM **2**
DVD **1**

cortar el césped

trabajar en el jardín

hacer la cama

limpiar la cocina

pasar la aspiradora
en la sala

poner la mesa

cuidar al gato

planchar

Cuaderno de gramática,
p. 51, Acts. 13–15

Más práctica gramatical,
p. 193, Act. 8

Nota gramatical

On page 180, you learned the verbs **hacer**
and **salir**. The verb **poner** *(to put, to place)*
is similiar in that it has **-go** in the **yo** form.

pongo	ponemos
pones	ponéis
pone	ponen

Cuaderno de
gramática,
p. 52, Acts. 16–17

Más práctica gramatical,
p. 193, Act. 9

	pasar		
cenar		lavar	sacar
	deber	preparar	poner

30 **Gramática en contexto**

Leamos/Escribamos Ramón's mother is calling to see how he and his brothers and sister
are coming with the housecleaning. Complete
their conversation with the appropriate forms
of verbs from the box. Not all of the verbs will
be used.

MAMÁ   Hola, mi hijo. Todavía estoy en el
trabajo y tus tíos ____1____ con
nosotros a las ocho. Ustedes ____2____
limpiar todo.

RAMÓN   Bueno, mamá, no te
preocupes. Paco ____3____ la
aspiradora en la sala, Laura y José
____4____ los platos y yo ____5____
la mesa.

MAMÁ   ¡Perfecto! Y yo les ____6____ algo
delicioso.

31 **¿Qué pasa aquí?**

Hablemos/Escribamos Mira los dibujos y decide lo que deben o no deben hacer las personas.

Pablo

Diana y Lola

Federico

Miguelito

Frida

32 **¡Todo bajo control!**

Leamos/Escribamos Assign everyone below a chore from the **Vocabulario** list on page 185. Try to assign each person the chore he or she likes. Some people may have more than one job.

1. A ti y a tu hermana menor les gustan los animales.
2. A tus abuelitos les gustan las plantas.
3. A tu primo le gusta pasar un rato con tus hermanos.
4. A tu hermano mayor le gusta preparar la cena.
5. A mí me gusta la sala limpia (clean).
6. A ti te gusta estar afuera (outside) y te gustan las máquinas (machines).

33 **Querida Amalia**

Leamos/Escribamos Completa la carta a Amalia con las formas correctas de las palabras en el cuadro.

	vivir	limpiar
ayudar		tener
	mi	bonito
dicen		hacer

Querida Amalia,

(Nosotros) __1__ en una casa muy __2__, pero nunca se ve bien porque __3__ hermanitos no limpian la casa. Yo no __4__ mucho tiempo libre. El problema es que mis padres __5__ que yo nunca __6__ en casa. ¿Qué debo __7__?

Un cordial saludo de,

La Trabajadora

34 **¡Una encuesta!**

Hablemos/Escribamos Take a survey of five classmates. Ask them what chores they do around the house. Using **dice que...**, write five sentences reporting what your classmates say. Be prepared to share your survey with the class.

35 **Del colegio al trabajo**

Escribamos You work as an advice columnist. Take the role of Amalia and answer the letter from **La Trabajadora** in Activity 33. Use **Debes...** and **Necesitas...** with the verbs you know. Be prepared to present your solutions to the class.

 36 ## Problemas y más problemas

Hablemos/Escribamos In small groups, get together and write a letter to an advice columnist. Your letter could be about housework, schoolwork, jobs, or friends. For additional vocabulary, see pages R5–R8. Exchange letters with another group and answer their letter.

37 ## En mi cuaderno

Escribamos Write a description of two friends or family members from a TV series. Include their ages, where they live, and what they're like. Next, describe any problems they may have at home, such as household chores they don't like doing, or problems they have at work or school. Finally, give them some advice about what to do. Write at least ten sentences in your journal.

LETRA Y SONIDO

A. The **r** in Spanish does not sound like the *r* in English. English does have a sound that is similar, however. It's the sound made by quickly touching the tip of the tongue to the ridge behind the upper teeth, as in bu*tt*er, ba*tt*er, la*dd*er.

1. The **r** is pronounced this way between vowels.

   cariñoso   cara   moreno   favorito   pero

2. At the beginning of a word or after an **n** or **l**, the single **r** has a trilled or rolled sound. It is also trilled at the end of a word.

   rojo   rubio   enrojecer   Enrique   alrededor

3. The double **r** in Spanish always has a trilled or rolled sound.

   pelirrojo   perro   carro   correo

B. Dictado

Listen to a TV ad that features a famous athlete, Rafael Ramírez. Write what you hear.

C. Trabalenguas

La rata roe la ropa del Rey de Roma.

Vamos a leer

Cinco cosas curiosas para hacer en la Pequeña Habana

Estrategia para leer

Before beginning to read, use the pictures, title, and subtitles to get a feeling for how the passage is organized. Knowing how the passage is organized will help you figure out what it's about. It can also help you hunt quickly through the passage to find a specific piece of information.

¡A comenzar!

A. This reading is from the **Guía oficial de la Pequeña Habana**, a guide for tourists in Miami. Skim it for one minute to find out which of these items are among the five suggestions.

- buying fruit
- watching a cultural dance
- walking tours
- playing dominoes
- going to clubs
- visiting museums
- eating Chinese-Cuban food

Al grano

B. You have already studied two important ways to guess the meanings of words: using cognates and using context. Now you can combine these two skills to read more effectively.

Cognates. See if the unknown word looks like any English word. Does the English meaning you know make sense in context?

Jugar dominó en el Parque del Dominó

Éste es un espectáculo que no tiene igual en todo los Estados Unidos. Los hombres se reúnen alrededor de las mesas de dominó y ajedrez para jugar. Aquí los hombres (no hay mujeres) juegan sin hablar casi. No se permite hablar ni de política. Sólo se interrumpe el juego para ir al cafetín de al lado y comprarse un guarapo o un fuerte café cubano.

Ir a un restaurante chino-cubano y probar sus platos

Durante el siglo diecinueve muchos chinos llegaron a Cuba como esclavos y añadieron un sabor oriental a la cultura cubana. Sus descendientes mantuvieron las tradiciones culinarias chinas, y aquí en la Pequeña Habana se mantienen vivas en numerosos restaurantes.

Ver un baile flamenco

Además de un baile, el flamenco es una expresión artística de pasión y rebeldía. Es un homenaje a la forma y movimientos del cuerpo humano. Tradicional en España, el flamenco es un espectáculo que se presenta diariamente en fabulosos restaurantes de la Pequeña Habana, como el Málaga.

Cabarets y discotecas

En un barrio donde predomina el español se encuentran los mejores clubes nocturnos de salsa, ritmo tropical y baladas. En lugares como "La Tranquera" se presentan artistas latinos de renombre.

Comprar diferentes variedades de frutas

Abundan mangos, papayas, mamey, coco, plátanos, bananas, naranjas, toronjas en diferentes tiendas y paradores.

Context. Look at all the words before and after the word you want to guess. Understanding the rest of the sentence will help you guess what the unknown word means.

C. Your family needs help reading the guide. Listed here are the words they're having trouble with. For each person the first two words are cognates. The third word you can guess through context. After you guess the meaning of a word, go back and make sure your guess makes sense in the rest of the sentence.

1. Your brother might like to try a game of dominoes. Help him with these words: **igual, política, cafetín** (**a.** caffeine **b.** game **c.** café)

2. Your mother is reading about the Chinese-Cuban restaurants, and these words are giving her trouble: **culinarias, numerosos, probar** (**a.** break **b.** prepare **c.** taste)

3. Your sister is deciding between watching a **flamenco** dance and going dancing. Help with these words: **pasión, movimientos, barrio** (**a.** bar **b.** language **c.** neighborhood)

4. You have decided to buy some fruit. Decide what these words mean: **variedades, coco, paradores** (**a.** roadside stands **b.** walls **c.** parades)

D. En español, escribe una lista de cinco cosas interesantes que puedes *(you can)* hacer en el lugar donde tú vives. Después, discute tus ideas con un/a compañero/a.

Cuaderno para hispanohablantes, pp. 26–28

Cuaderno de actividades, p. 71, Act. 19

Más práctica gramatical

CD-ROM **2**
DVD **1**

📶 internet

MARCAR: go.hrw.com
PALABRA CLAVE:
WV3 FLORIDA-6

Primer paso   **Objective** Describing a family

1 Usa los adjetivos posesivos **nuestro/a(s)** y **su/s** para escribir frases más cortas. (**p. 174**)

MODELO   la familia de Víctor → su familia

1. la casa de nosotros
2. el perro de Marcos y Verónica
3. los hermanos de Concha
4. el padre de Teresa
5. los tíos de Jaime
6. las abuelas de nosotros
7. la hermana de David
8. los gatos de nosotros

2 You and your friend Leonor are complete opposites. Explain how you differ by completing the statements below with the correct possessives and adjectives. (**p. 174**)

MODELO   *Mi* familia es pequeña. *Su* familia es *grande.*

1. ═══ padres son altos. ═══ padres son ═══.
2. ═══ perro es malo. ═══ perro es ═══.
3. ═══ hermano es rubio. ═══ hermano es ═══.
4. ═══ casa es pequeña. ═══ casa es ═══.
5. ═══ gatas son feas. ═══ gatas son ═══.
6. ═══ hermana mayor es antipática. ═══ hermana mayor es ═══.

3 Completa el siguiente párrafo con la forma correcta de **hacer.** (**p. 180**)

¿Cuándo y dónde ___1___ la tarea los estudiantes de la clase de español? ¡Depende! A veces, Olga y yo ___2___ la tarea en la biblioteca por la tarde. Pero si tengo clase de baile, entonces yo ___3___ la tarea por la noche, en casa. Beto ___4___ la tarea en casa también, porque le gusta escuchar música cuando estudia. ¿Y tú, Mercedes? Si hace sol, vas al parque y ___5___ la tarea allí, ¿verdad? A veces Martín y Gustavo ___6___ la tarea durante el almuerzo, en la cafetería. Y nadie ___7___ la tarea los viernes por la tarde.

4 Di a qué hora salen las siguientes personas de la escuela. (**p. 180**)

MODELO   tú (4:10)
Tú sales a las cuatro y diez de la tarde.

1. Maite (3:25)
2. Ricardo y yo (3:45)
3. Héctor (4:00)
4. Yoli y Sandra (4:15)
5. el profesor Cepeda (5:30)
6. yo (5:45)

5 Ahora di a qué hora hacen ejercicio. (**p. 180**)

MODELO   mi mamá (por la tarde)
Mi mamá hace ejercicio por la tarde.

1. Irina (los fines de semana)
2. yo (todos los días)
3. Luis y Javi (por la mañana)
4. tú (después de clases)
5. mis hermanos (los domingos)
6. todos nosotros (los sábados por la mañana)

Repaso

CD-ROM 2
DVD 1

internet
MARCAR: go.hrw.com
PALABRA CLAVE:
WV3 FLORIDA-6

1 First read the statements below about Marcos and his family. Then listen as Marcos describes his family in detail. Decide which family member matches each numbered item below.

1. Debe comer menos.
2. Trabaja demasiado.
3. Lee muchas novelas.
4. Tiene un cuarto muy organizado.
5. Le gusta tocar la guitarra.
6. No estudia mucho.

2 Look at the four pictures of these kids and their pets. For each, use adjectives to describe the problem and **deber** to tell what should be done.

Sebastián

Carlota

Nacho y Duquesa

Cervantes

3 Crea un diálogo en el cual Raquel y Armando hablan de lo que hacen con sus familias los fines de semana.

4 Imagine that you're going to study in Mexico next year and you've just received a letter from your host sister, Carolina. Complete her letter by filling in the correct form of the verbs in the box.

hacer	limpiar	cortar	vivir
visitar a		caminar	
ayudar	pasar	salir	sacar

¡Hola!

Me llamo Carolina. Mi familia y yo ___1___ en Cuernavaca. Mi casa es grande. Por eso los sábados todos ___2___ en casa. Primero todos nosotros hacemos las camas. Luego mi padre ___3___ el césped. Mi mamá ___4___ la aspiradora. Mi hermano ___5___ la basura, y yo ___6___ mi cuarto. Mi cuarto es muy desorganizado. Pero no sólo trabajamos. Por ejemplo, todos los sábados nosotros ___7___ mis abuelos. Después, nosotros ___8___ en el parque. Los sábados por la noche yo ___9___ con amigos. Y en verano, siempre ___10___ un viaje.

Recuerdos,
Carolina

5 Responde a las siguientes oraciones con **cierto** o **falso**. Corrige las oraciones falsas. Basa tus respuestas en las **Notas culturales**, el **Panorama cultural** y el **Encuentro cultural** de este capítulo.

1. El compadrazgo ya no existe en Latinoamérica.

2. El concepto de la vida privada *(privacy)* es diferente en las culturas hispana y anglosajona.

3. La familia es muy importante para muchos hispanohablantes.

4. La relación que existe entre una persona y sus padrinos termina cuando el niño tiene veintiún años.

5. En las familias hispanohablantes es menos común pasar el tiempo solo.

6 # Vamos a escribir

Laura, an exchange student from Chile, is coming to spend the year with your family. Write her a letter describing your family and mention several activities you do with them. Ask Laura about her family, too. Before you begin, make an outline.

Estrategia **para escribir**

Outlining will help you organize your topic. First put your ideas in related groups. Then put these groups in the order you want to write about them. Within each group, add subgroups to develop your ideas in more detail. In this case, the groups could be your family, your activities together, and some questions for Laura.

> I. Mi familia
>   A. Las personas en mi familia
>   1. nombres y edades
>   2. descripciones (apariencia, personalidad)
>   B. Las actividades que hacemos juntos
>   1. durante la semana
>   2. en los fines de semana
> II. Preguntas para Laura
>   A. ¿Cuántas personas hay en tu familia?
>   B. ¿Cómo es...?

7 # Situación

a. You've just arrived at your host family's house in Bolivia. Your host introduces the family to you, and then asks about your family. With a partner, role-play the situation. Be sure to include all your family members, a description of each one, and what you and your family like to do together.

b. You're going to have a party at your house on Saturday night. Five of your friends volunteer to help you get the house ready for the party. Tell each of them what he or she should do.

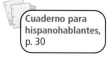

Cuaderno para hispanohablantes, p. 30

Can you describe a family? p. 174

1 Can you tell Ramiro, a new student at your school, . . .?
1. how many people there are in your family
2. how many brothers and sisters you have
3. what the names of your family members are
4. what they like to do in their free time

2 Can you complete each sentence with the correct family member?
1. La mamá de mi papá es mi _____.
2. El hermano de mi mamá es mi _____.
3. La hija de mi tía es mi _____.
4. La hija de mis padres es mi _____.
5. El hijo de mi padrastro es mi _____.

Can you describe people? p. 178

3 Describe these members of Florencia's family.

su abuelo

su mamá

su hermano, Toño

su hermano, Óscar

Can you discuss things a family does together? p. 180

4 Write one or two sentences about each member of your family or an imaginary family. Include age, physical description, where they live, and what you do with them.

Can you discuss problems and give advice? p. 184

5 Paula and her family need help solving these problems. What should each person do?
1. Her sister is disorganized and can't find any of her things.
2. Paula's brother works all the time and he's very tired.
3. It's six o'clock in the evening and everyone's hungry.
4. Paula's sister is in trouble at school because she talks too much in class.

Primer paso

Describing a family

la abuela	grandmother	los hermanos	brothers, brothers and sisters	los padres	parents
el abuelo	grandfather			la prima	female cousin
los abuelos	grandparents	la hija	daughter	el primo	male cousin
la esposa	wife, spouse	el hijo	son	los primos	cousins
el esposo	husband, spouse	los hijos	children	(ser) unido/a	(to be) close-knit
éstas	these (feminine)	la madrastra	stepmother	Somos cinco.	There are five of us.
éstos	these (masculine and feminine)	la madre/mamá	mother/mom		
la familia	family	la media hermana	half sister	su/sus	his, her, their, your (formal)
el gato	cat	el medio hermano	half brother	la tía	aunt
la hermana	sister	mi/mis	my	el tío	uncle
la hermanastra	stepsister	nuestro/a	our	tu/tus	your (familiar)
el hermanastro	stepbrother	el padrastro	stepfather	vivir	to live
el hermano	brother	el padre/papá	father/dad	vuestro/a	your (pl. familiar Spain)

Segundo paso

Describing people

azul	blue	el pelo	hair
cariñoso/a	affectionate	un poco gordo/a	a little overweight
de color café	brown	Se ve joven.	He/She looks young.
¿De qué color es/son...?	What color is/ are. . .?	Tiene canas.	He/She has gray hair.
delgado/a	thin	Tiene (los) ojos verdes/azules.	She/He has green/ blue eyes.
listo/a	clever, smart	travieso/a	mischievous
mayor	older	verde	green
menor	younger	viejo/a	old
negro/a	black		
los ojos	eyes		
pelirrojo/a	redheaded		

Discussing things a family does together

algo	something
casi siempre	almost always
cenar	to eat dinner
hacer un viaje	to take a trip
¿Qué hacen ustedes?	What do you do?
salir	to go out, to leave
visitar	to visit

Tercer paso

Discussing problems and giving advice

cortar el césped	to cut the grass	limpiar la cocina	to clean the kitchen	un problema	a problem
cuidar al gato	to take care of the cat	menos	less	¿Qué debo hacer?	What should I do?
deber	should, ought to	No es cierto.	It isn't true.	los quehaceres domésticos	household chores
Debes...	You should . . .	pasar la aspiradora	to vacuum	la sala	living room
demasiado	too much	planchar	to iron	trabajar en el jardín	to work in the garden
dice que	he/she says that	poner la mesa	to set the table		
hacer la cama	to make the bed				

¡Ven conmigo a Ecuador!

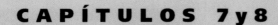

Población: 12.646.000 (aproximadamente)

Área: 104.505 millas cuadradas (270.668 km²), similar en área al tamaño del estado de Colorado

Ubicación: En el noroeste de Sudamérica, con Colombia al norte, el Perú al sur y al este y el océano Pacífico al oeste

Capital: Quito, con una población de 1.500.000 (aproximadamente)

Gobierno: república federal

Industrias: comestibles, productos de madera, tejidos

Cosechas principales: plátanos, café, arroz, azúcar, maíz

Minerales: petróleo, cobre, hierro, plomo, plata, azufre

Unidad monetaria: el dólar

Idiomas: español (lengua oficial), quechua, quichua y otros idiomas indígenas

Islas Galápagos

el ecuador global

COLOMBIA

Otavalo

Quito

el ecuador global

ECUADOR

Océano Pacífico

Guayaquil

Cuenca

La Cordillera de los Andes

PERÚ

N

0   50 Kilómetros

0   25 Millas

go. hrw .com

WV3 ECUADOR

VIDEO

CD-ROM 2

DVD 2

Quito, la hermosa capital de Ecuador ▶

Ecuador

Ecuador es una de las tres repúblicas andinas en donde casi la mitad de la población es indígena. Las otras dos son Perú y Bolivia. La cadena montañosa de los Andes divide a Ecuador en tres diferentes regiones geológicas, la costa fértil o la Costa, las montañas o la Sierra y la selva amazónica oriental llamada el Oriente. La cuarta región geológica de Ecuador es el famoso archipiélago Galápagos que se encuentra a 570 millas de la costa en el océano Pacífico.

internet

go.hrw.com

MARCAR: go.hrw.com
PALABRA CLAVE:
WV3 ECUADOR

1 Mujeres indígenas de compras
Aunque el español es la lengua oficial de Ecuador, un gran porcentaje de la población indígena es bilingüe. Muchos hablan el quechua, que es una de las lenguas nativas, así como el español.

2 La Catedral Nueva
La arquitectura colonial de Ecuador es famosa en el mundo entero, y algunas de las nuevas estructuras reflejan el deseo por una unidad arquitectónica. La construcción neo-gótica de la Catedral Nueva de Cuenca comenzó en 1880 pero se interrumpió en 1967. Las cúpulas azules de la catedral miran hacia la plaza principal de Cuenca.

3 La música tradicional

La música tradicional andina refleja una rica herencia cultural. Algunos instrumentos prehispánicos tales como la quena (un tipo de flauta) e instrumentos de percusión, se mezclan harmoniosamente con los instrumentos de cuerda traídos por los españoles.

4 Antonio José de Sucre (1795–1830)

Militar y estadista venezolano que luchó al lado de Simón Bolívar. Participó en la liberación del Ecuador y del Perú con las batallas de Pichincha y Ayacucho.

5 Las Islas Galápagos

Estas islas volcánicas fueron declaradas un parque nacional en 1959. Las islas tienen una extraordinaria variedad de aves (58 especies nativas) y algunas especies de animales poco comunes, tales como la iguana negra marina y la tortuga gigante.

En los capítulos 7 y 8,

vas a conocer a Carlos, Tomás y María, tres amigos que viven en Quito, Ecuador. El nombre "Ecuador" viene de la línea ecuatorial que cruza el país. Ecuador es rico en recursos naturales y está orgulloso de su cultura. Quito, la capital, es una ciudad maravillosa con miles de años de tradición cultural, desde antes de los incas hasta el presente.

7

¿Qué te gustaría hacer?

Objectives

In this chapter you will learn to

Primer paso

- talk on the telephone
- extend and accept invitations

Segundo paso

- make plans
- talk about getting ready

Tercer paso

- turn down an invitation and explain why

🖥 internet ▬▬▬▬▬▬▬

go.
hrw
.com

MARCAR: go.hrw.com
PALABRA CLAVE:
WV3 ECUADOR-7

◀ **Me gustaría caminar sobre la línea que divide al mundo.**

DE ANTEMANO ▪ *¿Qué hacemos?*

Estrategia

para comprender
Look at the photos. What kind of mood is Tomás in? How is Carlos trying to help Tomás? Who is María and how is she involved? Read the story and see what happens.

Carlos   **María**   **Tomás**   **Sr. Ortiz**

1

Carlos: ¡Tomás! ¿Qué te pasa, Tomás? ¿Por qué estás de mal humor?

Tomás: María va a hacer una fiesta el sábado.

Carlos: ¿Y? Me parece super bien.

Tomás: Sí, pero no me invitó.

Carlos: ¡Qué lástima!

2

Carlos: Oye, ¿tienes prisa ahora? ¿Tienes que hacer algo?

Tomás: No, nada... ¿Por qué?

Carlos: ¿Quieres ver un video en mi casa?

Tomás: ¡Claro que sí! Vamos.

3

Carlos: Oye, Tomás. Tengo una idea. ¿Te gustaría hacer algo conmigo este sábado? No tengo planes.

Tomás: Sí, por qué no.

Carlos: Hombre, ¡qué entusiasmo! Bueno, ¿qué prefieres? ¿Salir o hacer algo en casa?

4

Tomás: En realidad, prefiero salir. Pero, ¿qué hacemos?

Carlos: Hay un concierto de guitarra en La Casa de la Cultura. ¿Tienes ganas de ir?

Tomás: Sí. ¡Buena idea!

5 Carlos: ¿Aló?

María: Hola, Carlos. Habla María.

Carlos: Ah... hola, María.

María: Carlos, ¿quieres venir a una fiesta este sábado? Es para un estudiante de intercambio de Estados Unidos.

6 Carlos: ¿Una fiesta? ¿El sábado? Eh... lo siento, María, pero no puedo. Ya tengo planes.

María: Ay... qué lástima. Bueno, tal vez otro día. Chao.

7 Sr. Ortiz: ¿Aló?

María: Buenas tardes, Sr. Ortiz. ¿Está Tomás, por favor?

Sr. Ortiz: ¿De parte de quién?

María: Habla María Pérez.

Sr. Ortiz: Hola, María... un momento. ¡Tomás! ¡Tomás! ¡Teléfono! Lo siento, María, pero no está.

8 María: ¿Puedo dejar un recado, por favor?

Sr. Ortiz: Claro que sí... pero un momento... Tengo que ponerme los lentes.

María: Voy a hacer una fiesta el sábado. Quiero invitar a Tomás.

Sr. Ortiz: A ver, María... fiesta... el sábado... Muy bien. Chao, María.

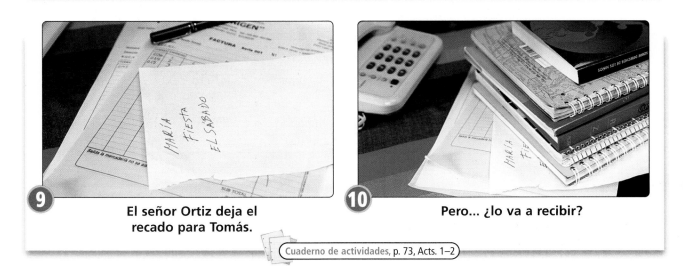

9 El señor Ortiz deja el recado para Tomás.

10 Pero... ¿lo va a recibir?

Cuaderno de actividades, p. 73, Acts. 1–2

1 ¿Comprendes?

Contesta las preguntas sobre la fotonovela. Si no estás seguro/a, ¡adivina!

1. What are Tomás and Carlos talking about?
2. How does Tomás feel? Why does he feel that way?
3. What suggestion does Carlos make?
4. Why does María call Carlos? What is his reaction?
5. What happens when María calls Tomás's house? Will there be a problem?

2 ¿Cierto o falso?

Corrige *(Correct)* las oraciones falsas.

1. Tomás está de mal humor.
2. Carlos y Tomás deciden ir a un concierto el sábado.
3. María invita a Carlos, pero no a Tomás.
4. Carlos no acepta la invitación de María.
5. Tomás recibe el recado de María.

3 ¿Cómo se dice?

Find the words and phrases that . . .

1. Tomás uses to say what he prefers to do
2. Carlos uses to ask if Tomás has to do something
3. María uses to invite Carlos to her party
4. Carlos uses to turn down María's invitation
5. Sr. Ortiz uses to ask who's calling

4 ¡Qué lío! *What a mess!*

Completa el párrafo de Tomás con palabras de la lista. Usa la fotonovela como guía.

el 16 de febrero

Hoy, estoy de mal ___1___. No tengo invitación a la fiesta de María y me ___2___ mucho ir. ¡Qué ___3___! Carlos sí tiene invitación; pero es un buen amigo y dijo "Lo ___4___ pero no puedo. Ya tengo ___5___." Y ahora, si María me llama, no acepto. Ya no ___6___ ir. ___7___ ir al concierto con Carlos. ¡Qué lío!

siento		prisa	lástima	prefiero
	planes			
prefieres		quiero	quieres	humor	gustaría

5 ¿Y tú?

Get together with a partner and discuss the following questions. Has something like Tomás's problem ever happened to you? What did you do? If something like this ever did happen to you, what would you do? What do you think Tomás is going to do?

Así se dice

Talking on the telephone

If you called a friend who wasn't home, your conversation might go like this:

SEÑORA **Aló.**
Hello.

CARLOS Buenos días, señora. ¿Está María, por favor?

SEÑORA ¿Quién habla?

CARLOS Soy yo, Carlos.

SEÑORA Ah, Carlos. ¿Cómo estás hoy?

CARLOS Muy bien, ¿y usted?

SEÑORA Muy bien. Pero María no está.

CARLOS Bueno, **llamo más tarde.**
. . . I'll call later.

SEÑORA Adiós, Carlos.

If you needed to leave a message for someone, your conversation might go like this:

SECRETARIA **Diga.**
Hello.

TOMÁS ¿Está la señorita Álvarez, por favor?

SECRETARIA **¿De parte de quién?**
Who's calling?

TOMÁS De parte de Tomás Ortiz.

SECRETARIA **Un momento...** lo siento pero **la línea está ocupada.**
One moment . . . the line is busy.

TOMÁS Gracias. **¿Puedo dejar un recado?**
May I leave a message?

SECRETARIA **Está bien.**
All right.

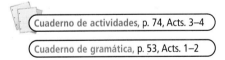

Cuaderno de actividades, p. 74, Acts. 3–4

Cuaderno de gramática, p. 53, Acts. 1–2

 6 ## Por teléfono

Escuchemos Listen to the following telephone calls. Decide if the caller is greeting someone, saying goodbye, or unable to reach the person.

También se puede decir...
A common telephone greeting in Mexico is **Bueno.** In some other countries you will hear **Hola, Dígame,** or **Pronto.**

7 Situaciones

Escribamos Escoge cuatro de las siguientes situaciones. Escribe una conversación telefónica para cada una. Incluye saludos y despedidas y deja un recado si es necesario.

1. You call your friend Marta, but she isn't at home. Her mother answers.

2. You call school to talk with Mrs. Castillo in the attendance office. The secretary in the office tells you that her line is busy.

3. You call Dr. Quintana, but the doctor is out.

4. You call your friend Benito and talk about school.

5. You call your mother or father at work. She/He is in a meeting and can't come to the phone.

6. You call your friend Pablo to ask him to play soccer.

8 Hablamos por teléfono

Hablemos Work with a partner to role-play the conversations you chose in Activity 7. The "caller" should work from the written conversation, but the "answerer" should role-play without the script. Then change roles.

Así se dice

Extending and accepting invitations

To invite a friend to do something, say:

> **¿Te gustaría** ir al cine con nosotros?
> **Nos gustan** las películas de aventura y hay una a las nueve.
> *Would you like . . .? We like . . .*

> **¿Quieres** ir a comer el sábado? **Te invito.**
> *Do you want to . . .?It's my treat.*

Your friend might answer:

> Sí, **me gustaría** ir con ustedes.
> *. . . I would like . . .*

> **¡Claro que sí!** Gracias.
> *Of course!*

9 Planes

Escuchemos Listen to the following questions. Do these sentences answer the questions you hear? If the sentence fits as a response, write **sí**. If it doesn't, write **no**.

1. Sí, me gusta mucho el tenis.

2. No me gustan los deportes.

3. ¡Claro que sí!

4. ¡Claro que sí! La clase es muy difícil.

5. Sí, me gustaría ir al partido de fútbol.

6. Prefiero comida china.

7. No, no me gustan las películas.

e → ie stem-changing verbs

1. In **e → ie** stem-changing verbs, the letter **e** in the stem changes to **ie** in all forms except the **nosotros** and **vosotros** forms.

   You've been working with an **e → ie** verb: **querer**.

quiero	queremos
quieres	queréis
quiere	quieren

   Más práctica gramatical, p. 222, Acts. 1–2

   Cuaderno de gramática, p. 54, Acts. 3–4

   Some other verbs that follow the same pattern are **preferir** (to prefer) and **empezar** (to begin).

2. Another **e → ie** stem-changing verb is **venir** (to come). It follows the same pattern as **tener**. Do you remember two other verbs with an irregular **-go** in the **yo** form?*

tengo	tienes	tiene	tenemos	tenéis	tienen
vengo	vienes	viene	venimos	venís	vienen

---

10 ## Gramática en contexto

Escribamos ¿Cuántas oraciones puedes (can you) escribir? Usa una palabra o expresión de cada columna.

MODELO   **Mi amiga prefiere ir a la fiesta de Miguel.**

Yo	venir	ir al cine o al concierto
Tú	preferir	un examen mañana
Mi amiga	tener	a la fiesta de Miguel
Mi amigo y yo	querer	ir al baile el sábado contigo
Mis amigos		a nuestra casa para cenar
		¿?

---

11 ## Una fiesta

Escribamos ¿Qué pasa cuando Marta habla por teléfono con Luisa, la hermana de Paco? Usa las palabras de la lista para completar esta conversación.

empezar	fiesta	querer	preferir
venir	estar	sábado	hay

Paco - Fiesta
sábado 8:30
casa de Marta

LUISA   ¿Aló?

MARTA   Luisa, ¿qué tal? Habla Marta. Oye, ¿ __1__ Paco?

LUISA   Ay, no está. ¿ __2__ dejar un recado, o __3__ llamar más tarde?

MARTA   Pues, un recado. __4__ una __5__ en mi casa el __6__. __7__ a las ocho y media.

LUISA   Perfecto. Dime, ¿quiénes van?

MARTA   Uy, van a __8__ muchos amigos.

---

* **Hacer** and **salir** have irregular **yo** forms: **hago, salgo.**

Lugares *Places*

CD-ROM**2**
DVD**2**

el acuario   el campo   el circo   la ciudad   el lago

MUSEO DE ANTROPOLOGIA

el museo de
antropología

el parque
de atracciones

el teatro

el zoológico

Eventos *Events*

la fiesta de cumpleaños
de aniversario
de graduación
de sorpresa

la boda

Cuaderno de
gramática,
p. 55, Acts. 5–7

12 Un sábado

Escuchemos It's Saturday morning and Mónica and Carlos are trying to figure out
where to spend the day. Based on their conversation, where do they decide to go?

13 Invitación

Leamos/Escribamos Work with a partner. Look at the new vocabulary on page 210 and make a list of three places where you both want to go. Then take turns inviting each other and accepting each other's invitations.

14 ¡Conversación!

Hablemos Con un/a compañero/a escoge una de estas situaciones y crea una conversación.

1. **a.** *Call and greet the person who answers.*
   b. *Say who's calling and ask to speak to your friend.*
   c. *Your friend's not there, so leave a message.*
   d. *Say goodbye to each other.*
2. **a.** *Call and greet your friend who answers.*
   b. *Invite your friend to go someplace with you.*
   c. *Your friend accepts your invitation.*
   d. *Say goodbye to each other.*

SUGERENCIA

Many language students feel nervous about speaking. You might be worried about making mistakes, or you might think you won't sound right. To sharpen your speaking skills, practice aloud at home in Spanish using situations and material you've covered in class. You could role-play two friends talking on the phone and inviting each other to do something. What would each person say? These practice conversations will help prepare you to speak confidently in class.

15 Un fin de semana en Quito

Escribamos Look at Cristina's schedule for the weekend. There are a lot of fun and interesting things to do in Ecuador. Write your weekend schedule modeled after Cristina's schedule. Include the times for each day. Then, compare your schedule with a partner's.

AGENDA

19	jueves	11:00 el museo 9:00 la fiesta de cumpleaños de Pablo
20	viernes	9:00 el zoológico 7:30 el teatro
21	sábado	10:00 el acuario 3:00 el parque de atracciones
22	domingo	12:00 el circo 4:00 el lago con Diego

Así se dice

Making plans

Pienso ir al zoológico hoy. **Voy a ver** muchos animales interesantes. ¿Te gustaría ir conmigo?

¡Cómo no! ¡Me gustan mucho los animales!

Nota gramatical

CD-ROM 2 / DVD 2

1. **Pensar** *(to think)* is another **e → ie** stem-changing verb.

   p**ie**nso, p**ie**nsas, p**ie**nsa, pensamos, pensáis, p**ie**nsan

   When followed by an infinitive, **pensar** means *to plan,* or *to intend* to do something.

   ¿Piensas jugar al tenis?
   Do you plan to play tennis?

2. You already know the verb **ir**. This verb can also be used to talk about the future, using the formula **ir + a +** infinitive.

   ¿Cuándo **vas a practicar** el piano?
   . . . are you going to practice . . .

   Voy a practicar mañana.
   I'm going to practice . . .

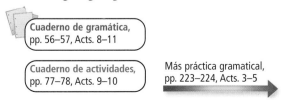

Cuaderno de gramática, pp. 56–57, Acts. 8–11

Cuaderno de actividades, pp. 77–78, Acts. 9–10

Más práctica gramatical, pp. 223–224, Acts. 3–5

16 Gramática en contexto

Leamos/Escribamos There's a party tonight, but several people have other plans. Explain why they can't come by completing the passage with the correct forms of **pensar** or **ir**.

Pues, Manuel no puede ir porque ___1___ salir con unos amigos. Julio y yo ___2___ ir al museo. Lupe y Gabriel no van a ir porque ___3___ visitar el nuevo parque de atracciones. ¡Ellos ___4___ a pasar todo el día allí! Y Elisa ___5___ ir al teatro para ver un drama de Shakespeare. Y tú, ¿qué ___6___ a hacer?

17 **Gramática en contexto**

Escribamos ¿Qué vas a hacer? Escribe una frase para cada situación. Usa una forma de **ir** + **a** + el infinitivo del verbo.

1. Tienes un examen muy difícil mañana.
2. El próximo sábado hay una fiesta de cumpleaños para tu mejor amigo.
3. Quieres jugar al basquetbol pero no tienes zapatos.
4. Tus abuelos vienen a visitar y la casa está completamente desorganizada.
5. No hay comida en la casa.

18 **Y ustedes, ¿qué piensan hacer?**

Hablemos With a partner take turns asking each other what you and your friends plan to do at the times listed. Include where you're going to go or what you're going to do.

MODELO —¿Qué piensan hacer hoy?
—Hoy pensamos visitar el acuario.

hoy
este fin de semana

el miércoles
el viernes por la mañana

el sábado por la noche
el próximo (next) verano

mañana
el próximo domingo

Nota cultural

If you and a friend were making plans in Spain or Latin America, you probably would have to plan to get around without a car. There are several reasons for this. Cars are more expensive, so not all families have one. In some countries, you must be 18 years or older to get a driver's license. Finally, public transportation is inexpensive and convenient in most cities. In major cities, most people use the subway, taxis, buses, or **motos** (mopeds). Sometimes they just walk!

Talking about getting ready

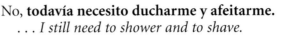

To ask if a friend is ready, say:

¿Estás listo/a?
Are you ready?

Your friend might answer:

No, **todavía necesito ducharme y afeitarme.**
. . . I still need to shower and to shave.

No, porque **necesito lavarme los dientes, peinarme** y **maquillarme.**
. . . I need to brush my teeth, comb my hair, and put on makeup.

No, **todavía necesito ponerme los zapatos.**
. . . I still need to put on my shoes.

Nota gramatical

A *reflexive verb* is a verb in which the action reflects back on the subject: *I bathe myself.* In Spanish, the infinitives of reflexive verbs have **se** attached to them (**afeitarse, ponerse**). The **se** changes according to the subject of the verb:

(Yo) necesito **ducharme.**
(Tú) necesitas **afeitarte.**
Juanito necesita **peinarse.**

Cuaderno de gramática, p. 58, Acts. 12–13

Más práctica gramatical, p. 224, Act. 6

19 ¿Todos listos?

Escuchemos Listen to some members of the Garza family as they talk about getting ready at different times of the day. Based on what you hear, write the letter of the item each person would need to use in order to get ready.

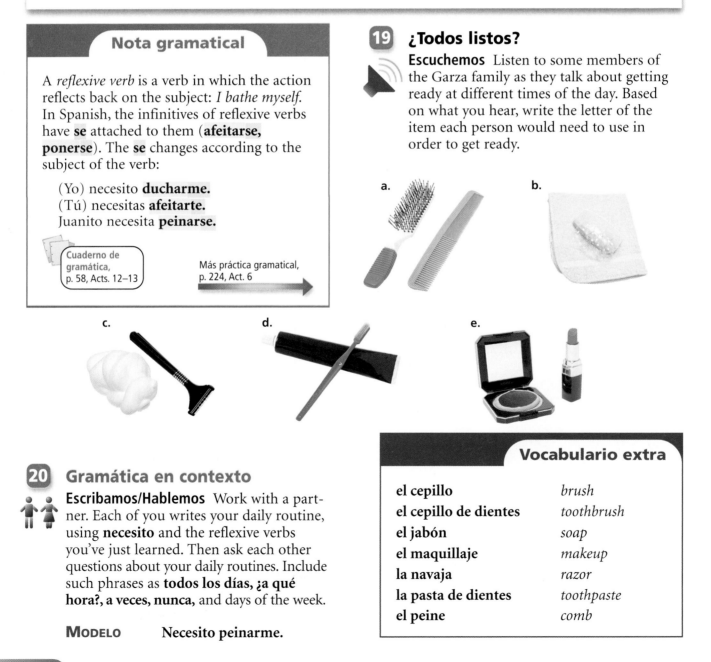

a.

b.

c.

d.

e.

20 Gramática en contexto

Escribamos/Hablemos Work with a partner. Each of you writes your daily routine, using **necesito** and the reflexive verbs you've just learned. Then ask each other questions about your daily routines. Include such phrases as **todos los días, ¿a qué hora?, a veces, nunca,** and days of the week.

Modelo Necesito peinarme.

Vocabulario extra

el cepillo	*brush*
el cepillo de dientes	*toothbrush*
el jabón	*soap*
el maquillaje	*makeup*
la navaja	*razor*
la pasta de dientes	*toothpaste*
el peine	*comb*

Gramática en contexto

Escribamos Escribe una oración para cada dibujo. Explica qué necesita hacer cada persona antes de salir.

el señor López

Ernesto

la señora López

Adela

22 ## ¡Vamos a celebrar!

Leamos/Escribamos Tonight's the big party! Read the invitation and answer the following questions. Then tell whether or not you would like to go and why or why not.

1. ¿Quién hace la fiesta?
2. ¿Dónde es?
3. ¿Dónde vive Ana?
4. ¿Cuál es la fecha de la fiesta?
5. ¿A qué hora empieza?
6. ¿Qué van a celebrar?
7. Son las cuatro de la tarde. ¿Qué vas a hacer antes de la fiesta? (ducharte, etc.)
8. ¿Qué piensas hacer en la fiesta?

Invitación para *Ana Macías Gómez*

Vamos a celebrar mi *cumpleaños*

con una fiesta en *mi casa*

el día *16* de *abril* a las *17h45*

calle *Independencia* número *35*

23 ## ¿Estás listo/a?

Hablemos Work in a group of three. Discuss what you are going to do in order to get ready for each of the activities listed in the box.

una fiesta formal

las clases

ir al cine

ir al lago

un partido de fútbol

visitar a tus abuelos

un baile

salir con unos amigos

cenar en tu casa

una fiesta de cumpleaños

¿Qué haces para conocer a una persona?

How would you ask someone out in a Spanish-speaking country? Who would pay for the date? We asked these students to tell us about dating customs in their countries.

Rodrigo
Quito, Ecuador

"Me le acerco, le pregunto su nombre, me presento y le pido su número telefónico, o algo así. Los hombres pagamos la cita en Ecuador".

Jessica
San Miguel de Desamparados, Costa Rica

"Busco una persona amiga mía que me la presente. Él siempre paga la cita".

María Isabel
Sevilla, España

"Trato de que me lo presenten, y una vez que me lo presentan, pues trato de tener conversación con él. Me gusta que me inviten, pero yo también quiero; o sea, que me gusta invitar a mí también".

Para pensar y hablar...

A. In your opinion, which student has the best way of meeting someone new? Why? Who pays for dates according to these students? Why do you suppose that is, and how do you feel about it?

B. In small groups, talk about how you would meet someone you want to get to know. Compare what you would do to what these teens suggest, and write some similarities and differences between your ideas. Can you explain the differences? Be prepared to present your group's list to the class.

Cuaderno para hispanohablantes, pp. 34–35

Así se dice

Turning down an invitation and explaining why

To find out if your friend would like to do something with you, say:

¿Te gustaría ir al museo de arte conmigo hoy?

Cuaderno de gramática, p. 59, Acts. 14–15

Your friend might say:

¡Qué lástima! Ya tengo planes. Tal vez otro día.
What a shame! I already have plans. Perhaps another day.

¿Hoy? **Lo siento,** pero no. Estoy **ocupado.** Tengo **una cita.**
I'm sorry . . . busy . . . a date (an appointment).

Lo siento hombre, pero **tengo prisa. Tengo que** trabajar.
. . . I'm in a hurry. I have to . . .

Me gustaría, pero no puedo. Estoy **cansado** y un poco **enfermo.**
I would like to, but I can't. . . . tired . . . sick.

También se puede decir...

Other words for **cansado** are **completamente muerto, agobiado, agotado, gastado,** and **rendido.**

24 **¿Te gustaría...?**

Escuchemos Listen as Margarita invites several friends to go with her to do some things. Match the name of the person with his or her explanation for not being able to go.

1. Miguel
2. Gabriela
3. Roberto
4. Mariana

a. Va a salir con otra persona.
b. Necesita descansar.
c. Necesita hacer sus lecciones.
d. Está ocupada este fin de semana.

Nota gramatical

As you already know, **tener** means *to have.* But when used in certain phrases, it means *to be.* Do you remember **Tengo... años** (*I'm . . . years old*) from Chapter 1? Here are some expressions with **tener** you can use for excusing yourself.

tener ganas de + infinitive
to feel like (doing something)

tener prisa
to be in a hurry

tener que + infinitive
to have to (do something)

tener sueño
to be sleepy

Más práctica gramatical, p. 225, Acts. 7–8

Cuaderno de gramática, p. 60, Acts. 16–17

Cuaderno de actividades, pp. 81–82, Acts. 15–17

25 Gramática en contexto

Leamos/Escribamos Read the following conversations containing invitations. Complete the sentences with words or phrases from the box. Some blanks will have more than one correct answer.

— Hola, Paco, ¿ __1__ ir al cine esta noche?
— __2__ Roberto, pero __3__. Tengo __4__ con Marilú.

— Marta, ¿ __5__ ir a comer esta tarde?
— Sí, __6__. ¿A qué hora?

— Angélica, ¿ __7__ el tenis o el voleibol?
— Pues yo prefiero el voleibol.
— ¿__8__ jugar el sábado?
— __9__. Yo __10__ trabajar el sábado. Pero __11__.

quieres

prefieres te gustaría

Sí, muchísimas gracias

¡claro que sí! ¡qué lástima!

lo siento pero no puedo

me gustaría tal vez otro día

una cita tengo que

¡cómo no! ya tengo planes

26 Gramática en contexto

Hablemos Imagine that you've been invited to do the following activities, but you don't want to do any of them. Take turns inviting your partner and declining the invitations. Offer a different explanation for each one, using an expression with **tener**.

1. ir al museo de historia
2. estudiar para el examen de álgebra
3. ir al concierto de violín
4. comer en la casa del profesor
5. ir a un partido de fútbol
6. estudiar en la biblioteca

27 Gracias, pero...

Escribamos Sergio está muy ocupado y no tiene tiempo para pasar el rato con amigos. Escribe lo que dice en cada dibujo. Usa expresiones con **tener**.

a.

b.

c.

28 Pretextos

Escribamos/Hablemos Choose a picture from Activity 27 and create a conversation between Sergio and the other person in the picture. You might ask a classmate to help you present the conversation to the class.

29 En mi cuaderno

Escribamos You've just received an invitation from a friend to do something on Saturday night. Write a short reply in which you decline the invitation, give an explanation, and tell your friend what you plan to do instead. Use the **modelo** to help you get started.

MODELO

> Querido Julio,
> Gracias por la invitación, pero...

¡SHHHHHHHH!

¡Es una fiesta de sorpresa!

30

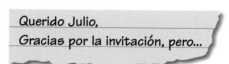

Del colegio al trabajo

Hablemos You work in a video store. You're scheduled to work on Sunday but you want to go to your sister's graduation party (**fiesta de graduación**) that day. With a partner role-play a conversation between you and the manager. Explain to your manager why you can't work that day. Your manager asks what other day(s) and times you can work that week. Together, come to an agreement on your schedule.

LETRA Y SONIDO

A. 1. The letters **ll** and **y** are usually pronounced alike. Their pronunciation in many Spanish-speaking countries is similar to the *y* in the English word *yes*.

yo	yate	yema	yugo	yerno
llamo	lleva	llora	maquillaje	toalla

2. The single **l** in Spanish is pronounced like the *l* in the English word *live*. Keep the tip of the tongue behind the upper teeth when pronouncing **l**.

zoológico	lavarse	levantarse	¡Qué lástima!
lo siento	el lago	Aló	línea

B. Dictado

Lalo is trying to make plans with his friends. Write what he says.

C. Trabalenguas

La nublada neblina lava las lomas de un lugar lejano.

Caleidoscopio

Estrategia para leer

An important strategy is to preview a reading passage by using titles, subtitles, and pictures to tell what it is about. Previewing a passage will give you a feel for its purpose, form, and content.

¡A comenzar!

If you were in Quito making plans with your friends, chances are you'd want to find out what there is to do. But before planning anything, you'd need to know what is going on in the city.

A. Based on what you see, what do you think the **Caleidoscopio** section is?
1. a concert program
2. a listing of restaurant reviews
3. a general entertainment guide
4. a movie magazine with film reviews

¿Te acuerdas?

Scan for specific information

You have already studied scanning, an important way to find information. When you scan, look only for specific pieces of information. Look for one thing at a time, and don't concern yourself with the rest of the information.

Al grano

B. Suppose you're in Quito with a group from your school. To find out what's going on, scan the **Caleidoscopio** section to answer these questions.

Caleidoscopio

DIVERSIONES

Circo Payaso
Un nuevo concepto en circo
lunes a viernes: 17h30 y 19h30
sábados: 15h00 - 17h30 y 19h30
domingos: 15h00 - 17h30 y 19h30
Avenida de la Independencia.

El Cafélibro
Peña cultural quiteña con anécdotas, música y poesía nacional. Participación espontánea de los asistentes.

En el Museo de Arte Moderno de la Casa de la Cultura Ecuatoriana
Se abrirá un taller juvenil de dibujo para chicos entre los 13 y los 17 años que se llevará a cabo de miércoles a viernes de 10h00 a 12h00.

TEATRO

Teatro República
presenta el gran espectáculo de teatro y marionetas ANGELONI CÓMICO, MUSICAL sábado y domingo 11:00 - 14:30 - 16:30 horas $ 3.00.

El mimo Pepe Velásquez
presenta su nueva obra "Risas y más" en el Patio de diversiones, de jueves a domingo, a las 20h00.

C O N C I E R T O S

Concierto de jazz
con Larry Salgado y su grupo.
Desde las 18h00 en el Cafélibro
(Almagro y Pradera).

Banda sinfónica municipal
Concierto de aniversario el jueves
a las 19h30 en el Teatro Nacional.

¡El concierto del año!
El viernes a las 20h00 en el
Coliseo Rumiñahui el cantante español,
Miguel Bosé.

R E S T A U R A N T E S

Restaurante La Choza,
El Palacio de la Cocina Ecuatoriana.
12 de Octubre No. 1955 y Cordero. Tels: 230-839
y 507-901 Quito. Atención de lunes a viernes de
12 p.m. a 3.30 p.m. y de 7 p.m. a 9.30 p.m. Sábados
y domingos de 12 p.m. a 4 p.m.

Normandie Cocina
francesa clásica. Lunes a viernes, almuerzo
12h30 a 14h30; y cena de 19h30 a 22h30. Sábados,
sólo cena de 19h30 a 22h30. Leónidas Plaza 1048
entre Baquerizo y García (atrás del teatro Fénix).
Tels: 233116, 507747 Quito

La Guarida del Coyote.
Antojitos mexicanos. Bar restaurante
mexicano. –Carrión 619 y Juan León Mera–Japón
542 y Naciones Unidas, Quito

Restaurante Rincón La Ronda.
La mejor comida nacional e internacional,
abierto los 365 días del año. Disfrute de nuestro
tradicional buffet familiar todos los domingos.
Belo Horizonte 400 y Almagro. Tels: 540459,
545176 Quito

---

1. Where can you hear national music and poetry? What's going on at the Museum of Modern Art?

2. Where can you see a mime perform? Which event is a musical comedy?

3. Where can you listen to jazz? Which concert begins the latest and when does it start? When do concerts in the U.S. usually begin?

4. Which restaurant serves French food? What kind of food is served in **Restaurante La Choza?** Which restaurant has a buffet?

C. Imagine you're standing in line at a tourist information desk in Quito. What do you think the clerk would suggest from the listings for each person or group? Explain why it would be appropriate.

   1. a family that likes animals, clowns, etc.

   2. a young boy who enjoys puppet shows

   3. a family that wants to try typical Ecuadorean food

   4. a young woman who is interested in hearing Spanish music

   5. a woman who likes to draw and do artwork

D. Imagínate que estás en Quito con un grupo de turistas y ustedes tienen tres días libres. ¿Qué piensan hacer? Usa la guía para decidir qué lugares, restaurantes y atracciones piensan visitar. Invita a un compañero o compañera a algunos lugares que quieres visitar. Si quieres ir, acepta la invitación. Si no quieres ir, dale una excusa y dile qué prefieres hacer. Al final, hagan una lista de seis actividades que quieren hacer juntos.

Cuaderno para hispanohablantes, pp. 31–33

Cuaderno de actividades, p. 83, Act. 19

internet

go.hrw.com
MARCAR: go.hrw.com
PALABRA CLAVE:
WV3 ECUADOR-7

Primer paso   Objectives **Talking on the telephone; extending and accepting invitations**

1 Indica a qué hora todos vienen a la fiesta de sorpresa de Pedro. Usa la forma correcta de **venir.** (**p. 209**)

> **MODELO**   **Felipe y Daniel/8:15**
> **Felipe y Daniel vienen a las ocho y cuarto.**

1. Rebeca/8:00
2. ustedes/7:45
3. los padres de Pedro/8:10
4. tú/8:05
5. yo/7:50
6. Sonia y Yolanda/8:20
7. René/7:55
8. la abuela de Pedro/8:25

2 Tell what the following people like to do on vacation. Use the correct subject pronoun, the correct form of **preferir,** and the most logical expression from the box in each sentence. (**p. 209**)

> **MODELO**   **A mis primos les gusta el baloncesto.**
> **Ellos prefieren ir al gimnasio.**

> ir a un concierto
> comer en un restaurante
> asistir a un partido
> nadar en la piscina
> ir a la playa
> ir al cine
> dibujar en el parque
> pasar el rato con sus amigos

1. A mi hermano le gusta bucear.
2. A mí me gusta la comida.
3. A todos nosotros nos gusta la música.
4. A mi padre le gusta el fútbol.
5. A mi hermana le gusta el arte.
6. A mis abuelos les gustan las películas.
7. A mis hermanas les gusta hablar.
8. A ti te gusta la natación.

3 Pregunta o indica adónde piensan ir todos el sábado. Usa la forma correcta de **pensar** en cada oración. (**p. 212**)

MODELO **Alberto/lago**
Alberto piensa ir al lago.

1. mis primos y yo/parque de atracciones
2. Patricia y su familia/campo
3. David/acuario
4. ¿tú/playa?
5. yo/zoológico
6. ¿ustedes/restaurante chino?

4 Ask what the following people are going to do this weekend, based on their interests. Use the correct form of **ir + a** and an expression from the box in each question. (**p. 212**)

MODELO **Nélida y Luz bucean todos los fines de semana.**
¿Ellas van a nadar en el lago?

asistir al teatro   visitar el acuario   ir al campo
ir al museo   visitar el zoológico   nadar en el lago

1. Olga tiene muchos peces.
2. Tu clase favorita es el arte, ¿verdad?
3. Carmelo quiere ser actor.
4. Iván y Julio quieren acampar este fin de semana.
5. A Paco y a Tere les gustan los animales.

MÁS PRÁCTICA GRAMATICAL

Más práctica gramatical

CD-ROM 2
DVD 2

go.
hrw
.com
WV3 ECUADOR-7

5 Your cousin Joaquín has a full week planned during your visit at the beach. Use the calendar below to tell what you and Joaquín will do each day, and where you plan to go each evening. Use **ir** + **a** + infinitive and **pensar** + infinitive. (**p. 212**)

MODELO **El lunes, vamos a bucear. Por la noche, pensamos ir a la pizzería.**

LUNES	MARTES	MIÉRCOLES	JUEVES	VIERNES	SÁBADO	DOMINGO
bucear	correr por la playa	jugar al voleibol	pescar	descansar	visitar el acuario	asistir al partido de fútbol
pizzería	parque de atracciones	concierto de salsa	restaurante mexicano	fiesta de cumpleaños	centro comercial	cine

1. El martes...
2. El miércoles...
3. El jueves...
4. El viernes...
5. El sábado...
6. El domingo...

6 Everyone prefers a different morning routine. State the sequence the following people prefer, using the correct form of **preferir** and the order listed in parentheses in each sentence. (**p. 214**)

MODELO **Emma (c, d, e)**
Primero, Emma prefiere lavarse los dientes. Luego,
prefiere maquillarse y después peinarse.

a. ducharse   **b.** afeitarse   **c.** lavarse los dientes   **d.** maquillarse   **e.** peinarse

1. yo (a, c, e)
2. tú (c, a, b)
3. papá (a, b, e)
4. mamá (c, a, d)

7   Explica por qué algunos de los invitados a la fiesta de María no pueden ir. Usa la forma correcta de **tener que** + infinitivo en cada oración. (**p. 217**)

> MODELO   **Virginia/ir a una boda**
> **Virginia tiene que ir a una boda.**

1. yo/visitar a mis tíos
2. Nelson y Sonia/trabajar
3. tú/cuidar a tu hermanita
4. Raúl/cenar en casa de sus abuelos
5. Santiago/jugar en un partido de fútbol
6. Emilia y yo/asistir a una clase de baile

8   It's a typical Saturday for the Aguilar family. Complete the description of their activities by filling in each blank with the correct form of a **tener** expression from the box. (**p. 217**)

> MODELO   **La ropa de Manolo está encima de su cama y hay muchos papeles y revistas en su cuarto.**
> **Manolo tiene que organizar su cuarto ahora.**

tener ganas de	tener que
tener prisa	tener sueño

1. Isa y Lourdes leen el periódico para ver qué películas hay esta noche.
   Ellas ———— ir al cine.
2. El perro necesita salir.
   Nosotros ———— caminar con el perro ahora.
3. Son las diez de la noche. Papá quiere descansar en el sofá.
   Él ————.
4. Son las 4:10. Marta tiene una clase de ejercicios aeróbicos a las 4:15.
   Ella ————.
5. Lourdes y yo queremos cenar en un restaurante esta noche.
   No ———— preparar la cena.

Repaso

CD-ROM 2
DVD 2

internet

MARCAR: go.hrw.com
PALABRA CLAVE:
WV3 ECUADOR-7

1 First read the following explanations. Then listen to the conversations and choose the sentence that best describes the response to each invitation.

1. **a.** No puede ir porque tiene que practicar el piano.
   b. No puede ir porque está enferma.

2. **a.** No puede ir al campo porque tiene otros planes.
   b. No puede ir al museo porque tiene otros planes.

3. **a.** Quiere ir a caminar más tarde.
   b. No quiere ir porque está cansado.

4. **a.** Tiene ganas de ir al partido de fútbol.
   b. No puede ir porque tiene una cita.

2 Working in groups of three, take turns looking at the picture and inviting your partners to go to the places shown. Each person should either accept the invitation or decline it. If you decline an invitation, you should explain why or tell what you prefer to do.

TEATRO SUCRE

MUSEO DE ARTE

ACUARIO

3 Responde a las siguientes oraciones con **cierto** o **falso**. Corrige las oraciones falsas.

1. En todos los países hispanohablantes, tienes que tener veintiún años para obtener una licencia de manejar.

2. Muchos jóvenes en los países en Latinoamérica tienen coches.

3. El transporte público es barato en España y en Latinoamérica.

4 La familia de Elena tiene que prepararse para salir. Lee la conversación y contesta las preguntas.

ELENA   A ver... Papá todavía necesita ducharse y afeitarse. Y después, yo tengo que ducharme. Susi, ¿piensas lavarte los dientes ahora o más tarde?

SUSI   Ahora. Y también necesito maquillarme.

ELENA   Ah, mira el pelo de Manolín. ¡Es un desastre! Debe peinarse ahora mismo.

1. ¿Quién necesita maquillarse?

2. ¿Qué tiene que hacer el padre de Elena?

3. ¿Cómo está el pelo de Manolín? ¿Qué necesita hacer?

4. ¿Quiénes tienen que ducharse?

---

5 ## Vamos a escribir

Write two paragraphs about your weekly activities. Use the art and **Vocabulario** on pages 210, 215, and 218 for ideas, and connect your ideas in chronological order.

Estrategia para escribir

Connecting words unify sentences in a paragraph by joining thoughts together in a logical way. For example, the words **primero, luego, antes (de), después (de),** and **por fin** help you describe a sequence of events that your reader can easily understand.

Primero, el lunes tengo que...
Luego necesito estudiar para un examen el miércoles.
Por fin, el domingo me gustaría ir a...
Antes de ir quiero...

1. Make a list of the things you have to do during the week. Put them in order.

2. List some activities you'd like to do this weekend, and put them in order too.

3. Now combine the items on your list into a paragraph. Read your paragraph all the way through to make sure the ideas are in logical order, and that you've used the appropriate connecting words.

---

6 ## Situación

Your Great-Aunt Hortensia has invited you to an accordion concert (**concierto de acordeón**) this Saturday. You already have plans to go out with your friends, but you don't want to hurt her feelings. With a classmate, take turns role-playing a conversation between you and your **tía abuela** Hortensia. Politely turn down her invitation and explain why, but remember to thank her for inviting you.

Cuaderno para hispanohablantes, p. 35

A ver si puedo...

Can you talk on the telephone? p. 207

1 You're answering phones at the office at your school. What would you say in the following situation?

El teléfono suena.

TÚ ═══════

SR. GIBSON Buenas tardes. ¿Está la profesora Margarita Gibson, por favor?

TÚ ═══════

SR. GIBSON De parte de su esposo.

TÚ ═══════

SR. GIBSON ¿Puedo dejar un recado?

TÚ ═══════

Can you extend and accept invitations? p. 208

2 How would you invite the following people to do something with you? How might they accept your invitation?

1. tu mejor amigo/a
2. tu hermano/a
3. uno de tus padres
4. tu profesor/a
5. tu primo/a
6. tu novio/a

Can you make plans? p. 212

3 What do you plan to do this weekend? Give specific days, times, and places you plan to go, people you plan to see, and things you plan to do.

Can you talk about getting ready? p. 214

4 What do you usually need to do to get ready in these situations?

1. para ir al colegio
2. para salir con amigos
3. para ir a una fiesta formal
4. para ir a una boda
5. para hacer un viaje al campo
6. para ir al teatro

Can you turn down an invitation and explain why? p. 217

5 How would you turn down the following invitations?

1. your friend invites you to a surprise birthday party for his four-year-old brother
2. your parents invite you to go to the theater with them
3. your teacher invites you and your parents to go to the amusement park with him and his family

6 Regina is a new girl at school, and Samuel wants to get to know her better. Unfortunately, she has a different excuse for everything he asks her to do. What are some of her excuses?

1. Regina, ¿quieres ir al partido de béisbol del colegio el viernes después de clase?
2. ¿Quieres ir al zoológico el sábado?
3. Entonces, ¿te gustaría estudiar juntos el domingo por la tarde?

Primer paso

Talking on the telephone

Aló.	*Hello.*
¿De parte de quién?	*Who's calling?*
Diga.	*Hello.*
Está bien.	*All right.*
La línea está ocupada.	*The line is busy.*
Llamo más tarde.	*I'll call later.*
un momento	*one moment*
¿Puedo dejar un recado?	*May I leave a message?*

Extending and accepting invitations

el acuario	*aquarium*
la boda	*wedding*
el campo	*country*
el circo	*circus*
la ciudad	*city*
¡Claro que sí!	*Of course!*
empezar (ie)	*to begin*
el evento	*event*
la fiesta de... aniversario	*anniversary party*
de cumpleaños	*birthday party*
de graduación	*graduation party*
de sorpresa	*surprise party*
el lago	*lake*
el lugar	*place*
Me gustaría...	*I would like . . .*
el museo de antropología	*anthropology museum*
Nos gustan...	*We like . . .*
el parque de atracciones	*amusement park*
preferir (ie)	*to prefer*
¿Quieres + infinitive?	*Do you want to . . . ?*
¿Te gustaría...?	*Would you like . . . ?*
Te invito.	*It's my treat.*
el teatro	*theater*
venir (ie)	*to come*
el zoológico	*zoo*

Segundo paso

Making plans

¡Cómo no!	*Of course!*
ir + a + infinitive	*to be going to (do something)*
pensar (ie) + infinitive	*to plan, to intend*

Talking about getting ready

afeitarse	*to shave*
ducharse	*to take a shower*
estar listo/a	*to be ready*
lavarse los dientes	*to brush your teeth*
maquillarse	*to put on makeup*
peinarse	*to comb your hair*
ponerse	*to put on (clothing)*

Tercer paso

Turning down an invitation and explaining why

cansado/a	*tired*
una cita	*a date, an appointment*
enfermo/a	*sick*
Lo siento. No puedo.	*I'm sorry. I can't.*
ocupado/a	*busy*
¡Qué lástima!	*What a shame!*
tal vez otro día	*perhaps another day*
tener ganas de + infinitive	*to feel like (doing something)*
tener prisa	*to be in a hurry*
tener que + infinitive	*to have to (do something)*
tener sueño	*to be sleepy*
Ya tengo planes.	*I already have plans.*

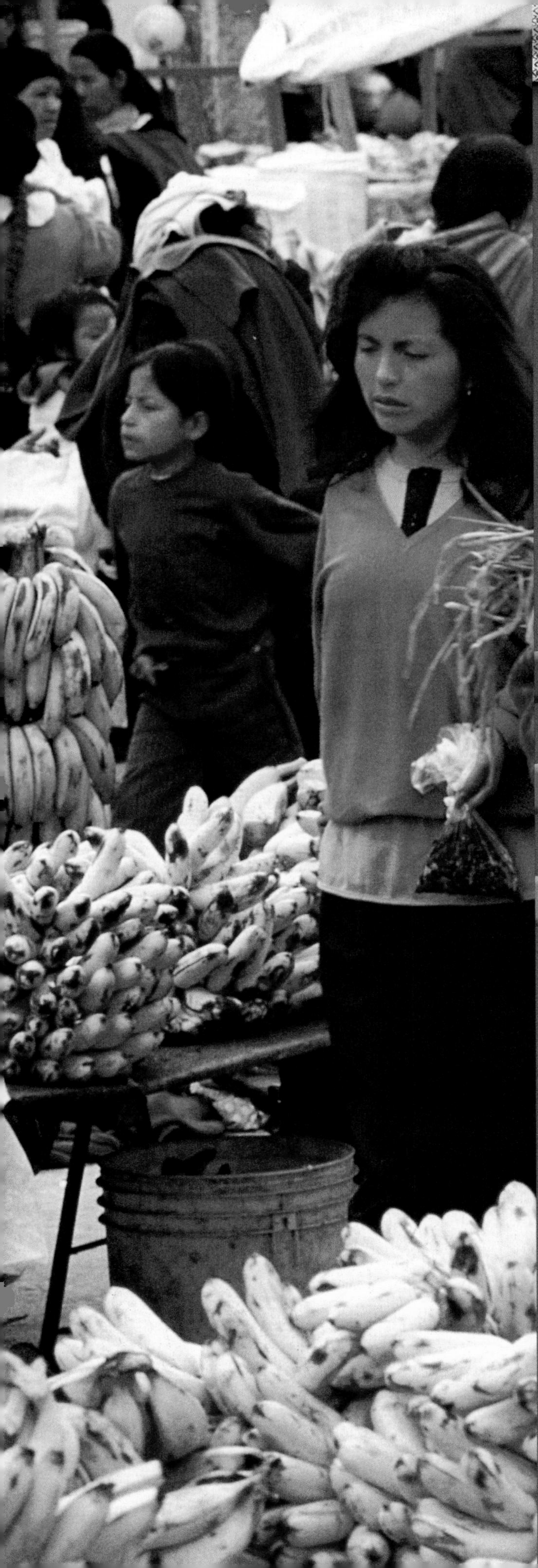

CAPÍTULO

8

¡A comer!

Objectives

In this chapter you will learn to

Primer paso

- talk about meals and food

Segundo paso

- comment on food

Tercer paso

- make polite requests
- order dinner in a restaurant
- ask for and pay the bill in a restaurant

internet

go.hrw.com

MARCAR: go.hrw.com
PALABRA CLAVE: WV3 ECUADOR-8

◀ **¡Me encanta la fruta del mercado en Otavalo!**

DE ANTEMANO · *¿Qué vas a pedir?*

Estrategia **para comprender**

María, Roberto, Tomás, and Hiroshi stop for lunch on their way to the monument to the equator at **la Mitad del Mundo**. As you view the video, watch their gestures, particularly when they indicate that they like or dislike something. Who enjoys lunch the most?

1

En camino...

María   **Tomás**   **Hiroshi**   **Roberto**

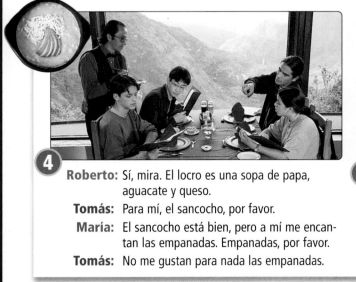

2

Hiroshi:	Tengo mucha hambre. Ya es la una y media y por lo general almuerzo a las doce.
Tomás:	No te preocupes. Vas a comer bien en el restaurante. Para el almuerzo hay platos especiales típicos de la región andina.

3

María:	¿Qué vas a pedir?
Hiroshi:	Eh.... No sé... ¿qué van a pedir ustedes?
Tomás:	Mm... creo que voy a pedir sancocho. Pero, el locro es delicioso aquí también.
Hiroshi:	¿Qué son ésos? ¿Son sopas?

4

Roberto:	Sí, mira. El locro es una sopa de papa, aguacate y queso.
Tomás:	Para mí, el sancocho, por favor.
María:	El sancocho está bien, pero a mí me encantan las empanadas. Empanadas, por favor.
Tomás:	No me gustan para nada las empanadas.

5

Roberto:	¿Me puede traer carne colorada con papas, por favor?
Camarero:	Cómo no, señor. ¿Y para usted, joven?
Hiroshi:	Eh... quisiera locro, por favor.
Roberto:	¿Y para tomar? ¿Nos trae cuatro aguas?

6

Hiroshi: Saben, tengo mucha hambre.

María: ¡Cuidado Hiroshi, eso es ají! Es muy picante.

Hiroshi: ¡Está picante! En casa no como mucha comida picante. ¡Necesito agua!

María: Oh, aquí viene.

Tomás: El ají es un condimento con tomate, cebolla, chile. Puedes comer un poco de ají con pan, pero tienes que tener cuidado.

7

María: Hiroshi, ¿te gusta el locro?

Hiroshi: Sí, María, está muy rico. Por lo general como mucha sopa. Por eso me encanta.

8

María: ¿Cuánto es?

Roberto: A ver... son veintidós dólares con ochenta. Pero la propina es aparte. Yo los invito.

Todos: Gracias.

9

Después de comer

10

María: ¡Ay, no! Y ahora, ¿qué?

¿Cómo van a llegar a la Mitad del Mundo?

11

Cuaderno de actividades, p. 85, Acts. 1–2

1 ¿Comprendes?

Contesta las siguientes preguntas sobre la fotonovela. Si no estás seguro/a, ¡adivina!

1. ¿Adónde van Hiroshi, María, Tomás y Roberto?
2. ¿Conoce Hiroshi la comida del Ecuador?
3. ¿Qué pasa cuando Hiroshi prueba *(tastes)* el ají?
4. ¿Le gusta a Hiroshi la comida que pide?
5. ¿Qué pasa después de que el grupo sale del restaurante?

2 ¿Cómo se dice?

What phrases from the **fotonovela** can you use . . .?

1. to ask what someone will order
2. to explain what **locro** is
3. to say that you love **empanadas**
4. to ask a waiter to bring you **carne colorada**
5. to say that something is really good
6. to ask how much the bill is

3 ¿Quién lo diría? *Who would say it?*

1. Me encanta la comida de Ecuador.
2. ¿Empanadas? ¡Qué horribles!
3. Y usted, ¿qué va a pedir?
4. No quiero sancocho. Y no quiero empanadas.
5. ¿Empanadas? ¡Qué ricas!

Los amigos y el camarero

4 ¡Qué lío!

Con base en la fotonovela, pon las oraciones en el orden correcto.

a. Para Hiroshi, ¡el ají está muy picante!
b. Hay un problema con el carro.
c. Los amigos van a un restaurante que tiene comida típica de Ecuador.
d. A Hiroshi le encanta el locro. ¡Está muy rico!
e. Tomás quiere comer sancocho.
f. Hiroshi tiene mucha hambre.

5 ¿Y tú?

Contesta **cierto** si la oración es verdadera y **falso** si no lo es.

1. Generalmente como mucha sopa.
2. En casa no comemos comida picante.
3. Me encanta la sopa.
4. No me gustan para nada las empanadas.
5. Para tomar, prefiero el agua.
6. ¡Tengo hambre ahora!

Así se dice

Talking about meals and food

To ask your friend about meals and food, say:

¿Qué tomas para el desayuno?
What do you have for breakfast?

¿...para el almuerzo?
. . . for lunch?

Tengo sed. ¿Qué hay para tomar?
I'm thirsty. What's there to drink?

Your friend might answer:

A veces tomo un vaso de jugo y un poco de pan. **¡No me gusta** el cereal **para nada!**
I don't like . . . at all!

Por lo general tomo un sándwich, una manzana y un vaso de leche.
Generally I have a sandwich, an apple, and a glass of milk.

Hay jugo, refrescos y agua. **¿Qué prefieres?**
What do you prefer?

Vocabulario

¡Me encanta el desayuno! *I love breakfast!*

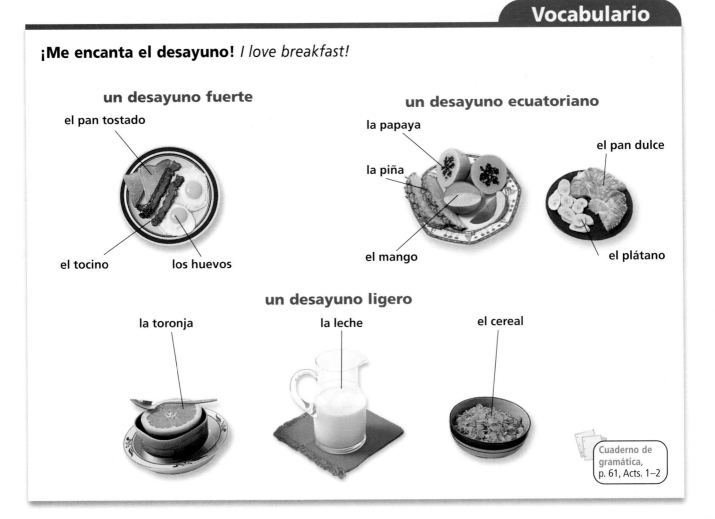

un desayuno fuerte
- el pan tostado
- el tocino
- los huevos

un desayuno ecuatoriano
- la papaya
- la piña
- el mango
- el pan dulce
- el plátano

un desayuno ligero
- la toronja
- la leche
- el cereal

Cuaderno de gramática, p. 61, Acts. 1–2

6 **El desayuno**

Escuchemos Listen as Marcela and Roberto discuss what foods they like and dislike. Write what each person likes for breakfast.

También se puede decir...

Food vocabulary often varies widely from region to region, even within a particular Spanish-speaking country. Other common words for **el plátano** are **la banana**, **el banano**, and **el guineo**. **El jugo** is usually called **el zumo** in Spain.

Gramática

The verb *encantar* and indirect object pronouns

1. The verb **encantar** *(to really like; to love)* works just like the verb **gustar**.

> **Me gusta** la leche, pero **me encanta** el jugo de naranja.
> **Nos encantan** los plátanos.
> A Juan y a Sara **les encantan** los sándwiches.

2. The pronouns **me, te, le, nos, les** in front of the verbs above are called *indirect object pronouns*, which generally tell *to whom* or *for whom*. In this case, they tell *to whom* something is pleasing.

> **Te gusta la leche, ¿verdad?**   *Milk is pleasing to you, right?*

You'll learn more about indirect object pronouns in Chapter 9.

3. Remember to use the definite article with **encantar** or **gustar** when you're saying that you like something in general.

> Me encanta **el** jugo de naranja.   *I love orange juice.*

Más práctica gramatical,
p. 252, Acts. 1–2

Cuaderno de gramática,
p. 62, Acts. 3–4

7 **Gramática en contexto**

Escribamos ¿Qué les gusta comer a las personas que conoces? Completa las oraciones usando el pronombre de objeto indirecto y la forma correcta del verbo **encantar.**

1. A mi abuela ▨▨▨▨ ▨▨▨▨ la piña y los mangos.

2. A mis padres ▨▨▨▨ ▨▨▨▨ los desayunos fuertes.

3. A mí ▨▨▨▨ ▨▨▨▨ las ensaladas.

4. A mis primos ▨▨▨▨ ▨▨▨▨ la comida italiana.

5. A ti ▨▨▨▨ ▨▨▨▨ el helado de chocolate, ¿no?

6. A mi amiga y a mí ▨▨▨▨ ▨▨▨▨ tomar un refresco con el almuerzo.

8 **Gramática en contexto**

Leamos/Escribamos Forma cuatro oraciones con los siguientes elementos. Usa las formas correctas de **gustar** o **encantar** con **me, te, le, nos** o **les**. Tus oraciones pueden ser negativas.

Modelo   **A mi amigo le gusta el pan dulce.**

A mí	A mi hermano/a
A nosotros/as	A mi amigo/a
A mis padres	

gustar
encantar

tomar el desayuno juntos/as	el jugo de toronja
los huevos	el pan dulce
tomar un café por la mañana	tomar leche
	el cereal

Para almorzar...

la limonada

un sándwich de jamón

la sopa de pollo

el perro caliente

el té frío con azúcar

CD-ROM **2**
DVD **2**

la lechuga

el arroz

la manzana

las uvas

las papitas

el atún   *tuna*
la crema de maní y la jalea   *peanut butter and jelly*
el queso   *cheese*
la sopa de legumbres   *vegetable soup*

Cuaderno de actividades, p. 88, Act. 7

Cuaderno de gramática, p. 63, Acts. 5–6

También se puede decir...

Las legumbres are also called **los vegetales** or **las verduras**. Other words for **un sándwich** are **una torta** (Mexico) and **un bocadillo** (Spain).

El cacahuete and **el cacahuate** are other words for **el maní**.

9 ¿Qué hay de comer?

Escribamos Prepara un menú para las siguientes comidas. Escribe las comidas y las bebidas apropiadas.

1. un desayuno fuerte
2. un almuerzo ligero
3. un desayuno ecuatoriano
4. un almuerzo vegetariano
5. un desayuno ligero

10 ¿Qué te gusta almorzar?

Escribamos Prepara una lista de comidas que puedes preparar con los siguientes ingredientes. Si necesitas más vocabulario, consulta la página R5.

1. queso
2. legumbres
3. pollo
4. atún
5. manzana
6. jamón

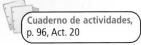

Nota cultural

Breakfast in Spanish-speaking countries is usually eaten around 7:00 or 8:00 A.M. People often eat **un panecillo** (a plain or sweet roll) and a piece of fresh fruit, such as **papaya** or **piña** (*pineapple*). **Café con leche** (mostly warm milk with a little strong coffee), or **chocolate** (*hot chocolate*) are often served for breakfast.

Cuaderno de actividades, p. 96, Act. 20

11 Preguntas

Hablemos Work with a partner. Pick three food items from the vocabulary or words you've learned before, but don't tell your partner what you've chosen. Using yes/no questions only, take turns trying to guess what your partner's choices are one by one.

o → ue stem-changing verbs

1. You've already learned about **e → ie** stem-changing verbs such as **querer**.

2. Another type of stem change is **o → ue**. **Almorzar** *(to eat lunch)* is an example; all forms have a stem-change except the **nosotros** and **vosotros** forms.

almuerzo	almorzamos
almuerzas	almorzáis
almuerza	almuerzan

> Cuaderno de actividades,
> p. 88, Act. 8

> Más práctica gramatical,
> p. 253, Acts. 3–4

3. Another **o → ue** stem-changing verb is **poder** *(can; to be able to)*.

No **puedo** estudiar contigo esta noche porque tengo que trabajar.

> Cuaderno de gramática,
> p. 64, Acts. 7–8

---

12 **¿Qué hay de comer?**

Escuchemos/Escribamos Listen as an Ecuadorean student asks about meals in the United States. Write the time her friend says he eats each meal in the U.S., and what he eats.

---

13 **Gramática en contexto**

Leamos/Escribamos Dos amigos almuerzan juntos por primera vez. Completa su conversación con las formas correctas de **almorzar** o **poder**.

—¡Qué lástima! Simón no ____1____ almorzar con nosotros hoy. En general, él y yo ____2____ juntos aquí los miércoles.

—Y los fines de semana, ¿a qué hora ____3____ Uds.?

—Nosotros siempre ____4____ a las dos de la tarde. ¿____5____ almorzar tú con Simón y conmigo este sábado a las dos?

—Este sábado yo no ____6____ porque tengo que trabajar. Tal vez otro día, ¿no?

—Sí, ¡cómo no!

---

14 **Horarios diferentes**

Escribamos/Hablemos Write three sentences saying at what time each member of your household eats breakfast and lunch. Give your partner 20 seconds to look at each sentence. Then read the sentences aloud without saying the person's name, and see if your partner can remember who it is you're talking about.

---

15 **Y ustedes, ¿qué almuerzan?**

Hablemos Working in groups of four, take turns asking each other at what time you have breakfast and lunch, and what you usually eat for each meal. Write what each person says. Then report on those who eat meals at the same time or have similar foods for breakfast and lunch.

Nota cultural

In many Spanish-speaking countries, the main meal—called simply **la comida**—is usually eaten around two o'clock. It is typically a heavier meal than lunch in the U.S. It consists of soup, meat, or fish with rice and vegetables, followed by dessert and coffee. A typical Ecuadorean dish is **cazuela de mariscos**, a casserole prepared in a clay pot with seafood and **maní**. For many people, it is traditional to have a rest, or **siesta**, after the **comida**, and then go back to work until late evening. What advantages can you see in eating the main meal early in the day?

¿Cuál es un plato típico de tu país?

There are as many different "typical" dishes in the Spanish-speaking world as there are countries and regions. In this chapter we asked people to tell us about the dishes typical to their areas.

Diana
Miami, Florida

"Un plato típico… plátanos maduros con bistec empanizado… Tiene un bistec que está cocinado en pan, un poco de arroz y unos plátanos que están coci-nados con azúcar".

Héctor
Valencia, Venezuela

"El pabellón. Es un plato que contiene arroz, cara-ota, carne mechada y tajada. Es el plato típico de Venezuela".

Juan Fernando
Quito, Ecuador

"El huevo frito con llapingachos y lechuga. Es uno de los platos más típicos que hay, que se inventó cuando vino la colonia española acá, ya que ellos no comían nada de lo preparado por los indígenas… Este plato lo comían los mineros en la época colonial. Llapingachos son tortillas de papa con queso".

Para pensar y hablar...

A. Do you think you would like the dishes that Diana, Héctor, and Juan Fernando describe? Which one would you most like to try? Which one least appeals to you? Why?

B. What characterizes a typical dish? List three things that could make a dish typical to a region. Then, using your list as a guide, answer the question **¿Cuál es un plato típico de tu país?** What would you suggest visitors try if they were in your area?

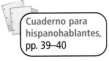

Cuaderno para hispanohablantes, pp. 39–40

Así se dice

Commenting on food

To find out how something tastes, ask:

¿Cómo está la sopa?
How is . . . ?

¿Y cómo están los frijoles?
And how do the beans taste?

¿Y cómo está el postre?
And how's the dessert?

Your friend might answer:

Está **deliciosa**. . . . *delicious.*
Está **fría** y **salada**. . . . *cold . . . salty.*
¡Está **caliente**! . . . *hot.*

Están muy **picantes** pero están **ricos**.
 . . . *spicy . . . delicious.*

¡Está muy dulce!
It's very sweet!

Nota gramatical

The verb **estar** is often used to talk about how specific things taste, look, or feel. **Ser,** which also means *to be*, is used to tell what something is like, or to talk about the general nature of things. Look at the two sentences below. Which one is a general statement, and which is a comment about a particular dish?

Los camarones son ricos.
Shrimp are delicious.
Los camarones están ricos.
The shrimp are (taste) delicious.

Cuaderno de actividades, p. 90, Act. 11

Cuaderno de gramática, p. 65, Acts. 9–10

Más práctica gramatical, p. 254, Acts. 5–6

16 Comentarios

Escuchemos/Escribamos Listen as some customers comment on the food at El Rincón, a restaurant. Write the food item each person mentions. Then, if the person likes the food, write **sí**. If not, write **no**.

17 Gramática en contexto

Leamos Look at the Calvin and Hobbes comic strip and the statements below. Indicate whether each statement describes the opinion of Calvin or Hobbes.

1. "Crispibombas de chocazúcar" es su cereal favorito.
2. Piensa que el cereal está demasiado dulce.
3. Piensa que el cereal no está bueno sin mucho azúcar.
4. Piensa que el cereal está delicioso.
5. Piensa que es difícil comer el cereal.

18 Gramática en contexto

Escribamos Write a short conversation between you and the person pictured in each drawing. Using the verb **estar,** first ask how the food tastes. Then write what the person would say as a response.

| Cristóbal | Leticia | Mariano | Gloria |

19 Gramática en contexto

Hablemos Work in pairs. Ask your partner to name a food with an unusual combination of qualities, such as **una sopa fría.** If your partner can name a food that fits in the category (such as **gazpacho,** a cold soup served in Spain), your partner wins a point. If you stump your partner, you win a point.

MODELO

—Una ensalada dulce.
—La ensalada de frutas
  es dulce.

comida	**cualidades**
sándwich	frío/a
sopa	picante
postre	dulce
ensalada	salado/a
¿?	caliente
	¿?

20 El menú del día

Hablemos/Escribamos Imagine that you're planning daily menus at a local restaurant. You need to create different specials for the Monday through Friday lunch rushes. Be creative and come up with five tantalizing lunch specials. For additional food-related vocabulary, see page R5.

Nota gramatical

Do you remember the **tener** idioms in Chapter 7? Two other **tener** idioms are **tener hambre** (to be hungry) and **tener sed** (to be thirsty). These are often used when talking about meals. Use the feminine form **mucha** with these expressions to mean very.

Tengo mucha sed, pero no **tengo mucha** hambre.

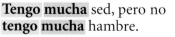
Cuaderno de gramática, p. 66, Acts. 11–12

Más práctica gramatical, pp. 254–255, Act. 7

21 Gramática en contexto

Escuchemos/Escribamos Cuatro amigos están en un café popular. Escucha mientras hablan de lo que van a comer. Luego contesta estas preguntas.

1. ¿Quién quiere desayunar?
2. ¿Quién tiene sed?
3. ¿Quién no tiene hambre?
4. ¿Quién va a comer sopa?
5. ¿Qué hay para el desayuno?

22 Gramática en contexto

Escribamos Completa las siguientes oraciones con tus preferencias personales.

1. Cuando tengo hambre, prefiero comer...
2. Cuando tengo sed, prefiero tomar...
3. En el verano cuando hace mucho calor me gusta comer...
4. En el invierno cuando hace frío me gusta comer... y tomar...
5. No me gusta(n) para nada...

23 ¿Te gustaría almorzar conmigo?

Hablemos Inventa una conversación telefónica en que vas a invitar a tu compañero/a a almorzar contigo. Dile qué hay en el menú y a qué hora quieres ir. Si tu compañero/a acepta, decidan a qué hora van a ir. Si no acepta la invitación, pregúntale por qué no puede ir. ¡Sus explicaciones deben ser buenas!

¿Se te ha olvidado?
invitations
Consulta la página 208

24 ¿Qué vamos a almorzar?

Hablemos You and your partner from the previous activity are at a local restaurant for lunch. Get together with another pair and imagine that you have all run into each other there. Talk abut the menu, whether or not you are really hungry and thirsty, and what you will order.

Nota cultural

Two common dishes in the Andes mountains are **sancocho** (a thick stew-like soup made of green plantains and corn) and **carne colorada**, (beef that has been prepared with **achiote**, or annatto, which gives it a characteristic red color). These dishes, like most Ecuadorean cuisine, are not spicy. **Ají**, a spicy condiment made of tomatoes, onions, and hot, red chili peppers, is placed on most tables at mealtime for added flavor.

ají

sancocho

25 Mi restaurante favorito

Escribamos What is your favorite restaurant? Write a brief review of one of your favorite places to eat. You could choose a fast-food place or an elegant restaurant. Comment on the service and the kind of food they serve. For more food-related vocabulary, turn to page R5.

Vocabulario extra	
abierto/a	*open*
el ambiente	*atmosphere*
cerrado/a	*closed*
la especialidad	*specialty*
exquisito/a	*exquisite*
el plato del día	*daily special*

La comida de las Américas

The Italians had no tomatoes for their sauce and the Irish didn't even know what a potato was until Europeans arrived in the Americas. Before that, Europeans had never eaten these foods, or peanuts, pineapples, turkey, chocolate, and squash. These foods were brought to Europe by Spanish explorers. The exchange went both ways. Many fruits, such as apples, plums, oranges, and limes, were brought from Europe or Asia and planted as seedlings in the Americas.

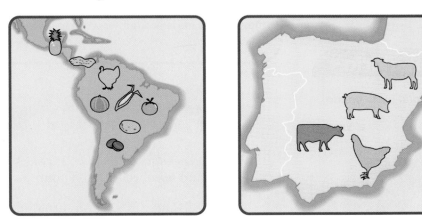

Para discutir...

1. Which of the foods that you usually eat are native to the Americas?
2. Consider this typical school cafeteria menu in the United States: turkey, mashed potatoes, creamed corn, sliced tomatoes, and chocolate pudding. Which could have been eaten by Europeans before Columbus landed in the Americas in 1492?
3. Think of dishes or meals that combine food from both the Americas and Europe, and list the American and European ingredients. Example: beef tacos — beef (Europe), corn and tomato (Americas).

Vamos a comprenderlo

Use the maps above to decide which of these foods could have been eaten by Native Americans and which by Spaniards before 1492.

french fries	**hot cocoa**	**cornbread**	**roast turkey**
bacon	**hamburger**	**pork chops**	**ketchup**
orange juice	**popcorn**	**corn chips**	**steak**
peanut butter	**apple pie**	**fried squash**	**ice cream**

Así se dice

Making polite requests

To ask the waitperson to bring you something, you might say:

Camarera, ¿nos puede traer el menú y unas servilletas, por favor?
Waitress, can you bring us the menu and some napkins, please?

Camarero, este plato está sucio. ¿Me puede traer un plato limpio?
Waiter, this plate is dirty. Can you bring me a clean plate?

¿Me trae un vaso de agua, **por favor?**
Will you bring me . . ., please?

También se puede decir...

Another word that you'll commonly hear in Mexico for **el camarero** or **la camarera** is **el mesero** or **la mesera**. Another word for **el menú** is **la carta**.

Vocabulario

Cuaderno de gramática, p. 67, Acts. 13–15

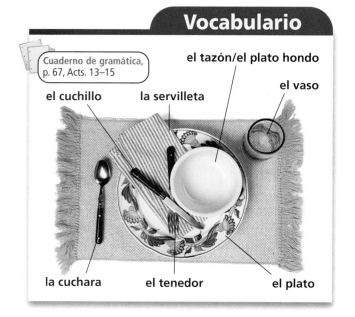

el tazón/el plato hondo
el vaso
el cuchillo
la servilleta
la cuchara
el tenedor
el plato

Nota gramatical

Otro means *other* or *another*. It agrees in gender and number with the noun it modifies.

otr**o** cuchill**o**   otr**a** servillet**a**
otr**os** plat**os**   otr**as** cuchar**as**

Cuaderno de gramática, p. 68, Acts. 16–17

Más práctica gramatical, p. 255, Act. 8

26 Gramática en contexto

Escribamos Look at the drawings and decide what each of the diners needs. Write a sentence in which each person asks the waitperson for what is needed.

1. los chicos

2. Claudia

3. Tanya

la bebida — *drink, beverage*
la carne — *meat*
la carne de res — *beef*

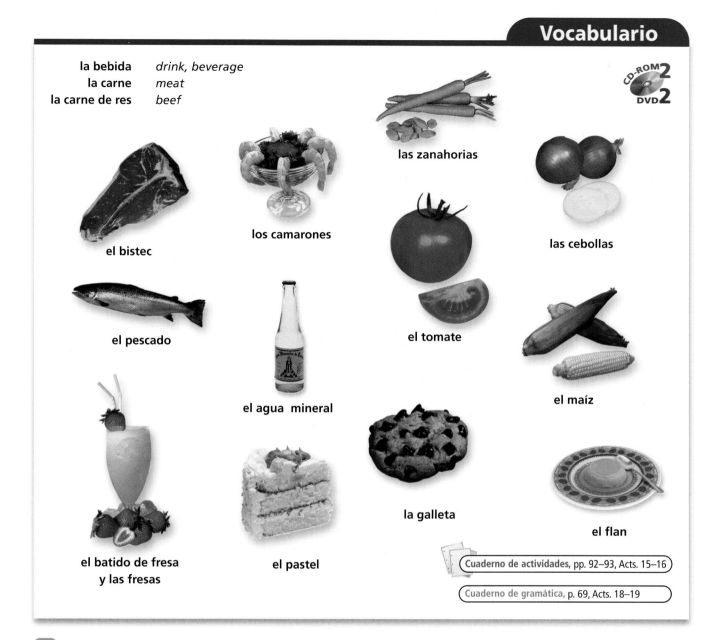

las zanahorias

los camarones

las cebollas

el bistec

el pescado

el tomate

el maíz

el agua mineral

la galleta

el flan

el batido de fresa
y las fresas

el pastel

Cuaderno de actividades, pp. 92–93, Acts. 15–16

Cuaderno de gramática, p. 69, Acts. 18–19

27 Y para comer...

Escribamos Nombra todo lo que necesitas para comer lo siguiente. Usa el vocabulario en la página 244.

1. el helado
2. las legumbres
3. la ensalada
4. el arroz
5. los huevos
6. la sopa

28 ¿Me trae...?

Escuchemos Imagine you're eating at Restaurante El Molino, a busy restaurant in Quito. Listen to these orders and decide whether each person is ordering breakfast, lunch, dinner, or dessert.

Nota cultural

In Spanish-speaking countries, **la cena** is a light meal, usually eaten around 8:00 P.M., sometimes as late as 10:00 P.M. (or even later) in Spain. People generally eat a snack (**una merienda**) around 5:00 P.M. In Ecuador, **la merienda** usually consists of tea or coffee with bread, or perhaps a bowl of soup.

Ordering dinner in a restaurant

To find out what a friend is going to order, ask:

¿Qué vas a pedir?
What are you going to order?

Your friend might say:

Voy a pedir los camarones.
I'm going to order . . .

The waitperson might ask:

¿Qué le puedo traer?
What can I bring you?

You might answer:

Yo quisiera el bistec.
I would like . . .

Cuaderno de
actividades,
p. 94, Act. 17

---

29 **¿Qué vas a pedir?**

Leamos/Escribamos Estás en un restaurante y el camarero va a tomar tu orden. Lee su parte del diálogo y completa tu parte pidiendo la comida. Usa el vocabulario que has aprendido. ¡No olvides ser cortés!

El camarero	Tú
Buenas tardes. ¿Qué le puedo traer?	Buenas tardes, pues, ___1___.
Excelente. La sopa del día es sopa de legumbres.	Muy bien, y ___2___.
¿Prefiere las zanahorias o el maíz?	Prefiero ___3___.
¿Quiere una ensalada?	Sí, ___4___.
Y para tomar, ¿qué le puedo traer?	Me gustaría ___5___.
¿Algo más?	___6___.

30 **¿Qué van a pedir Uds.?**

Escribamos/Hablemos Imagine that your favorite restaurant is offering you a day of free meals. Make a list of what you want to eat for breakfast, lunch, and dinner. Write when you want to eat each meal. Then ask your partners when they want to eat each meal, and what they're going to order. Decide which person has tastes most like yours.

Así se dice

Asking for and paying the bill in a restaurant

The waitperson may say:

¿Desean algo más?
Do you want anything else?

To ask the waitperson for the bill, say:

¿Nos puede traer la cuenta?
La cuenta, por favor.

To ask about the amount of the bill and the tip, say:

¿Cuánto es?
¿Está incluida la propina?
Is the tip included?

The waitperson might say:

Son veinte mil pesos.
No, no está incluida. **Es aparte.**
. . . It's separate.

Cuaderno de
actividades,
p. 94, Act. 18

How do you get the attention of the waitperson in a crowded restaurant? Do you raise your hand? Do you call out loud? What is considered rude in one place may be perfectly acceptable somewhere else. In many Spanish-speaking countries, it's considered rude to raise your voice in a crowded room. In Spain, for example, people make the sound *tch-tch* to get the waitperson's attention; in Costa Rica it's *pfft*. In Colombia people clap or raise their hands.

Vocabulario

Los números del 200 al 100.000

200	**doscientos/as**	700	**setecientos/as**	10.000	**diez mil**
300	**trescientos/as**	800	**ochocientos/as**	45.000	**cuarenta y cinco mil**
400	**cuatrocientos/as**	900	**novecientos/as**	80.000	**ochenta mil**
500	**quinientos/as**	1.000	**mil**	100.000	**cien mil**
600	**seiscientos/as**				

1. When numbers 200 to 900 modify a noun, they agree with the gender of the noun.

   seiscient**os** libr**os**   seiscient**as** cas**as**

2. Notice that in Spanish you can use a period instead of a comma when writing large numbers (one thousand or greater).

   15.216   23.006   1.800   47.811   9.433

Más práctica gramatical, p. 255, Act. 9

Cuaderno de gramática, p. 69, Acts. 20–21

---

31 ## ¿Cómo se dicen?

Hablemos ¿Cómo se dicen estos números en español?

1. 27.500
2. 3.609
3. 534
4. 94.800
5. 2.710
6. 615
7. 45.370
8. 8.112
9. 19.400
10. 100.000

32 ## ¿Cuánto es?

Escuchemos Look at the menu and listen to the following prices in pesos. Match the price mentioned with the correct item on the menu.

Platos del día

Ensalada mixta $2.000
Ceviche de camarón $4.250
Sancocho $3.500
Arroz con pollo $4.750
Plato Vegetariano $3.800

Bebidas

Gaseosas $850
Té helado $550

Postres

Helado de naranjilla $1.260
Canoa de frutas $2.230

33 En mi cuaderno

Escribamos Write a dialogue in which you and a friend are customers in a restaurant. One of you has 12,000 pesos and wants to treat the other to dinner. Using the menu from Activity 32, discuss everything you want to order and the price of each item you choose. Add up the prices and be sure you have enough money to pay for your meal before you order.

34 La cuenta, por favor

Hablemos Work with a partner. Use these receipts to role-play scenes in a restaurant. One will take the role of the customer and ask for the bill. The other will take the role of the waitperson and add up the receipt. Switch roles and repeat the scene with the second receipt.

ASADOR
—Castellano—
Secundino Mata Vázquez
D. N. I. 1.179.235

Lope de Vega, 27
Teléfono 429 76 13
28014 MADRID

N.º 0000705

Cantidad	CONCEPTO	Euros
1	MIXTA	3,37
1	JUDÍAS VERDES	3,91
1	SALMON	12,62
1	TORTILLA	3,31
2	PAN	2,40
1	AGUA	1,80
1	AGUA	1,80
1	BOMBON GLACE	3,31
1	CAFÉ	1,20
	TOTAL	

Fortín Salteño
Empanadas - Locro - Tamales
Postres Regionales
— DE —
ELSA DORA RODRIGUEZ

Av. CABILDO 4702 - Bs. As.   Pedidos al: 70-2413

Señor _____

Calle _____

DIA MES AÑO
◯◯◯
CONTADO

CANT.	DETALLE	PRECIO	IMPORTE
4	POLLO		19 00
2	PICANTES	6	2 00
2	LOCROS		2 00
2	TAMALES		2 00
2	tamal		4 00
1	TAMAL		2 00
1	L.T.		3 00
1	S		1 00
1	C.		1 00

ALEN 201

N.º 0982

TOTAL ▲

Nota cultural

tortilla española

In Spanish, as in English, a word can have more than one meaning. In Spain, a **tortilla** is a kind of omelet. The **tortilla española**, made of eggs, potatoes, onions, salt, and olive oil, is a popular dish for a light evening meal. In Mexico and Central America, a **tortilla** is made from cornmeal or flour, pressed into a flat round shape, and cooked on a griddle. These tortillas are the bread that goes with almost all meals. They are especially good when they're hot and fresh off the griddle.

Hablemos While spending the summer with a family in Miami, Florida, you get a job as a waitperson in an Ecuadorean restaurant. Two of your classmates are customers in your restaurant. Create a conversation that includes some small talk, a request for utensils and napkins, and information about dishes on the menu. The customers comment on the food while they are eating, and then ask you for the bill and pay it. Be prepared to present your scene to the class.

Nota cultural

Did you know that if you order fruit for dessert in Spain or Latin America, it will be served on a plate with a knife and fork? Instead of switching the hand holding the fork after cutting, Spaniards and Latin Americans usually keep the knife in the right hand and the fork in the left. You may have been taught to put your free hand in your lap, but people in other countries often feel it's more polite to keep both hands on the table throughout the meal.

SUGERENCIA

Learning a foreign language is like any other long-term project, such as getting into shape or taking up a new sport: it may take some time to see the results you want. Don't get discouraged, and remember that you can learn Spanish! Keep yourself motivated by setting short-term, realistic goals. A simple goal could be learning five additional words this week or reading an interesting-looking article in a Spanish-language magazine. Once you've learned more Spanish, you could make a goal of going to a store or restaurant in a Spanish-speaking part of town and doing some shopping or ordering a meal entirely in Spanish.

LETRA Y SONIDO

A. The letter **c** before the vowels **e** and **i** is pronounced like **s**, as in **centro**, **cielo**. Before the vowels **a**, **o**, and **u** the letter **c** is pronounced like the *k* in the English word *kitchen*.

carne   rico   cuchara   delicioso   cebolla   dulce   camarero

To spell the *k* sound of the word *kitchen* before the vowels **e** and **i**, use the letters **qu**.

que   química   saque   quien   quinientos   queso

The pattern is similar to the one you learned for when the letters **g** and **j** sound alike.

B. Dictado

Anita needs help with a cake recipe. Write what she says.

C. Trabalenguas

¿Quién quiere pastel de chocolate?

¿Cuánto queso cabe en la caja?

¿Cómo quiere que Queta conduzca el carro?

Sorbetes y batidos

Estrategia para leer

Many articles have a clear organization, showing that the author probably followed an outline. If you can find the organization of a text, it will be easier to understand the main ideas, and you will know where to look for certain details. In this selection, the bold print and larger print will help you see some of the text's organization.

¡A comenzar!

Before you read the article, read the title, introduction, and subtitles to find out what this article is about.

A. Which of the following best expresses the meaning of the title and subtitles?

1. Sorbets and milkshakes: Fruits, eggs, and milk make a healthy breakfast combination.
2. Milkshakes: Fruits and milk are very healthy when combined.
3. Sorbets and milkshakes: Fruits, ice, and milk can make a healthy and refreshing combination.

Al grano

B. The article "Sorbetes y batidos" is organized and easy to outline. Outlining is a great way to understand a reading, whether it be your social studies chapter or an article in Spanish like this one. On a piece of paper fill in the missing information.

por Bárbara Benavides

En junio, julio y agosto disfrutamos de unas combinaciones deliciosas, como los batidos y los sorbetes. Se puede combinar la leche, las frutas y un poco de hielo para producir una combinación refrescante.

Cuando hace mucho calor nos encantan siempre las bebidas frías. Una de las mejores maneras de disfrutar del verano es experimentar la increíble sensación de un buen refresco. Muchas veces tenemos ganas de tomar limonada o té helado o sólo agua fría. Pero a veces es más divertido preparar batidos y sorbetes.

Las frutas tropicales, como el plátano, la piña, la papaya y el mango, añaden un sabor exótico y son ideales para la creación de los batidos y los sorbetes. Existe una variedad enorme de frutas que se puede usar. También, tienen vitaminas y minerales importantes para la nutrición diaria.

LOS SORBETES

Sorbete de mango, pera y durazno (Sirve dos)

1 taza de pera
1 taza de mango
1 taza de durazno
2 vasos de jugo de naranja
1 taza de azúcar en polvo

Pele las frutas, quite las semillas y córtelas en pedacitos. Bata las frutas, el jugo de naranja y el azúcar en polvo en la licuadora. Ponga la mezcla en la sorbetera (máquina de hacer helado) o siga las instrucciones de la receta siguiente para hacer el sorbete en el congelador.

Sorbete de naranja (Sirve uno)

3 naranjas
1/2 limón
1/2 taza de azúcar en polvo

Exprima el limón y las naranjas. Agregue y disuelva bien el azúcar en polvo. Ponga los ingredientes en la sorbetera y siga las instrucciones para hacer el helado-sorbete. Si no tiene sorbetera, ponga la mezcla en las bandejitas del congelador. Cuando se formen cubitos de hielo, pase todo a la licuadora y haga un puré. Coloque en un recipiente de plástico y vuelva a congelar en seguida.

LOS BATIDOS

Los batidos se hacen con frutas combinadas con leche y hielo. Para darles una consistencia espesa, se necesita batir los ingredientes en una licuadora.

Batido de plátano con fresas (Sirve uno)
1/2 taza de plátanos
1/2 taza de fresas
1 vaso de leche
1/3 taza de hielo picado
azúcar al gusto

Mezcle en la licuadora y se sirve bien frío.

Batido de papaya (Sirve uno)
2 tazas de pulpa de papaya
1-1/2 taza de leche o agua
1/2 taza de azúcar
jugo de limón si se usa agua
hielo picado

Mezcle todos los ingredientes en la licuadora con leche o agua.

Batido de moras (Sirve uno)
1 vaso de leche
1 taza de moras (o fresas, frambuesas, o zarzamoras)
2 cucharadas de azúcar
hielo picado

Mezcle en la licuadora y se sirve bien frío.

Title: _____
Author: _____

I. **Introduction**
   A. **Frozen drinks are great in summer.**
   B. **Tropical fruits are ideal for these drinks.**

II. **Los sorbetes**
   A. _____
   B. _____

III. _____
   A. _____
   B. **Batido de papaya**
   C. _____

¿Te acuerdas?

Scan to find specific information. Make a list of what you're looking for, and look for key words as you scan.

C. You'd like your school cafeteria to offer some of these delicious items. Your cafeteria director agrees, but has a few questions.
   1. What kinds of fruits are recommended (according to the introduction)?
   2. How many servings does the "Batido de papaya" make?
   3. What fruit, other than oranges, is in the "Sorbete de naranja"?

D. ¡Ahora te toca a ti! Inventa una receta nueva para un batido o un sorbete. Si usas palabras y frases de estas recetas, puedes hacer todo en español.

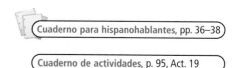

Cuaderno para hispanohablantes, pp. 36–38

Cuaderno de actividades, p. 95, Act. 19

Más práctica gramatical

CD-ROM **2**
DVD **2**

internet

MARCAR: go.hrw.com
PALABRA CLAVE:
WV3 ECUADOR-8

Primer paso Objective Talking about meals and food

1 ¿Qué les encanta a estas personas para el desayuno? Usa el pronombre del complemento indirecto y la forma correcta del verbo **encantar** en cada oración. (**p. 236**)

> **MODELO** Mari/pan tostado
> **A Mari le encanta el pan tostado.**

1. Félix/pan dulce
2. tú/huevos con tocino
3. yo/fruta
4. mis padres/café con leche
5. todos nosotros/jugo de naranja
6. Carolina/desayunos ligeros

2 You're planning what to serve at your party. Explain people's likes and dislikes, using the chart below and the verbs **encantar** and **gustar** in each sentence. (**p. 236**)

> **MODELO** Norberto
> **A Norberto le encantan las empanadas. No le gustan las ensaladas.**

	SÍ	NO
Norberto	las empanadas	las ensaladas
1. yo	el jugo	los refrescos
2. todos nosotros	el helado de chocolate	el helado de piña
3. Marcela	la comida china	la comida mexicana
4. Carolina y Esteban	los sándwiches	las hamburguesas

3 Decide what everyone is having for lunch. Use the subject pronoun, if needed; the correct form of **almorzar**; the correct indefinite article; and a food from the box in each sentence. (**p. 238**)

MODELO   **A Sonia le encantan los mangos, las uvas y los plátanos. Ella almuerza una ensalada de frutas.**

sopa de pollo   ensalada de frutas

                             ensalada

                hamburguesa

       pizza

sándwiches de crema de maní   tacos

1. A mí me encanta la comida italiana.
2. A Roberto y a Talía les encantan los sándwiches.
3. A Teodoro le encanta el pollo.
4. A ti te encanta la comida mexicana.
5. A nosotros nos encantan las legumbres.
6. A la profesora Benavides le encanta la carne *(meat)*.

4 Indica qué pueden preparar y comprar las siguientes personas para el picnic de la clase. Usa el verbo **poder** y la información en la lista de abajo. (**p. 238**)

MODELO   **Celia puede preparar las hamburguesas. Y puede comprar la limonada también.**

	PARA PREPARAR	PARA COMPRAR
Celia	**hamburguesas**	**limonada**
1. yo	ensalada de frutas	helado
2. Gilberto	sancocho	papitas
3. Ana y Gonzalo	empanadas	perros calientes
4. todos nosotros	sándwiches	refrescos

Segundo paso
Objective Commenting on food

5 Would you use **ser** or **estar** in the following situations? Indicate which verb is correct, then complete each statement or question by filling in each blank with the correct form of the verb. (**p. 240**)

1. to ask what sancocho is
   ¿Qué ══════ el sancocho?

2. to say what your favorite fruit is
   La piña ══════ mi fruta favorita.

3. to tell your aunt that the meal she prepared tastes great
   Tía, la comida ══════ deliciosa.

4. to describe the food you generally have at home
   La comida que preparamos en casa ══════ muy buena.

5. to tell your little brother to be careful because the soup is very hot
   ¡Cuidado! La sopa ══════ muy caliente.

6. to say that Ecuadorean food is not spicy
   La comida ecuatoriana no ══════ picante.

7. to compliment your family on your delicious birthday cake
   ¡El pastel ══════ muy rico!

6 Completa los comentarios de María, Hiroshi, Tomás y Roberto. Usa la forma correcta de **ser** o **estar**. (**p. 240**)

1. ¡Qué calientes ══════ las empanadas! Así me gustan.

2. El ají que prepara mi abuela siempre ══════ muy rico, y no ══════ muy picante.

3. El ají aquí ══════ bastante picante hoy, pero me gusta así.

4. ¡Mmm! La carne colorada ══════ deliciosa hoy. Hiroshi, ¿no quieres un poco?

5. Hiroshi, ¿cómo ══════ un desayuno típico en tu país?

6. Pienso que los desayunos norteamericanos ══════ más fuertes que los desayunos ecuatorianos.

7. Siempre tomo jugo para el desayuno. El jugo de piña ══════ muy rico.

8. El sancocho ══════ un poco salado, ¿verdad? ¿Quién quiere más agua?

7 Read what these people have to eat and drink, and then summarize each statement with the correct form of (**no**) **tener hambre** or (**no**) **tener sed**. (**p. 241**)

MODELO ¡Chen quiere comer sancocho, empanadas y carne colorada!
Tiene mucha hambre.

1. Hace mucho calor. Vamos a tomar un vaso de limonada grande.

2. Hoy Rafael almuerza sólo una manzana y un vaso de leche.

3. Después del partido de fútbol, Fabián come dos hamburguesas.

4. No quiero más jugo, gracias.

5. Mamá no quiere cenar esta noche. Está un poco enferma y necesita descansar.

6. Cuando regresamos a casa después de clases, siempre preparamos unos sándwiches de crema de maní muy grandes.

7. Fátima y Alonso no desayunan esta mañana.

8. Tomas mucha agua durante tu clase de ejercicios aeróbicos, ¿verdad?

Tercer paso

Objectives Making polite requests; ordering dinner in a restaurant; asking for and paying the bill in a restaurant

8 How would you ask the waiter to bring you and your family another of the following things? (**p. 244**)

MODELO yo/refresco
¿Me trae otro refresco, por favor?

1. nosotros/menú
2. nosotros/servilletas
3. yo/agua mineral
4. yo/cuchara

5. yo/plato
6. nosotros/vasos
7. yo/flan
8. yo/ensalada

9 Your friends from Colombia and Venezuela are explaining how much dishes cost at their favorite restaurants. Write what they say, spelling out all numbers. (**p. 247**)

MODELO arroz con pollo/5.300 pesos
El arroz con pollo cuesta *(costs)* **cinco mil trescientos pesos.**

En Colombia

1. ensalada mixta/1.750 pesos
2. empanadas de atún/3.200 pesos
3. sancocho/4.250 pesos
4. agua mineral/1.150 pesos
5. sopa de ajiaco/2.500 pesos

En Venezuela

6. pabellón/1.250 bolívares
7. carne colorada/1.325 bolívares
8. empanadas de papa y queso/ 950 bolívares
9. arroz con mariscos/1.630 bolívares
10. flan/575 bolívares

CD-ROM**2**
DVD**2**

internet

MARCAR: go.hrw.com
PALABRA CLAVE:
WV3 ECUADOR-8

1 Listen as Ángel talks about some foods he likes and doesn't like. On a piece of paper make two columns, one for foods he likes, and the other for foods he doesn't like. Write the foods Ángel mentions in the correct columns.

2 Quieres hacer **empanadas** y **ensalada** para la Fiesta Internacional de tu colegio. Lee las recetas y prepara la lista de ingredientes necesarios antes de ir de compras.

Ingredientes

ENSALADA MIXTA
Tiempo: 15 minutos
Raciones: 6-8
1a lechuga grande
4 tomates
1a taza de arroz cocido
100 g atún de lata
1/2 zanahoria rallada
1/2 cebolla

Se limpian las legumbres y se cortan en trozos. Se mezcla todo junto y se sirve con aceite, vinagre, sal y pimienta.

Ingredientes

EMPANADAS DE QUESO
Tiempo: una hora
500 g de masa de maíz
2 tazas de queso blanco
2 huevos

Se baten la masa y los huevos. Se rellenan con el queso, se cierran y se fríen.

3 In groups of three or four, plan—in Spanish—a menu for a holiday meal. Include a soup, beverage, main course with meat or fish, vegetables, salad, and a dessert. Remember to compromise! As items are suggested, say whether you like them a lot, a little, or not at all. Suggest alternatives using **Prefiero**... Choose a member of your group to write your holiday menu. Be prepared to share your menu with the class.

4 Contesta las siguientes preguntas. Basa tus respuestas en las **Notas culturales** y el **Panorama cultural** de este capítulo.

1. ¿Cuáles son dos platos típicos del Ecuador?

2. ¿Cómo se sirve la fruta en muchos restaurantes en Latinoamérica?

3. En los países hispanohablantes, ¿cuál es más fuerte, el almuerzo o la cena?

4. Describe un desayuno típico en un país hispanohablante.

5. ¿Qué es el bistec empanizado? ¿En dónde es un plato típico?

6. ¿Dónde se come el pabellón?

7. ¿Qué es el ají? ¿Se parece a algo que comes tú? ¿A qué?

8. ¿Cuáles son las diferencias entre la tortilla española y la tortilla mexicana?

Vamos a escribir

Imagine that you're going to open a restaurant. It can be an elegant restaurant, a 24-hour diner, or even a juice bar. You need to attract customers, so you want to create a display menu. List appetizers, entrées, beverages, and desserts, if appropriate. Also include some interesting details about each item, including the price.

Estrategia para escribir

Finding good details makes writing more interesting and lively. For example, menus and ads often have short phrases praising or describing each food entry, including its ingredients, flavors, and price. These details help customers decide what they want. To create your own menu, follow the steps below.

1. First, make a list of the items for your menu.
2. Describe each item. Use as many words and phrases to describe ingredients and flavors as you can.
3. Include the price for each item.

¡Batidos y más!

Especiales del día:

Batido de fresa y naranja
Este batido es un buen desayuno ligero $3.50

Batido de manzana y plátano
Refresca y tiene muchas vitaminas $3.00

6

Situación

Get together with two classmates and create an original scene for one of the following situations. Role-play your scene for the class.

A. You and a friend have just finished eating lunch. The waitperson asks you if you want anything else and suggests a dessert. You politely decline and ask for the check. The waitperson tells you how much you owe. You pay the check and leave a tip.

B. You and your family are out for a nice dinner, but everything is going wrong! The waitperson forgets to give you the menu, the silverware is dirty, and when the food comes, it's cold and doesn't taste good. Point out the problems and politely request the things you need. Be creative, but mind your manners!

Cuaderno para hispanohablantes, p. 40

Can you talk about meals and food? p. 235

1 How would you tell a classmate what your favorite breakfast foods are? How would you ask what he or she usually eats for breakfast? How would you tell a classmate what you eat for breakfast . . .?

1. on weekends
2. when you're very hungry
3. when you're in a big hurry
4. when someone takes you out for breakfast
5. on school days

2 How would you tell a classmate what you have for lunch and ask what he or she has for lunch?

Can you comment on food? p. 240

3 Look at the pictures below. Can you write a sentence describing how you think each dish tastes?

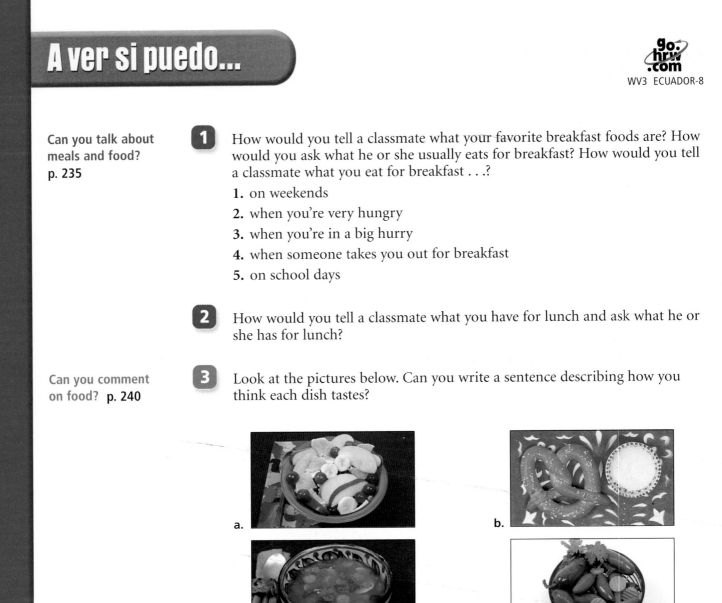

a.

b.

c.

d.

Can you make polite requests? p. 244

4 You're eating with your family in a restaurant in Ecuador, and you're the only one who speaks Spanish. How would you ask the waitperson . . .?

1. to bring forks and spoons for everyone
2. to bring you a napkin
3. to bring another menu
4. to bring you a clean glass

Can you order dinner in a restaurant? p. 246

5 Imagine you and a friend are at El Rancho Restaurant.

1. How would you ask your friend what he or she is going to order?
2. How would you tell the waitperson that you want to order a salad?

Can you ask for and pay the bill in a restaurant? p. 246

6 How would you ask the waitperson how much the meal is? How would you ask him or her to bring you the bill?

Primer paso

Talking about meals and food

almorzar (ue)	to eat lunch	las legumbres	vegetables
el arroz	rice	ligero/a	light
el atún	tuna	la limonada	lemonade
el azúcar	sugar	el mango	mango
el café con leche	coffee with milk	la manzana	apple
el cereal	cereal	el pan dulce	sweet rolls
la crema de maní	peanut butter	el pan tostado	toast
el desayuno	breakfast	la papaya	papaya
encantar	to really like, to love	las papitas	potato chips
		para nada	at all
fuerte	strong, heavy	el perro caliente	hot dog
los huevos	eggs	la piña	pineapple
la jalea	jelly	el plátano	banana
el jamón	ham	poder (ue)	to be able; can
el jugo de naranja	orange juice	el pollo	chicken
la lechuga	lettuce	Por lo general	I generally

tomo...	eat/drink . . .
¿Qué prefieres?	What do you prefer?
¿Qué tomas para...?	What do you eat for . . .?
el queso	cheese
el sándwich	sandwich
la sopa	soup
el té frío	iced tea
Tengo sed. ¿Qué hay para tomar?	I'm thirsty. What is there to drink?
el tocino	bacon
la toronja	grapefruit
las uvas	grapes
un vaso de leche	a glass of milk

Segundo paso

Commenting on food

caliente	hot	frío/a	cold	salado/a	salty
delicioso/a	delicious	picante	spicy	tener (mucha) hambre	to be (really) hungry
dulce	sweet	el postre	dessert	tener (mucha) sed	to be (really) thirsty
los frijoles	beans	rico/a	rich, delicious		

Tercer paso

Making polite requests

la camarera	waitress
el camarero	waiter
la cuchara	spoon
el cuchillo	knife
limpio/a	clean
¿Me puede traer...?	Can you bring me . . .?
el menú	menu
¿Nos puede traer...?	Can you bring us . . .?
otro/a	other, another
el plato	plate
el plato hondo	bowl
por favor	please
la servilleta	napkin
sucio/a	dirty
el tazón	bowl

Ordering dinner in a restaurant

el tenedor	fork
traer	to bring
el agua mineral	mineral water (fem.)
el batido	milkshake
la bebida	beverage, drink
el bistec	steak
los camarones	shrimp
la carne	meat
la carne de res	beef
la cebolla	onion
el flan	custard
la fresa	strawberry
la galleta	cookie
el maíz	corn
el pastel	cake
pedir (i)	to order, to ask for
el pescado	fish

¿Qué le puedo traer?	What can I bring you?
quisiera	I would like
el tomate	tomato
la zanahoria	carrot

Asking for and paying the bill in a restaurant

¿Cuánto es?	How much is it?
la cuenta	the bill
¿Desean algo más?	Would you like something else?
Es aparte.	It's separate.
¿Está incluida?	Is it included?
la propina	the tip

Numbers 200–100,000 See p. 247.

¡Ven conmigo a Texas!

Población: 20.851.820, de los cuales 6.669.666 son hispanos

Área: 266.807 millas cuadradas (691.030 km²)

Capital: Austin

Ciudades principales: Houston, Dallas, San Antonio, El Paso, Austin, Fort Worth

Clima: desde ligeramente templado en el noroeste hasta subtropical en la costa del sur

Economía: productos químicos, comestibles, equipos de transporte, equipos eléctricos, productos petroleros, computadoras, petróleo, gas natural, ganado, algodón, leche, frutas

Historia: Poblado por indígenas norteamericanos, entre ellos los Caddo, antes de la llegada del explorador español Álvarez de Piñeda en 1519. Primeras misiones españolas establecidas en 1682. Colonia francesa establecida en 1685. Independencia de España en 1821. Independencia de México en 1836. La República de Texas se hizo un estado de los Estados Unidos en 1845.

go.hrw.com
WV3 TEXAS

VIDEO

CD-ROM 3
DVD 2

El centro de San Antonio, Texas ▶

Texas

Texas fue por más tiempo parte de La Nueva España y de México que de los Estados Unidos. ¿Sabes que Texas fue una vez una nación independiente llamada la República de Texas? San Antonio es una de las ciudades más interesantes del mundo. Sus vínculos con México la hacen un lugar apasionante ahora que las economías de México y de los Estados Unidos son más interdependientes.

internet

go.hrw.com
MARCAR: go.hrw.com
PALABRA CLAVE:
WV3 TEXAS

1 Un paseo en bote
El Paseo del Río atrae a millones de visitantes a sus cafés, restaurantes y tiendas. Los visitantes pueden tomar paseos en lancha por los canales del río.

2 De compras y de fiesta
"El Mercado" es un lugar para divertirse todo el año. Su ambiente alegre incluye música tradicional mexicana, comida, arte y artesanías.

3 Un baile regional
La fiesta de San Antonio es una celebración multicultural que se festeja cada abril. Esta celebración de diez días incluye desfiles, bailes folklóricos y conciertos de música.

5 **Las misiones**

Las misiones españolas fueron la base de la ciudad de San Antonio. La majestuosa Misión Concepción se conserva igual desde hace 200 años.

4 **La Torre de las Américas**

Esta torre, que fue construida para la Feria Mundial de 1968, te da una vista panorámica de la ciudad de San Antonio. En un día claro, se pueden ver las colinas tejanas a 25 millas de distancia.

En los capítulos 9 y 10, vas a conocer a Eva, Lisa y Gaby, tres amigas que viven en San Antonio, Texas, una de las diez ciudades más grandes de los Estados Unidos. San Antonio es famosa por su mezcla de culturas con un ambiente predominantemente tejano y mexicano. Como verás, las personas que viven en Texas tienen muchas cosas que hacer y lugares que visitar.

6 **En familia**

Texas es hogar de muchos mexicoamericanos.

9

¡Vamos de compras!

Objectives

In this chapter you will learn to

Primer paso

- discuss gift suggestions
- ask for and give directions downtown

Segundo paso

- comment on clothes
- make comparisons

Tercer paso

- express preferences
- ask about prices and pay for something

🖅 internet

go.
hrw
.com

MARCAR: go.hrw.com
PALABRA CLAVE:
WV3 TEXAS-9

◀ **Pienso darle el sarape a mi hermana.**

DE ANTEMANO · ¿Qué le compramos a Héctor?

Eva   Lisa   Gabi

Estrategia para comprender

Eva's brother, Héctor, is graduating from high school. Eva, Lisa, and Gabi are downtown shopping for a graduation gift and doing some window shopping as well. Why do you think the girls will be surprised when each sees what the others have bought?

1

Lisa: Bueno, ¿qué le van a comprar a Héctor para su graduación?

Eva: No sé, tal vez unos discos compactos de Gloria Estefan.

Gabi: Me gustaría regalarle algo divertido.

Lisa: Gabi, ¡yo también quiero regalarle algo divertido.

Eva: ¿Por qué no le compran regalos divertidos las dos? Pero tenemos que encontrarlos hoy... ¡su fiesta de graduación es el viernes!

Lisa: ¿Quieren entrar en esta tienda de ropa? Para mirar, nada más. Y después, vamos a la papelería para comprarle a Héctor las tarjetas.

2

3

Eva: ¿Cuál prefieren, la blusa roja o la de rayas?

Gabi: Yo prefiero la roja. ¿Cuánto cuesta?

Eva: Uy, cuarenta dólares. Es cara.

Lisa: ¿Qué les parecen estos pantalones cortos?

Gabi: Eh... de verdad, Lisa, no me gustan para nada los cuadros.

Gabi: ¿Qué tal esta falda?
Eva: Es bonita.
Lisa: Y es de algodón...
Eva: Y sólo cuesta 12 dólares. ¡Qué barata!
Gabi: Sí, ¡es una ganga!

Lisa: Bueno, ¿qué le compramos a Héctor?
Eva: Uf... es difícil. No sé... le interesan los libros, ¿tal vez un libro? Hay una librería al lado de la zapatería.
Gabi: No, eso no, prefiero regalarle algo divertido.

Lisa: Vamos a ver quién le compra el regalo más divertido. ¿Por qué no vas a buscar algo, y yo voy también? Y nos vemos aquí en... ¿media hora?
Eva: Y yo voy a buscar algo también. Muy bien, hasta luego... aquí en media hora.

Primero Lisa...

...luego Gabi...

...y después Eva...

Pero, ¿qué hacen en la misma tienda?

Cuaderno de actividades, p. 97, Acts. 1–2

DE ANTEMANO

1 ¿Comprendes?

Contesta las preguntas. Acuérdate *(Remember)...* si no sabes, puedes adivinar.

1. ¿Para quién compran Eva, Lisa y Gabi los regalos?
2. ¿Por qué van a comprar los regalos?
3. ¿Adónde van primero? ¿Qué miran allí?
4. ¿Qué tipo de regalo quieren comprar Lisa y Gabi?
5. ¿Qué pasa cuando las chicas van solas a buscar sus regalos?

2 ¿Cierto o falso?

Indica si cada oración es cierta o falsa. Corrige las oraciones falsas.

1. Las chicas le compran regalos a Héctor.
2. Van a la zapatería para comprar tarjetas.
3. Gabi prefiere la blusa azul.
4. La falda es de algodón.
5. A Héctor no le interesan los libros.
6. Las chicas compran tres regalos diferentes.

3 ¿Cómo se dice?

Imagine that you're a friend of Héctor's. Find the phrases you could use . . .

1. to say you'd like to buy him something fun
2. to ask how much something costs
3. to say that something is made out of cotton
4. to ask "What should we buy him?"
5. to say he is interested in books

4 ¿Quién lo diría? *Who might say it?*

Identifica al personaje que dice algo similar a lo siguiente.

Eva

Lisa

Gabi

1. A Héctor le interesan los deportes—el fútbol, el basquetbol...
2. Me gustaría mirar la ropa en esta tienda.
3. Necesito unos nuevos pantalones cortos.
4. La falda no cuesta mucho—¡sólo veinte dólares!
5. La librería está cerca de la zapatería.

5 ¿Y tú?

Completa las siguientes oraciones con referencia a un amigo o una amiga.

1. Su fiesta de cumpleaños es...
2. Me gustaría comprarle...
3. No le gusta(n) para nada...

Así se dice

Discussing gift suggestions

To find out what gift a friend has in mind for someone, ask:

¿Qué piensas regalarle a tu hermano?
What are you planning on giving (as a gift) to . . .?

¿Para quién es el regalo?
Who is the gift for?

¿Qué tipo de regalo buscas?
What kind of gift are you looking for?

Your friend might answer:

Le voy a dar unas camisetas.
I'm going to give him some T-shirts.

El regalo **es para** mi novia.

Busco unos pantalones para mi primo.
I'm looking for some pants for my cousin.

Cuaderno de actividades, p. 98, Act. 3

6 Los regalos

Escuchemos/Escribamos Listen and take notes as Rodolfo tells you what his family members like. Then, answer the questions.

1. ¿Para quién son los carteles?
2. ¿Para quién es el perro?
3. ¿Para quién son los zapatos de tenis?
4. ¿Para quién es la radio?
5. ¿Para quién es la guitarra?
6. ¿Para quién son los videos?

También se puede decir...

In some Spanish-speaking countries you will also hear **los pendientes** or **los aros** for *earrings*. Other words for *wallet* include **la billetera**, which is used more widely. **Cartera** is used to mean *purse* in many countries. In Costa Rica, **los confites** is used for *candy*, and in Argentina and Cuba you will hear **los caramelos**.

Vocabulario

un disco compacto   unos aretes y un collar   una cartera   unas corbatas   unos dulces

unas flores   un juego de mesa   unos juguetes   una planta   una tarjeta

Cuaderno de gramática, p. 70, Acts. 1–2

Más práctica gramatical, p. 284, Acts. 1–2

7 Regalos para todos

Escribamos Using the gift items in the vocabulary list on page 269, write sentences telling what you'll buy these people. Base your choices on what they like.

1. A tu hermano le gusta jugar en casa.
2. A tu hermana le encantan las joyas *(jewelry)*.
3. A tu mejor amigo/a le gusta escuchar música.
4. A tu padre le gusta vestirse bien *(dress well)*.
5. A tus abuelos les encanta su jardín.
6. A tu profesor/a le encanta el chocolate.

¿Se te ha olvidado?

indirect object pronouns

Consulta la página 236

Gramática

Indirect object pronouns

Indirect objects tell *to whom* or *for whom* something is intended.

1. Indirect object pronouns either precede a conjugated verb or may be attached to an infinitive.
   Le quiero regalar algo divertido a Héctor.
   Quiero regalar**le** algo divertido a Héctor.
   I want to give something fun to Hector (to him).

2. **Le** can mean *to him, to her,* or *to you* (singular). **Les** can mean *to them* or *to you* (plural). To clarify **le** or **les**, you can add the phrase **a** + *pronoun* or **a** + *noun*.
   ¿Qué **le** compramos **a Héctor**?
   Les voy a regalar unos juguetes **a ellos**.

Más práctica gramatical, p. 284, Acts. 1–2 ➡️

Cuaderno de actividades, p. 98, Act. 4   Cuaderno de gramática, pp. 71–72, Acts. 3–5

---

8 Gramática en contexto

Leamos/Escribamos Completa el párrafo con **me, te, le, nos** o **les**.

¡Qué divertido ir de compras! A mi hermana Teresa ___1___ voy a regalar un collar y a mi hermano ___2___ doy una camiseta. A mamá y a papá ___3___ regalo un video de su película favorita. ___4___ voy a regalar aretes a mi abuelita y a mi abuelito ___5___ quiero regalar una corbata. ¿Qué crees que voy a regalar ___6___ a ti? ¡Es una sorpresa! ¿Qué crees que Roberto ___7___ va a regalar a mí? Mis papás ___8___ van a regalar boletos para el concierto a mí y a mi hermano. ¿Qué te parece?

9 Gramática en contexto

Hablemos Work in pairs. Decide which gifts each of you will give to the people listed in the last box. Be sure to include **le** or **les** in your sentences.

MODELO   **Le voy a regalar un disco compacto a mi hermano para su graduación.**

voy a	dar	unas flores	un juego de mesa	a mi hermano
quiero	regalar	un cartel	una planta	a mis padres
prefiero	comprar	una bicicleta	¿?	a mi hermana
				a mis amigos
				a mi abuelo
				a ¿?

Asking for and giving directions downtown

To find out where a shop is located, ask:

Perdón, ¿dónde está el almacén?
Excuse me, where is the department store?

¿Me puede decir dónde queda la joyería?
Can you tell me where the jewelry store is?

Some responses might be:

Está a dos cuadras de aquí.
It's two blocks from here.

Queda al lado de la zapatería.
It's next to the shoe store.

10 En las tiendas

Hablemos Working with a partner, look at the drawing of downtown Río Blanco and take turns asking and answering where each store is. Use **estar** + **lejos de**, **al lado de**, and **cerca de** in your sentences.

MODELO   **La zapatería está al lado de la dulcería.**

¿Te acuerdas?

You've already learned to say where someone or something is located using **estar** + *location*. If you've forgotten the prepositions of location, see page 119.

Cuaderno de gramática, p. 72, Act. 6

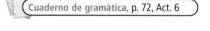
Vocabulario

Cuaderno de actividades, pp. 99–100, Acts. 5–6

Cuaderno de gramática, p. 73, Acts. 7–8

11 De compras

Escuchemos Where is Eva going to shop? Listen as she talks about what she's going to buy. Match each item with the correct store.

1. pastel		a.	Zapatería Monterrey
2. aretes		b.	Panadería El Molino
3. juego de mesa		c.	Joyería Central
4. sandalias		d.	Pastelería Río Grande
5. camisa		e.	Juguetería de San Antonio
6. plantas		f.	Florería Martínez
7. pan dulce		g.	Almacén Vargas

Nota cultural

Although people in the U.S. are likely to buy groceries in large supermarkets, many people in Spanish-speaking countries still shop at smaller stores that specialize in one kind of item, such as bread, meat, or vegetables. Shoppers in Madrid or Mexico City might go to a supermarket occasionally, but they would probably prefer to shop in smaller stores, buying only what is needed for a day or two at a time. That way the food in the kitchen is always fresh and a person has a chance to meet and chat with acquaintances in the neighborhood.

Cuaderno de actividades, p. 108, Act. 18

12 ¿Dónde está?

Hablemos Imagine that you and your partner are in Río Blanco with this shopping list. Using the drawing on page 271, take turns deciding where you have to go to buy each item.

MODELO
—Tengo que comprar un collar.
¿Sabes dónde está la joyería?
—Sí. Queda al lado de la zapatería.

collar
sandalias
flores
juguetes
zapatos de tenis
pan
galletas
corbata

13 Las tiendas

Escribamos/Hablemos Get together with two or three classmates and write a list of four items you buy frequently, such as clothing, food, compact discs, and books. Then ask each other for the names of stores in your city or town where you can buy the different items you've listed. Include where the stores are located. Be sure to take notes and be ready to report to the class.

14 Amigos y familiares

Escribamos Indica la edad de las personas y lo que les gusta y no les gusta hacer. Escoge un regalo para cada una.

1. your best friend
2. three family members
3. an elderly person you know

PANORAMA CULTURAL

¿Estás a la moda?

Hispanic teens usually try to look as fashionable as they possibly can. Much of what is popular in the United States is also in style in Spain and Latin America. But what counts is quality, not quantity. Here are some comments from teenagers about what is usually **de moda** *(in style)* for parties and what's definitely not.

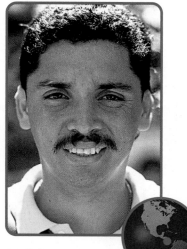

Pablo
San Vito, Costa Rica

"A como amerite, si es en el campo, vamos de esport, y si es algo ya normal nos ponemos traje... Claro que sí, [estar a la moda] es andar en la actualidad con todos, ¿verdad? No quedarse atrás".

Gisela
Caracas, Venezuela

"Depende de la fiesta, pero una fiesta de mis amigos normalmente como estoy ahorita, ¿no? Un vestido, blue jeans... No es tan importante [estar a la moda], es más la ropa que me guste, más que la moda. No toda la moda me queda bien".

Soledad
Madrid, España

"Yo cuando voy a una fiesta me pongo un vestido... Lo importante es uno mismo, y uno mismo nunca pasará de moda".

Para pensar y hablar...

A. In small groups, discuss what is fashionable. Make a list of the things that one group member is wearing and present it to the group.

B. With a classmate, suggest five reasons why people should or should not be concerned about being in style.

Cuaderno para hispanohablantes, pp. 44–45

Así se dice

Commenting on clothes

To find out what someone is going to wear, ask:

¿Qué ropa vas a llevar a la fiesta?
What are you going to wear . . .?

¿No tienes algo más formal?
Don't you have something more formal?

Your friend might say:

¡Lo de siempre! Una camiseta con bluejeans.
The usual!

Sí, pero **prefiero llevar ropa cómoda.**
. . . I prefer to wear comfortable clothes.

Vocabulario

una camisa blanca

una blusa amarilla

una chaqueta gris

unas botas negras

un traje de baño morado

una camiseta blanca

unos bluejeans

una falda parda

un traje de baño rojo

unos pantalones cortos anaranjados

unos calcetines azules

unas sandalias pardas

Cuaderno de gramática, p. 74, Acts. 9–10

Más práctica gramatical, p. 285, Act. 3

15 ¿Qué necesitas llevar?

Escuchemos Listen as various people talk about clothing they need for certain occasions. Choose an event for which the clothing would be appropriate.

Eventos: un baile, clases, jugar al tenis, ir a la piscina, trabajar en la oficina

16 Mis preferencias

Escribamos Completa las oraciones con tus preferencias personales.

1. Cuando hace calor, me gusta llevar...
2. En el invierno, cuando hace mucho frío, llevo...
3. Cuando voy al colegio, en general llevo...
4. Cuando salgo con mis amigos, llevo...
5. Cuando voy a una fiesta, me gusta llevar...
6. Me gusta jugar a los deportes. En general llevo...
7. Voy a ir a un picnic. Voy a llevar...
8. En la primavera, me encanta llevar...
9. Tan pronto como tenga el dinero (*As soon as I have the money*), voy a comprar...

17 ¿Cómo es su ropa?

Hablemos Work with a partner. Describe the clothing someone in your class is wearing. See if your partner can guess whom you're describing.

18 El fin de semana

Hablemos Working in pairs, tell your partner three or four places you'll be going this weekend. Then take turns suggesting what each of you should wear.

MODELO

—Voy al cine y al centro comercial.
—Para ir al cine debes llevar bluejeans y una camiseta.

Nota gramatical

In earlier lessons you've used **ser** to describe people and things and to tell where someone is from. The formula **es/son** + **de** + *material* or *pattern* is used to tell what something is made of.

El suéter es de lana.
¿Son de cuero tus botas?

Cuaderno de gramática, p. 75, Acts. 11–12

Más práctica gramatical, p. 285, Act. 4

Vocabulario

un vestido de algodón

una chaqueta

un traje de seda

un suéter de lana

unos pantalones largos

un cinturón de cuero

unos zapatos

de rayas

de cuadros

Más práctica gramatical, p. 285, Acts. 3–4

Cuaderno de actividades, p. 101, Acts. 7–8

SEGUNDO PASO

doscientos setenta y cinco   **275**

24 ¿Cómo son?

Escuchemos/Escribamos Look at the drawings. Listen and match what you hear to the correct pair of items. When you're finished, write sentences to compare each pair of items using the adjectives you've learned.

a.   b.   c.   d.

25 Regalos y más regalos

Escribamos You need to buy gifts for your family and friends. Look at the catalog page and decide what to buy for each person. Be sure to say what each person needs. Use comparisons in deciding upon which item to buy.

MODELO   Mi hermana necesita ropa nueva. Quiero comprarle una blusa porque es más barata que un vestido. Los vestidos son caros.

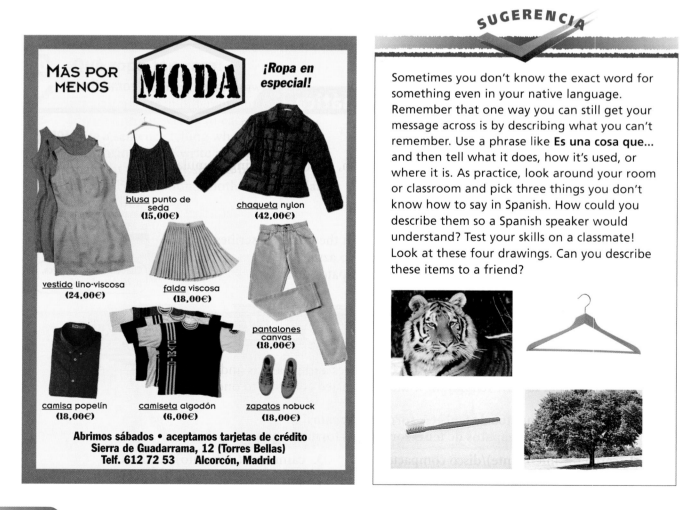

MÁS POR MENOS **MODA** **¡Ropa en especial!**

blusa punto de seda **(15,00€)**

chaqueta nylon **(42,00€)**

vestido lino-viscosa **(24,00€)**

falda viscosa **(18,00€)**

pantalones canvas **(18,00€)**

camisa popelín **(18,00€)**

camiseta algodón **(6,00€)**

zapatos nobuck **(18,00€)**

Abrimos sábados • aceptamos tarjetas de crédito
Sierra de Guadarrama, 12 (Torres Bellas)
Telf. 612 72 53   Alcorcón, Madrid

SUGERENCIA

Sometimes you don't know the exact word for something even in your native language. Remember that one way you can still get your message across is by describing what you can't remember. Use a phrase like **Es una cosa que...** and then tell what it does, how it's used, or where it is. As practice, look around your room or classroom and pick three things you don't know how to say in Spanish. How could you describe them so a Spanish speaker would understand? Test your skills on a classmate! Look at these four drawings. Can you describe these items to a friend?

Así se dice

Expressing preferences

Más práctica gramatical, p. 286, Act. 6 →

To find out which item a friend prefers, ask:

¿Cuál de estos trajes prefieres?
Which of these suits do you prefer?

¿Qué camisa te gusta más? ¿La verde o la amarilla? *Which shirt do you like more? The green one or the yellow one?*

Your friend might say:

Prefiero el azul.
I prefer the blue one.

La verde. **Además, te queda muy bien.**
Besides, it fits you very well.

Nota gramatical

Demonstrative adjectives point out people and things. Like other adjectives, they agree in gender and number with the noun they modify.

MASCULINE

este vestido   **estos** vestidos
this . . .   *these . . .*
ese vestido   **esos** vestidos
that . . .   *those . . .*

FEMININE

esta falda   **estas** faldas
esa falda   **esas** faldas

Cuaderno de gramática, p. 77, Acts. 15–16

Más práctica gramatical, p. 287, Act. 7 →

Cuaderno de actividades, pp. 104–105, Acts. 11–13

26 Gramática en contexto

Escribamos Alicia y su hermana Mónica están de compras. Escribe los comentarios de Alicia.

MODELO blusa/feo
—Oye, Mónica. Esta blusa es fea, ¿no?

1. camisa/caro
2. botas/feo
3. suéter/pequeño
4. zapatos/barato
5. falda/grande
6. cinturón/bonito
7. chaqueta/barato
8. vestido/caro

27 Gramática en contexto

Hablemos Now it's Mónica's turn! Work with a partner. Using your sentences from Activity 26, take turns giving Mónica's responses to Alicia's comments.

MODELO —Oye, Mónica. Esta blusa es fea, ¿no?
—No, Alicia, esa blusa no es fea. Es bonita.

28 Preferencias

Hablemos Work in groups of three. Look at the pictures of clothing throughout this chapter. What are your tastes in clothing? Tell which items you like and don't like. Use demonstrative adjectives when giving your opinion.

Asking about prices and paying for something

To ask how much one item costs, say:

¿Cuánto cuesta esta chaqueta?
How much does . . . cost?

Some responses might be:

Cuesta 90 dólares.

Más práctica gramatical,
p. 287, Act. 8

To ask how much two or more items
cost, say:

¿Cuánto cuestan...?
How much do . . . cost?

Cuestan 30 euros.

Cuaderno de gramática,
p. 78, Acts. 17–18

---

29 **¡Qué caro!**

Escuchemos Listen to conversations between a clerk and some customers. Write the name, price, and color of the items mentioned.

Vocabulario

¡Es un robo!	*It's a rip-off!*
¡Qué barato!	*How cheap!*
¡Qué caro!	*How expensive!*
¡Qué ganga!	*What a bargain!*

Cuaderno de gramática,
p. 78, Act. 19

Nota cultural

Have you ever wondered what kind of money is used in other countries? Sometimes currency is named after a person: Colón, Balboa, Bolívar, Sucre.

Argentina el peso	**Guatemala** el quetzal
Colombia el peso	**México** el nuevo peso
Costa Rica el colón	**Panamá** el balboa
Ecuador el dólar	**Puerto Rico** el dólar
estadounidense	**Venezuela** el bolívar
(antes del 2000,	
el sucre)	

España el euro (antes del 2002 la peseta)

During the 1980s, the countries of the European Union, including Spain, made a commitment to use a single currency: the **euro**. Since 1999, banks, companies, and stock markets have been trading in **euros**. Spaniards were able to use both **pesetas** and **euros** until 2002. Now the **euro** is Spain's only currency. Bills are issued in 5, 10, 20, 50, 100, 200, and 500 **euro** denominations. **Euro** coins have a common symbol on one face, and unique symbols representing each country on the other. The **euro** is intended to strengthen Europe economically. It also makes it easier for countries around the world to do business with the European Union. Can you think of some ways it might affect travel, tourism, and banking if several countries in the Western Hemisphere decided to use a common currency? What might such a currency be called?

Cuaderno de actividades,
p. 108, Act. 17

30 **¡Qué precios!**

Escribamos Complete various shoppers' comments with the correct demonstrative adjective, **cuesta** or **cuestan**, and the most logical expression from the **Vocabulario**.

1. ===== blusas de nylon ===== ochenta y cinco dólares. ¡Qué =====!
2. ===== chaqueta de cuero ===== diez dólares. ¡Qué =====!
3. ===== bluejeans ===== doscientos dólares. ¡Es =====!
4. ===== vestido de algodón ===== noventa y ocho dólares. ¡Qué =====!
5. ===== pantalones ===== dieciocho dólares. ¡Qué =====!
6. ===== traje de seda ===== seiscientos dólares. ¡Es =====!

31 **Del colegio al trabajo**

Hablemos With a partner, role-play a conversation between a customer and a store clerk. The customer should ask about the material, colors, and prices of two items of clothing, and the clerk should answer. The customer and clerk then discuss how the items fit, their cost, and which one the customer will buy.

32 **En mi cuaderno**

Escribamos Write a dialogue in which you are a clerk who tries to talk a customer out of buying clothing that doesn't match. Convince the customer that the colors and patterns don't look good together, and that the clothes are out of fashion. Then, compare the customer's choices with clothing that does look good.

> ### A lo nuestro
>
> To tell a friend he or she looks good today, you can say **¡Qué bien te ves!** or **¡Qué guapo/a estás!** *(You look great!)*. To compliment someone on an outfit, say **Estás a la última** *(You're stylish)*. To say something doesn't match, say **No hace juego**.

LETRA Y SONIDO

A. 1. s: The letter **s** in Spanish is pronounced like the *s* in the English word *pass*.

    camiseta   flores   pastelería   gris   suéter   seda

2. z: In Latin America, the letter **z** is also pronounced like the *s* in the English word *pass*.

    azul   zapatos   zanahoria   zarzuela   zapatería

However, in Spain, the letter **z** is pronounced much like the *th* in the English word *think*.

3. c: In Latin America, the letter **c** before the vowels **e** and **i** is also pronounced like an *s*.

    almacén   dulces   dulcería   calcetines   cinturón

In Spain, the letter **c** before the vowels **e** and **i** is also pronounced like the *th* in English.

B. Dictado

Selena wants to go to the store for some gifts. Write everything she says.

C. Trabalenguas

La señora Sánchez sazona la sopa con sal y sasafrás.
César y Cecilia cocinan cinco cebollas con cilantro a las once.

San Antonio

Estrategia para leer

Scanning for specific information means looking for one thing at a time, without concerning yourself with the rest of the information. Some examples of scanning are looking up the spelling of a word in a dictionary or hunting through the TV listing to see what time a certain show comes on.

¡A comenzar!

Let's look at the pictures and subtitles in this brochure about San Antonio.

A. Using pictures only, determine which of these topics are addressed in the article.

1. sports
2. a zoo
3. eating
4. police protection
5. shopping
6. nightclubs
7. holiday activities
8. a river near the city
9. an old Spanish building

B. Suppose you're in a hurry and don't have time to read every section. Look only at subtitles to determine where you could read about the following. Write the appropriate subtitle.

1. where the good shopping is
2. the river that runs through the city
3. churches
4. where to have dinner
5. what to do on holidays

San Antonio

ofrece generosas porciones de su vida cosmopolita, incluyendo finos restaurantes, vida nocturna, deportes profesionales y bellas artes. Nuestros grupos étnicos añaden su propio sabor.

Restaurantes.

Nuestra herencia multicultural hace posible que usted pueda escoger entre muchos restaurantes, desde parrilladas de estilo tejano y picantes platillos mexicanos hasta la cocina continental, oriental y "alta americana".

Compras.

¿Listo para ir de compras? Tome un taxi acuático al refrescante centro comercial al lado del Paseo del Río. Encuentre tesoros deslumbrantes en los centros comerciales de la ciudad. Disfrute de las artesanías de La Villita y El Mercado.

Río San Antonio.

Absorba las vistas de nuestro Paseo del Río, con sus tiendas, galerías y cafés al aire libre. Es una gran introducción al encanto y romance de nuestra ciudad.

Las Misiones.

Parte del sistema de parques nacionales es el conjunto más completo de misiones españolas en los Estados Unidos. Cada una de las cuatro misiones hermanas del Álamo tiene una historia fascinante que contar. No deje de asistir a la Misa de los Mariachis los domingos en la Misión San José. Es un recuerdo inolvidable.

Festivales.

En abril hay desfiles y fiestas en la calle. En febrero tenemos la Muestra Ganadera y el Rodeo. En agosto, se celebra la herencia multicultural de Texas en el Festival "Texas Folklife".

Al grano

From the pictures and subtitles you got a general overview of this article about San Antonio. You know what areas are mentioned, and you should be able to locate important details very quickly.

C. Imagine that you work for the San Antonio Chamber of Commerce. Answer the tourists' questions, using the information in the brochure. You already know where to look for the answers, but you will have to read the descriptions thoroughly to find out the details.

1. Are there any Chinese or Japanese restaurants in town?
2. The riverfront shopping district is surrounded by water. How do I get there?
3. What's the name of the river-front area that has stores, galleries, and cafés?
4. In which mission does the Mariachi Mass take place?
5. In what month does the **Muestra Ganadera** festival occur?

D. Además de responder a las preguntas, otra de tus tareas en la Cámara de Comercio es la de hacer itinerarios de muestra (*sample*) para los turistas. Crea tu propio folleto en el que describes tres cosas que se pueden hacer en San Antonio en un día. Las tres actividades deben basarse en la lectura.

Cuaderno para hispanohablantes, pp. 41–43

Cuaderno de actividades, p. 107, Act. 16

Más práctica gramatical

Primer paso   **Objectives** Discussing gift suggestions; asking for and giving directions downtown

1 Tu amigo Luis necesita escoger regalos para su familia. Sugiérele un regalo diferente para cada persona. (**pp. 269–270**)

MODELO   —A mi abuela le encanta leer.
—Debes regalarle una novela.

> cartel   aretes   disco compacto   dulces
> planta   novela
> cartera   juego de mesa
>   corbatas

1. A mi tía le encanta trabajar en el jardín.
2. A mi primo le gusta la música.
3. A mi hermano mayor le encanta la ropa elegante.
4. A mi hermanita le encanta jugar en casa.
5. A mi mamá le encantan las joyas.
6. A mi hermana le gusta el arte.
7. A mi primito le encanta comer.
8. A mi padre le gustan los regalos prácticos (*practical*).

2 Below is Manuela's gift list. Tell what she is planning to give everyone, using the indirect object pronoun **le** or **les** in each sentence. (**pp. 269–270**)

MODELO   **Su perro Max**
Piensa regalarle (Le piensa regalar) su comida favorita a su perro Max.

Max	su comida favorita
los abuelos	libro
el tío Fernando	corbata
Chela y Nuria	collares
mamá	planta
Micha	juguete
los primos	camisetas
papá	disco compacto

1. Sus abuelos
2. Su tío Fernando
3. Sus hermanas Chela y Nuria
4. Su mamá
5. Su gata Micha
6. Sus primos
7. Su papá

Segundo paso **Objectives** Commenting on clothes; making comparisons

3 Completa las oraciones lógicamente. Indica qué ropa lleva la gente en diferentes situaciones. (**pp. 274, 275**)

1. Cuando hace calor, prefiero llevar (un suéter/unos pantalones cortos).
2. Para ir a su clase de ejercicio, mi hermana lleva (sandalias/zapatos de tenis).
3. Cuando hace fresco, Juan Pablo lleva una (chaqueta/camiseta).
4. Para ir a esquiar, necesitamos llevar suéteres (de lana/de algodón).
5. Cuando voy al lago, llevo un traje (de baño/de seda).
6. Para ir a trabajar en el banco, papá lleva un (traje/vestido) muy elegante.
7. Cuando nieva, mamá prefiere llevar (sandalias/botas).
8. Para jugar al tenis, Rebeca necesita buscar sus (calcetines/cinturones) blancos.

4 Trabajas en la sección de ropa en un almacén. Explica a tus clientes de qué están hechos los siguientes artículos. (**p. 275**)

MODELO   **blusas/*silk***
Las blusas son de seda.

1. camisas/*cotton*
2. corbatas/*silk*
3. suéteres para niños/*wool*
4. trajes para señoras/*silk*
5. camisetas/*cotton*
6. cinturones/*leather*
7. suéteres para hombres/*cotton*
8. trajes para hombres/*wool*
9. botas/*leather*
10. vestidos/*cotton*

CD-ROM 3
DVD 2
WV3 TEXAS-9

5 You've just won a free room decoration from a local store. Decide what to get by comparing the things listed below. In each sentence, use the correct form of the adjective and a comparative expression: more . . . than (+), less . . . than (−), or as . . . as (=). (**p. 277**)

MODELO la lámpara negra/(+ grande)/la lámpara verde
La lámpara negra es más grande que la verde.

1. la alfombra azul/(+ bonito)/la alfombra parda
2. el televisor blanco/(= caro)/el televisor negro
3. los carteles de fútbol/(− interesante)/los carteles de animales
4. la radio azul/(+ pequeño)/la radio roja
5. el teléfono morado/(= feo)/el teléfono anaranjado
6. los peces/(− aburrido)/las plantas
7. la silla grande/(+ cómodo)/la silla pequeña

Tercer paso

Objectives Expressing preferences; asking about prices and paying for something

6 You're being interviewed by a fashion designer who wants to know about the latest trends in clothing. Complete your conversation by filling in each blank with the correct definite article: **el, la, los,** or **las**. (**p. 279**)

DISEÑADOR   ¿Qué camisa te gusta más?
Tú   Me gusta más ___**1**___ roja.
DISEÑADOR   Y, ¿qué pantalones prefieres, ___**2**___ de cuadros?
Tú   No, prefiero ___**3**___ de rayas.
DISEÑADOR   ¿Qué abrigo te gusta más?
Tú   Me gusta más ___**4**___ de cuero.
DISEÑADOR   Y para una fiesta, ¿qué zapatos prefieres ponerte?
Tú   Prefiero ponerme ___**5**___ negros, por supuesto.
DISEÑADOR   En tu opinión, ¿cuál es el color más popular? ¿___**6**___ amarillo?
Tú   No, el color más popular es ___**7**___ morado.

7 Le estás ayudando a Graciela a hacer la maleta para su viaje. Pregúntale qué ropa prefiere llevar. Usa adjetivos demostrativos en tus preguntas. (**p. 279**)

> **MODELO**   **falda negra/vestido azul**
> **¿Prefieres esta falda negra o ese vestido azul?**

1. camisa de algodón/blusa de seda
2. sandalias/zapatos de tenis
3. pantalones grises/bluejeans negros
4. camiseta de rayas/blusa morada
5. botas pardas/zapatos negros
6. pantalones cortos rojos/falda de rayas
7. suéter de algodón/camisa blanca

8 You're doing the inventory for a department store. Write how many of each item there are, and the price for each. Spell out all numbers. (**p. 280**)

> **MODELO**   **Hay setecientas sesenta camisetas. Cuestan doce dólares cada una.**

1. corbatas   5. vestidos
2. chaquetas   6. blusas
3. cinturones   7. faldas
4. trajes de baño

ROPA PARA CHICOS		
ARTÍCULO	CANTIDAD	PRECIO C/U
camisetas	760	$12.00
corbatas	312	$25.00
chaquetas	197	$58.00
cinturones	52	$21.00

ROPA PARA CHICAS		
ARTÍCULO	CANTIDAD	PRECIO C/U
trajes de baño	548	$62.00
vestidos	630	$88.00
blusas	329	$36.00
faldas	177	$49.00

CD-ROM 3
DVD 2

📶 internet

go.hrw.com

MARCAR: go.hrw.com
PALABRA CLAVE:
WV3 TEXAS-9

1 Listen as Sara and Ana talk about what Sara needs for the costume party (**fiesta de disfraces**). Choose the items she mentions. Not all will be used.

2 Marisa recibió muchos regalos maravillosos para su cumpleaños. Lee la carta de agradecimiento a sus abuelos y contesta las preguntas.

Queridos abuelo y abuelita,

Les escribo para decir que me encantan todos los regalos. Esta camisa azul de seda es más bonita que las otras camisas que tengo. ¡Y me encanta el disco compacto! Voy a regalarle el mismo disco compacto a mi amiga Gloria. Estas flores son increíbles. Me gustan mucho las rosas. ¡Qué bonitas! Y el cinturón de cuero me queda muy bien. Me gusta mucho. En fin, ustedes son super generosos. Muchísimas gracias por todo.

    Un abrazo muy fuerte,

    Marisa

1. Menciona tres regalos que los abuelos de Marisa le dan para su cumpleaños.
2. ¿Qué piensa hacer Marisa para su amiga Gloria?
3. ¿Qué le queda bien a Marisa?
4. ¿Qué tipo de flores tiene Marisa? ¿Le gustan las flores?
5. Describe la nueva camisa de Marisa.

3 Work in groups of three or four to discuss your tastes in clothing, where you prefer to shop, and which local stores have the best prices. Be sure to include colors, styles, and materials. Make a list for a new student of the best places to shop. Take notes and be prepared to present the information to the class.

4 Compare how teenagers in the United States feel about fashion compared with how teenagers in Spanish-speaking countries feel.

5 How would you tell a friend that you are going to give these items to various relatives for their birthdays?

a. mi papá   **b. mi hermana**   **c. mi tía**   **d. mis primos**

 6

Vamos a escribir

Your shop is having a big seasonal clothing sale. Write a newspaper advertisement announcing the sale. Include different clothing items, colors, materials, and prices, and think of a snappy introduction that will make people want to read your ad.

Estrategia **para escribir**

A snappy introduction will get your reader's attention immediately. You might begin with a question or exclamation to arouse the reader's curiosity. Another way to begin is by highlighting what you think is most important or interesting to your readers.

¡Qué barato! ¡Ponte a la moda! ¡Qué ganga!

1. First think of a name for your store. Then decide which adjectives or expressions you'll use to describe three or four pieces of clothing. Don't forget to mention the prices.

   MODELO   **Camisetas de algodón de muchos colores.**
                   Originalmente a $26.00 y ahora a $18.00.

2. Write the rest of the ad, using the descriptions you listed in Step 1. You might want to illustrate your ad with drawings or photos clipped from magazines.

7 # Situación

Create a store within your classroom. Gather materials to "sell," choose clerks, make signs and price tags, and set up a cashier's station. Then use the vocabulary and grammar from this chapter to "buy and sell" the merchandise.

(Cuaderno para hispanohablantes, p. 45)

Can you discuss gift suggestions? p. 269

 1 You and a friend are shopping for a birthday gift for your Spanish teacher. How would you ask your friend about what you should get for your teacher? How might he or she make a suggestion?

Can you ask for and give directions downtown? p. 271

2 You're at the supermarket on this map. Can you ask someone where the restaurant and the hospital are? How would he or she answer?

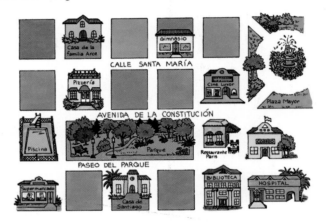

Can you comment on clothes? p. 274

3 How would you describe the clothes you're wearing right now? Describe the color, pattern, and material of each item.

Can you make comparisons? p. 277

4 How would you compare the two items in each drawing?

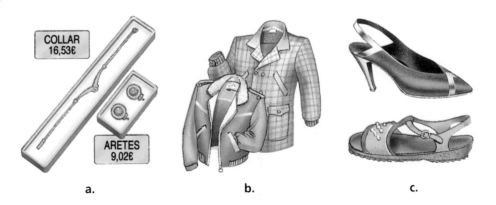

a. b. c.

Can you express preferences? p. 279

5 Look at the pictures in Activity 4. For each pair of items, tell which one you prefer and why.

Can you ask about prices and pay for something? p. 280

6 You're in a shopping center in Mexico and the salesclerk doesn't speak English. How would you ask the prices of the following items? How might the clerk answer?

a. a yellow cotton blouse
b. a silk tie

c. chocolate candies
d. a greeting card

Discussing gift suggestions

el arete	earring
buscar	to look for
la camiseta	T-shirt
la cartera	wallet
el collar	necklace
la corbata	tie
dar	to give
el disco compacto	compact disc
los dulces	candy
las flores	flowers
el juego de mesa	(board) game
los juguetes	toys
le	to/for her, him, you

les	to/for them, you (pl.)
me	to/for me
nos	to/for us
los pantalones	pants
¿Para quién...?	For whom . . .?
la planta	plant
regalar	to give (as a gift)
el regalo	gift
la tarjeta	greeting card
te	to/for you

Asking for and giving directions downtown

el almacén	department store
la cuadra	city block

la dulcería	candy store
la florería	flower shop
la joyería	jewelry store
la juguetería	toy store
¿Me puede decir...?	Can you tell me . . .?
la panadería	bakery
la pastelería	pastry shop; sweet shop
Perdón.	Excuse me.
el precio	price
quedar	to be (situated)
la tienda de comestibles	grocery store
la zapatería	shoe store

Segundo paso

Commenting on clothes

de algodón	(made of) cotton
amarillo/a	yellow
anaranjado/a	orange
blanco/a	white
los bluejeans	bluejeans
la blusa	blouse
las botas	boots
los calcetines	socks
la camisa	shirt
la chaqueta	jacket
el cinturón	belt
cómodo/a	comfortable
de cuadros	plaid
de cuero	(made of) leather
la falda	skirt

formal	formal
gris	gray
de lana	(made of) wool
largo	long
llevar	to wear
¡Lo de siempre!	The usual!
morado/a	purple
los pantalones cortos	shorts
pardo/a	brown
de rayas	striped
rojo/a	red
las sandalias	sandals
de seda	(made of) silk
el suéter	sweater

el traje	suit
el traje de baño	bathing suit
el vestido	dress
los zapatos	shoes

Making comparisons

barato/a	cheap
cuesta	costs
caro/a	expensive
más ... que	more . . . than
menos ... que	less . . . than
Son del mismo precio.	They're the same price.
tan ... como	as . . . as

Tercer paso

Expressing preferences

además	besides
esa, ese	that
esas, esos	those
esta, este	this
estas, estos	these
Te queda muy bien.	It fits you very well.

Asking about prices and paying for something

¿Cuánto cuesta...?	How much does . . . cost?
¿Cuánto cuestan...?	How much do . . . cost?

¡Es un robo!	It's a rip-off!
¡Qué barato!	How cheap!
¡Qué caro!	How expensive!
¡Qué ganga!	What a bargain!

10
Celebraciones

Objectives

In this chapter you will learn to

Primer paso

- talk about what you're doing right now
- ask for and give an opinion

Segundo paso

- ask for help and respond to requests
- tell a friend what to do

Tercer paso

- talk about past events

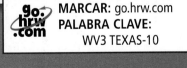

internet

go.
hrw
.com

MARCAR: go.hrw.com
PALABRA CLAVE:
WV3 TEXAS-10

◀ **Estamos celebrando la Fiesta del Cinco de Mayo.**

DE ANTEMANO · *¡Felicidades, Héctor!*

DVD VIDEO

Estrategia
para comprender
Lots of things are going on at once in the Villarreal house. They're getting ready for a really big celebration! Look at the photos to see what they're doing. Has something been forgotten?

Tío Tomás, Tía Marcela y Juan

Rebeca y Manuel

Eva　**Lisa**　**Gabi**　**Abuela**

1

Tía Marcela:	¡Tomás! Mira... ¿Qué te parece?
Tío Tomás:	Perfecto. Oye, Marcela, ¿dónde están los globos?
Tía Marcela:	No sé... pregúntale a Juan.
Tío Tomás:	¡Juan! ¿Tienes los globos?

2

Juan:	Aquí están.
Tío Tomás:	¿Me ayudas a inflar los globos?
Juan:	¡Claro que sí, papá! ¿Qué tal si usamos de todos los colores? Hay de violeta, rojo, azul, verde...

3

Manuel:	Sí, sí... el apellido es Villarreal, Manuel Villarreal... es un pastel para mi hijo Héctor... es para su graduación de la escuela secundaria... sí, de chocolate. Ah, muy bien. ¿Cómo? Mmmm... un momento... ¡Rebeca! Estoy hablando con un empleado de la pastelería. ¿Qué escribimos en el pastel?

4

Rebeca:	¿Cuántas palabras podemos escribir?
Manuel:	¿Cuántas palabras pueden escribir? Ajá... un momento, por favor. Es un pastel bastante grande. Pueden escribir muchas.
Rebeca:	Entonces, pon "¡Felicidades en el día de tu graduación, Héctor!"

5

Abuela: Eva, ¿me pasas las hojas? Gracias.

Eva: Preparar tamales es mucho trabajo, ¿no?

Abuela: Pero es la comida favorita de Héctor. Generalmente, sólo preparamos muchos tamales en diciembre para la Navidad. Es una tradición de la cultura mexicana.

6

Lisa: ¿Hay tradiciones mexicanas para otros días festivos también?

Abuela: Claro que sí, hay muchas. Durante las Pascuas, sobre todo en Semana Santa, hay desfiles... el Día de la Independencia, que es el 16 de septiembre, hay fuegos artificiales. Pero mi día festivo favorito es el Día de los Muertos. Me acuerdo de un año en particular...

7

Eva: ¿Qué hiciste, Abuela?

Abuela: Pues, lo de siempre. Mi mamá preparó comida para llevar a la tumba de la familia. Yo ayudé también. Ese año, yo compré comida en la pequeña tienda cerca de la casa. Pero pasó algo especial...

8

Tío Tomás: Manuel... ¡Manuel! ¿Qué son éstos, hermano?

Manuel: ¿Mmmm? Ah... son las invitaciones.

9

Manuel: ¿Las invitaciones? ¡No mandé las invitaciones!

Cuaderno de actividades, p. 109, Acts. 1–2

1 ¿Comprendes?

¿Comprendes lo que pasa en la fotonovela? Contesta las preguntas. Si no estás seguro/a, adivina.

1. ¿Quiénes son las personas en la fotonovela?
2. ¿Qué tipo de fiesta preparan? ¿Para quién es la fiesta?
3. ¿A quién llama Manuel? ¿Por qué?
4. ¿Qué hacen Eva, Lisa y Gabi? ¿Quién les ayuda?
5. ¿Qué descubre Manuel al final?
6. ¿Qué crees que Manuel debe hacer en esta situación?

2 Ordena las oraciones

Con base en la fotonovela, pon estas oraciones en el orden correcto.

Manuel Villarreal llama a la pastelería.	Tía Marcela ayuda con las decoraciones.	Abuela Dolores explica unas tradiciones mexicanas.	Juan y su papá inflan los globos.	Tío Tomás pregunta sobre las invitaciones.
a.	b.	c.	d.	e.

3 ¿Cómo dirías?

If you were having a party, what words and phrases from the **fotonovela** might you use . . .?

1. to ask for help with the balloons
2. to say that you didn't send the invitations
3. to tell the bakery to put "Congratulations" on the cake
4. to ask someone what they think of the music
5. to say "I'm talking with the bakery"

4 Una fiesta bien organizada

Aquí tienes una lista de cosas necesarias para una fiesta de cumpleaños. Pregúntale a tu compañero/a quién va a hacer estos preparativos.

comprar la comida	mandar las invitaciones
preparar la comida	comprar el pastel
inflar los globos	comprar un regalo

5 ¿Y tú?

Nombra (*Name*) una cosa que corresponde a cada categoría.

1. un plato tradicional de los días de fiesta
2. un baile típico de tu cultura
3. la celebración más importante de tu vida
4. la fiesta que más le gusta a tu familia

Nota cultural

The fifteenth birthday for many Hispanic girls is a coming-of-age celebration with a party at home. This party is called **una fiesta de quinceañera** and can range from a small, informal gathering to a large party resembling a wedding celebration. In most cases a local **conjunto** (*group of musicians*) plays. It is customary for the **padrino** or **madrina** to present the honoree with a special gift.

Vocabulario

Los días festivos

CD-ROM 3
DVD 2

la Nochevieja y
el Año Nuevo

la Nochebuena y
la Navidad

las Pascuas

el Día de los
Enamorados

el Día de Acción
de Gracias

el Día de las Madres

el Día del Padre

el Día de la
Independencia

Cuaderno de gramática, p. 79, Act. 1

Más práctica gramatical,
p. 314, Act. 1

6 Los días de fiesta

Escribamos Choose four holidays from the
list above. List at least four things you associate
with each holiday. For additional words
and phrases you might want to use, see
page R5.

MODELO   el Día de la Independencia
en los Estados Unidos: Un
picnic con la familia, el
béisbol, el mes de julio,
hace mucho calor...

A lo nuestro

Feliz (happy) turns up in many expressions used
during holidays and celebrations. On your birthday,
a friend will say **Feliz cumpleaños. Feliz Navidad**
means *Merry Christmas.* What do you think **Feliz
Año Nuevo** and **Feliz aniversario** mean? To
congratulate someone, you say **Felicidades** or
Te felicito.

7 ¡De fiesta!

 Escuchemos You'll hear four conversations, each about a different holiday. Match each conversation with the most appropriate greeting card.

a.

b.

c.

d.

 **Nota cultural**

In small towns and cities throughout the Spanish-speaking world, there are special celebrations for all kinds of occasions. You've already learned that in Spanish-speaking countries many people celebrate not only their birthday, but also their **Día del santo.** Many cities and countries have saints' days which they often celebrate as holidays. Spain's patron saint, for example, is Santiago. July 25 is the Feast of Santiago and is an important holiday in Spain. Since Juan Carlos, the king of Spain, has his saint's day on June 24, **el Día de San Juan** is a national holiday.

Cuaderno de actividades, p. 120, Act. 19

8 ¿Cuál es tu día festivo favorito?

Hablemos Pregúntale a un/a compañero/a sobre sus días festivos favoritos y qué hace para celebrarlos. Hay preguntas en el cuadro para ayudarte a comenzar.

¿Miras un partido en la televisión?

¿Con quién(es) pasas el día?　　¿Adónde vas?

¿Comes algo en especial?

¿Cantas o bailas?

Así se dice

Talking about what you're doing right now

To find out what someone is doing right now, ask:

Lisa, **¿qué estás haciendo?**
　. . . *what are you doing?*

¿Y tu hermano?

¿Todos **están decorando** la casa?
　Are you all decorating . . .?

He or she might say:

Estoy colgando las decoraciones.
　I'm hanging the decorations.

Él **está limpiando** la sala.
　He is cleaning . . .

Sí, **estamos decorando** la casa.
　. . . *we are decorating . . .*

Present progressive

The *present progressive* is used to talk about what's happening right now. Use **estar** + the *present participle* of the verb.

- For -**ar** verbs, add -**ando** to the stem:
  Estoy bailando.   No **están cantando.**

- For -**er** and -**ir** verbs, add -**iendo** to the stem:
  ¿Qué **están comiendo** Uds.?   Enrique **está escribiendo** las invitaciones.

- If the stem ends in a vowel, the -**iendo** changes to -**yendo**:
  ¿**Estás leyendo** el periódico?

Más práctica gramatical, pp. 314–315, Acts. 2–3

Cuaderno de gramática, pp. 80–81, Acts. 2–6

9 Un día especial

 Escuchemos What are these people doing right now? Listen to Guadalupe's statements and match the person or persons with the correct picture.

1. Sarita
2. Guadalupe
3. Roberto
4. Rosita
5. Teresa y Mauricio
6. Julia

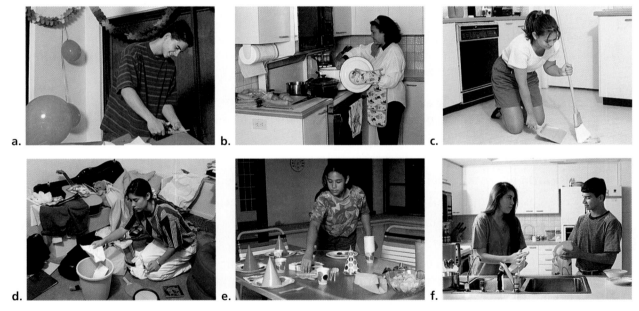

a.   b.   c.

d.   e.   f.

10 Gramática en contexto

Hablemos Pregúntale a tu compañero/a qué están haciendo tres de las personas en las fotos en la Actividad 9. Después, contesta las preguntas de tu compañero/a sobre las otras tres personas en las fotos.

11 Gramática en contexto

 Escribamos Write a short paragraph about what each person in Activity 9 is doing. Give a different reason why each person is doing what he or she is doing to get ready for the party.

MODELO   **A Julia le encanta limpiar todo.**
             Por eso ella está limpiando la cocina.

12 Todos están ocupados

Hablemos Work in pairs. Imagine that one of your friends calls while you and your family are in the middle of getting ready for a big celebration. Your friend wants to know what you're doing to prepare for it. Take turns asking and answering questions about what's going on and what each person is doing to help.

Así se dice

Asking for and giving an opinion

To find out what a friend thinks about something, ask:

Your friend might say:

¿Crees que hay **bastante** comida para la fiesta?
Do you think that . . . enough . . .?

Creo que sí.
Creo que no.

¿Qué te parece si llamamos a Eva?
How do you feel about . . .?

Me parece bien.
Perfecto.
Buena idea.

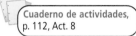
Cuaderno de actividades, p. 112, Act. 8

13 Compramos regalos

Leamos/Hablemos Tú y tu compañero/a van a comprar regalos de cumpleaños para varios amigos. Lee las oraciones y piensa en un buen regalo. Den sugerencias y expresen sus reacciones a cada sugerencia. Intercambien papeles.

MODELO   A Teresa le encanta la música.
— ¿Qué te parece si le regalamos un disco compacto a Teresa?
— Me parece bien.

1. A Carolina le gusta mucho el arte.
2. A Ricardo le encanta cocinar.
3. A Marcos le gustan todos los deportes.
4. A Patricia le encantan las joyas.
5. A Malena le gusta leer.
6. A Ángela le encanta sacar fotos.

14 Y tú, ¿qué crees?

Hablemos Pregúntale a tu compañero/a qué piensa de los días festivos. Pregúntale por qué algunos le gustan y otros no. Después, contesta las preguntas de tu compañero/a. Usa **Creo que es..., Me parece...** y **porque...** en las respuestas.

15 ¡Vamos a la fiesta!

Hablemos Work with two or three classmates to plan a celebration for a holiday of your choice. Plan who will attend, the food you would like to serve, and what kinds of activities there will be. When your partners say what they want to do, give your opinion. Appoint a spokesperson to report your plans to the class. Use **Nos parece** to tell about an opinion you all have.

16 Una celebración diferente

Escribamos Having a celebration doesn't necessarily mean having a party. Choose a holiday or event you would like to add to the calendar. Write two paragraphs in Spanish explaining why and how we should celebrate it.

PANORAMA CULTURAL

¿Qué hacen ustedes para celebrar?

Festivals are a very important part of life in Spanish-speaking countries. Often the whole community participates. Here is how some people celebrate.

Sra. Pardo
La Coruña, España

"Es la fiesta de la Virgen del Rosario. Es una fiesta eminentemente religiosa. Bueno, la música tradicional es,… hay bailes típicos gallegos, como la muñeira y luego canciones, música popular gallega de origen celta fundamentalmente..."

Angélica
Caracas, Venezuela

"El 5 de julio se celebra la batalla de Carabobo. Eso se celebra en Los Próceres, que es un parque que queda cerca... Todos los militares salen a desfilar, sale la armada, la aviación, el ejército y la guardia. Eso fue por... la independencia de Carabobo, del estado de Carabobo".

Verónica
San Antonio, Texas

"El 16 de septiembre significa la independencia de México... En Laredo tenemos como un baile... o tenemos una celebración... Si México no hubiera ganado su independencia de España, nunca estuviéramos nosotros aquí, los hispanos, aquí donde estamos hoy".

Para pensar y hablar...

A. Are any of the holidays mentioned by the interviewees similar to holidays you're familiar with? Which ones? How are they similar? How are they different?

B. Choose your favorite holiday and write a description in Spanish of the way you usually celebrate it. Then find out how a classmate celebrates the same holiday. Are there any differences? If so, what might explain them?

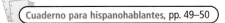
Cuaderno para hispanohablantes, pp. 49–50

Así se dice

Asking for help and responding to requests

To ask for help, say:

¿Me haces el favor de llamar a Gabi?
Can you do me the favor of . . .?

¿Me ayudas a decorar la sala?

¿Me traes una silla, por favor?

¿Me pasas el helado?

To agree to help, say:

Claro que sí.

Cómo no.

¡Con mucho gusto! *Sure!*

Un momentito. *Just a second.*

To politely refuse to help, say:

Lo siento, pero en este momento estoy ocupado/a.
I'm sorry, but right now . . .

Perdóname, pero no puedo.
Excuse me, but . . .

Más práctica gramatical, p. 315, Act. 4

Cuaderno de actividades, p. 113, Act. 9

Vocabulario

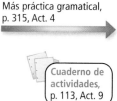

inflar los globos
llamar a los invitados

colgar las decoraciones
decorar la casa

mandar las invitaciones

recibir regalos
abrir los regalos

Cuaderno de gramática, p. 82, Acts. 7–8

17 Las fiestas

Escribamos Read the following scenarios and look at the drawings above. How would each person ask you to help with what he or she is doing? How would you respond?

1. Jorge needs help blowing up balloons.
2. Rebeca doesn't have time to mail out the invitations.
3. Sonia needs help decorating the house.
4. Grandmother wants you to open some of her gifts.
5. Consuelo wants help calling the guests.

18 ¿Me ayudas?

Escuchemos Listen as various people help each other get ready for the upcoming party. For each request, decide if the response given is logical (**sí**) or illogical (**no**).

1. Sí, cómo no. Él canta y baila también.

2. Sí. ¿Necesitas algo más?

3. Todos te ayudamos, Hilda.

4. Sí. ¿Dónde pongo los globos?

5. Creo que todos van a traer música.

6. En este momento no puedo, pero más tarde, sí, te ayudo con los sándwiches.

7. Sí. ¿Dónde está? ¿En el centro?

19 ¿Necesitas ayuda?

Escribamos Look at the drawings of Fernando getting ready for his party tonight. He forgot to do a lot of things, and now he needs some help. Create mini-conversations for each picture. Fernando asks for assistance and the other person agrees or refuses to help. Be creative!

a.

b.

c.

d.

20 ¿Me puedes ayudar?

Escribamos Imagina que vas a dar una fiesta en tu casa la semana que viene. Haz una lista de seis preguntas, solicitando ayuda con los preparativos. Incluye preguntas sobre la comida, las decoraciones y las invitaciones.

21 ¡Claro que sí!

Hablemos Now get together with a partner and ask for help with the preparations on your list from Activity 20. Your partner agrees to help, politely refuses, or suggests someone else who can do the job. Take turns asking questions.

Así se dice

Telling a friend what to do

To tell a friend what to do, say:

Prepara la ensalada y **limpia** la cocina, **¿quieres?**
Prepare . . . clean . . . will you?

Por favor, **decora** la sala y **llama** a los invitados.
. . . decorate . . . call . . .

Your friend might say:

De acuerdo. *Agreed.*

Está bien. *OK.*

Nota gramatical

Informal commands are used with people you would address as **tú**.
To state an informal command in Spanish, take the second person singular of the verb and drop the **-s**.
For example:

cantas minus **s** = **canta** *(sing!)*

Several command forms are irregular and should be memorized because they don't follow a single pattern. A few of these are:

haz	*do, make!*	**pon**	*put, place!*
ve	*go!*	**ven**	*come!*
vete	*go away!*		

Cuaderno de actividades, pp. 114–115, Acts. 10–12

Cuaderno de gramática, pp. 83–84, Acts. 9–12

Más práctica gramatical, p. 316, Act. 5

---

22 **Preparativos**

Escuchemos Listen as several people call the Villarreal house to ask what they can do to help with the preparations for Héctor's graduation party. Match each person with the correct task.

1. Gustavo
2. Soledad
3. Cristóbal
4. Verónica
5. Nicolás
6. Gloria

a. trae unos discos
b. ve al supermercado
c. prepara la ensalada
d. compra los globos
e. saca las fotos
f. trae unos refrescos

---

23 **Gramática en contexto**

Escribamos Imagine that you're at Héctor's graduation party and Mr. Villarreal wants everyone to have a good time. How would he tell each person to do the following things?

1. María/sacar unas fotos del grupo
2. Guillermo/comer más tamales
3. Mercedes/bailar con Héctor
4. Gabi/cantar canciones populares
5. Eva/tocar la guitarra para Gabi
6. Lisa/poner la música

Gramática en contexto

Hablemos You're having a party and your partner is helping you get ready. You've already done some of the preparations, but you still have some things left to do. Take turns telling each other to do the items left on the list. Don't forget to be polite!

comprar los refrescos
preparar la comida

decorar la sala
inflar los globos

limpiar la sala
llamar a nuestros amigos

25 Antes...

Escribamos ¡Qué fiesta! Ya es hora de limpiar todo el desorden de la fiesta de anoche. Mira el dibujo y prepara una lista de todas las cosas que hay que hacer para poner la casa en orden.

26 ...y después

Hablemos Work with a partner. Using the lists you made in Activity 25, take turns telling your partner what he or she can do to help you get the house together. Don't forget—you also promised your parents that you would wash the clothes, walk the dog, and cut the grass!

¿Se te ha olvidado?
chores
Consulta la página 185

SUGERENCIA

When you learn new material, add what you're learning to what you already know, and think about how to use it in a conversation. For example, instead of just making a list of informal commands (like **haz, ven,** and **pon**), put them into a context by thinking of sentences that go with each one (like **¡Haz la tarea!, ¡Ven conmigo!,** and **¡Pon la mesa!**). When you learn a new word, make up sentences about your own life for each of the new vocabulary items.

Encuentro cultural

¿Cómo se celebra una boda?

GUADALUPE	¿Quieres ir conmigo esta tarde? Mi hermana Clara y su novio, Simón, se van a casar.
CHARLIE	¿Hoy?
GUADALUPE	Sí, la ceremonia no dura mucho tiempo. Estoy segura de que tenemos suficiente tiempo para ir al museo.
CHARLIE	Pero, tus padres están en Nueva York, ¿no? ¿No van a asistir a la boda?
GUADALUPE	¡Claro que sí! Regresan el jueves antes de la boda.
CHARLIE	Pero... la boda es hoy, ¿verdad?
GUADALUPE	Sí, pero es la ceremonia civil, nada más.
CHARLIE	Entonces, ¿la boda es el domingo? ¡No entiendo!

Para discutir...

1. Why does Charlie seem so surprised that Guadalupe's sister is getting married today without her parents being present?

2. Why are Clara and Simón having two different wedding ceremonies?

Vamos a comprenderlo

In Latin American countries, many couples participate in two ceremonies. For most, the civil ceremony is just a formality, similar to getting a marriage license. The religious ceremony is the important one for the family and the one after which all the festivities occur. Although the civil ceremony is fully legal and binding, family and friends often don't consider the couple married until after the ceremony in church.

Así se dice

Talking about past events

To find out what a friend did, ask:

¿Qué hiciste anoche en la fiesta?
What did you do last night . . .?

¿Qué hizo Kathy **ayer?**
What did . . . do yesterday?

¿Lo pasaron bien la semana pasada?
Did you have a good time last week?

Your friend might answer:

Bailé un poco y **hablé** con Lisa.
I danced . . . I talked . . .

Cantó unas canciones.   *She sang . . .*

Sí, **lo pasamos bien.**

Vocabulario

anteayer	*day before yesterday*
el año pasado	*last year*
el sábado pasado	*last Saturday*
el verano pasado	*last summer*

Cuaderno de actividades, p. 118, Act. 17

Cuaderno de gramática, p. 86, Acts. 16–17

Nota gramatical

Use the preterite tense to talk about events completed sometime in the past. The preterite endings for **trabajar,** a regular **-ar** verb, are:

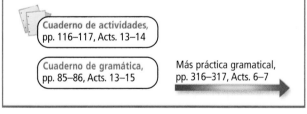

trabaj**é**	trabaj**amos**
trabaj**aste**	trabaj**asteis**
trabaj**ó**	trabaj**aron**

Notice the accent marks and how they affect pronunciation in the **yo** and the **él/ella/usted** forms.

Cuaderno de actividades, pp. 116–117, Acts. 13–14

Cuaderno de gramática, pp. 85–86, Acts. 13–15

Más práctica gramatical, pp. 316–317, Acts. 6–7

27 **Gramática en contexto**

Leamos/Escribamos ¿Qué crees tú que hizo o no hizo cada persona según el contexto? Sigue el modelo.

Modelo Raúl no tiene mucha hambre a la hora del desayuno. (tomar helado, cenar tarde)
Probablemente tomó helado y cenó tarde anoche.

1. La casa de Pilar está muy limpia. (pasar la aspiradora, limpiar la cocina, lavar los platos)

2. La comida para la fiesta de Luis está lista. (comprar los ingredientes, cocinar la comida, preparar los platos)

3. Liliana no sabe los resultados del gran partido de fútbol. (mirar el partido, escuchar la radio, hablar con sus amigos)

4. Federico sabe todas las respuestas para el examen de hoy. (mirar la televisión, estudiar mucho, hablar por teléfono con amigos)

5. Marta y Patricia están muy cansadas hoy. (caminar mucho, trabajar muy tarde, regresar a casa tarde)

6. Bernardo está aburrido con sus vacaciones este verano. (viajar a Santo Domingo, nadar, esquiar en el agua)

La fiesta de Abby

Escuchemos Abby's party was great! Listen as she tells her parents about what some of her friends did at her party last night. Match the name(s) of the person(s) to the correct drawing.

a.

b.

c.

d.

e.

f.

g.

h.

1. Raquel y Gloria	**4.** Pablo	**7.** Andrés y Valerie
2. Kerry y Shoji	**5.** Patricia	**8.** Francisco
3. Bárbara y Miguel	**6.** Gracie y Kim	

29 **La semana pasada**

Hablemos Trabaja con un compañero o una compañera. Pregúntale si hizo las siguientes actividades la semana pasada. Incluye dónde, en qué día y con quién las hizo. Luego, contesta sus preguntas.

1. hablar por teléfono	**6.** estudiar
2. nadar	**7.** montar en bicicleta
3. escuchar música	**8.** mirar la televisión
4. caminar con el perro	**9.** desayunar
5. tomar helado	**10.** trabajar

30 **¿Qué hicieron todos?**

Escribamos Imagina que tú y tus amigos pasaron un día magnífico en el campo. Escribe un párrafo sobre las cosas divertidas que todos hicieron allí, contestando las siguientes preguntas. ¡Sé creativo/a!

1. ¿A qué hora llegaron?
2. ¿Quiénes montaron a caballo?
3. ¿Nadaron todos?
4. ¿Quién pescó?
5. ¿Quiénes jugaron al voleibol?
6. ¿Quién no hizo nada?

31 ¿Qué pasó aquí?

Escribamos Look at the two drawings. What makes the room look so different? Describe at least five changes that family members made.

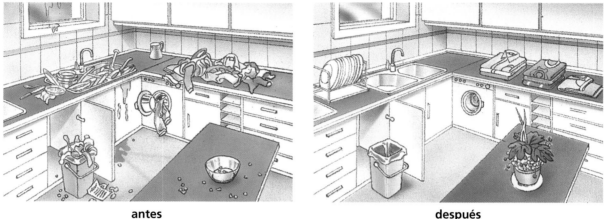

antes   después

32 ¿Quién hizo qué?

Escribamos Mira los dibujos de arriba. Indica qué hizo cada miembro de la familia para ayudar a limpiar.

1. tú
2. tú y tu hermana
3. la abuela
4. los padres

33 Las piñatas

Leamos/Hablemos Después de leer el artículo sobre las piñatas, trabaja con un compañero o una compañera y contesta las preguntas.

1. Según el artículo, ¿quién introdujo *(introduced)* las piñatas a Europa?
2. ¿Quiénes las usaron en las Américas?
3. Para ellos, ¿qué significado espiritual tenían *(had)* las piñatas?
4. ¿Con qué se rellenan *(are filled)* las piñatas? ¿Qué es "la trampa" de las piñatas?
5. ¿Cómo se rompen *(are broken)* las piñatas?
6. ¿Participas tú en alguna celebración con piñatas? Describe esa fiesta.

Se cree que fue Marco Polo quien llevó las piñatas del Oriente a Italia en el siglo XIII. En las Américas las piñatas se usaron para motivar a la gente a ir a las ceremonias religiosas. Los frailes españoles les enseñaron a los indígenas mexicanos el cristianismo usando las piñatas como símbolo de las tres virtudes cristianas: la fe porque vamos con los ojos vendados, la espe-ranza porque miramos al cielo y la caridad porque rompemos el pecado y alcanzamos los regalos que deseamos.

Hoy en día las piñatas no tienen ningún significado religioso y se usan en todo tipo de fiesta. Las piñatas clásicas tienen forma de estrellas, animales, frutas y flores; se llenan de frutas o dulces aunque también existen las piñatas "trampas",

rellenas de harina o confeti. Las personas que van a romper la piñata deben tener cubiertos los ojos, dar vueltas y luego intentar romperla con un palo.

Nota gramatical

Just as we use subject pronouns to avoid repetition of names, we can use *direct object pronouns* to refer to someone or something already mentioned. The singular forms of these pronouns are:

lo   *him, it, you (formal)*
la   *her, it, you (formal)*

The pronoun agrees in gender with the noun replaced and comes right before the verb.

Sarita compró **el regalo** ayer.
Sarita **lo** compró ayer.

Daniel, ¿lavaste **la ropa** anoche?
Sí, ya **la** lavé anoche.

Cuaderno de actividades, pp. 117–118, Act. 16

Cuaderno de gramática, pp. 87–88, Acts. 18–21

Más práctica gramatical, p. 317, Act. 8

---

34 Gramática en contexto

Hablemos Take turns asking each other if you do these activities during the week. Include when and how often you do each activity. Use the correct direct object pronoun.

MODELO   —¿Cuándo lees el periódico?
—Lo leo todos los días.

1. hacer la cama
2. practicar la guitarra
3. preparar el almuerzo
4. mirar la televisión
5. llamar a tu mejor amigo/a
6. limpiar el cuarto
7. estudiar español (o álgebra,...)
8. lavar la ropa o lavar el carro
9. hacer la tarea
10. poner la mesa

---

35 ¿Todo listo?

Leamos/Escribamos Mr. Villarreal wants to make sure that everything is ready for Héctor's graduation party. How would the following people answer his questions? Be sure to use the correct direct object pronoun in your answers.

MODELO   —Rebeca, ¿ya compraste el pastel? (no)
—No, no lo compré.

1. Eva, ¿ya invitaste al profesor de Héctor? (no)
2. Gabi y Lisa, ¿ya limpiaron la casa? (sí)
3. Lisa, ¿ya decoraste el patio? (no)
4. Abuela, ¿ya preparaste la comida? (no)

5. Chicos, ¿ya compraron el regalo? (sí)
6. Marcela, ¿ya llamaste a Victoria? (sí)
7. Aníbal, ¿ya ayudaste a tu papá? (sí)
8. Gabi y Eva, ¿ya compraron el helado? (no)

---

36 ¿Y qué hizo...?

Escribamos Averigua al menos una cosa que tu compañero/a de clase y sus amigos o parientes hicieron...

1. el año pasado
2. el domingo pasado
3. anteayer
4. ayer por la mañana
5. ayer a las doce
6. hoy antes de llegar al colegio

¿Se te ha olvidado?
activities
Consulta la página 113

Del colegio al trabajo

Escribamos You are a reporter working for a local television station and are responsible for presenting news about the festival held in your school last weekend. Combine these expressions to write your report about what happened.

Modelo   los chicos (jugar con los globos)
—Los chicos jugaron con los globos.

los profesores	decorar el patio
los chicos	limpiar el gimnasio
la familia Sánchez	preparar comida muy rica
los jóvenes	tocar música tradicional
el director	probar platos típicos
la gente	bailar
todo el mundo	jugar con los globos
los estudiantes	pasarlo bien

38 **En mi cuaderno**

Escribamos Create a journal entry telling what you did each day last week. Tell about the activities you participated in each day. Use the verbs you've worked with so far in the preterite. For the preterite forms of other verbs, see page R13.

LETRA Y SONIDO

A. You may sometimes feel that Spanish is spoken very fast. This is because Spanish divides the chain of speech into even syllables. It does not mark word boundaries. Here are some guidelines to help you.

1. Two vowels that come together are joined and are not separated even if they are part of different words.

   él va‿a‿hablar   entra‿en la casa

   lo‿encuentro   hablo‿inglés

2. If a word ends in a consonant and the next one begins with a vowel, the preceding consonant begins the new syllable.

   Daniel‿es‿inteligente.

   Tiene los‿ojos‿azules.

3. Identical vowels and consonants are reduced to a slightly longer single sound.

   ¿Tienes‿soda? Sus hijos‿son‿nuestros amigos.

   Quieren‿nadar.

B. Dictado

Listen as Ricardo tells you what he's going to do tonight. Write what you hear.

C. Trabalenguas

Abre, cierra, saca afuera.
No tires chicle en la acera.

Festivales del mundo hispanohablante

¡A comenzar!

This reading passage is about festivals in the Spanish-speaking world. As you read, you'll be able to make some comparisons with local and national festivals in the United States.

¿Te acuerdas?

Use your background knowledge before you read in depth.

A Work with two or three other students to complete these statements about festivals where you live. Not every item will apply to your hometown.

In our town people celebrate by . . .

1. wearing masks and costumes during _____.
2. having parades during _____.
3. honoring religious occasions such as _____.
4. sharing the harvest during _____.
5. enjoying European foods and traditions such as _____.

Festivales
del mundo hispanohablante

LAS fiestas del mundo hispanohablante tienen sus raíces en las culturas europeas, indígenas y africanas. Con el tiempo, estas celebraciones están cambiando y se van enriqueciendo con los aportes de cada comunidad.

Muchas de las fiestas son de carácter festivo o religioso, mientras que otras combinan la espiritualidad y la sana diversión. La mayoría de las fiestas religiosas son cristianas, pero también se celebran festivales judíos como el Hánukkah, fiestas musulmanas como el Ramadán y varias fiestas de otras religiones.

LA fiesta de Las Turas, de origen indígena, se celebra el 23 y 24 de septiembre en el estado Falcón en Venezuela. El festival da las gracias por una cosecha buena. Los participantes llevan maíz y caña de azúcar y lo dejan al pie del "árbol de la basura". El nombre de la fiesta viene de unos instrumentos llamados turas, hechos de tallos de bambú y cráneo de venado.

LA Fiesta de la Calle Ocho celebra la herencia latina de Miami cada marzo. En Miami la cultura hispana y el idioma español dominan la atmósfera de esta ciudad diariamente. Los cubano americanos forman el grupo hispano más grande. Durante las últimas dos décadas con la llegada de inmigrantes nicaragüenses, colombianos, hondureños, peruanos y dominicanos la población latina de la ciudad está cambiando. En el año 1997 la Fiesta de la Calle Ocho tuvo como tema "El Festival de las Américas" por la gran diversidad de los grupos latinos que ahora residen en Miami.

UN festival importante de raíces africanas se celebra en Puerto Rico en el pueblo de Hatillo. Es el Festival de las Máscaras. Los puertorriqueños lo celebran el 28 de diciembre en conjunto con la fiesta cristiana del Día de los Inocentes. En el festival hay desfiles de gente con máscaras y disfraces coloridos.

EL Carnaval se celebra por todo el mundo hispanohablante un lunes y martes en febrero o marzo, cuarenta días antes de las Pascuas. En el Ecuador lo celebran con mucho entusiasmo, tirando globos llenos de agua a las personas en las calles. En Argentina las personas se disfrazan y celebran el Carnaval con desfiles en las calles y plazas.

ESTOS cuatro festivales son un pequeño ejemplo de las numerosas fiestas celebradas en el mundo hispano. Representan los aportes indígenas, africanos y europeos a nuestra cultura actual.

6. enjoying Native American foods, music, and traditions including ——.

7. enjoying African American foods, music, and traditions including ——.

Al grano

B As you read this article about cultural holidays, keep in mind what holidays are like where you live. Answer the following questions:

1. What are two different ways that **Carnaval** is celebrated?

2. What are some things you may see at the **Festival de las Máscaras** in Puerto Rico?

3. Why do people bring things to **el árbol de la basura?**

C Now answer the questions to help you figure out if there are any similarities or differences between these holidays and holidays in your hometown.

1. Is **Carnaval** celebrated where you live? How? If not, do any of your holidays reflect similar customs or traditions? Explain what is similar.

2. Is **Calle Ocho** similar to any other holiday you know about? Which one(s)?

3. What holiday does **Las Turas** remind you of? Why?

D Imagínate que tú puedes participar en uno de estos festivales. ¿Por qué te parece divertido o interesante? Haz una lista de tus razones *(reasons)*. Después, reúnete con dos compañeros de clase para decidir qué festival quieren celebrar. ¡Todos deben estar de acuerdo!

Cuaderno para hispanohablantes, pp. 46–48

Cuaderno de actividades, p. 119, Act. 18

VAMOS A LEER

trescientos trece **313**

Más práctica gramatical

CD-ROM3
DVD2

internet

go.hrw.com
MARCAR: go.hrw.com
PALABRA CLAVE:
WV3 TEXAS-10

Primer paso **Objectives** Talking about what you're doing right now; asking for and giving an opinion

1 Carlitos is three years old and is always asking when the next celebration is. Tell him when the following holidays take place this year, using the dates from the box. (**p. 297**)

MODELO **¿Cuándo es la Nochebuena?**
La Nochebuena es el 24 de diciembre.

> 14 de febrero   12 de mayo
> 25 de diciembre
> 4 de julio   15 de junio
>   12 de abril
> 25 de noviembre   31 de diciembre

1. ¿Cuándo es el Día de Acción de Gracias?
2. ¿Cuándo son las Pascuas?
3. ¿Cuándo es el Día de las Madres?
4. ¿Cuándo es el Día de la Independencia?
5. ¿Cuándo es la Navidad?
6. ¿Cuándo es el Día de los Enamorados?
7. ¿Cuándo es el Día del Padre?
8. ¿Cuándo es la Nochevieja?

2 Es día festivo para las siguientes personas. Completa las oraciones e indica qué están haciendo en este momento, con las formas correctas del presente progresivo. Después de cada oración, indica qué día festivo están celebrando. (**pp. 297, 299**)

MODELO **Yo ══════ (pintar) huevos y Nélida ══════ (comer) dulces**
de chocolate.
Yo *estoy pintando* huevos y Nélida *está comiendo* dulces
de chocolate. *Son las Pascuas.*

1. Los niños ══════ (jugar) con sus regalos y nosotros ══════ (cantar).
2. Gabi les ══════ (dibujar) tarjetas para todos sus amigos, y Leo le ══════ (dar) flores a su novia.
3. Papá ══════ (leer) una tarjeta de todos los niños.
4. Todos nosotros ══════ (hacer) una cena muy especial para mamá.
5. Raquel y su familia ══════ (comer) hamburguesas, perros calientes y papitas en el patio.
6. Todos los invitados ══════ (llevar) sombreros muy cómicos.
7. Mamá ══════ (preparar) una cena muy grande y nosotros ══════ (poner) la mesa.

3 La señora Mercado está hablando con su hija por teléfono para preguntar cómo van los preparativos de la fiesta de sorpresa del señor Mercado. Completa su conversación con las formas correctas del presente progresivo. No uses ningún verbo más de una vez. (**p. 299**)

pasar	decorar	salir	descansar	ayudar
comprar	limpiar	preparar	colgar	hacer

SRA. MERCADO	Paula, hola, soy yo. ¿Cómo va todo? ¿Qué ___1___ tú ahora?
PAULA	Hola, mami. Todo va bien. Yo ___2___ la cocina.
SRA. MERCADO	¿Y tu abuela? ¿___3___ en su cuarto?
PAULA	No, no. Ella está aquí conmigo. Ella y Margarita ___4___ las empanadas.
SRA. MERCADO	Qué bueno. ¿Y ___5___ Tomás con las empanadas también?
PAULA	No, Tomás está en el supermercado. ___6___ las bebidas y el hielo.
SRA. MERCADO	¿Y las decoraciones?
PAULA	Tranquila, mami. Tío Mario e Inés ___7___ los globos ahora. Y Tía Cristina ___8___ el pastel.
SRA. MERCADO	¿Y van a limpiar la sala después?
PAULA	Pues, Marta ___9___ la aspiradora en la sala ahora.
SRA. MERCADO	Veo que todo está bajo control. Bueno, yo ___10___ del trabajo ahora. Nos vemos pronto.

Segundo paso

Objectives Asking for help and responding to requests; telling a friend what to do.

4 You're running into some problems getting ready for a party. Ask for help with each problem, using a different expression from the box in each sentence. (**p. 302**)

MODELO   **Hay muchos platos en la cocina.**
¿Me ayudas a lavar los platos, por favor?

pasar la aspiradora	llamar a los amigos	colgar las decoraciones
poner la comida en el refrigerador	organizar el cuarto	preparar más comida
	sacar la basura	lavar los platos

1. Tu cuarto está muy desordenado.
2. Hay mucha basura en la cocina.
3. Mamá regresa ahora del supermercado con toda la comida.
4. Unos amigos no saben todavía a qué hora es la fiesta.
5. La alfombra de la sala está muy sucia.
6. No hay decoraciones en el patio todavía.
7. Vienen muchos invitados, y no hay mucha comida.

5 Algunos amigos llegaron temprano a tu fiesta para ayudarte a prepararla. Dile a cada uno qué hacer. Usa la lista de tareas de abajo con mandatos informales. (**p. 304**)

MODELO   Emiliano/traer más sillas
Emiliano, trae más sillas, por favor.

PERSONA	TAREA
1. **Alida**	ir al supermercado
2. **Sebastián**	inflar los globos
3. **Ricardo**	poner la mesa
4. **Catalina**	hacer los sándwiches
5. **Iñigo**	colgar las decoraciones
6. **Luz**	organizar los discos compactos
7. **Wilfredo**	limpiar la sala
8. **Belén**	llamar a la pastelería

Tercer paso

Objective Talking about past events

6 Gabi y Luisa están hablando por teléfono para saber qué pasó durante el fin de semana. Completa su conversación. Usa la forma correcta del verbo en el pretérito. (**p. 307**)

LUISA   Gabi, hola. ¿Cómo estás? ¿Qué ___1___ (hacer) tú el fin de semana?

GABI   Pues, Susana me ___2___ (invitar) a su fiesta el sábado. ¿Y tú?

LUISA   ___3___ (Visitar) a unos primos en San Antonio. Pero cuéntame…
¿qué ___4___ (pasar) en la fiesta?

GABI   Bueno, Maripili y Francisco ___5___ (llegar) juntos. Y Pedro ___6___ (bailar) muchísimo con Bárbara. Yo ___7___ (hablar) con el primo de Rosaura toda la noche. Fue una fiesta excelente. ¿Y qué tal con tus primos en San Antonio? ¿Lo ___8___ (pasar) bien ustedes?

LUISA   Sí, muy bien. Mis primos y yo ___9___ (caminar) por el centro de la ciudad, ___10___ (sacar) muchas fotos y ___11___ (visitar) El Mercado. Yo ___12___ (comprar) muchos regalos allí.

GABI   ¿Y cuándo ___13___ (regresar) a casa?

LUISA   El domingo.

7 When was the last time the following people did these things? Use the correct preterite form of each verb to form sentences telling what they did and when. (**p. 307**)

MODELO   Carla/organizar el cuarto/anoche
Carla organizó el cuarto anoche.

1. Maripili/limpiar la casa/ayer
2. La familia Benavides/preparar la cena/anoche
3. Nuestros amigos/decorar la sala para la fiesta/el sábado pasado
4. Alfredo/cortar el césped en casa de su abuela/anteayer
5. Yo/cuidar al gato de Carlos/el verano pasado
6. Tú/llamar a Pedro/anoche
7. Nosotros/escuchar la música rock/el fin de semana pasado
8. Cristina y su hermana Alex/mirar la televisión/ayer

8 Dolores's family is having a Mother's Day celebration. Write Dolores's answers to questions about who is doing what to prepare for the festivities. Use a direct object pronoun in each sentence. (**p. 310**)

MODELO   —¿Quién compra la comida? (Andrés)
—Andrés la compra.

1. ¿Quién compra el helado? (yo)
2. ¿Quién decora el pastel? (Juanita)
3. ¿Quién saca la basura? (Andrés)
4. ¿Quién llama a Tío Martín? (yo)
5. ¿Quién dibuja la tarjeta? (Juanita)
6. ¿Quién prepara la cena? (tú y yo)
7. ¿Quién lleva a mamá al parque durante las preparaciones? (tú)

CD-ROM **3**
DVD **2**

📶 internet

MARCAR: go.hrw.com
PALABRA CLAVE:
WV3 TEXAS-10

1 Listen to Mariana tell about her favorite holiday. Write the information requested for each question.

1. ¿Adónde viajaron Mariana y su familia?
2. ¿Por qué viajaron allí?
3. ¿En qué mes viajaron?
4. ¿Qué preparó la abuela?
5. Después de la cena, ¿qué hicieron todos?
6. ¿Por qué es la Navidad su fiesta favorita?

2 Completa cada oración usando el presente progresivo para decir qué están haciendo en este momento las siguientes personas.

MODELO **Adela toca muchos instrumentos y ahora *está tocando* la guitarra.**

1. Graciela come muchas ensaladas pero ahora ———— una hamburguesa.
2. Nosotros leemos mucho y ahora ———— una novela popular.
3. Limpio la casa con frecuencia y ahora ———— la sala.
4. Ellos escriben muchas cartas pero ahora ———— una composición.
5. A Mildred y a Ivonne les gusta comprar muchas cosas y ahora ———— regalos para sus amigos.
6. Mamá necesita decorar la casa para la fiesta y ahora ella ———— la sala.
7. Tú y yo ayudamos en casa mucho y ahora ———— a papá.

3 Look at the pictures and create a conversation with a partner. Take turns telling each other what to do to help and responding to the request.

a.

b.

c.

4 Write a short paragraph about what you learned about celebrations in Spanish-speaking countries. In your paragraph, compare these celebrations to those in the United States. State three differences and three similarities in the way in which celebrations are observed. If you and your family or friends celebrate one of the holidays mentioned in the chapter, include how you celebrate it and what you like about it.

5 Read Alicia's note about Jaime's birthday party in the park last Saturday, and then answer the questions. Be sure to use the preterite and direct object pronouns.

> Para la fiesta de Jaime, yo preparé un flan y Yoli hizo una tortilla española deliciosa. Fede y Luisa compraron el helado. Todos llegamos al parque a las once de la mañana. Chela y yo le compramos un cartel y Javier le regaló un disco compacto. Después, Chela y yo tocamos la guitarra y Fede sacó unas fotos de todo el grupo. Más tarde, nosotros jugamos al béisbol y al voleibol.

1. ¿Quién preparó el flan?

2. ¿Quién preparó la tortilla?

3. ¿Compró Chela el helado?

4. ¿Quién compró el cartel para Jaime?

5. ¿Tocaron todos la guitarra?

6. ¿Quién sacó la foto del grupo?

6 # Vamos a escribir

Write a conversation between two friends who are planning a surprise party. Combine your sentences to make the conversation sound natural.

Estrategia para escribir

Combining sentences will improve your writing. Short, choppy sentences tend to break up the reader's thoughts. If you use words like *y, o,* or *pero,* your ideas will flow more naturally. For example, *A Ana le gusta el chocolate pero no le gustan los pasteles* sounds more natural than *A Ana le gusta el chocolate. No le gustan los pasteles.*

Prewriting

Brainstorm and list what needs to be done to create a successful surprise party. Decide on two characters and list the tasks. Include what each person already has done, what both still need to do, and a few tasks they will ask each other to do.

Writing

Write the conversation. Combine your ideas so they flow naturally.

MODELO
— **Bueno, ya preparé el pastel pero no decoré la sala.**
— **Yo estoy decorando la sala. Compra las bebidas, ¿quieres?**

Revising

Read your dialogue to a classmate, making sure your ideas are in a logical order and that the conversation flows naturally. Correct errors and prepare a final draft.

7 # Situación

You're on a committee to plan the end-of-the-year dance, but your class doesn't have enough money. Work with three or four classmates to discuss a solution. Give your opinion about affordable food and music and a low-cost location. Suggest ways to earn money for the project. Be prepared to present your conversation to the class.

Cuaderno para hispanohablantes, p. 50

A ver si puedo...

WV3 TEXAS-10

Can you talk about what you're doing right now? p. 298

1 Imagine that today is one of the following holidays. How would you tell a friend on the phone what you're doing right now?

1. la Navidad
2. el Día de Acción de Gracias

2 How would you say that . . .?

1. Héctor is opening gifts
2. Manuel is buying the cake
3. Rebeca is calling the guests
4. Mario and Juan are decorating the living room
5. Grandmother is preparing the tamales
6. We are all eating and drinking
7. Aníbal is talking on the phone
8. Eva is blowing up balloons

Can you ask for and give an opinion? p. 300

3 How would you ask a guest what she or he thinks of . . .?

1. the party
2. the food
3. the music
4. the dessert

Can you ask for help and respond to requests? p. 302

4 The Spanish Club is planning an end-of-the-year party. Can you write notes to five club members asking for their help in completing the preparations?

Can you tell a friend what to do? p. 304

5 How would you tell a friend to do the following things?

1. study more
2. do your homework
3. organize your room
4. read your book
5. eat more vegetables
6. do exercises
7. attend class every day
8. help at home

Can you talk about past events? p. 307

6 Can you write a sentence for each drawing saying what these people did last night? Use your imagination and create a name for each person.

a.   b.   c.

d.   e.   f.

Primer paso

Talking about what you're doing right now

el Año Nuevo	New Year's Day
colgar (ue) las decoraciones	to hang decorations
decorar	to decorate
el Día de Acción de Gracias	Thanksgiving
el Día de la Independencia	Independence Day
el Día de las Madres	Mother's Day

el Día de los Enamorados	Valentine's Day
el Día del Padre	Father's Day
los días festivos	holidays
la Navidad	Christmas
la Nochebuena	Christmas Eve
la Nochevieja	New Year's Eve
las Pascuas	Easter
¿Qué estás haciendo?	What are you doing?

Asking for and giving an opinion

Buena idea.	Good idea.
creer	to believe, to think
¿Crees que...?	Do you think that . . .?
Creo que no.	I don't think so.
Creo que sí.	I think so.
Me parece bien.	It seems fine to me.
Perfecto.	Perfect.
¿Qué te parece si...?	How do you feel about . . .?

Segundo paso

Asking for help and responding to requests

abrir los regalos	to open gifts
Claro que sí.	Of course.
¡Con mucho gusto!	Sure!
inflar los globos	to blow up balloons
llamar a los invitados	to call the guests
Lo siento, pero en este momento...	I'm sorry, but right now . . .

mandar las invitaciones	to send invitations
¿Me ayudas a...?	Can you help me to . . .?
¿Me haces el favor de...?	Can you do me the favor of . . .?
¿Me pasas...?	Can you pass me . . .?
¿Me traes...?	Can you bring me . . .?
Perdóname.	Excuse me.
recibir regalos	to receive gifts
Un momentito.	Just a second.

Telling a friend what to do

De acuerdo.	Agreed.
Está bien.	OK.
Haz...	Do/Make . . .
Pon...	Put/Place . . .
Ve...	Go . . .
Ven...	Come . . .
Vete...	Go away . . .

Tercer paso

Talking about past events

anoche	last night
anteayer	day before yesterday
el año pasado	last year
ayer	yesterday

la	it/her/you (formal)
lo	it/him/you (formal)
pasarlo bien	to have a good time
¿Qué hiciste?	What did you do?

¿Qué hizo?	What did he/she/you do?
el sábado pasado	last Saturday
la semana pasada	last week
el verano pasado	last summer

¡Ven conmigo a Puerto Rico!

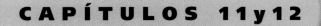

Población: 3.808.610 (el 99.9% habla español, pero la mayoría habla inglés también)

Área: 9.104 km² (3.515 millas cuadradas)

Ubicación: una isla entre el océano Atlántico al norte y el mar Caribe al sur

Capital: San Juan, con una población de más de un millón (área metropolitana)

Gobierno: estado libre asociado

Industrias: la pesca, productos farmacéuticos, maquinarias y metales, turismo

Cosechas principales: azúcar, café, piña, plátanos, vegetales

Minerales: arcilla, caliza, cobalto, cobre, hierro, níquel

Unidad monetaria: el dólar

Idiomas: español, inglés

WV3 PUERTO RICO

VIDEO

CD-ROM 3
DVD 2

San Juan, la hermosa capital de Puerto Rico ▶

Puerto Rico

Puerto Rico es una de las islas más hermosas del Caribe. La isla es en su mayor parte montañosa, con un clima tropical y pintorescas playas. La vida cultural de Puerto Rico tiene una mezcla de influencias antillanas, africanas, españolas y norteamericanas.

📶 internet

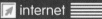

go.
hrw.
.com
MARCAR: go.hrw.com
PALABRA CLAVE:
　　WV3 PUERTO RICO

1 Una bonita playa
Puerto Rico tiene magníficas playas con cientos de millas de línea costera. Esto hace a la isla un lugar ideal para que los puertorriqueños y visitantes internacionales practiquen los deportes acuáticos.

2 La Alcaldía de San Juan
La histórica Alcaldía *(City Hall)* se fundó en 1604. Aquí se encuentra el gobierno local y algunos negocios pequeños. La Plaza de Armas al lado sirvió de campo de entrenamiento para los soldados españoles que defendieron la isla.

3 **De compras en la Calle del Cristo**

La avenida principal para ir de compras en el Viejo San Juan es la Calle del Cristo. Muchas personas visitan sus estrechas calles de adoquines día y noche.

4 **Pescado y frutas frescas**

En todo Puerto Rico vas a encontrar deliciosas comidas, con una gran variedad de mariscos y deliciosas frutas tropicales.

En los capítulos 11 y 12, vas a conocer a Ben y a su hermana, Carmen, dos neo-yorquinos que están visitando a parientes en Puerto Rico. Ellos, con su mamá y su abuelo, visitan algunos de los fascinantes lugares en la isla de Puerto Rico. ¿Cómo te gustaría pasar dos semanas en una isla?

5 **El Castillo de San Felipe del Morro**

Los españoles comenzaron a construir El Morro en 1540. Desde esa fecha el fuerte sirvió como guarnición de muchas batallas, incluso el ataque de Sir Francis Drake en 1595 y también durante la guerra de España contra los Estados Unidos. El Morro se utilizó estratégicamente y por última vez como puesto de observación durante la Segunda Guerra Mundial.

6 **Listas para el festival**

Casi cada día festivo es una ocasión para tener una celebración en Puerto Rico.

11
Para vivir bien

Objectives

In this chapter you will learn to

Primer paso

- make suggestions and express feelings

Segundo paso

- talk about moods and physical condition

Tercer paso

- say what you did
- talk about where you went and when

🖅 internet

go.hrw.com   **MARCAR:** go.hrw.com
PALABRA CLAVE:
    WV3 PUERTO RICO-11

◀ **Fuimos a patinar sobre ruedas y nos divertimos mucho.**

DE ANTEMANO ▪ *Un recorrido por San Juan*

Estrategia
para comprender
Ben and Carmen have taken time to do some exploring in San Juan, Puerto Rico. Read the **fotonovela** to find out what they see and who they meet. Why might Ben and Carmen get into trouble at the end of the episode?

Benjamín   Carmen   Sra. Corredor   Pedro

1

Sra. Corredor: Bueno, hijos... a las tres paso por Uds. por la Plaza de Hostos. Y después, vamos al partido de béisbol de su tío. ¿De acuerdo?

Benjamín: Sí. Te esperamos en la Plaza de Hostos a las tres. ¡Adiós!

2

Carmen: Vamos, tenemos todo el día para explorar el Viejo San Juan. ¿Tienes ganas de caminar?

Dos horas más tarde...

3

Carmen: Ben, me duelen los pies... estoy cansada. ¿Podemos descansar? Caminamos mucho.

Benjamín: Claro, Carmen. A mí me duelen los pies. ¿Por qué no descansamos en esta banca?

4

Carmen: ¡Hola! ¿Eres de San Juan?

Pedro: Sí. Y ustedes no son de aquí, ¿verdad?

Carmen: ¡Somos de Nueva York!

Benjamín: Estamos en Puerto Rico de vacaciones. Estamos visitando a nuestra familia de aquí.

Pedro: Me llamo Pedro Méndez.

Benjamín: Yo soy Benjamín. Y ésta es mi hermana Carmen.

5

Pedro: ¿Adónde van ahora?

Benjamín: Bueno, ya fuimos a la puerta de San Juan y al Museo Pablo Casals.

Carmen: Yo tengo ganas de ver el Castillo del Morro. ¿Podemos?

Pedro: ¿Qué tal si yo los acompaño?

6

Pedro: ¿Juegan mucho al béisbol en Nueva York?

Benjamín: Sí, pero a mí me gusta patinar sobre ruedas, como ese muchacho que va por allí.

7

Pedro: Ah, ¿patinas sobre hielo también?

Carmen: Yo sí, pero no me gusta el frío. Cuando hace frío me duele la nariz y también me duelen las orejas.

8

Pedro: Oye, Carmen... ¡Corres mucho! ¿Siempre haces tanto ejercicio?

Carmen: ¡Sí! Mamá y yo hacemos mucho ejercicio. Hago aeróbicos todas las mañanas con mi mamá.

9

Pedro: Bueno, ¿tienen ganas de ir a otra parte? ¿Ya fueron a la Plaza de Hostos?

Benjamín: No... ¡La Plaza de Hostos! ¡Ay, no! Carmen, si son las tres menos cinco! ¡Mamá nos espera en la Plaza de Hostos a las tres!

1 ¿Comprendes?

Contesta las preguntas para ver si entiendes lo que pasa en la fotonovela.

1. Where are Ben and Carmen, and why?
2. What are they doing today?
3. Who do they meet, and where is that person from?
4. What do Ben and Pedro talk about?
5. Why is Ben upset at the end of the story?
6. What do you think they'll do? What would you do?

2 ¿Cómo se dice?

¿Qué frases de la fotonovela puedes usar para expresar estos conceptos?

1. to suggest that you go with a friend
2. to say that your feet hurt
3. to ask if someone feels like walking
4. to say you've already been to the museum
5. to say you and a friend exercise a lot
6. to say you do aerobics
7. to say that a friend is waiting for you in the plaza

3 ¿Quién lo diría?

Con base en la fotonovela, ¿quién diría lo siguiente?

1. ¡Patinar sobre ruedas es mi deporte favorito!
2. Son las tres. ¿Qué están haciendo mis hijos?
3. A mí me gustaría visitar Nueva York.
4. ¡No quiero caminar más! Tengo ganas de descansar.
5. Yo voy con ustedes al Castillo del Morro.
6. Me encanta hacer ejercicios aeróbicos.

4 ¡Escribamos!

¿Qué sabes de *(What do you know about)* Ben, Carmen y Pedro? Escribe tres oraciones sobre cada persona, con base en lo que hace o dice en la fotonovela.

5 ¿Y tu ciudad?

If this story happened in a tourist spot in or near your hometown, how would the story be different? What places would Ben and Carmen go to and what kind of people might they meet?

Así se dice

Making suggestions and expressing feelings

To suggest something to a friend, say:

> **¿Qué tal si montamos a caballo?**
> *What if we ride horses?*

> **¿Por qué no** vamos mañana?
> *Why don't . . .?*

Your friend might answer:

> **Gracias, pero no quiero.**
> **¡Magnífico!**
> *Great!*
> No, en realidad **no tengo ganas.**

To ask how a friend is feeling, say:

> **¿Qué tienes? ¿Te sientes mal?**
> *What's the matter? Do you feel bad?*

> No, **me siento bien.**
> *. . . I feel fine.*

> Estoy un poco cansado,
> **nada más.** *. . . that's all.*

Más práctica gramatical,
p. 348, Act. 3

Cuaderno de
actividades,
p. 122, Act. 4

Nota gramatical

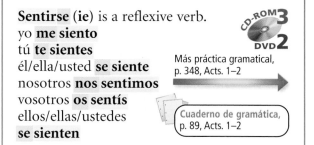

Sentirse (ie) is a reflexive verb.
yo **me siento**
tú **te sientes**
él/ella/usted **se siente**
nosotros **nos sentimos**
vosotros **os sentís**
ellos/ellas/ustedes
se sienten

Más práctica gramatical,
p. 348, Acts. 1–2

Cuaderno de gramática,
p. 89, Acts. 1–2

6 Régimen de salud

Escuchemos Mira los dibujos de estas seis personas. Escucha mientras ellos hablan de su vida diaria. Escoge *(choose)* el nombre de la persona que habla según lo que dice.

Adriana

Raúl

Daniel

Fernando

Natalia

Soledad

7 Gramática en contexto

Hablemos Mira de nuevo los dibujos de la Actividad 6. Indica qué tienen y cómo se sienten las personas. Después di cómo se sienten tú y tus amigos en las siguientes situaciones. Usa las frases de **Así se dice.**

1. los lunes por la mañana
2. antes de un examen
3. durante las vacaciones
4. después de hacer ejercicio

Vocabulario

Para llevar una vida sana

patinar sobre ruedas

hacer yoga

estirarse

levantar pesas

Cuaderno de gramática, p. 90, Acts. 3–4

Más práctica gramatical, pp. 348–349, Acts. 3–4

8 Y a ti, ¿qué te gusta?

Hablemos ¿Cuáles de las actividades en el dibujo te gustan? Pregúntale a un compañero o una compañera sobre su rutina y compartan *(share)* sus ideas con el resto de la clase.

9 Una nueva rutina

Leamos/Escribamos You've just joined a health club but you're not sure how to get started. Complete the dialogue between you and Jill, your personal trainer for the day.

Tú	Quiero cambiar mi rutina pero no sé qué hacer. ¿Me ayudas?	JILL Con mucho gusto. Primero, ══════.
Tú	¿Estirarme? ¿Por cuántos minutos?	JILL ══════. Entonces, ══════.
Tú	Ay, pero no me gusta levantar pesas.	JILL Bueno, ══════.
Tú	Muy bien. ¿A qué hora empieza la clase?	JILL ══════.
Tú	¡Dios mío! ¿Tan temprano?	JILL ══════.

10 Un cuestionario

 Leamos/Escribamos Complete this questionnaire about your health habits by choosing the correct letters for each question. Then write your answers to the last two questions.

Cuestionario
SOBRE LA SALUD

1 ¿Cuántas veces a la semana tomas...?

a. café
b. agua
c. refrescos
d. jugo de fruta
e. té con cafeína
f. vitaminas

2 ¿Cuántas veces a la semana comes...?

a. pizza
b. verduras
c. hamburguesas
d. carne
e. papas fritas
f. pescado

3 ¿Cuántas veces a la semana...?

a. duermes por la tarde
b. montas en bicicleta
c. miras la televisión por tres horas o más
d. corres o caminas
e. hablas por teléfono por dos horas o más
f. haces ejercicio

Cuenta el número de cada letra que tienes.

☐ Si tienes más de cuatro **a, c,** o **e,** ¡debes tratar de llevar una vida un poco más sana!

☐ Si sólo tienes uno o dos de **a, c,** o **e,** ya estás viviendo bastante bien.

Más para pensar:

☐ ¿Cuántas horas duermes cada noche? ¿Te gustaría dormir más? ¿Por qué sí o por qué no?

☐ En general, ¿crees que llevas una vida sana? ¿Por qué sí o por qué no?

11 Una vida diferente

Hablemos Get together with three classmates and compare your answers from Activity 10. Make suggestions about how each person in your group can improve her or his weekly routine. Be prepared to share your suggestions with the class.

12 Cómo cambiar mi rutina

 Escribamos Con base en la conversación con tus compañeros en la Actividad 11, escribe un párrafo sobre tus planes para tratar de mejorar tu rutina la próxima semana.

Así se dice

Talking about moods and physical condition

To find out what kind of mood or condition a friend is in, ask:

¿Cómo estás?

¿Cómo te sientes?

¿Qué le pasa a Roberto?
What's wrong with . . .?

Your friend might say:

Estoy nervioso/a. Tengo un examen hoy.

Estoy mal. Tengo gripe.

No sé, pero me parece que **está preocupado por algo.**

Vocabulario

1. estar resfriado/a

2. estar nervioso/a

3. estar enojado/a

4. estar triste

5. estar preocupado/a

6. tener fiebre

7. tener tos

8. tener gripe

Cuaderno de actividades, pp. 125–126, Acts. 7–8   Cuaderno de gramática, pp. 91–92, Acts. 5–7

13 **¿Cómo te sientes hoy?**

 Escuchemos Listen to these people talk about how they feel today. Using the drawings in the vocabulary box above, write the correct number/numbers that correspond(s) to each description.

También se puede decir...

Another expression for **estar resfriado** is **tener catarro.** Another way to say **tener fiebre** is **tener calentura.**

14 Dificultades

Escribamos Escribe unas oraciones para explicar cómo te sientes en estas situaciones.

1. Estás en un restaurante con unos amigos. Necesitas pagar la cuenta pero no tienes dinero.

2. Tienes tres exámenes muy importantes hoy y necesitas sacar buenas notas.

3. Tu hermanito acaba de romper *(has just broken)* el televisor y no puedes ver tu programa favorito.

4. Estás haciendo la tarea en la computadora cuando de repente *(suddenly)* no hay electricidad.

5. Tu mejor amigo va a vivir en otra ciudad.

6. Mañana vas a empezar un trabajo nuevo.

7. Hace mucho frío y no te sientes bien.

Vocabulario

El cuerpo humano

- la cabeza
- el pelo
- el oído
- la oreja
- el ojo
- la nariz
- la boca
- la garganta
- el cuello
- la mano
- los dedos
- el brazo
- el estómago
- la espalda
- la pierna
- el pie
- los dedos

Cuaderno de gramática, p. 92, Acts. 8–9

Más práctica gramatical, p. 349, Act. 5

15 ¿Para qué sirve?

Hablemos ¿Qué parte o partes del cuerpo usamos en las siguientes situaciones? Cada persona debe mencionar una parte diferente.

1. para hablar por teléfono
2. para escuchar música rock
3. para correr por el parque
4. para maquillarte o afeitarte
5. para hacer ejercicios aeróbicos
6. para tocar el piano
7. para escribir una carta
8. para levantar *(to lift)* cosas
9. para montar en bicicleta

16 Simón dice...

Hablemos Work in groups of four to play **Simón dice**. Take turns being leader and practice the words in the **Vocabulario**. Here are some commands you may need:

Levanta	**Cierra**	**Abre**
Lift	*Close*	*Open*

Toca	**Indica**
Touch	*Point*

A lo nuestro

Parts of the body are used in many common expressions in Spanish.

¡Ojo! *Pay attention!* or *Watch out!*

Él es muy **codo**. He's really *stingy*. (**Codo** means *elbow*.)

Cuesta **un ojo de la cara**. It's *very expensive*.

¿Me estás tomando el pelo?
Are you pulling my leg?

17 Quejas

Escuchemos Listen to several people tell how they feel. Match each person's complaint with the correct symptom.

1. Gregorio
2. Flor
3. Félix
4. Betty
5. Laura
6. Roberto
7. Cecilia

a. Me duelen los brazos.
b. Me duelen los ojos.
c. Me duelen los pies.
d. Me duelen las piernas.
e. Me duele la mano.
f. Me duele la garganta.
g. Me duele el estómago.

18 Gramática en contexto

Escribamos Completa las oraciones con la forma apropiada del verbo **doler** y las partes del cuerpo que corresponden.

1. Cuando leo demasiado...
2. Cuando mi papá corre mucho...
3. Si como helado muy rápido...
4. Cuando voy al dentista...
5. Cuando Brenda levanta pesas...
6. Cuando estoy resfriado/a...

Nota gramatical

Doler (*to hurt, ache*) is an **o** to **ue** stem-changing verb. Like **gustar**, **doler** is used with indirect object pronouns and can be singular or plural. Do you notice anything special about how you refer to body parts?*

Me duele el estómago.

¿**Te duele** la garganta?

Le duele la cabeza.

Me duelen los pies.

Te duelen las piernas.

¿**Le duelen** los brazos?

Cuaderno de gramática, p. 93, Acts. 10–11

Más práctica gramatical, p. 350, Act. 6

---

19 Gramática en contexto

Hablemos Look at the drawings. With a partner, take turns saying what you think is wrong with each person. Then tell each person what he or she should do to feel better.

Midori   Linda   Joe   Deidre

Conchita   Jeff   Laura   Benito

---

*The definite article, rather than a possessive, is used with body parts in Spanish.

20 ¡Un día fatal!

Hablemos ¿Cómo te sientes cuando tienes un mal día? Intercambia papeles con tu compañero/a preguntando y contestando las preguntas.

> **MODELO** —¿Cómo te sientes?
> —Me duele la cabeza y no tengo ganas de estudiar.

1. ¿Qué te pasa?
2. ¿Cómo te sientes?
3. ¿Te gustaría estudiar conmigo?
4. ¿Qué tal si tomamos un refresco?
5. ¿Te duele la cabeza?
6. ¿Por qué no descansas un poco?

21 Para sentirse mejor

Hablemos ¿Qué haces para sentirte mejor cuando...

1. estás muy nervioso/a?
2. te duele mucho el estómago?
3. estás triste y te sientes solo/a?
4. tienes gripe?
5. estás enojado/a con tu mejor amigo/a?
6. tienes fiebre?

22 ¿Qué haces para manejar el estrés?

Leamos/Escribamos Lee el artículo, piensa en tus hábitos y contesta las siguientes preguntas.

7 Claves para manejar el ESTRÉS

1. Comer por lo menos una comida balanceada al día. La nutrición es esencial para una buena salud y proporciona defensas contra el estrés.

2. Dormir por lo menos 8 horas cada noche. Un sueño apropiado puede añadir años de vida. Trate de acostarse y levantarse a la misma hora.

3. Hacer ejercicio, por lo menos 3 veces por semana. Busque una actividad divertida, como montar en bicicleta, caminar o nadar.

4. No debe tomar demasiada cafeína. Puede producir irritabilidad, dolor de cabeza, ansiedad y depresión.

5. Salir y cultivar sus amistades. Tener amigos ayuda a mantener en alto la auto-estima.

6. Organizar su tiempo. Planee su uso y empléelo.

7. Conservar una actitud positiva: las personas optimistas tienen menos problemas mentales y físicos.

1. ¿Comes por lo menos una comida balanceada al día? ¿En qué consiste?
2. ¿Cuántas horas duermes cada noche?
3. ¿Cuántas veces a la semana haces ejercicio? ¿Qué te gusta hacer?
4. ¿Tomas muchos refrescos?
5. ¿Sales con frecuencia con tus amigos?
6. ¿Tienes un buen amigo o una buena amiga a quien le puedes contar tus cosas?
7. ¿Organizas bien tu tiempo?
8. ¿Eres optimista o pesimista?

Nota cultural

Athletes from Spanish-speaking countries are important to the success of U.S. teams in many different sports, but nowhere is this more visible than in baseball. Since 1911, more than 500 Spanish-speaking athletes from Puerto Rico, Colombia, Cuba, the Dominican Republic, Mexico, Nicaragua, Panama, and Venezuela have made it into baseball's major leagues. The Baseball Hall of Fame currently honors seven acclaimed Hispanic players: Puerto Rico's Orlando Cepeda and Roberto Clemente, Martín Dihigo and Tony Perez of Cuba, the Dominican Republic's Juan Marichal, Luis Aparicio of Venezuela, and Rod Carew of Panama.

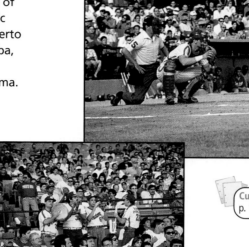

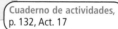

Cuaderno de actividades, p. 132, Act. 17

23 El estrés

Hablemos Many professional athletes must deal with a lot of stress. Imagine that you are your favorite athlete. With a partner, use the suggestions included in Activity 22 and take turns suggesting to each other what you can do to relieve stress.

24 ¡Qué problemas tengo yo!

Hablemos Form a group of three. For each of the following situations, one of you will role-play the situation and the other two will make suggestions on how the person can relieve stress in his or her life. Take turns acting out these situations, and then each of you create your own.

1. Quieres ir al gimnasio con tus amigos esta noche, pero tienes dos exámenes mañana y mucha tarea y no tienes tiempo para hacer todo.

2. Pasas todas las tardes y los fines de semana en las actividades del colegio. Nunca tienes tiempo para salir con tus amigos.

3. Trabajas diez horas cada día en una oficina muy ocupada. Muchas veces no tienes tiempo ni para desayunar ni almorzar. Siempre estás muy cansado/a.

25 Una semana sin estrés

Escribamos ¿Puedes reducir el estrés por una semana? Escribe un párrafo de seis oraciones en que describes con detalles las cosas que puedes hacer durante la próxima semana para reducir (*reduce*) el estrés.

¿Qué deporte practicas?

Although some sports, like soccer or baseball, are perceived to be more popular in Spanish-speaking countries, there are other sports that many people play. In this chapter, we asked some people what sport they play and why.

Víctor
Ciudad de México

"Yo practico la charrería *(Mexican rodeo)*, que es el deporte nacional, es el deporte mexicano... [Son] suertes a caballo. Es... como en Estados Unidos los "cowboys", aquí son los charros... Mi abuelo fue charro y mi padre fue charro y... por seguir la tradición".

Manoli
Sevilla, España

"Practico piragüismo... Esto es un K-1 [ca-uno] ... en inglés, "kayak", por eso le decimos K-1 nosotros. Ésta es una pala... Me gusta porque el agua me encanta y me gusta estar aquí... en el río".

Raquel
Managua, Nicaragua

"Me gusta el voleibol... Es bonito jugarlo, es un deporte muy femenino, no es tan masculino como el "softball" o el fútbol "soccer"".

Para pensar y hablar

A. With a classmate, make a list of five reasons why you like a particular sport. Present your list to the class.

B. In small groups, make a list of your favorite sports players. Then, choose the two most popular players and discuss why you like them.

Cuaderno para hispanohablantes, pp. 54–55

Así se dice

Saying what you did

To find out what a friend did last night, ask:

¿Qué hiciste anoche?
What did you do . . .?

¿Ganaste?
Did you win?

Your friend might say:

Jugué al tenis.
I played . . .

No. Mi prima ganó. **Jugó** muy bien.
. . . She played . . .

Nota gramatical

In the preterite, **jugar** *(to play)* has a regular conjugation in all forms except the **yo** form.

jug**ué**	jugamos
jugaste	jugasteis
jugó	jugaron

Cuaderno de gramática, p. 94, Acts. 12–13

Más práctica gramatical, p. 350, Act. 7

26 **Gramática en contexto**

Leamos/Escribamos Mira el dibujo y completa el párrafo con formas del verbo **jugar** en el pretérito.

El sábado pasado todos nosotros ══════ algún deporte en el parque. Mis padres ══════ al tenis. Yo ══════ al basquetbol con unos amigos. Marcos ══════ con el perro. ¿Y tú? ¿══════ un deporte el sábado?

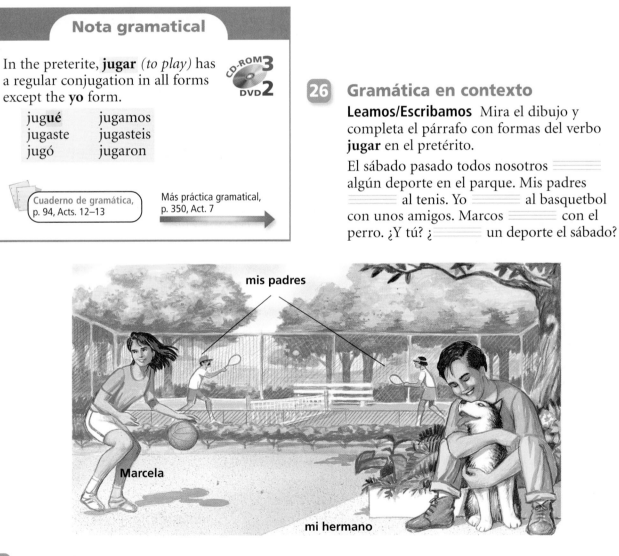

mis padres

Marcela

mi hermano

27 **¿Qué hicieron?**

Hablemos Mira el dibujo otra vez. Ahora dile a un compañero/a qué más hicieron Marcela y su familia el fin de semana pasado.

28 Una semana llena de actividades

Hablemos/Escribamos Trabaja en un grupo de cuatro. Describe a tus compañeros lo que hicieron los miembros de tu familia durante la semana pasada. Uno de Uds. debe tomar apuntes *(to take notes)* y todos necesitan describir las actividades de la semana. Incluye los días de la semana, adónde fueron y a qué hora hicieron cada actividad.

Nota cultural

In general, the majority of sports played in the United States are also very popular in Spanish-speaking countries. The one exception is American football. While it's often played on an informal basis, it's only beginning to gain official status in a few Spanish-speaking countries. When Spanish speakers talk about **el fútbol**, they're referring to the game that North Americans call *soccer*. On the other hand, a game that originated in the Basque country of Spain, **jai alai** (sometimes known as **pelota**), is not widely played in the United States.

29 ¿Qué hiciste durante la semana?

Escribamos Escribe un párrafo en español que incluya siete cosas que hiciste durante la semana pasada. Incluye cuándo, con quién y dónde hiciste cada actividad. Aquí hay unas sugerencias:

escuchar música   lavar platos   estudiar para mis clases

preparar la cena   mirar la televisión   hablar por teléfono

jugar al...   levantar pesas   limpiar el cuarto

30 Te toca a ti

Hablemos Work with a partner and share information from Activity 29 about what you did last week. As you ask about your partner's activities, check off in your paragraph those activities that match. How many of the same things did you do?

Talking about where you went and when

To ask where someone went, say:

¿Adónde fuiste anoche?
Where did you go . . .?

Your friend might answer:

Anoche **fui** al parque con mi familia.

To talk about different times in the past, you might say:

¿Adónde fuiste anteayer?
anteanoche? *(night before last)*
la semana pasada?
antes de regresar a casa?

Anteayer **fui** a la piscina.

Nota gramatical

The verb **ir** has an irregular conjugation in the preterite.

fui	**fuimos**
fuiste	**fuisteis**
fue	**fueron**

Más práctica gramatical, p. 351, Act. 8

Cuaderno de actividades, pp. 128–129, Acts. 11–12

Cuaderno de gramática, p. 95, Acts. 14–16

SUGERENCIA

When you know an English word and want to find its Spanish equivalent, look up the English word in an English-Spanish dictionary. Make sure you read *all* of the meanings, since most words can mean several different things. For example, you can cut down trees with a *saw* or talk about a movie you *saw*. To choose the right meaning, think about how you're going to use the Spanish word.

---

31 **Gramática en contexto**

Escribamos Look at each of the drawings. Create two sentences for each drawing telling where the people went and what they did there. Add any other details that you might find interesting. Use your imagination.

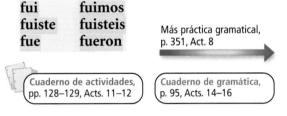

a. Sergio

b. nosotros

c. los Arroyo

d. don Felipe

e. Ana y Ramón

f. yo

g. mis amigos

h. tú

32 **Gramática en contexto**

Hablemos/Escribamos Júntate con dos o tres compañeros y averigua adónde ellos y sus amigos fueron la semana pasada. Toma apuntes y presenta la información a la clase. Indica qué grupo fue el más activo.

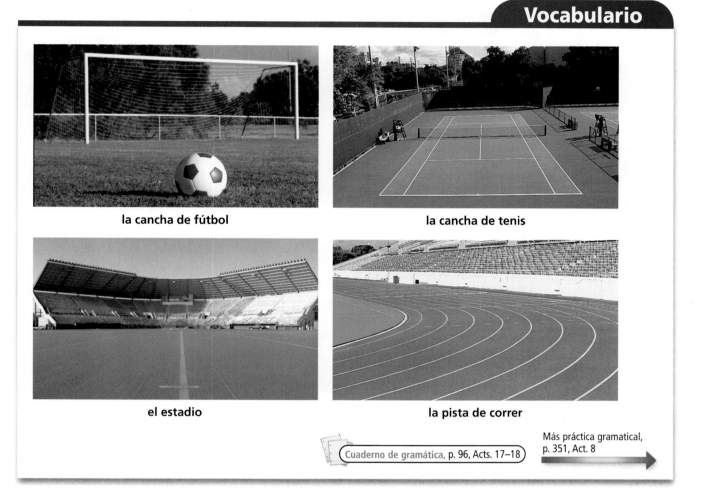

la cancha de fútbol

la cancha de tenis

el estadio

la pista de correr

Cuaderno de gramática, p. 96, Acts. 17–18

Más práctica gramatical, p. 351, Act. 8

 33 **¿Adónde fuiste?**

Escuchemos Listen as people talk about where they went last weekend. When they mention what they did there, write **sí** if it's logical and **no** if it isn't. If it isn't logical, write an activity or two that you might do at the place mentioned.

 34 **En mi cuaderno**

Escribamos Write about your sports and fitness routine in your journal. First explain what sports you usually play, where you go to exercise, and how you feel afterward. Then describe what sports you played last week or weekend, where you went to play, and who won. You may want to use the expressions below.

jugar al...	la cancha	jugué (con)...
me siento...	la pista de correr	fuimos a...
estirarse	el estadio	gané...
me duele...	el gimnasio	fui a...

35 Una excursión de los amigos

Escribamos/Hablemos Mira las fotos de Ben, Carmen y Pedro. Escribe lo que pasó durante su día en San Juan y compara tu descripción con la de un compañero/a.

1.   2.   3.   4.

36 Del colegio al trabajo

Hablemos You are a personal trainer with a client who is out of shape. Ask what activities he or she did recently and how he or she feels. Give advice about staying healthy by eating well, avoiding stress, and keeping fit. Use **sentirse**, and vocabulary and expressions learned in this chapter.

MODELO		
	Tú	—¿Qué actividades hiciste la semana pasada?
	Tu compañero/a	—Hice ejercicio en el gimnasio.
	Tú	—¿Cómo te sientes ahora?
	Tu compañero/a	—Me siento mal y me duelen los brazos.

Hice...	Limpié...	Fui a...	¿Cómo estás?
Miré...	Jugué...	Me duele(n) ...	¿Qué tienes?

LETRA Y SONIDO

A. In Spanish the vowels **a**, **e**, and **o** are called strong vowels and **i** and **u** weak vowels.

1. Two strong vowels together are pronounced as separate syllables:

 peor **oeste** **rodeo** **correo** **Rafael**

2. A strong vowel and a weak vowel or two weak vowels combine into one syllable called a *diphthong*. When the weak vowel comes first in this combination, the **i** is pronounced like the *y* in *yet* and the **u** is pronounced like the *w* in *wet*:

 familia **pie** **adiós** **ciudad**

 cuando **bueno** **Europa** **fui**

3. An accent mark over a weak vowel keeps it from combining into one syllable with another vowel:

 tía **día** **período** **baúl** **aúlla**

B. Dictado

You're going to hear Rafael describe a typical day in his life. Write what he says.

C. Trabalenguas

Bueno es el aire suave cuando sueño da, pero el fuerte viento despierto nos mantiene ya.

Encuentro cultural

Remedios caseros

LAURA   ¡Cómo me duele la cabeza!

ALICIA   ¿De veras? ¿Por qué no descansas un ratito?

LAURA   Buena idea, pero primero voy a tomar un vaso de agua fría. Tengo mucho calor.

ALICIA   ¿Tienes fiebre? No debes tomar nada frío. No es bueno para el cuerpo.

LAURA   No tengo fiebre. Sólo un dolor de cabeza.

ALICIA   De todos modos, debes tomar algo. Tal vez una limonada tibia y dos aspirinas.

LAURA   ¡Una limonada tibia! Tengo ganas de tomar agua fría.

ALICIA   El frío te da un dolor de cabeza y también te puede dar un resfriado.

LAURA   ¿El agua fría me puede dar un resfriado? ¿Cómo?

Para discutir...

1. Why do you think Alicia doesn't want Laura to drink cold water? What is strange about what she suggests Laura drink instead?

2. Have you heard of other remedies that might be considered unusual? Get in groups of four and discuss them. Be prepared to share your findings with the class.

Vamos a comprenderlo

Many Latin Americans don't drink very cold drinks and tend not to put ice in lemonade, water, and soft drinks. Like Alicia, many Latin Americans consider cold drinks to be harmful to the body.

Para estar en forma

Estrategia para leer

You learned about background knowledge in Chapter 3. Background knowledge is what you already know about a subject. Before you read something, take a minute to remember what you already know about that topic. Doing this will make it easier to guess the meanings of difficult words or phrases.

¡A comenzar!

A. Look at the pictures, title, and subtitles first. Then, complete the following statements:

1. Both of these readings are about ———.

2. In Reading A, the goal of doing those activities is to ———.

3. In Reading B, the goal of doing those activities is to ———.

Compare your answers with at least two classmates.

Al grano

B. Imagine that you work as a personal trainer at a gym. Your clients often ask your advice about their exercise programs. To answer their questions, use your background knowledge about exercise, as well as information from the article. Follow the steps outlined below.

Client 1: "High-impact aerobics classes are not for me! Those classes hurt my legs and back. What other sorts of exercises can I do instead?"

A

MÚSCULOS EN FORMA PARA UNA FIGURA SENSACIONAL

Hacer ejercicio al aire libre es ideal cuando vacacionamos en la playa o en el bosque. Lo importante es comenzar con los ejercicios simples, similares a los que hacemos día a día pero de una manera constante. No se trata de saltar de un lado para otro, sino de hacer movimientos suaves, continuos y lentos, especialmente diseñados para ejercitar todos los músculos del cuerpo.

1. Con los antebrazos y las rodillas en el suelo, levanta una pierna, flexionándola con el pie en punta. Repite diez veces con cada pierna y fortalece tus músculos.

2. Recostado, flexiona una pierna hasta que puedas sujetar el pie con la mano; luego, estira la pierna. Repite diez veces con cada pierna.

3. Acostada pero con los hombros levantados, flexiona las piernas. Repite diez veces para endurecer el abdomen y las piernas.

DILE ADIÓS A LAS TENSIONES... ¡CON EJERCICIOS!

Aprende a eliminar la tensión muscular sin moverte de tu asiento. Las personas que pasan mucho tiempo en sillas — en la escuela o en la oficina — frecuentemente sufren de dolores de cabeza, en el cuello, en la barbilla, en los hombros y en la espalda. Para eliminar esas desagradables tensiones, aquí tienes ejercicios sencillos y fáciles de realizar, que te ayudarán muchísimo.

4. Para los hombros y la espalda: Cruza los brazos poniendo las palmas encima de los hombros (como si te estuvieras abrazando). Respira profundamente y ve girando tu cuerpo (de la cintura hacia arriba) todo lo que puedas de izquierda a derecha y en dirección contraria. Suelta el aire cuando estés en el centro. De tu cintura hacia abajo nada debe moverse.

5. Para la espalda y el cuello: Levanta los brazos en forma recta. Luego déjalos caer poco a poco hasta tocar el piso con las manos, doblando también tu cintura, el cuello y la cabeza.

Using background knowledge: What do you know about low-impact exercises, calisthenics, and stretching?

Using the article: Where in the article can you find more information about this sort of exercise? Use reading strategies such as scanning and looking at pictures to help you.

Client 2: "I spend all day at my computer, and get very stiff and tense. What can I do to feel better?"

Using background knowledge: What parts of your body become tired or tense from sitting and working at the computer?

Using the article: Where in the article can you find information about this topic? Remember that reading strategies such as using context and cognates can help you guess the meaning of unknown vocabulary.

Now you're ready to answer your clients' questions. Combine what you already know about these topics with what you've learned from this article, and write some advice for each client. Use informal commands and (**No**) **debes...** + *infinitive* in your answers.

C. Form groups of two or three students. Choose one of the five exercises. While one person reads the description, listen and try to act it out. Try this with all five exercises. Take turns reading and acting out the exercises.

D. Inventa un ejercicio nuevo de tres pasos. Escribe las instrucciones en español. Luego, júntate con un compañero o una compañera de clase. Lee tu ejercicio en voz alta y verifica si tu compañero/a puede seguir las instrucciones.

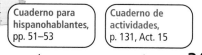

Cuaderno para hispanohablantes, pp. 51–53

Cuaderno de actividades, p. 131, Act. 15

Más práctica gramatical

🖥 internet

go.hrw.com

MARCAR: go.hrw.com
PALABRA CLAVE:
WV3 PUERTO RICO-11

CD-ROM 3
DVD 2

Primer paso

Objective Making suggestions and expressing feelings

1 Explica cómo se sienten todos después de la feria de deportes del colegio. Usa la forma correcta de **sentirse**. (**p. 331**)

1. el profesor Santana/cansado
2. yo/bien
3. Rogelio/horrible
4. Sandra y Claudia/excelente
5. tú/muy mal
6. nosotros/muy bien
7. Perico y Javi/mal

2 You're the coach of your school's soccer team and tomorrow is the big championship game. Write sentences with **sentirse**, saying how each of the following people feel before the big game. (**p. 331**)

MODELO   María/feliz
María se siente feliz.

1. Yo/nervioso
2. Ustedes/muy bien
3. Rogelio/muy mal
5. Humberto y María/cansados
6. Luis y yo/preocupados

3 Read what your friends say about sports. Then suggest an activity for each friend, using **¿Qué tal si...?** or **¿Por qué no...?** and an expression from the box. (**pp. 331, 332**)

MODELO   —Me encanta el fútbol.
—¿Qué tal si/Por qué no asistes a un partido?

patinar sobre ruedas	hacer yoga	estirarse un poco antes
asistir a un partido	levantar pesas ir al lago	ir al gimnasio

1. —Me gustaría ser muy fuerte.
   —¿════?
2. —Me encanta nadar.
   —¿════?
3. —A mí me gustan las clases de ejercicios aeróbicos.
   —¿════?
4. —Quiero practicar un deporte nuevo y divertido.
   —¿════?
5. —Siempre me siento mal cuando hago ejercicio.
   —¿════?
6. —Hace mucho calor, y no tengo ganas de correr en el parque.
   —¿════?

4 It's Saturday morning, and everyone is getting exercise. Complete the description of what's going on at the fitness center by filling in each blank with the correct present tense form of a verb from the box. (**p. 332**)

| patinar | tomar | hacer | correr |
| levantar | jugar | nadar | estirarse |

Hay muchas personas en el club deportivo esta mañana. En la piscina, unos chicos
___1___ muy rápido y al lado, unas señoras ___2___ una clase de aeróbicos en el agua.
Arriba, en el salón grande, Celia ___3___ y después ___4___ yoga con Felicia. Óscar
quiere ser más fuerte, y por eso él ___5___ pesas con unos amigos. En el gimnasio,
Lorenzo ___6___ al baloncesto. Afuera Alonso y Guille ___7___ sobre ruedas mientras
Julia ___8___ con su perro.

Segundo paso
Objective Talking about moods and physical condition

5 Indica qué parte del cuerpo se asocia con las siguientes cosas y actividades. Cada parte del cuerpo se usa solamente una vez. (**p. 335**)

1. las flores
2. escuchar la radio
3. un sombrero
4. levantar pesas
5. las corbatas
6. tener hambre
7. patinar sobre ruedas
8. los zapatos

a. las piernas
b. el cuello
c. la cabeza
d. los oídos
e. la nariz
f. los pies
g. los brazos
h. el estómago

6 What these people did yesterday is causing them aches and pains today. Write what is bothering them, using the correct form of **doler** and a different expression from the box in each sentence. (**p. 336**)

MODELO   **Cristóbal estudió por cuatro horas ayer.**
Le duelen los ojos.

> los brazos   los oídos   los dedos   la espalda
>
> las piernas   la garganta   el estómago

1. Irina tocó la guitarra toda la tarde ayer.
2. Humberto y Luisa bailaron mucho en la fiesta anoche.
3. Marisa y Silvia levantaron pesas ayer.
4. Tú cantaste con el coro en un concierto anoche.
5. Por la mañana, ayudé a papá a poner muchas cosas en el garaje.
6. Samuel y yo escuchamos música rock toda la noche.
7. Joselito tomó ocho vasos de limonada ayer.

Tercer paso

Objectives Saying what you did; talking about where you went and when

7 Todos en tu familia lo pasaron bien este fin de semana. Explica qué hizo cada persona, usando la forma correcta de **jugar** en el pretérito. (**p. 340**)

MODELO   **Mis primos/baloncesto**
Mis primos jugaron al baloncesto.

1. mi abuelo/dominó
2. mi hermana menor/con sus amigos
3. yo/voleibol
4. mi mamá y mi tía/tenis
5. mis hermanos y yo/béisbol
6. mi papá/fútbol
7. mi perro/con el gato

8 Complete the sentences about where everyone went this weekend using the correct preterite form of **ir** in each blank. Then tell what everyone did, using **jugar** in the preterite and a different expression from the box in each sentence. (**pp. 342, 343**)

MODELO   Tere ————— a la playa con sus amigos.
           Tere *fue* a la playa con sus amigos. *Jugaron al voleibol.*

> dominó   tenis   unos videojuegos   fútbol
>
> un nuevo juego de mesa   baloncesto   béisbol

1. Fede ————— a la cancha de fútbol.
2. Marcia y Daniel ————— al centro comercial.
3. Roberto y Felipe ————— al estadio.
4. Yo ————— a la cancha de tenis.
5. Carlota y yo ————— al gimnasio.
6. Abuelo y tío Antón ————— al parque.
7. Manolito ————— a la casa de su amigo.

9 Complete the following paragraph using the preterite to tell what Jorge and his friends did last week after school. (**pp. 340, 342**)

Mis amigos y yo __1__ (practicar) muchos deportes la semana pasada. El lunes yo __2__ (jugar) al fútbol con Carlos y María. El martes mis amigos José, Kara y yo __3__ (ir) a la pista de correr. El miércoles y el jueves Pedro y Lola __4__ (levantar) pesas en el gimnasio. El sábado yo __5__ (ir) a la cancha de fútbol con Milagros. Milagros __6__ (jugar) muy bien.

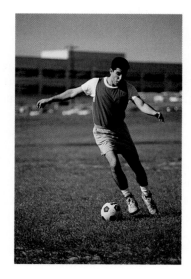

internet

MARCAR: go.hrw.com
PALABRA CLAVE:
WV3 PUERTO RICO-11

Ray   Bernardo   Lu   Bonita   Lupita   Mickey

1 Look at the drawing of Dra. Demora's waiting room. What would each patient say to tell the doctor how he or she feels?

2 Use the **Notas culturales** and the **Panorama cultural** in this chapter to answer the following questions.

1. Name two Hispanic players in the Baseball Hall of Fame.

2. What kind of sport is **la charrería?** Which country claims it as a national sport?

3. Name a popular North-American sport that is not widely played in Spanish-speaking countries.

3 Lee el artículo sobre los dos atletas. Decide si las oraciones que siguen son **ciertas** o **falsas**. Si la oración es falsa, cámbiala.

¿Cómo fue el día para estos dos campeones? Alejandra Villarreal, campeona de tenis, y Martín Reyes, campeón de natación, se entrenaron y prepararon para sus competencias.

Ayer Alejandra se levantó a las cinco y media y pasó una hora haciendo yoga y montando en bicicleta estacionaria antes de desayunar. Después de las clases, fue a la cancha de tenis donde practicó por dos horas. Martín se levantó a la seis y se estiró antes de levantar pesas por una hora. A las tres de la tarde fue a la piscina y practicó por

dos horas. Los dos dicen que comieron muchas frutas e hidratos de carbono, evitaron las grasas y el estrés, bebieron mucha agua y se acostaron temprano. Para ser campeón o campeona es necesario tener mucha disciplina y dedicación. Gracias a su preparación, los dos ganaron sus competencias.

1. Los dos practicaron sus deportes el día antes de la competencia.

2. Alejandra y Martín se levantaron y se acostaron temprano ayer.

3. Ninguno fue a las clases ese día.

4. Ellos comieron bien pero también comieron mucha grasa.

4 Listen as Rafi and Sara talk about their last weekend in Puerto Rico. Answer the questions in Spanish.

1. ¿Cómo se siente Rafi?   3. ¿Qué quieren hacer ellos?   5. ¿Qué le gustó a Rafi?
2. ¿Cómo se siente Sara?   4. ¿Qué le gustó a Sara?

5 Vamos a escribir

Imagine you're a reporter. Write up an interview you conducted with Benjamín and his mother about their recent vacation in Puerto Rico. Introduce your subjects, then include some of your conversation along with your narrative.

> **Estrategia** para escribir
> Using dialogue is a good way to make your writing more lively and vivid. When writing a dialogue, consider who your characters are and make their style of speaking appropriate for their personalities and ages.

Prewriting

1. Write a list of adjectives to describe Benjamín and his mother. Choose three adjectives that you think best describe the personality of each.

2. Think of four questions you want to ask Ben and his mother about their recent vacation. Put these in logical order.

Writing

1. Write a two-to-three-sentence introduction, telling your readers what the interview is about.

2. Write a question for either Ben or his mother.

3. Give the answer, based on what they did on their vacation. Remember to write each answer from either Ben's or his mother's point of view.

4. Repeat with the rest of the interview questions. Be sure to include as many details as you can, and keep Ben's and his mother's personalities in mind.

Revising

Work with a partner to look for the strengths and weaknesses of your dialogue. Are the questions and responses clear? Are the ideas well organized? Check spelling and adjective agreement, too. Make all necessary changes to your interview.

6 Situación

Work with three or four classmates. Invite each other to go to the variety of places in San Juan you learned about. Turn down some invitations and make suggestions of other places to go. In the end, decide on an activity. Present the scene to the class.

> Cuaderno para
> hispanohablantes, p. 55

A ver si puedo...

Can you make suggestions and express feelings? p. 331

1 Look at the drawings. Can you tell what each person does to lead a healthy life?

Cristóbal   Dolores   Adriana

2 What would you suggest to the following people who want to live a healthy life?

1. tus padres
2. tu mejor amigo/a
3. tu profesor(a)
4. tu hermano/a
5. tu novio/a
6. tu primo/a

Can you talk about moods and physical condition? p. 334

3 Write a sentence telling how you feel in these situations.

1. cuando corres mucho
2. cuando comes muy rápido
3. cuando trabajas demasiado
4. cuando lees mucho
5. cuando estudias seis horas
6. cuando recibes una mala nota
7. cuando tienes tos
8. cuando hace mucho frío
9. cuando escribes exámenes todo el día
10. cuando no estudias para un examen

4 What parts of the body do you use in these activities?

1. patinar
2. preparar la cena
3. bailar
4. dibujar
5. hablar por teléfono
6. nadar
7. cantar
8. esquiar
9. escuchar música
10. leer

Can you say what you did and talk about where you went and when? pp. 340, 342

5 For each combination below, write a sentence telling where the person or persons went and what they did at each location.

1. Roberto/la piscina
2. Silvia y Sofía/la cancha de tenis
3. La familia Pérez/la cancha de fútbol
4. Mi hermana y yo/la tienda de discos
5. Tú/el estadio
6. Mónica y Gabi/la biblioteca
7. Federico y sus padres/el parque
8. Yo/el gimnasio

Primer paso

Making suggestions and expressing feelings

estirarse	to stretch	montar a caballo	to ride a horse	¿Qué tienes?	What's the matter?
hacer yoga	to do yoga	nada más	that's all	sano/a	healthy
levantar pesas	to lift weights	patinar sobre	to roller skate	sentirse (ie)	to feel
llevar una vida	to lead a healthy	ruedas		¿Te sientes mal?	Do you feel bad?
sana	life	¿Por qué no...?	Why don't . . .?	la vida	life
¡Magnífico!	Great!	¿Qué tal si...?	What if . . .?		

Segundo paso

Talking about moods and physical condition

la boca	mouth	la espalda	back	el pie	foot
el brazo	arm	estar mal	to feel poorly	la pierna	leg
la cabeza	head	estar resfriado/a	to have a cold	preocupado/a	worried about
¿Cómo te sientes?	How are you	el estómago	stomach	por algo	something
	feeling?	la garganta	throat	¿Qué le pasa a...?	What's wrong
el cuello	neck	la mano	hand		with . . .?
el cuerpo	body	la nariz	nose	tener fiebre	to have a fever
el dedo	finger, toe	nervioso/a	nervous	tener gripe	to have the flu
doler (ue)	to hurt, to ache	el oído	ear	tener tos	to have a cough
enojado/a	angry	la oreja	earlobe	triste	sad

Tercer paso

Saying what you did and talking about where you went and when

¿Adónde fuiste?	Where did you go?	la cancha (de fútbol)	(soccer) field	ganar	to win, to earn
anteanoche	the night before last	la cancha de tenis	tennis court	la pista de correr	running track
		el estadio	stadium		

12

Las vacaciones ideales

Objectives

In this chapter you will learn to

Primer paso

- talk about what you do and like to do every day
- make future plans

Segundo paso

- discuss what you would like to do on vacation

Tercer paso

- say where you went and what you did on vacation

◀ **En México, D.F. visitamos La Zona Rosa.**

DE ANTEMANO ▪ *Unas vacaciones ideales*

Estrategia
para comprender
Can you imagine being bored on a trip to a tropical island? Ben and Carmen were, at least for a while! Read the **fotonovela** to find out what their ideal vacations are.

Benjamín   **Carmen**   **Abuelo**   **Sra. Corredor**

1

Aquí las playas son muy bonitas. Carmen está jugando con el abuelo en la arena, y mamá está leyendo una novela. Pasamos un día maravilloso el sábado — fuimos a un bosque tropical, El Yunque. Todo comenzó por la mañana...

2

Abuelo: ¿Qué hacen aquí en la casa? Hace mucho sol. ¿Por qué no juegan afuera? ¿Por qué no dan un paseo?

Benjamín: Ay, abuelo... Carmen y yo dimos un paseo anoche.

3

Abuelo: ¿Por qué no visitan a los vecinos?

Benjamín: Yo visité a los vecinos ayer. No hay nada interesante que hacer, abuelo.

Abuelo: ¿Cómo que no hay nada interesante que hacer? Están en una isla, hace un tiempo maravilloso y están de vacaciones. Díganme, entonces... ¿qué les gustaría hacer? En su opinión, ¿qué son las vacaciones ideales?

4 **Benjamín:** ¿Las vacaciones ideales...? ¡Yo sé! A mí me gustaría viajar a una selva y bajar el río en canoa. Me gustaría acampar en la selva, pescar, y explorar... Sí, algún día espero explorar todo el río Amazonas.

5 **Carmen:** A mí me gustaría ir de vela, navegar por el océano Pacífico en un barco de vela antiguo... ¡Pienso descubrir una isla desierta!

6 **Sra. Corredor:** ¿De qué hablan?
Abuelo: Los muchachos están aburridos.
Sra. Corredor: ¿Aburridos? ¿En una isla tropical? Puerto Rico es una maravilla. Y hoy vamos a hacer un pequeño viaje.

7 **Carmen:** ¿Un viaje? ¿Adónde vamos?
Benjamín: ¿Y qué hacemos?
Sra. Corredor: Ya verán, ya verán... ¡es una sorpresa!

8 **Unas horas después...**

VEREDA
⬆ EL YUNQUE ⬆
EL YUNQUE TRAIL
U·S BOSQUE NACIONAL
DEL CARIBE

Cuaderno de actividades, p. 133, Act. 1

1 ¿Comprendes?

¿Comprendes lo que pasa en la fotonovela? Contesta las preguntas. Si es necesario, adivina.

1. ¿Dónde están Benjamín y su familia, y por qué?
2. ¿Por qué están tristes Carmen y Benjamín en la segunda foto?
3. ¿Qué les pregunta su abuelo en la tercera foto?
4. ¿Con qué sueñan (dream) Benjamín y Carmen?
5. ¿Qué les menciona su mamá que los anima (cheers them up)?

2 ¿Cierto o falso?

Decide si las oraciones son ciertas o falsas. Si son falsas, corrígelas.

1. Ben escribe en su diario sobre sus vacaciones en Puerto Rico.
2. Ben y Carmen están aburridos porque hace mal tiempo.
3. Las vacaciones ideales de Ben consisten en ir a la playa y nadar.
4. Las vacaciones ideales de Carmen consisten en navegar en barco de vela.
5. Ben y Carmen no van a hacer nada interesante hoy.

3 ¿Cómo se dice?

Find the words and phrases in the **fotonovela** that you could use to . . .

1. say that you went to a tropical forest
2. ask what someone is doing in the house
3. say that the weather is great
4. say that you'd like to explore a river in a canoe
5. say that you plan on discovering a desert island

4 ¿Quién lo diría?

Según la fotonovela, ¿quién diría lo siguiente?

Ben

Carmen

Abuelo

Sra. Corredor

1. Estoy muy aburrido, abuelo.
2. Vamos a ir a un lugar muy interesante, hijos.
3. Los barcos de vela me encantan.
4. ¡Hoy es un día muy bonito!
5. ¡Me gustaría ir a la selva amazónica!

5 ¿Y tú?

Imagina que estás en las vacaciones ideales y que estás escribiendo en tu diario. Escribe tres actividades que puedes hacer durante las vacaciones. Usa la fotonovela si necesitas ideas.

Así se dice

Talking about what you do and like to do every day

To find out what someone does on a regular basis, ask:

Bueno, ¿qué haces tú **todos los días?**

Your friend might answer:

Primero voy a la escuela, y **después** regreso a casa y hago mi tarea. Ceno con la familia a las seis y **luego** miro la televisión.

To ask about someone's routine, say:

¿Con qué frecuencia sales con tus amigos?

¿Qué te gusta hacer **después de clases?**

Your friend might answer:

Pues, salgo **todos los viernes.**

Me gusta escuchar música en casa. También me gusta jugar al basquetbol.

6 ¿Qué hacen los demás?

Hablemos/Escribamos Describe las rutinas de las personas en el dibujo. Explica dónde están, qué hacen y con qué frecuencia hacen estas actividades.

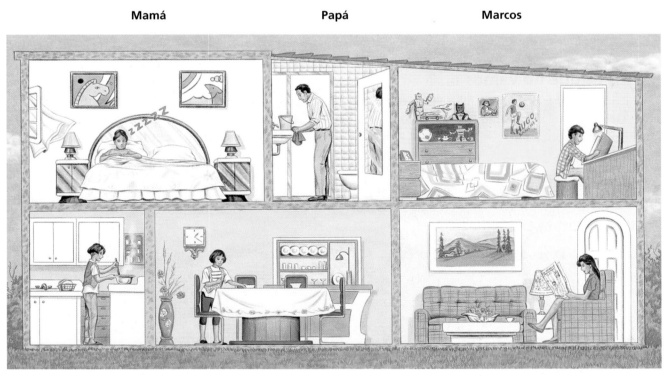

Mamá   Papá   Marcos

Claudia   Marcia   María

Stem–changing verbs

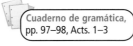

1. Many verbs have a stem change in the present tense. In verbs such as **querer, empezar,** and **preferir, e** changes to **ie** in all forms except **nosotros** and **vosotros.** The **yo** forms of **venir** and **tener** end in **-go** and the **e** doesn't change to **ie.** (**Vengo, tengo…**) If you've forgotten these forms, see page 209.

2. Other verbs, including **poder** and **almorzar,** have **o** to **ue** stem changes. If you've forgotten these forms, see page 238.

Cuaderno de gramática, pp. 97–98, Acts. 1–3

Más práctica gramatical, pp. 376–377, Acts. 1–4

---

7 **Gramática en contexto**

Leamos/Escribamos Contesta las siguientes preguntas sobre lo que hacen tú y tus amigos en la escuela.

1. ¿Prefieres tomar clases por la mañana o por la tarde?
2. ¿Quiénes almuerzan en la cafetería?
3. ¿Quiénes saben hablar español?

4. ¿Tus amigos quieren estudiar matemáticas o español?
5. ¿A qué hora empiezan tus clases los lunes?

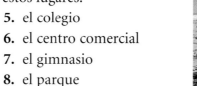

¿Se te ha olvidado?
gustar and encantar
Consulta la página 236

---

8 **¿Qué le gusta hacer?**

Hablemos Pregúntale a tu compañero/a si va a estos lugares durante el año escolar o cuando está de vacaciones. Pregúntale también con qué frecuencia va a estos lugares.

1. la piscina
2. la cafetería
3. la playa
4. el cine
5. el colegio
6. el centro comercial
7. el gimnasio
8. el parque

---

9 **¿Por qué no vamos a...?**

Hablemos/Escribamos Work in groups of three. You have some time after school and the three of you would like to get together. Find out what everyone in your group likes so you can decide where to go and what to do. Make a list of your first, second, and third choices.

Así se dice

Making future plans

To ask what a friend is planning to do, say:

¿Adónde **piensas** viajar algún día?

¿**Quieres** viajar a México?

¿**Qué vas a hacer** este verano?

Your friend might answer:

A Europa, si (*if*) puedo.

No, pero **espero** hacer un viaje a Guatemala.
. . . *I hope* . . .

Voy al Perú.

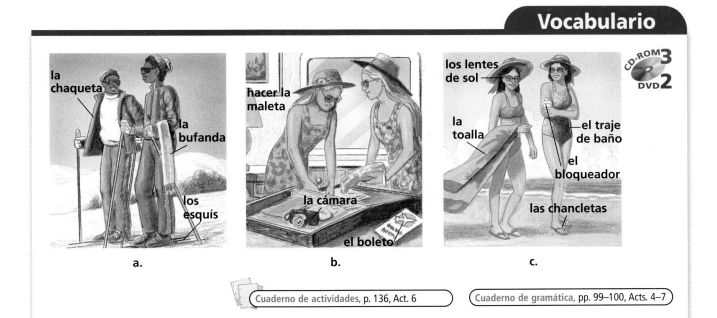

la chaqueta
la bufanda
los esquís
a.

hacer la maleta
la cámara
el boleto
b.

los lentes de sol
la toalla
el traje de baño
el bloqueador
las chancletas
c.

CD-ROM **3**
DVD **2**

Cuaderno de actividades, p. 136, Act. 6

Cuaderno de gramática, pp. 99–100, Acts. 4–7

---

10 **De vacaciones**

Escuchemos Mira los dibujos y escucha las conversaciones. Decide qué conversación corresponde a cada dibujo.

11 **¿Qué necesito?**

Escribamos/Hablemos Pick a place where you'd like to travel and make a list of things you'd need to bring with you. With a partner, ask each other a series of yes/no questions to guess where you're going to go on vacation. You might ask: **¿Traes un/a…? ¿Vas a llevar…?**

> **También se puede decir…**
> En España se dice **el billete** por **el boleto**. En México, por **la chaqueta** muchas personas dicen también **la chamarra**.

Verbs + infinitives

1. You've learned a number of verbs that may be followed by an infinitive and others that require **a** or **que** before the infinitive.

querer
necesitar
pensar
deber
esperar
poder
} + infinitive

ir a
tener que
} + infinitive

2. Remember to conjugate only the first verb:

Pienso pasear en bicicleta.
¿Quieres venir conmigo?

Cuaderno de gramática, pp. 101–102, Acts. 8–10

Más práctica gramatical, p. 377, Act. 5

---

12 **Gramática en contexto**

Hablemos Mira los dibujos en el **Vocabulario.** Menciona tres cosas que cada persona piensa hacer durante sus vacaciones. Usa los verbos en la **Gramática.**

13 **Gramática en contexto**

 Hablemos Planea unas vacaciones ideales con tu compañero/a. Decidan...

1. adónde quieren ir
2. cuándo esperan salir
3. cómo quieren viajar (en coche, por avión...)
4. qué necesitan llevar
5. cuánto tiempo piensan quedarse *(to stay)*

14 **¿Por qué no te quedas?** *Why don't you stay?*

Escribamos/Hablemos Make a list of five fun things that you can do in your community during vacation. Then try to convince your partner to stay home by telling him or her what you plan to do during vacation.

¿Se te ha olvidado?

weather

Consulta la página 156

Cuaderno de gramática, p. 102, Act. 11

15 **¿Qué tiempo hace en...?**

Hablemos ¿Qué estación del año representan los siguientes dibujos? ¿Qué tiempo hace?

a.   b.   c.

d.   e.   f.

 16 **Del colegio al trabajo**

Leamos/Hablemos In your summer job as an assistant in a travel agency, one task is to give advice to customers. How would you respond to the following questions and comments? Role-play the activity with a partner and take turns playing the assistant and the customer.

1. Tengo vacaciones en julio y quiero esquiar. ¿Adónde puedo viajar?
2. Quiero pasar dos semanas en una playa tropical. ¿Adónde puedo ir?
3. Me gustan las ciudades grandes, el teatro, los museos y los conciertos.
4. No tengo mucho dinero. Quiero viajar con unos amigos a las montañas.
5. Me encantan las ruinas arqueológicas. ¿Adónde puedo viajar?
6. Nos gusta mucho la aventura y ver cosas diferentes.

¿Adónde vas y qué haces en las vacaciones?

If you lived in a Spanish-speaking country, what would you look forward to doing on your vacation? The answer would depend on where you lived. We asked these teenagers in Spanish-speaking countries what they do and where they go during their vacations.

Camila
Buenos Aires, Argentina

"Voy con mi familia a Pinamar y a Uruguay. Estamos en la playa y recorremos un poco el lugar".

Jaharlyn
Ponce, Puerto Rico

"Me dan dos meses en verano y tres semanas en Navidad. No más lo que hago es que voy a la playa, al río, veo televisión y duermo mucho".

José Luis
Valencia, Venezuela

"Generalmente también voy para la playa, a Puerto Cabello, puede ser desde un mes hasta los dos meses completos de las vacaciones de agosto. Con toda mi familia".

Para pensar y hablar...

A. Which of the interviewees' vacation trips do you find most appealing? Why?

B. You've won a trip to the Spanish-speaking country of your choice! In small groups, discuss which country you would most like to visit. Why did you choose that particular country? What things do you already know about it? Which places would you most want to see? Why?

Cuaderno para hispanohablantes, pp. 59–60

Vocabulario

La Isla del Paraíso

saltar en paracaídas

escalar montañas

hacer turismo

explorar en la selva

tienda de camping

acampar

dar una caminata por el bosque

bajar el río en canoa

tomar el sol

ir de vela

Cuaderno de actividades, p. 137, Act. 7

Cuaderno de gramática, p. 103, Act. 12

Más práctica gramatical, p. 378, Act. 6

También se puede decir...

Por **acampar,** también se dice **hacer camping.** Por **hacer turismo** también se puede decir **ir de excursión** o **hacer un recorrido.** En vez de **dar una caminata,** muchas personas dicen **andar** o **caminar.**

17 **¿Qué pueden hacer?**

Leamos/Escribamos ¿Qué pueden hacer estas personas en sus vacaciones? Completa cada oración con una o más frases del **Vocabulario** en la página 366.

1. Benjamín y Carmen van a pasar sus vacaciones en Texas, en la costa del golfo de México. Allí pueden ══════.

2. Margarita y sus padres piensan ir a los Andes de Chile. Ellos pueden ══════.

3. Elizabeth va a pasar una semana en Madrid. Ella quiere ══════.

4. Roberto y Carlos esperan ir a Puerto Rico en verano. Ellos van a ══════.

5. Voy a Miami, Florida porque quiero ══════.

6. Luz María y su familia piensan ir a las montañas en agosto para ══════. Por eso necesitan comprar una nueva ══════.

18 **¿Qué están haciendo?**

Escribamos Mira el dibujo de la Isla del Paraíso en la página 366. Escribe lo que está haciendo cada persona en este momento.

¿Se te ha olvidado?
present progressive
Consulta la página 299

Así se dice

Discussing what you would like to do on vacation

Más práctica gramatical, p. 378, Act. 6

To find out what a friend would like to do, ask:

¿Qué te gustaría hacer este verano?

¿Adónde te gustaría ir este verano?

¡Qué aburrido estoy! Y tú, **¿qué tienes ganas de hacer?**

Your friend might answer:

Pues, a mí **me gustaría** ir a las playas en México. Dicen que son fantásticas.

A mí **me gustaría** escalar montañas en Colorado porque son muy bonitas.

Tengo ganas de dar una caminata en el bosque. ¿Vamos?

---

19 **Destinos**

Hablemos You and your partner look at the list below and each choose three places you'd like to go. Don't tell each other which places you chose. Then, take turns asking each other what you'd like to do in each place. Can you guess each other's **destinos?**

1. Cuenca, Ecuador
2. Madrid, España
3. Cancún, México
4. San Juan, Puerto Rico
5. San Antonio, Texas
6. el Parque Nacional de Yellowstone
7. México, D.F., México
8. El Yunque, Puerto Rico
9. Cuernavaca, México
10. Los Ángeles, California

20 Me gustaría...

Escuchemos/Escribamos Sara, David y Martín dicen todo lo que les gustaría hacer durante sus vacaciones. Escribe los siguientes datos para cada persona:

Nombre
Vive en
Le gustaría ir a
Quiere

21 ¡En la playa... en Puerto Rico!

Leamos/Escribamos Lee este anuncio de un parador puertorriqueño y contesta las preguntas que siguen.

Parador
Villa Antonio
Rincón, Puerto Rico

- **Los Almendros y Black Eagle (playas/surfing)**
- **Balneario de Añasco**
- **Playa "Crash-Boat"-Aguadilla**
- **Balneario Pico de Piedra-Aguada**
- **Playa de Surfing "Wilderness"-Aguadilla**
- **Playa de Surfing "Surfer Beach"-Aguadilla**

En excelentes playas, ideales para el deporte de "surfing", se encuentra este tranquilo Parador tropical. Todo el esplendor natural del Caribe en un ambiente de completo relajamiento.

55 habitaciones
Atractivos Cercanos

1. ¿Dónde se encuentra *(is located)* el Parador Villa Antonio?
2. Según el anuncio, ¿cómo es el Parador Villa Antonio?
3. ¿Las playas del Parador Villa Antonio son ideales para qué deporte?
4. ¿A ti te gustaría quedarte en este parador? ¿Por qué?
5. ¿Qué te gustaría hacer en este lugar?

22 ¡Pongámonos de acuerdo! *Let's come to an agreement!*

Hablemos You and your partner have each just won a trip together to anywhere in Latin America. Each of you will choose a different destination. Try to convince each other that your own choice is better. Describe the place and say what you can do if you go there.

23 ¡Ven a la Isla del Paraíso!

Hablemos/Escribamos Work with two or three other students to write a short ad convincing people to spend their vacation on la **Isla del Paraíso** on page 366. Describe the setting, say what there is on the island, and tell people what they can do there.

ser and estar

You've learned to use **ser** and **estar,** the two Spanish verbs for *to be.*

Use **ser** . . .

1. to say what someone or something is like:

   ¿Cómo **es** Juanita?   **Es** simpática y muy lista.

2. to say where someone or something is from:

   ¿De dónde **son** Uds.?   **Somos** de Guadalajara.

3. to define something or someone:

   ¿Quién **es** la chica?   **Es** mi amiga Marta. **Es** estudiante.

4. to say what something is made of:

   ¿De qué **son** tus calcetines?   **Son** de algodón.

5. to give the date or the time:

   ¿Qué hora **es**?   **Son** las dos menos cuarto.

Use **estar** . . .

1. to talk about states and conditions:

   ¿Cómo **está** Rogelio hoy?   ¡Uy! **Está** de mal humor.

2. to talk about location:

   ¿Dónde **está** mi libro de álgebra?   **Está** debajo de tu cama.

3. with the present participle, to talk about what is happening right now:

   ¿Qué **están** haciendo Ana Clara y Meme?   **Están** jugando al voleibol en la playa.

> Cuaderno de gramática, pp. 104–105, Acts. 13–16

> Más práctica gramatical, p. 378, Acts. 7–8

---

24 **Gramática en contexto**

Leamos/Escribamos Rubén y su hermano Marcos tienen que salir inmediatamente para el aeropuerto. Completa su diálogo con la forma apropiada de **ser** o **estar.**

RUBÉN   ¡Marcos! ¿Por qué no ___1___ (tú) listo?

MARCOS   Es que todavía ___2___ haciendo la maleta.

RUBÉN   ¡Ay, Marcos! ¡(Tú) ___3___ un desastre! No vas a cambiar nunca.

MARCOS   Ayúdame a encontrar mi camiseta favorita. ___4___ roja y ___5___ de algodón.

RUBÉN   ¿Por qué no sabes dónde ___6___?

MARCOS   ¿Por qué ___7___ (tú) de tan mal humor? Hombre, en tres horas vamos a ___8___ en las playas de Puerto Rico. ¡Qué bien!

RUBÉN   Ya sé, pero el avión sale a las tres. Mira, ya ___9___ las dos.

MARCOS   Mira, ¡aquí tengo mi camiseta! Ahora, ¿dónde ___10___ mis zapatos de tenis?

25 **¡Unas vacaciones fantásticas!**

Hablemos/Escribamos Estás de vacaciones en Puerto Rico y llamas a tu amigo por teléfono en Chile. Describe y compara el clima y las actividades en cada lugar.

26 Gramática en contexto

Escribamos Imagínate que estás de vacaciones en uno de estos lugares. Escribe una tarjeta postal a tu mejor amigo/a. Dile la fecha, dónde estás y cómo es el lugar. Menciona también cómo estás y lo que estás haciendo. Usa un mínimo de tres adjetivos para describir el lugar y menciona tres actividades en que estás participando.

México, D.F.

Ponce, Puerto Rico

27 Cada cual a su gusto

To each his own

Hablemos Entrevista a un compañero/a sobre lo que le gustaría hacer en sus vacaciones. Luego sugiere adónde debe ir de vacaciones con las frases **¿Por qué no vas a...?** y **Debes ir a...**

Toledo, España

Los Andes

28 Quedarse en casa

Escribamos Muchas personas pasan las vacaciones en casa. Escribe un párrafo que explica qué vas a hacer en casa este verano.

MODELO Me gustaría ir a Barcelona, pero no puedo. Tengo que trabajar. Voy a...

Nota cultural

Vista de Toledo, España desde el Parador Conde de Orgaz.

Several Spanish-speaking countries offer fascinating **paradores,** or inns, for travelers to stay overnight. In Spain, many **paradores** are in old castles, palaces, convents, and monasteries. In the **Parador de Zafra,** for example, you can sleep in the same castle where Hernán Cortés stayed before setting out for the New World. You could stay in a room at the **Parador Reyes Católicos** in Santiago de Compostela, founded by King Ferdinand and Queen Isabella. And if you get a room at the **Parador de Alarcón,** you'll sleep in a castle built in the eighth century by Moors from North Africa!

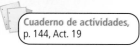

Cuaderno de actividades, p. 144, Act. 19

Así se dice

Saying where you went and what you did on vacation

To find out about a friend's vacation, ask:

¿Adónde viajaste el verano pasado?

¿Adónde fueron tú y tu familia durante las vacaciones?

¿Qué hiciste cuando fuiste a Buenos Aires?

Your friend might answer:

Yo **no fui a ningún lugar.**
I didn't go anywhere (lit., nowhere).

Fuimos a Puerto Rico.

En Buenos Aires, **visité** la Plaza de Mayo.

> Cuaderno de actividades,
> p. 141, Act. 15

También se puede decir…

Por **ningún lugar** *(nowhere, not anywhere)* también se dice **ninguna parte** o **ningún lado**, como en **No fuimos a ningún lado.**

29 **¡Qué divertido!**

Escuchemos Carlos and Yolanda have just returned from their trip to Puerto Rico. Listen to them tell about it. Place the pictures in the correct order, according to what they say.

a.

b.

c.

d.

Gramática

Preterite tense

To talk about what happened in the past, use the preterite tense. All regular **-ar** verbs follow the same pattern as **trabajar.** The verb **ir** is irregular in the preterite.

trabajar		ir	
trabaj**é**	trabaj**amos**	**fui**	**fuimos**
trabaj**aste**	trabaj**asteis**	**fuiste**	**fuisteis**
trabaj**ó**	trabaj**aron**	**fue**	**fueron**

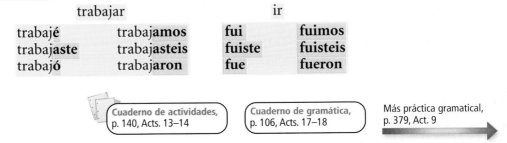

> Cuaderno de actividades,
> p. 140, Acts. 13–14

> Cuaderno de gramática,
> p. 106, Acts. 17–18

> Más práctica gramatical,
> p. 379, Act. 9

30 **Gramática en contexto**

 Escribamos Carmen and Benjamín are sorting out their pictures from their trip to Puerto Rico. Help them by writing two sentences for each picture about what they did and where they went.

31 **Gramática en contexto**

Escribamos/Hablemos Escribe una lista de diez cosas que llevaste en un viaje pasado. Tu compañero/a tiene que hacerte preguntas del tipo sí/no para averiguar qué llevaste y para adivinar dónde pasaste tus vacaciones.

> **MODELO** —¿Llevaste una cámara?
> —Sí, llevé una cámara.

Vocabulario

Alemania (f.)	*Germany*
China (f.)	*China*
Egipto (m.)	*Egypt*
Francia (f.)	*France*
Inglaterra (f.)	*England*
Italia (f.)	*Italy*

Cuaderno de gramática, p. 107, Acts. 19–20

A lo nuestro

A common way to say you had a great time in Spanish is **Lo pasé muy bien** or **fenomenal**. There are different expressions in different countries. In Costa Rica you'll hear **Lo pasé pura vida**. The most common way to say that you had a bad time is **Lo pasé mal**, but you could also say **Lo pasé fatal**.

32 **De viaje en el Caribe**

Leamos/Escribamos Imagine that your Spanish class went to Puerto Rico and met Ben and his family. Create six sentences about what people did and where they went by combining the items in the boxes.

MODELO   mis compañeros y yo/jugar/en el agua
                Mis compañeros y yo jugamos en el agua.

yo	ir a	el Yunque
Benjamín y Carmen	explorar	el sol
tú	visitar	el Museo Pablo Casals
la señora Corredor	nadar	el Morro
mis compañeros y yo	caminar por	muchas fotos
el profesor/la profesora	jugar	un partido de béisbol
	tomar	la playa
		al voleibol
		en el agua

33 **Una entrevista**

Hablemos/Escribamos Interview a classmate who has taken a trip. In Spanish, find out where he or she went, what he or she did, and so on. Ask as many questions as you can. Take notes in order to be able to report to the class.

¿Adónde viajaste/fuiste...?	en tu viaje
¿Qué hiciste...?	durante las vacaciones
¿Qué llevaste...?	cuando fuiste a

34 **En mi cuaderno**

Escribamos Escribe en un párrafo cinco oraciones para explicar a qué lugar esperas viajar algún día y por qué. Incluye qué quieres hacer allí y qué tiempo hace típicamente.

LETRA Y SONIDO

A. In English we pronounce *p*, *t*, and *k* (as in *pin*, *tin*, and *kin*) with a puff of air. This puff of air does not happen in Spanish. Practice saying these words without releasing that puff of air.

hotel   papa   paracaídas   caminata   canoa   toalla

In addition, the letter **t** in Spanish is pronounced with the tongue against the upper teeth, not against the area immediately above the teeth known as the alveolar ridge.

tienda   carta   tiempo   hasta   tractor   tanto

B. Dictado

Listen to the answering machine and take down the message you hear word for word.

C. Trabalenguas

Paco Pérez pone poco papel en el pupitre.
Carla quiere cantar en el coro con Claudia Cortés.

¿Cuáles son las vacaciones ideales para ti?

Estrategia para leer

Before reading a passage in detail, you should try to recognize how it is organized. This helps you follow along more easily, and can save you time if you need to look only for a certain piece of information.

¡A comenzar!

A. The reading on these pages is about how to choose the vacation that is best for you. Take a minute or two and see if you can determine how it is organized. Doing this will help you enjoy it more. Be sure to look at the following hints.

1. **¿Te gusta mucho el sol?** is the beginning.

2. Notice the footprints, and think about their purpose. Write your answer, then discuss it with at least two classmates. Make sure that you all agree about how this text is organized.

Al grano

B. Suppose that there will be two Costa Rican exchange students in your school next year, Matías and Berta. You can find out a little about them by seeing what choices they made on the flow chart. Matías' path is blue, and Berta's is red. Read through all their choices, then see how well you know them. Answer *true* or *false*.

¿Te gusta mucho el sol? sí ¿Te gusta ir a la playa?

no no

¿Te gusta el verano o prefieres el invierno? Me gusta el verano. ¿Te gusta practicar deportes durante las vacaciones?

Prefiero el invierno. no sí

¿Te gusta estar al aire libre? sí ¿Te interesa la historia?

no

¿Te gusta la nieve? sí

no no sí

¿Te gustan el arte y la cultura? ¿Sabes esquiar? Toma tus vacaciones en invierno. Hay pistas muy buenas de esquí en España. O ve a la Argentina o a Chile a esquiar en julio o agosto.

no sí

Lo mejor para ti es quedarte en casa y leer un buen libro.

Visita las ciudades de Europa, por ejemplo Madrid, Barcelona, París, Londres y Viena, en invierno. Hay galerías de arte, museos, teatros y edificios antiguos.

Berta . . .

1. doesn't like the beach.
2. thinks dancing is fun.
3. likes the sun.
4. is a great swimmer.

Matías . . .

1. loves wintertime.
2. really likes sports.
3. is interested in history.
4. likes the sun.

C. Imagine that you're a travel agent and several people come to you for advice about where to spend their vacation. According to the map, which of the seven destinations would you recommend for a person who . . .?

1. likes the sun, the beach, and learning new things, but can't swim
2. likes being indoors and likes art and culture
3. doesn't like talking with friends, dancing, art, or culture
4. likes the beach, but not swimming or doing new things
5. doesn't like to play sports, but does like history

D. Mira el mapa una vez más y decide dónde quieres pasar tus vacaciones. Sigue las instrucciones y contesta cada pregunta con cuidado. Piensa en los lugares que recomienda el mapa y decide qué lugares prefieres para tus vacaciones ideales. Escribe un párrafo breve y explica adónde quieres ir y por qué. Puedes usar las siguientes frases: **Quiero ir a... porque...**

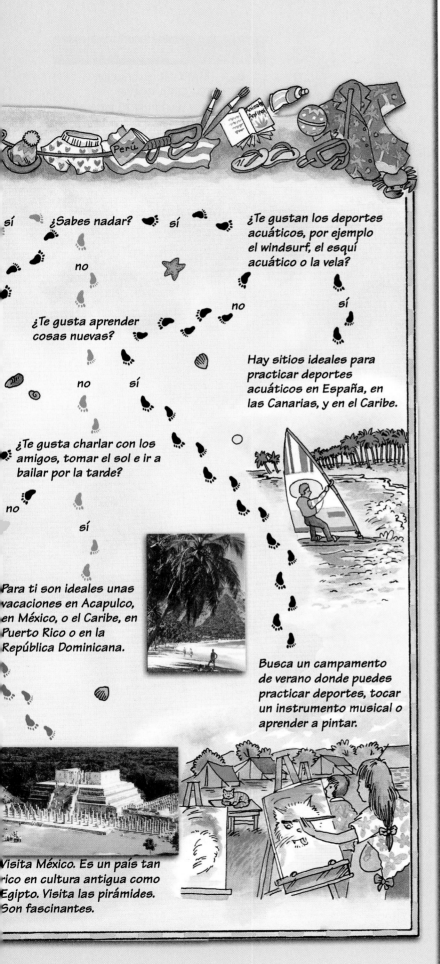

sí ¿Sabes nadar? sí

no

¿Te gustan los deportes acuáticos, por ejemplo el windsurf, el esquí acuático o la vela?

¿Te gusta aprender cosas nuevas?

no

no sí

Hay sitios ideales para practicar deportes acuáticos en España, en las Canarias, y en el Caribe.

¿Te gusta charlar con los amigos, tomar el sol e ir a bailar por la tarde?

no

sí

Para ti son ideales unas vacaciones en Acapulco, en México, o el Caribe, en Puerto Rico o en la República Dominicana.

Busca un campamento de verano donde puedes practicar deportes, tocar un instrumento musical o aprender a pintar.

Visita México. Es un país tan rico en cultura antigua como Egipto. Visita las pirámides. Son fascinantes.

Cuaderno para hispanohablantes, pp. 56–58

Cuaderno de actividades, p. 143, Act. 17

VAMOS A LEER

Más práctica gramatical

CD-ROM 3
DVD 2

internet

go.hrw.com

MARCAR: go.hrw.com
PALABRA CLAVE:
WV3 PUERTO RICO-12

Primer paso

Objectives Talking about what you do and like to do every day; making future plans

1 Cada persona tiene una rutina diferente. Di cómo llegan al colegio las siguientes personas, usando las formas correctas de **venir**. (p. 362)

> **MODELO** El profesor Vargas/en coche
> **El profesor Vargas viene en coche.**

1. Norberto/en autobús
2. Tú/en bicicleta
3. Teresa y Rafi/caminando
4. Yo/en el coche de mi hermano

2 Explica qué come la gente para el almuerzo. Usa las formas correctas de **almorzar**. (p. 362)

> **MODELO** Javi/perros calientes y papitas
> **Javi almuerza perros calientes y papitas.**

1. Nosotros/sándwiches de jamón y queso
2. Tú/hamburguesas
3. Roque y Alma/ensaladas
4. Yo/pizza

3 ¿Cuándo comienzan a hacer la tarea las siguientes personas? Usa las formas correctas de **empezar**. (p. 362)

> **MODELO** Adrián/7:00
> **Adrián empieza la tarea a las siete.**

1. Marilú/7:30
2. Clara y yo/8:15
3. Jaime y Laura/5:00
4. Tú/6:30

4 Carmiña y Felipe están organizando una excursión para su clase. Completa su conversación con la forma correcta de los verbos, en el tiempo presente. (p. 362)

CARMIÑA   Felipe, ¿tú ___1___ (tener) la lista de estudiantes? Yo ___2___ (querer) verla.

FELIPE   Aquí está. Me parece que unos estudiantes no ___3___ (poder) venir.

CARMIÑA   ¿Por qué no ___4___ (venir) Esteban y Adriana?

FELIPE   Pues, Esteban no ___5___ (poder), porque ___6___ (empezar) su nuevo trabajo este fin de semana. Y yo ___7___ (pensar) que Adriana ___8___ (tener) que visitar a sus tíos el sábado.

CARMIÑA   ¿Y Marcela?

FELIPE   Ella ___9___ (querer) venir, pero todavía no está segura si ___10___ (poder) o no.

CARMIÑA   Pues, ¿tú ___11___ (querer) llamarla ahora? Mañana nosotros ___12___ (tener) que hacer las reservaciones, y yo ___13___ (preferir) organizar todo hoy.

FELIPE   De acuerdo.

5 You took a poll on people's summer plans. Now report where the following people are going to go, what they want to do, and what they have to do this summer. Use information from the poll below. (p. 363)

MODELO   Alonso va a ir a Puerto Rico. Quiere ver El Yunque y San Juan, pero tiene que cuidar a su hermana.

PERSONA	¿ADÓNDE VA?	¿QUÉ QUIERE HACER?	¿QUÉ TIENE QUE HACER?
Alonso	Puerto Rico	ver El Yunque y San Juan	cuidar a su hermana
el profesor Sastre	España	descansar y viajar	escribir un libro
yo	la casa de los abuelos	ir al cine mucho	tomar una clase
Nieves	el campo	acampar y leer novelas	trabajar en un hospital
Patricio y Efraín	el lago	nadar y jugar al tenis	trabajar en un restaurante
mis amigos y yo	la playa	bucear y salir a comer	ayudar en casa

1. El profesor Sastre
2. Yo
3. Nieves
4. Patricio y Efraín
5. Mis amigos y yo

Segundo paso   Objective **Discussing what you would like to do on vacation**

6 Create sentences about what the following people would like to do on a dream vacation to **la Isla del Paraíso.** Use **gustaría** and the correct indirect object pronoun in each sentence. (**pp. 366, 367**)

> **MODELO**   **Linda/bajar el río en canoa**
> **A Linda le gustaría bajar el río en canoa.**

1. ¿tú/saltar en paracaídas?
2. nosotros/dar una caminata por el bosque
3. Roberto y Guille/ir de vela
4. ¿Isa/escalar montañas?
5. yo/acampar
6. ¿ustedes/tomar el sol?

7 Estás en el aeropuerto y escuchas los comentarios de otras personas. Completa sus comentarios con la forma correcta de **ser** o **estar.** (**p. 369**)

1. Esa maleta parda no _____ de nosotros. Todas nuestras maletas _____ negras.
2. ¿Dónde _____ los pasaportes y los boletos?
3. ¿Qué hora _____? ¿Hay tiempo para tomar un refresco?
4. Yo _____ de Miami. ¿De dónde _____ usted?
5. ¡La comida en la cafetería aquí _____ horrible!
6. Señorita, necesito un boleto a Caracas, Venezuela. ¿Cuánto _____?
7. Julia y Toño _____ en la librería. Creo que _____ comprando revistas.
8. No me siento bien. _____ un poco nervioso y me duele el estómago.

8 José Luis está de vacaciones en la Isla del Paraíso. Completa lo que escribe en su diario con la forma correcta de **ser** o **estar.** (**p. 369**)

¡Qué divertida __1__ la Isla del Paraíso! Yo __2__ aquí de vacaciones con unos amigos. __3__ aquí conmigo Pablo, Delia y Pilar. La isla __4__ grande y bonita, y hay muchas cosas que hacer. Pablo __5__ muy contento porque a él le encantan los deportes acuáticos. Él __6__ buceando ahora, y más tarde va a ir de vela. Delia y Pilar __7__ muy atléticas, y van a escalar montañas esta tarde. Yo __8__ un poco cansado hoy, y por eso no voy con ellas. Pienso tomar el sol en la playa que __9__ cerca del río. Pero ahora __10__ las nueve, y voy a dar una caminata. ¡Hasta luego!

9 Using the preterite form of the verbs in parentheses, complete each sentence about what the following people did on vacation. Then tell where they went by creating sentences with the preterite form of **ir** and the places in the box. (**p. 371**)

MODELO   **Yolanda (hacer) recorridos por Madrid, Sevilla y Barcelona.**
Yolanda *hizo* recorridos por Madrid, Sevilla y Barcelona. *Ella fue a España.*

México	Egipto	Alemania
Ecuador	España	Francia
Puerto Rico		Italia

1. Yo (acampar) en El Yunque y (tomar) el sol en la playa.

2. Fernando (escalar) montañas en las Alpes y (estudiar) alemán.

3. Alicia y Martín (sacar) muchas fotos de las pirámides y (montar) en camello.

4. Margarita y su familia (visitar) a unos primos en París.

5. Gianna y yo (practicar) el italiano y (comprar) muchas pizzas.

6. Tú (esquiar) en los Andes y (pasar) tiempo en Cuenca.

7. Gonzalo y su hermano (viajar) a la Península de Yucatán y (nadar) en la playa en Cancún.

CD-ROM 3
DVD 2

internet

MARCAR: go.hrw.com
PALABRA CLAVE:
WV3 PUERTO RICO-12

1 Las siguientes personas describen sus planes para las vacaciones. Para cada descripción que oyes, indica el dibujo correspondiente.

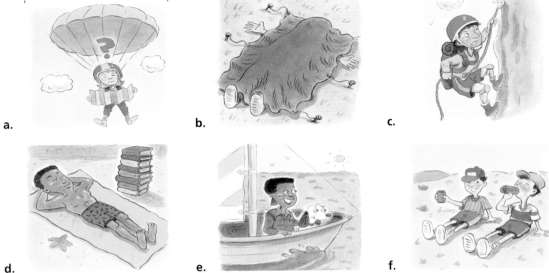

a.

b.

c.

d.

e.

f.

2 Lee el artículo y contesta las preguntas.

De viaje

*E*ntre la gente de los países hispanohablantes es muy popular viajar. Algunos de los destinos más preferidos por los turistas son los paradores. Estos son hoteles en castillos antiguos, palacios, conventos y monasterios. Muchos paradores ofrecen vistas espectaculares del lugar, actividades para los turistas y hasta deportes acuáticos en las playas de la zona.

1. Según el artículo, ¿qué les gusta a muchos turistas de los países hispanohablantes? ¿Por qué?
2. ¿Qué son los paradores?
3. ¿Qué puede hacer un turista en un parador?

3 Work with two or three classmates to plan a group trip. Decide when and where you will go and what you will need. Talk about the clothing you must take, the weather, and what you will see. Also agree on at least three activities you would like to do and how long you would like to stay. Be ready to present your itinerary to the class.

Vamos a escribir

Write an article for the Spanish class yearbook. Describe some events you participated in this year, such as games, concerts, or trips. Conclude by summarizing the year with a short description.

Estrategia para escribir
Writing good conclusions will help tie your ideas together. You might review the highlights of the school year. A conclusion is also a good place to evaluate the positive and negative aspects of your topic.

Prewriting

1. List several highlights of the year and note some facts about each, such as what happened and when, what you did, and where you went.

2. Choose which events to include, and organize them with a cluster diagram or an outline.

Writing

For your first draft, use some writing strategies you've practiced this year:

- Think about the grammar and vocabulary you'll need. Review preterite forms and words for school and free time activities.

- Get your reader's attention with a snappy introduction–perhaps a question or an exclamation about the school year.

- Don't forget that connectors such as **y, también,** and **pero** will make your sentences flow more smoothly and logically.

Revising

1. Switch papers with a classmate, and check to see that she or he included several events and supporting details about each. Then read the conclusion. Does it review or summarize the main ideas? Check for spelling and grammar errors too.

2. Write a final draft of your article, making any changes and corrections.

Situación

Imagine that you're on a bus from San Juan to Ponce, and you strike up a conversation with the person sitting next to you. With a partner, role-play a scene in which you find out your fellow passenger's name and age, and where he or she is from. Then ask where your new friend is going and what he or she plans to do there. Also find out where your new friend has already gone in Puerto Rico and what he or she did there.
Your partner should also ask you the same questions.
Be prepared to present your scene to the class.

Cuaderno para hispanohablantes, p. 60

A ver si puedo...

Can you talk about what you do and like to do every day?
p. 361

1 How would you ask the following people what they do every day?
1. your best friend
2. a new student in your class
3. your cousin
4. your brother or sister
5. a group of friends
6. your teacher

Can you make future plans? p. 362

2 How do you ask someone . . .?
1. what he or she is going to do tomorrow
2. what he or she plans to do this summer
3. what he or she hopes to do in the future

3 Tell a friend about a future trip to Mexico. Say what you plan and hope to do. Use these cues:
1. ir a México, D.F., este verano
2. hacer turismo
3. practicar el español
4. visitar las pirámides
5. sacar fotos
6. explorar la selva

Can you discuss what you would like to do on vacation? p. 367

4 How would you ask someone if he or she would like to do the following?

a.   b.   c.   d.

5 How would you answer if someone asked you the following questions?
1. ¿Qué te gustaría hacer hoy?
2. ¿Adónde te gustaría viajar?

6 How would you ask a friend on vacation . . .?
1. where he or she is
2. what it's like there
3. what the people are like
4. what she or he is doing right now

Can you say where you went and what you did on vacation?
p. 371

7 How would you tell your friend that . . .?
1. you went to Egypt last summer
2. you and your family took a trip to Mexico City
3. you and your friends went to New York

8 How would you tell someone that . . .?
1. your parents visited relatives in Chicago
2. you and your sister didn't go anywhere and worked all summer

Primer paso

Making future plans

el bloqueador	sunscreen	las chancletas	sandals, slippers	los lentes de sol	sunglasses
el boleto	ticket	esperar	to hope	la toalla	towel
la bufanda	scarf	los esquís	skis		
la cámara	camera	hacer la maleta	to pack the suitcase		

Segundo paso

Discussing what you would like to do on vacation

bajar el río en canoa	to go canoeing	explorar	to explore	la selva	jungle
		hacer turismo	to go sightseeing	la tienda de camping	camping tent
el bosque	forest	ir de vela	to go sailing		
dar una caminata	to go hiking	la isla	island	tomar el sol	to sunbathe
escalar montañas	to go mountain climbing	el paraíso	paradise		
		saltar en paracaídas	to go skydiving		

Tercer paso

Saying where you went and what you did on vacation

Alemania (fem.)	Germany	**Francia** (fem.)	France	**Italia** (fem.)	Italy
China (fem.)	China	**Inglaterra** (fem.)	England	**ningún lugar**	nowhere, not anywhere
Egipto (masc.)	Egypt				

Reference Section

Functions are probably best defined as the ways in which you use a language for particular purposes. When you find yourself in specific situations, such as in a restaurant, in a grocery store, or at a school, you will want to communicate with those around you. In order to do that, you have to "function" in Spanish: you place an order, make a purchase, or talk about your class schedule.

Such functions form the core of this book. They are easily identified by the boxes in each chapter that are labeled **Así se dice**. These functional phrases are the building blocks you need to become a speaker of Spanish. All the other features in the chapter—the grammar, the vocabulary, even the culture notes—are there to support the functions you are learning.

Here is a list of the functions presented in this book and the Spanish expressions you'll need in order to communicate in a wide range of situations. Following each function is the chapter and page number where it was introduced.

Socializing

Saying hello
Ch. 1, p. 21

Buenos días.	Buenas noches.
Buenas tardes.	Hola.

Saying goodbye
Ch. 1, p. 21

Adiós.	Hasta luego.
Bueno, tengo clase.	Hasta mañana.
Chao.	Tengo que irme.

Introducing people and responding to an introduction
Ch. 1, p. 22

Me llamo...	Ésta es mi amiga...
Soy...	Se llama...
¿Cómo te llamas?	¡Mucho gusto!
Éste es mi amigo...	Encantado/a.
	Igualmente.

Asking how someone is and saying how you are
Ch. 1, p. 24

¿Cómo estás?	Estupendo/a.
¿Y tú?	Excelente.
¿Qué tal?	Regular.
Estoy (bastante) bien, gracias.	Más o menos.
	(Muy) mal.
Yo también.	¡Horrible!

Talking on the telephone
Ch. 7, p. 207

Aló.	¿De parte de quién?
Diga.	La línea está ocupada.
¿Quién habla?	¿Puedo dejar un recado?
¿Está ..., por favor?	Un momento...
	Llamo más tarde.

Extending and accepting invitations
Ch. 7, p. 208

¿Te gustaría...?	¿Quieres...?
Sí, me gustaría...	Te invito.
Nos gustan...	¡Claro que sí!

Making plans
Ch. 7, p. 212

¿Qué piensas hacer hoy?	Pienso...
	¿Piensas...?

Talking about getting ready
Ch. 7, p. 214

¿Estás listo/a?	No, porque necesito...
No, todavía necesito...	

Turning down an invitation and explaining why
Ch. 7, p. 217

¡Qué lástima!	Tengo una cita.
Ya tengo planes.	Tengo que...
Tal vez otro día.	Me gustaría, pero no puedo.
Lo siento, pero no.	Estoy cansado/a y un poco enfermo/a.
Estoy ocupado/a.	

Exchanging Information

Asking and saying how old someone is
Ch. 1, p. 27

¿Cuántos años tienes?	¿Cuántos años tiene?
	Tiene ... años.
Tengo ... años.	

Asking where someone is from and saying where you're from
Ch. 1, p. 28

¿De dónde eres?	¿De dónde es...?
Soy de...	Es de...

Talking about what you want and need
Ch. 2, p. 52

¿Qué quieres?
Quiero...
Quiere...
¿Qué necesitas?
¿Necesitas...?
Necesito...
¿Qué necesita?
Ya tengo...
Necesita...

Describing the contents of your room
Ch. 2, p. 57

¿Qué hay en tu cuarto?
(No)tengo... en mi cuarto.
¿Qué hay en el cuarto de...?
Hay ... en su cuarto.
¿Tienes...?
¿Qué tiene ... en su cuarto?
Tiene ... en su cuarto.

Talking about what you need and want to do
Ch. 2, p. 60

¿Qué necesitas hacer?
Necesito...
¿Qué necesita hacer...?
Necesita...
¿Qué quieres hacer?
¿Qué quiere hacer...?
No sé, pero no quiero...
Quiere...

Talking about classes and sequencing events
Ch. 3, p. 84

¿Qué clases tienes este semestre?
Tengo...
¿Qué clases tienes hoy?
Primero tengo..., después... y luego...
¿Y cuándo tienes un día libre?
Mañana, por fin…

Telling time
Ch. 3, p. 85

¿Qué hora es?
Es la una.
Es la una y cuarto.
Son las...
Son las ... y media.
¿Ya son las...?
Es tarde.

Telling at what time something happens
Ch. 3, p. 88

¿A qué hora es...?
(Es) a las ... de la tarde.
¡Es ahora!
En punto.

Talking about being late or in a hurry
Ch. 3, p. 90

Estoy atrasado/a.
Está atrasado/a.
Tengo prisa.
¡Date prisa!

Describing people and things
Ch. 3, p. 92

¿Cómo es...?
Es...
¿Cómo son...?
Son...
No son...

Discussing what you and others do during free time
Ch. 4, p. 114

¿Qué haces después de clases?
Antes de regresar a casa...
En el tiempo libre...
¡Descanso!
Toco la guitarra.
Jugamos al...

Telling where people and things are
Ch. 4, p. 118

¿Dónde estás?
Estoy en...
¿No está en...?
No, no está aquí. Está en...

Talking about where you and others go during free time
Ch. 4, p. 123

¿Adónde vas?
Voy a...
¿Adónde va...?
Va al...

Discussing how often you do things
Ch. 5, p. 145

¿Con qué frecuencia...?
Todos los días...
Siempre...
Nunca...
¿Todavía...?
Durante la semana...
A veces...
Muchas veces...
Sólo cuando...

Talking about what you do during a typical week
Ch. 5, p. 151

¿Qué haces típicamente durante el día?
¿... por la mañana?
¿... por la tarde?
¿... por la noche?

Giving today's date
Ch. 5, p. 154

¿Cuál es la fecha?
¿Qué fecha es hoy?
Hoy es el primero de...
Es el ... de...
El cuatro de este mes hay...

Talking about the weather
Ch. 5, p. 156

¿Qué tiempo hace?
Hace buen tiempo.
Hace muy mal tiempo hoy.

Describing a family
Ch. 6, p. 174

¿Cuántas perso- nas hay en tu familia?
Hay ... en mi familia.
Somos cinco.
¿Cómo es tu familia?
Tenemos...
Somos muy unidos.

Describing people
Ch. 6, p. 178

¿Cómo es...? ¿De qué color es...?
Tiene... ¿De qué color son...?

Discussing things a family does together
Ch. 6, p. 180

¿Qué hacen ustedes los fines de semana?
¿Hacen ustedes algo durante el verano?

Talking about meals and food
Ch. 8, p. 235

¿Qué tomas para el desayuno?
¿Qué tomas para el almuerzo?
A veces tomo...
No me gusta ... para nada.
Tengo sed. ¿Qué hay para tomar?
¿Qué prefieres?
Por lo general tomo...

Ordering dinner in a restaurant
Ch. 8, p. 246

¿Qué vas a pedir? ¿Qué le puedo traer?
Voy a pedir... Yo quisiera...

Asking for and paying the bill in a restaurant
Ch. 8, p. 246

¿Nos puede traer la cuenta?
La cuenta, por favor.
¿Desean algo más?
¿Cuánto es?
¿Está incluida la propina?
No, no está incluida. Es aparte.

Discussing gift suggestions
Ch. 9, p. 269

¿Qué piensas regalarle a...?
Le voy a dar...
¿Para quién es el regalo?
El regalo es para...
¿Qué tipo de regalo buscas?
Busco...

Asking for and giving directions downtown
Ch. 9, p. 271

Perdón, ¿dónde está...?
Está a ... cuadras de aquí.
¿Me puede decir dónde queda...?
Queda al lado de...

Making comparisons
Ch. 9, p. 277

¿Cuál es más barato?
El ... cuesta menos. El ... es más caro.
¿Son los ... tan caros como el...?
Son del mismo precio.

Asking about prices and paying for something
Ch. 9, p. 280

¿Cuánto cuesta...? ¿Cuánto cuestan...?
Cuesta... Cuestan...

Talking about what you're doing right now
Ch. 10, p. 298

¿Qué estás haciendo?
Estoy colgando las decoraciones.
Él está limpiando la sala.
¿Todos están decorando la casa?
Sí, estamos decorando la casa.

Talking about past events
Ch. 10, p. 307

¿Qué hiciste anoche?
Bailé y hablé con...
¿Qué hizo ... ayer?
¿Lo pasaron bien la semana pasada?
Sí, lo pasamos bien.
Cantó...

Saying what you did
Ch. 11, p. 340

¿Qué hiciste anoche?
¿Ganaste?
Jugué...
Jugó...

Talking about where you went and when
Ch. 11, p. 342

¿Adónde fuiste anteayer?
¿Adónde fuiste anteanoche?
Anoche fui...

Talking about what you do and like to do every day
Ch. 12, p. 361

¿Qué haces todos los días?
Primero...
Después...
Y luego...
¿Con qué frecuencia...?
¿Qué te gusta hacer después de clases?
Me gusta...
Pues...todos los viernes.

Making future plans
Ch. 12, p. 362

¿Adónde piensas viajar algún día?
¿Quieres viajar a...?
No, pero espero hacer un viaje a...
¿Qué vas a hacer este verano?

Saying where you went and what you did on vacation
Ch. 12, p. 371

¿Adónde viajaste el verano pasado?
No fui a ningún lugar.
¿Adónde fueron durante las vacaciones?
Fuimos a...
¿Qué hiciste cuando fuiste a...?

Expressing Attitudes and Opinions

Talking about things you like and explaining why
Ch. 3, p. 95

¿Te gustan...?   Sí, a ella le gustan mucho.
Sí, me gustan.   ¿Por qué?
¿Cuál es...?   Porque...
¿A ella le gustan...?

Talking about what you like to do
Ch. 4, p. 113

¿Qué te gusta   ¿A quién le gusta...?
  hacer?   A mí me gusta...
Me gusta...   Por eso, me gustan...
¿A él le gusta...?
No, no le gusta...,
  pero le gusta...

Talking about what you and your friends like to do together
Ch. 5, p. 148

¿Qué les gusta   ¿Les gusta ... juntos?
  hacer?   Especialmente durante las
Nos gusta...   vacaciones...

Discussing problems and giving advice
Ch. 6, p. 184

Tengo un problema.   ¿Qué debo hacer?
Dice que ..., pero no   Debes ... menos.
  es cierto.

Commenting on food
Ch. 8, p. 240

¿Cómo está...?   ¿Cómo están...?
Está...   Están...

Commenting on clothes
Ch. 9, p. 274

¿Qué ropa vas   ¿No tienes algo más
  a llevar?   formal?
¡Lo de siempre!   Sí, pero prefiero llevar...

Expressing preferences
Ch. 9, p. 279

¿Cuál de estos ... prefieres?
Prefiero el azul.
¿Qué camisa te gusta más? ¿La verde o la
  amarilla?
La verde. Además, te queda muy bien.

Asking for and giving an opinion
Ch. 10, p. 300

¿Crees que...?   Me parece bien.
Creo que sí.   Perfecto.
¿Qué te parece   Buena idea.
  si...?   Creo que no.

Discussing what you would like to do on vacation
Ch. 12, p. 367

¿Qué te gustaría hacer este verano?
A mí me gustaría...
¿Adónde te gustaría ir este verano?
¿Qué tienes ganas de hacer?
Tengo ganas de...

Expressing Feelings and Emotions

Talking about likes and dislikes
Ch. 1, p. 32

¿Qué te gusta?   Me gusta (más)...
¿Te gusta...?   No me gusta...

Making suggestions and expressing feelings
Ch. 11, p. 331

¿Qué tal si...?   ¿Qué tienes?
¿Por qué no...?
Gracias, pero no   ¿Te sientes mal?
  quiero.   No me siento bien.
En realidad no   Estoy un poco cansado/a,
  tengo ganas.   nada más.

Talking about moods and physical condition
Ch. 11, p. 334

¿Cómo estás?   Tengo gripe.
Estoy...   ¿Qué le pasa a...?
¿Cómo te sientes?   Está preocupado/a
         por algo.

Persuading

Making polite requests
Ch. 8, p. 244

Camarero/a, ¿nos puede traer..., por favor?
¿Me puede traer..., por favor?

Asking for help and responding to requests
Ch. 10, p. 302

¿Me haces el   ¡Con mucho gusto!
  favor de...?   Un momentito.
Claro que sí.   Me pasas...
¿Me ayudas a...?   Lo siento, pero en este mo-
Cómo no.   mento estoy ocupado/a.
¿Me traes...?   Perdóname, pero...

Telling a friend what to do
Ch. 10, p. 304

Prepara ... y limpia..., ¿quieres?
De acuerdo.
Por favor, decora ... y llama...
Está bien.

This list includes additional vocabulary that you may want to use to personalize activities. If you can't find a word you need here, try the Spanish-English and English-Spanish vocabulary sections, beginning on page R15.

Asignaturas *(School Subjects)*

el cálculo	*calculus*
la contabilidad	*accounting*
la física	*physics*
la geometría	*geometry*
el latín	*Latin*
la mecanografía	*typing*
el ruso	*Russian*

Celebraciones *(Celebrations)*

el bautizo	*baptism*
la canción	*song*
el Día de la Raza	*Columbus Day*
los fuegos artificiales	*fireworks*
la Pascua Florida	*Easter*
la piñata	*piñata*
la Semana Santa	*Holy Week*
la vela	*candle*
Rosh Hashaná	*Rosh Hashanah*
Hanukah	*Hanukkah*
el Ramadán	*Ramadan*

Comida *(Food)*

el aguacate	*avocado*
las arvejas	*peas*
el bróculi	*broccoli*
la carne asada	*roast beef*
la cereza	*cherry*
la coliflor	*cauliflower*
el champiñón	*mushroom*
la chuleta de cerdo	*pork chop*
las espinacas	*spinach*
los fideos	*noodles*
el filete de pescado	*fish fillet*
la mayonesa	*mayonnaise*
el melón	*cantaloupe*
la mostaza	*mustard*
la pimienta	*pepper*
la sal	*salt*
el yogur	*yogurt*

De compras *(Shopping)*

ahorrar	*to save*
el/la dependiente	*clerk*
el descuento	*discount*
dinero en efectivo	*cash*
en venta	*for sale*
gastar	*to spend*
hacer cola	*to stand in line*
hacer una pregunta	*to ask a question*
la rebaja	*discount*
regatear	*to bargain*
el vendedor, la vendedora	*salesperson*

Computadoras *(Computers)*

la computadora, el ordenador

la unidad de CD-ROM

el CD-ROM

el teclado

el ratón

la búsqueda; buscar	*search; to search*
comenzar la sesión	*to log on*
la contraseña, el código	*password*
el disco duro	*hard drive*
en línea	*online*
grabar	*to save*
la impresora; imprimir	*printer; to print*
Internet	*Internet*
el marcapáginas, el separador	*bookmark*
los multimedios	*multimedia*

navegar (por la Red)	to surf (the Net)
la página Web inicial	homepage
la tecla de aceptación	return key
la tecla de borrar, la tecla correctora	delete key
terminar la sesión	to log off
el Web, la Telaraña Mundial	World Wide Web

Deportes y pasatiempos
(Sports and Hobbies)

el anuario	yearbook
las artes marciales	martial arts
la banda	band
el boxeo	boxing
coleccionar sellos	to collect stamp
coser	to sew
el drama	drama
la fotografía	photography
la gimnasia	gymnastics
jugar al ajedrez	to play chess
jugar a las cartas	to play cards
la lucha libre	wrestling
la orquesta	orchestra
patinar sobre hielo	to ice skate

En el zoológico *(In the Zoo)*

las aves	birds
el canguro	kangaroo
la cebra	zebra
el cocodrilo	crocodile
el delfín	dolfin
el elefante	elephant
el gorila	gorilla
el hipopótamo	hippopotamus
la jirafa	giraffe
el león	lion
la foca	seal
el mono	monkey
el oso	bear
el oso blanco	polar bear
el pingüino	penguin
la serpiente	snake
el tigre	tiger

En la casa *(Around the House)*

la alcoba	bedroom
la alfombra	rug, carpet
el balcón	balcony
el comedor	dining room

las cortinas	curtains
el cuarto de baño	bathroom
el despertador	alarm clock
las escaleras	stairs
el escritorio	desk
el espejo	mirror
el estante	bookcase
el garaje	garage
la lavadora	washing machine
la mesita de noche	nightstand
los muebles	furniture
el patio	patio
el refrigerador	refrigerator
la secadora	dryer
el sillón	easy chair
el sofá	couch
el sótano	basement
el timbre	doorbell
el tocador	dresser

En la ciudad *(In the City)*

el aeropuerto	airport
la agencia de viajes	travel agency
la autopista	highway
el banco	bank
el edificio	building
la esquina	corner
la fábrica	factory
la farmacia	pharmacy
el hospital	hospital
la iglesia	church
la mezquita	mosque

ADDITIONAL VOCABULARY

la oficina	office
la parada de autobuses	bus stop
la peluquería	barber shop
el puente	bridge
el rascacielos	skyscraper
el salón de belleza	beauty salon
el semáforo	traffic light
el templo	temple

Instrumentos musicales
(Musical Instruments)

el acordeón	accordion
la armónica	harmonica
el bajo	bass
la batería	drum set
el clarinete	clarinet
la mandolina	mandolin
el oboe	oboe
el saxofón	saxophone
el sintetizador	synthesizer
el tambor	drum
el trombón	trombone
la trompeta	trumpet
la tuba	tuba
la viola	viola
el violín	violin

Números ordinales (Ordinal Numbers)

primero/a	first
segundo/a	second
tercero/a	third
cuarto/a	fourth
quinto/a	fifth
sexto/a	sixth
séptimo/a	seventh
octavo/a	eighth
noveno/a	ninth
décimo/a	tenth

Palabras descriptivas
(Descriptive Words)

amistoso/a	friendly
bien educado/a	polite
gracioso/a	funny
llevar gafas	to wear glasses
las pecas	freckles
el pelo lacio	straight hair
el pelo rizado	curly hair
ser calvo/a	to be bald
tener barba	to have a beard
tener bigote	to have a moustache

Refranes (Proverbs)

Más vale pájaro en mano que cien volando.
A bird in the hand is worth two in the bush.
Hijo no tenemos y nombre le ponemos.
Don't count your chickens before they're hatched.
Quien primero viene, primero tiene.
The early bird catches the worm.
Más vale tarde que nunca.
Better late than never.
El hábito no hace al monje.
Clothes don't make the man.
Más ven cuatro ojos que dos.
Two heads are better than one.
Querer es poder.
Where there's a will, there's a way.
Ojos que no ven, corazón que no siente.
Out of sight, out of mind.
No todo lo que brilla es oro.
All that glitters is not gold.
Caras vemos, corazones no sabemos.
Appearances are deceiving.
Donde una puerta se cierra, otra se abre.
Every cloud has a silver lining.
En boca cerrada no entran moscas.
Silence is golden.
Dime con quién andas y te diré quién eres.
Birds of a feather flock together.
A mal tiempo buena cara.
When life gives you lemons, make lemonade.

Regalos (Gifts)

la agenda	agenda, daily planner
el álbum	album
el anillo	ring
el animal de peluche	stuffed animal
el calendario	calendar
la cámara	camera
el certificado de compra	gift certificate
la colonia	cologne

el llavero	key chain
el perfume	perfume
la pulsera	bracelet
el rompecabezas	puzzle
las rosas	roses

Ropa *(Clothes)*

la bata	robe
el chaleco	vest

el jersey	sweater
las medias	stockings, nylons
el paraguas	umbrella
las pijamas	pajamas
la ropa interior	underwear
el saco	blazer, sports jacket
los tacones	high heels

Temas de actualidad *(Current Issues)*

el bosque tropical	rain forest
la contaminación	pollution
el crimen	crime
los derechos humanos	human rights
la educación	education
el medio ambiente	the environment

las noticias	news
la política	politics
la salud	health
el SIDA	AIDS
la tecnología	technology
la violencia	violence

Vacaciones *(Vacation)*

la aduana	customs
el aeropuerto	airport

el avión	airplane
los cheques de viajero	traveler's checks
el equipaje	luggage
hacer una reservación	to make a reservation
el hotel	hotel
la llegada	arrival
el mar	sea
el pasaporte	passport
la salida	departure
el tren	train
visitar los lugares de interés	to sightsee
volar (ue)	to fly

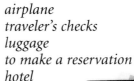

NOUNS AND ARTICLES

GENDER OF NOUNS

In Spanish, nouns (words that name a person, place, or thing) are grouped into two classes or genders: masculine and feminine. All nouns, both persons and objects, fall into one of these groups. Most nouns that end in **-o** are masculine, and most nouns that end in **-a**, **-ción**, **-tad**, and **-dad** are feminine.

Masculine Nouns	Feminine Nouns
libro	casa
chico	universidad
cuaderno	situación
bolígrafo	mesa
vestido	libertad

FORMATION OF PLURAL NOUNS

Add **-s** to nouns that end in a vowel.		Add **-es** to nouns that end in a consonant.		With nouns that end in **-z**, the **-z** changes to a **-c**.	
SINGULAR	PLURAL	SINGULAR	PLURAL	SINGULAR	PLURAL
libro	libros	profesor	profesores	vez	veces
casa	casas	papel	papeles	lápiz	lápices

DEFINITE ARTICLES

There are words that signal the class of the noun. One of these is the definite article. In English there is one definite article: *the*. In Spanish, there are four: **el, la, los, las**.

SUMMARY OF DEFINITE ARTICLES

	Masculine	Feminine
Singular	**el** chico	**la** chica
Plural	**los** chicos	**las** chicas

CONTRACTIONS

a + el → **al**
de + el → **del**

INDEFINITE ARTICLES

Another group of words that are used with nouns is the *indefinite article:* **un, una**, (*a* or *an*) and **unos, unas** (*some* or *a few*).

SUMMARY OF INDEFINITE ARTICLES

	Masculine	Feminine
Singular	**un** chico	**una** chica
Plural	**unos** chicos	**unas** chicas

PRONOUNS

Subject Pronouns	Direct Object Pronouns	Indirect Object Pronouns	Objects of Prepositions
yo	me	me	mí
tú	te	te	ti
él, ella, usted	lo, la	le	él, ella, usted
nosotros, nosotras	nos	nos	nosotros, nosotras
vosotros, vosotras	os	os	vosotros, vosotras
ellos, ellas, ustedes	los, las	les	ellos, ellas, ustedes

ADJECTIVES

Adjectives are words that describe nouns. The adjective must agree in gender (masculine or feminine) and number (singular or plural) with the noun it modifies. Adjectives that end in -e or a consonant only agree in number.

		Masculine	Feminine
Adjectives that end in -o	Singular Plural	chico alto chicos altos	chica alta chicas altas
Adjectives that end in -e	Singular Plural	chico inteligente chicos inteligentes	chica inteligente chicas inteligentes
Adjectives that end in a consonant	Singular Plural	examen difícil exámenes difíciles	clase difícil clases difíciles

DEMONSTRATIVE ADJECTIVES

	Masculine	Feminine		Masculine	Feminine
Singular Plural	este chico estos chicos	esta chica estas chicas	Singular Plural	ese chico esos chicos	esa chica esas chicas

When demonstratives are used as pronouns, they match the gender and number of the noun they replace and are written with an accent mark: **éste, éstos, ésta, éstas, ése, ésos, ésa, ésas**.

POSSESSIVE ADJECTIVES

These words also modify nouns and tell you *whose* object or person is being referred to (*my* car, *his* book, *her* mother).

SINGULAR		PLURAL	
Masculine	Feminine	Masculine	Feminine
mi libro	mi casa	mis libros	mis casas
tu libro	tu casa	tus libros	tus casas
su libro	su casa	sus libros	sus casas
nuestro libro	nuestra casa	nuestros libros	nuestras casas
vuestro libro	vuestra casa	vuestros libros	vuestras casas

AFFIRMATIVE AND NEGATIVE EXPRESSIONS	
Affirmative	**Negative**
algo	nada
alguien	nadie
alguno (algún), -a	ninguno (ningún), -a
o ... o	ni ... ni
siempre	nunca

INTERROGATIVE WORDS		
¿Adónde?	¿Cuánto(a)?	¿Por qué?
¿Cómo?	¿Cuántos(as)?	¿Qué?
¿Cuál(es)?	¿De dónde?	¿Quién(es)?
¿Cuándo?	¿Dónde?	

COMPARATIVES

Comparatives are used to compare people or things. With comparisons of inequality, the same structure is used with adjectives, adverbs, or nouns. With comparisons of equality, **tan** is used with adjectives and adverbs, and **tanto/a/os/as** with nouns.

COMPARATIVE OF INEQUALITY

$$\left.\begin{array}{l}\textbf{más}\\\textbf{menos}\end{array}\right\} + \left\{\begin{array}{l}\text{adjective}\\\text{adverb}\\\text{noun}\end{array}\right\} \qquad \left.\begin{array}{l}\textbf{más}\\\textbf{menos}\end{array}\right\} + \text{de} + \text{number}$$

COMPARATIVE OF EQUALITY

tan + adjective or adverb + **como**
tanto/a/os/as + noun + **como**

VERBS

REGULAR VERBS

In Spanish we use a formula to conjugate regular verbs. The endings change in each person, but the stem of the verb remains the same.

PRESENT TENSE OF REGULAR VERBS

Infinitive	Present	
hablar	hablo	hablamos
	hablas	habláis
	habla	hablan
comer	como	comemos
	comes	coméis
	come	comen
escribir	escribo	escribimos
	escribes	escribís
	escribe	escriben

VERBS WITH IRREGULAR *YO* FORMS

hacer		poner		saber		salir		traer	
hago	hacemos	**pongo**	ponemos	**sé**	sabemos	**salgo**	salimos	**traigo**	traemos
haces	hacéis	pones	ponéis	sabes	sabéis	sales	salís	traes	traéis
hace	hacen	pone	ponen	sabe	saben	sale	salen	trae	traen

VERBS WITH IRREGULAR FORMS

ser		estar		ir	
soy	somos	estoy	estamos	voy	vamos
eres	sois	estás	estáis	vas	vais
es	son	está	están	va	van

PRESENT PROGRESSIVE

The present progressive in English is formed by using the verb *to be* plus the *-ing* form of another verb. In Spanish, the present progressive is formed by using the verb **estar** plus the **-ndo** form of another verb.

-**ar** verbs	-**er** and -**ir** verbs	For -**er** and -**ir** verbs with a stem that ends in a vowel, the -**iendo** changes to -**yendo**:
hablar → estoy habl**ando** trabajar → trabaj**ando**	comer → com**iendo** escribir → escrib**iendo**	leer → le**yendo**

STEM-CHANGING VERBS

In Spanish, some verbs have an irregular stem in the present tense. The final vowel of the stem changes from **e → ie** and **o → ue** in all forms except **nosotros** and **vosotros**.

e → ie		o → ue		u → ue	
preferir		**poder**		**jugar**	
prefiero	preferimos	puedo	podemos	juego	jugamos
prefieres	preferís	puedes	podéis	juegas	jugáis
prefiere	prefieren	puede	pueden	juega	juegan

The following is a list of some **e → ie** stem-changing verbs:	The following is a list of some **o → ue** stem-changing verbs:
empezar **pensar** **querer**	**almorzar** **doler** **encontrar**

THE VERBS *GUSTAR* AND *ENCANTAR*

To express likes and dislikes, the verb **gustar** is used in Spanish. The verb **encantar** is used to talk about things you really like or love. The verb endings for **gustar** and **encantar** always agree with what is liked or loved. The indirect object pronouns always precede the verb forms.

gustar		encantar	
If one thing is liked:	If more than one thing is liked:	If one thing is really liked:	If more than one thing is really liked:
me te le } gusta nos les	me te le } gustan nos les	me te le } encanta nos les	me te le } encantan nos les

PRETERITE OF REGULAR VERBS

Infinitive	Preterite of Regular Verbs	
hablar	hablé hablaste habló	hablamos hablasteis hablaron
comer	comí comiste comió	comimos comisteis comieron
escribir	escribí escribiste escribió	escribimos escribisteis escribieron

PRETERITE OF *HACER, IR, SER,* AND *VER*

hacer	ir	ser	ver
hice	fui	fui	vi
hiciste	fuiste	fuiste	viste
hizo	fue	fue	vio
hicimos	fuimos	fuimos	vimos
hicisteis	fuisteis	fuisteis	visteis
hicieron	fueron	fueron	vieron

This vocabulary includes almost all words in the textbook, both active (for production) and passive (for recognition only). Active words and phrases are practiced in the chapter and are listed on the **Vocabulario** page at the end of each chapter. You are expected to know and be able to use active vocabulary. An entry in black, heavy type indicates that the word or phrase is active. All other words—some in the opening dialogues, in exercises, in optional and visual material, in **Panorama cultural**, **Encuentro cultural**, **A lo nuestro**, **También se puede decir**, **Vamos a leer**, and **A ver si puedo...** —are for recognition only. The meaning of these words and phrases can usually be understood from the context or may be looked up in this vocabulary index.

Nouns are listed with definite article and plural form, when applicable. The number after each entry refers to the chapter where the word or phrase first appears or where it becomes an active vocabulary word. Vocabulary from the preliminary chapter is followed by the letter "P".

Although the **Real Academia** has recently deleted the letters **ch** and **ll** from the alphabet, many dictionaries still have separate entries for these letters. This end-of-book vocabulary follows the new rules, with **ch** and **ll** in the same sequence as in English.

Stem changes are indicated in parentheses after the verb: **poder (ue)**.

a   *to, at*, 5
a comenzar   *let's begin*, 1
a ellas   *to them*, 5
a ellos   *to them*, 5
a lo largo de   *along*, 10
a lo nuestro   *our way*, 3
A mí me gusta + infinitive   *I (emphatic) like (to)* ..., 4
a principios de   *at the beginning of*, 10
¿A qué hora...?   *At what time...?*, 3
¿A quién le gusta...?   *Who likes...?*, 4
A ti, ¿qué te gusta hacer?   *What do you (emphatic) like to do?*, 4
a todo color   *in full color*, 2
a Uds. (ustedes)   *to you, (pl.)*, 5
a veces   *sometimes*, 5
a ver si puedo   *let's see if I can*, 1
abajo   *down*, 11
el abdomen   *abdomen*, 11
abierto   *open*, 7
el abrazo   *hug*, 1
el abrigo   *coat*
abril (m.)   *April*, 5
abrir   *to open*, 10; **abrir los regalos**   *to open gifts*, 10
la abuela   *grandmother*, 6
el abuelo   *grandfather*, 6
los abuelos   *grandparents*, 6
la abundancia   *abundance; plenty*, 2
abundar   *to abound*, 6
aburrido/a   *boring*, 3
acabemos   *let's finish*, 5

acampar   *to camp*, 5
el acceso   *access*, 4
el aceite   *oil*, 8
el acento   *accent mark*, P
aceptar   *to accept*, 7
acercarse   *to approach*; me le acerco   *I approach him/her*, 7
el acero   *steel*
el achiote   *annatto*, 8
acompañar   *to accompany*, 4
el acontecimiento   *event*, 5
acordarse (ue)   *to remember*, 10
acostado/a   *lying down*, 11
acostarse (ue)   *to go to bed, to lie down*, 11; me acuesto   *I go to bed*, 3
la actitud   *attitude*, 3
la actividad   *activity*, 5
activo/a   *active*, 11
el actor   *actor* (male); mi actor favorito es   *my favorite actor is*, P
la actriz   *actress*; mi actriz favorita es   *my favorite actress is*, P
el acuario   *aquarium*, 7
acuático/a   *aquatic*, 12
el acuerdo   *agreement*, 10; **De acuerdo.**   *Agreed.*, 10
adelante   *let's get started*, P
además   *besides*, 9
el adiestramiento   *teaching, training, instruction*, 2
Adiós.   *Goodbye.*, 1
adivinar   *to guess*, 6; adivina   *guess (command)*, 5
el adjetivo posesivo   *possessive adjective*, 6
¿adónde?   *to where?*, 4   **¿Adónde**

fuiste?   *Where did you go?*, 11
Adonde fueres haz lo que vieres.   *Wherever you go, do as you see.*, 1
el adoquín, los adoquines   *cobblestone*, 11
adorar   *to adore*, 6
aeróbico/a   *aerobic*; **una clase de ejercicios aeróbicos**   *aerobics class*, 5
el aeropuerto   *airport*, 12
afeitarse   *to shave*, 7
el afiche   *poster*, 2
africano/a   *African*, 11
afuera   *outside*, 12
la agencia   *agency*, 5
agitar   *to agitate, to stir up*, 3
agobiado/a   *tired*, 7
agosto (m.)   *August*, 5
agotado/a   *tired*, 7
agotar   *to use up, to exhaust*, 3
el agradecimiento   *gratitude, thanks, appreciation*, 9
agregar   *to add*, 8
agresivo/a   *aggressive*, 6
agrícola   *agricultural*, 7
el agua   (f.) *water*, 5 (pl. las aguas); **el agua mineral**   *mineral water*, 8
el águila   (f.) *eagle*, P (pl. las águilas)
ahí   *there*, 3
ahijado, -a (m./f.)   *godchild*, 6
ahora   *now*, 3
el aire   *air*; al aire libre *outdoors*, 11
el ajedrez   *chess*, 6
el ají   *spicy condiment made of tomatoes, onions, and hot, red chili peppers*, 8

el ajiaco *sauce or stew made with ají, a type of chili pepper,* 8
al (a + el) *to the,* 4
al ajillo *cooked with garlic,* 8
al final *finally,* 7
al grano *to the point;* Vamos al grano. *Let's get to the point.,* 1
al gusto *to your liking,* 8
al lado de *next to,* 4
al menos *at least,* 10
al principio *at first, in the beginning,* 10
la alberca *swimming pool,* 4
el álbum *album,* 4
el alcalde *mayor,* 10
alcanzar *to reach,* 11
alegre *happy,* 10
el alemán *German,* 3
Alemania (f.) *Germany,* 12
el alfabeto *alphabet,* P
el alfarero *pottery maker*
la alfombra *rug,* 2
el álgebra *algebra,* 3
algo *something,* 6; algo así *something like that,* 7; **¿Desean algo más?** *Would you like something else?,* 8; **preocupado/a por algo** *worried about something,* 11
el algodón *cotton,* 9; **de algodón** *(made of) cotton,* 9
alguno/a (masc. sing. algún) *some, any;* alguna parte *someplace;* alguna vez *sometime,* 6
allá *there,* 4
el almacén *department store,* 9
el almendro *almond tree,* 12
el almíbar *syrup,* 8
almorzar (ue) *to eat lunch,* 8
el almuerzo *lunch,* 3
Aló. *Hello.,* 7
alquilar *to rent,* 5
alrededor de *around,* 6
alto/a *tall,* 3
la amalgama *amalgamation, blend,* 10
amarillo/a *yellow,* 9
amazónico/a *of the Amazon,* 12
el ambiente *atmosphere*
americano/a *American,* 1; **el fútbol norteamericano** *football,* 1
las Américas *North, Central, and South America,* 8
la amiga *friend* (female), 1; **Ésta es mi amiga.** *This is my* (female) *friend.,* 1
el amigo *friend* (male), 1; amigo/a por correspondencia *pen pal,* 4; amigos hispanos *Hispanic friends,* 1; **Éste es mi amigo.** *This is my* (male) *friend.,* 1; **nuevos amigos** *new friends,* 2; **pasar el rato con amigos** *to spend time with friends,* 4
la amistad *friendship,* 1
anaranjado/a *orange,* 9
andaluz *Andalusian*
andar *to walk,* 12; ¡Ándale! *Hurry up!,* 3; andar en bicicleta *to ride a bike,* 4
andino/a *Andean,* 8
la anécdota *anecdote,* 7
el anfibio *amphibian,* 2
la anfitriona *hostess,* 10
el ángulo *angle,* 3
el animal *animal,* 2; el animal doméstico *pet*
el aniversario *anniversary;* **una fiesta de aniversario** *anniversary party,* 7; ¡Feliz aniversario! *Happy anniversary!,* 10
anoche *last night,* 10
la ansiedad *anxiety,* 11
anteanoche *the night before last,* 11
anteayer *day before yesterday,* 10
el antebrazo *forearm,* 11
anterior *earlier,* 8
antes de *before,* 4
antiguo/a *old, ancient,* 12
antillano/a *Antillean,* 11
antinarcótico/a *antidrug,* 3
antipático/a *disagreeable,* 3
los antojitos *appetizers,* 7
la antropología *anthropology,* 7; **el museo de antropología** *anthropology museum,* 7
el anuncio *advertisement,* 12; los anuncios personales *personal ads,* 4
añadir *to add,* 8
el año *year,* 5; **el Año Nuevo** *New Year's Day,* 10; **el año pasado** *last year,* 10; ¡Feliz Año Nuevo! *Happy New Year!,* 10; **¿Cuántos años tiene?** *How old is (she/he)?,* 1; **¿Cuántos años tienes?** *How old are you?,* 1; **Tengo ... años.** *I'm . . . years old.,* 1; **Tiene ... años.** *She/He is . . . years old.,* 1
el apartado postal *post office box,* 4
aparte *separate;* **Es aparte.** *It's separate.,* 8
apasionante *passionate, exciting,* 9
el apellido *last name,* 1
aprender *to learn,* 12
apropiado/a *appropriate,* 8
aproximadamente *approximately*
los apuntes *notes,* 11
¡Apúrate! *Hurry up!,* 3
apurarse *to hurry up,* 12
aquí *here,* 4
el archipiélago *archipelago*
la arcilla *clay*
el área (f.) *area*
el arete *earring,* 9
la Argelia *Algeria,* 1
la armada *navy,* 10
el armario *closet,* 2
la armonía *harmony,* 7
los aros *earrings,* 9
la arqueología *archeology,* 1
arquitectónico/a *architectural*
la arquitectura *architecture,* 7
el arrecife de coral *coral reef*
arreglar *to fix, to arrange,* 6

arriba *up,* 11
arrojar *to throw (out),* 10
el arroz *rice,* 8
el arte (f.) *art* (pl. **las artes**), 3
la artesanía *handicrafts,* 9
el artículo *article; item,* 9
el artista *artist (male),* 6
la artista *artist (female),* 6
artístico/a *artistic,* 6
asado/a *roasted,* 6
asegurarse *to be sure,* 10
así *thus, in this way,* 6; así se dice *here's how you say it,* 1
el asiento *seat,* 11
la asignatura *subject,* 3
los asistentes *participants,* 7
asistir a *to attend,* 5
asociado/a *associated;* asociado, -a (m./f.) *member of an association*
la aspiradora *vacuum cleaner;* **pasar la aspiradora** *to vacuum,* 6
el astronauta, la astronauta *astronaut,* 1
el ataque *attack,* 11
el atleta, la atleta *athlete,* 11
atlético/a *athletic,* 6
la atmósfera *atmosphere; ambience,* 9
la atracción *attraction;* **el parque de atracciones** *amusement park,* 7
atractivo/a *attractive,* 2
atraer *to attract,* 9
atrasado/a late; **Está atrasado/a.** *He/She is late.,* 3; **Estoy atrasado/a.** *I'm late.,* 3
el atún *tuna,* 8
el auditorio *auditorium,* 10
aúlla *he/she howls,* 11
el auto *car,* 4
aun *even, still,* 8
aunque *although,* 7
el autobús *bus;* **tomar el autobús** *to take the bus,* 5
auxiliar *auxiliary; assistant,* 1
la avenida *avenue,* 4
las aventuras *adventures,* 2
averiguar *to find out, to investigate,* 10
las aves *birds,* 2
la aviación *air force,* 10
el aviso *notice, advertisement,* 6
ayer *yesterday,* 10
ayudar *to help;* **ayudar en casa** *to help at home,* 5; **¿Me ayudas a...?** *Can you help me . . .?,* 10
el azúcar *sugar,* 8, el azúcar en polvo *powdered sugar,* 8
el azufre *sulfur*
azul *blue,* 6

bailando *dancing,* 10
bailar *to dance,* 4

el **baile** *dance*, 3
bajar *to descend, to go down;* **bajar el río en canoa** *to go canoeing*, 12
bajo/a *short*, 3
la balada *ballad*, 6
balanceado/a *balanced*, 11
el balcón *balcony*, 2
el balneario *beach resort*, 12
el baloncesto *basketball*, 1
la banca *bench*, 11
el banco *bank*, 2
la banda sinfónica *symphonic band*, 7
la bandeja *tray*, 8; la bandejita de hielo *ice tray*, 8
bañarse *to take a bath*, 5
el baño *bath;* **el traje de baño** *bathing suit*, 9
las barajas *card games, decks of cards*, 3
barato/a *cheap*, 9; **¡Qué barato/a!** *How cheap!*, 9
la barbacoa *barbecue*, 6
la barbilla *chin*, 11
el barco *boat, ship, vessel*, 5
el barrio *district, quarter, neighborhood*, 6
basado en *based on*, 2
el básquet *basketball*, 1
el basquetbol *basketball*, 1
¡Basta ya! *Enough!*, 7
bastante *quite, pretty, enough*, 10; **Estoy (bastante) bien, gracias.** *I am (pretty) well thanks.*, 1; ¿Hay bastante comida? *Is there enough food?*, 10
la basura *garbage, trash;* **sacar la basura** *to take out the garbage*, 4
la batalla *battle*, 10
la batería *drum set*, 4
el batido *milkshake*, 8
la batidora *beater*, 10
batir *to beat*, 8
el baúl *trunk for storage*, 11
beber *to drink*, 5
la bebida *beverage*, 8
el béisbol *baseball*, 1
las bellas artes *fine arts*, 9
la biblioteca *library*, 4
la bicicleta *bicycle;* andar en bicicleta, *to ride a bicycle*, 4; dar un paseo en bicicleta *to ride a bicycle*, 4; **montar en bicicleta** *to ride a bicycle*, 4; pasear en bicicleta *to ride a bicycle*, 3
bien *good, well;* **Está bien.** *All right.*, 7; **Estoy (bastante) bien, gracias.** *I'm (pretty) well, thanks.*, 1; Lo pasé muy bien. *I had a great time.*, 12; **Me parece bien.** *It seems fine to me.*, 10; ¡Qué bien te ves! *You look great!*, 9
bienvenido/a *welcome*
bilingüe *bilingual*, 1
el billete *ticket*, 12
la billetera *wallet*, 9
la biología *biology*, 3
el bistec *steak*, 8

blanco/a *white*, 9
el bloqueador *sunscreen*, 12
los **bluejeans** *bluejeans*, 9
la blusa *blouse*, 9
la boca *mouth*, 11
el bocadillo *sandwich (Spain)*, 8
la boda *wedding*, 7
el boleto *ticket*, 12
el bolígrafo *ballpoint pen*, 2
el bolívar *domestic currency in Venezuela*, 9
la bolsa *bag, purse*, 10; la bolsa de plástico *plastic bag*, 10
bonito/a *pretty*, 3
borrar *to erase;* **goma de borrar** *eraser*, 2
el bosque *forest*, 12
las **botas** *boots*, 9
bote *ship, boat*, 9
el **brazo** *arm*, 11
breve *short, brief*, 1
bucear *to scuba dive*, 5
Bueno... *Well . . .*, 2; Bueno. *Hello.* (telephone greeting in Mexico), 7; **Bueno, tengo clase.** *Well, I have class (now).*, 1
bueno/a *good*, 3; **Buenos días.** *Good morning.*, 1; **Buena idea.** *Good idea.*, 10; **Buenas noches.** *Good night.*, 1; **Buenas tardes.** *Good afternoon.*, 1
la bufanda *scarf*, 12
el bulevar *boulevard*, 10
la burla *joke; ridicule*, 2
el burro *donkey*, P
buscar *to look for*, 9

C

el caballo *horse*, 10; **montar a caballo** *to ride a horse*, 11
la cabeza *head*, 11
el cacahuate (cacahuete) *peanut*, 8
cada *each*, 2; cada cual *each one, each person*, 12
la cadena *chain*, 7
caer *to fall*, 11
el café *coffee;* **café con leche** *coffee with milk*, 8; **de color café** *brown*, 6
la cafeína *caffeine*, 11
la cafetería *cafeteria*, 1
el cafetín *cafeteria*, 6
la caja *box*, 8
los **calcetines** *socks*, 9
la calculadora *calculator*, 2
el caleidoscopio *kaleidoscope*, 7
el calendario *calendar*, 5
la calentura *fever;* tener calentura *to have a fever*, 11
caliente *hot*, 8; **el perro caliente** *hot dog*, 8
la calificación *grade*, 3

la caliza *limestone*
la calle *lane* (in a swimming pool), 5; *street*, 9
callejero/a *street (adj.), in the street*, 10
el calor *heat;* **Hace calor.** *It's hot.*, 5; Hace un calor tremendo. *It's really hot.*, 5
la cama *bed*, 2; **hacer la cama** *to make the bed*, 6
la cámara *camera*, 12
la camarera *waitress*, 8
el camarero *waiter*, 8
los **camarones** *shrimp*, 8
cambiar *to change*, 12; cambia *change* (command), 1
el cambio *change*, 4
caminar *to walk;* **caminar con el perro** *to walk the dog*, 4
la caminata *stroll, walk;* **dar una caminata** *to go hiking*, 12
el camino *way;* en camino *on the way*, 8
la camisa *shirt*, 9
la camiseta *T-shirt*, 9
la campana *bell*, 3
el camping *camping;* hacer camping *to camp*, 12; **la tienda de camping** *tent*, 12
el campo *country*, 7; *field*
las canas *gray hair;* **Tiene canas.** *He/She has gray hair.*, 6
la cancha *playing court;* **la cancha de fútbol** *soccer field*, 11; **la cancha de tenis** *tennis court*, 11
la canoa *canoe;* **bajar el río en canoa** *to go canoeing*, 12
cansado/a *tired*, 7
cantando *singing*, 10
cantante (m./f.) *singer*, 7
cantar *to sing*, 4
el cántaro *pitcher;* llover a cántaros *to pour, to rain cats and dogs*, 5
la caña de azúcar *sugarcane*
la capital *capital city*, 3
el capítulo *chapter*, 1
la cara *face*, 11; Cuesta un ojo de la cara. *It's very expensive.*, 11
el caramelo *candy*, 9
la caraota *kidney bean*, 8
el carbón *charcoal*, 8
cariñoso/a *affectionate*, 6
el carnaval *carnival*, 10
la carne *meat*, 8; la carne colorada *red meat, an Andean dish*, 8; **la carne de res** *beef*, 8; la carne mechada *shredded meat*, 8
caro/a *expensive*, 9; **¡Qué caro!** *How expensive!*, 9
la carpeta *folder*, 2
el carro *car*, 4; **lavar el carro** *to wash the car*, 4
la carta *letter*, 5; la carta de amor *love letter*, 5
la carta *menu*, 8
el cartel *poster*, 2
la cartera *wallet*, 9

la cartuchera *pencil case*, 2
la casa *house, home*, 4
casarse *to get married*, 10
casi *almost*; **casi siempre** *almost always*, 6
castaño/a *brown, chestnut-colored*, 6
las castañuelas *castanets*, P
el castellano *Spanish language*, 2
el castillo *fortress, castle*, 11
la casualidad *coincidence*; ¡Qué casualidad! *What a coincidence!*, 5
el catarro *cold*; tener catarro *to have a cold*, 11
la catedral *cathedral*, 7
la categoría *category*, 1
catorce *fourteen*, 1
el caucho *rubber*
el cayo *key, small island*
el cazador *hunter*, 2
la cazuela *casserole*; cazuela de marisco *Ecuadorean casserole dish with seafood and peanuts*, 8
la cebolla *onion*, 8
ceder *to cede, to give up (territory)*
la cédula *certificate*, 1
la celebración *celebration*, 10
celebrar *to celebrate*, 10; celebrarse *to be celebrated*, 10
la cena *dinner*, 4; **preparar la cena** *to prepare dinner*, 4
cenar *to eat dinner*, 6
el censo *census*
el centro *downtown*, 4
el centro comercial *shopping mall*, 2; **ir al centro comercial** *to go to the mall*, 2
cerca de *near*, 4
cercano/a *near, nearby* (adj.), 11
el cerdo *pig*, 2
el cereal *cereal*, 8
la ceremonia *ceremony*, 10
cero *zero*, 1
cerrar (ie) *to close*, 11
el césped *grass*; **cortar el césped** *to cut the grass*, 6
el ceviche *raw seafood marinated in lemon juice*, 8
el chaleco *vest*, P
chamaco,-a (m./f.) *friend*, 4
la chamarra *jacket*, 12
las chancletas *sandals, slippers*, 12
Chao. *'Bye.*, 1
la chaqueta *jacket*, 9
la charla *chat*, 1
charlar *to chat*, 12
las charreadas *rodeo festivities*
la charrería *Mexican rodeo*, 11
la charra *Mexican cowgirl*, 11
el charro *Mexican cowboy*, 11
chavo,-a (m./f.) *friend*, 4
la chica *girl*, 5
el chico *boy*, 5
el chile *chili pepper*, 8
China (f.) *China*, 12
chino/a *Chinese*, 6; **la comida china** *Chinese food*, 1

chiquito/a *very small, very young*, 6
el chiste *joke*, 2
el chocolate *chocolate*, 1; el chocolate hot chocolate, 8
la choza *hut, shanty*, 7
el ciclismo *cycling*, P
cien, ciento/a *one hundred*, 2
la ciencia ficción *science fiction*, 6
las ciencias *science*, 3; **las ciencias sociales** *social studies*, 3
cierto *true*, 1; **No es cierto.** *It isn't true.*, 6
el cilantro *cilantro, coriander*, 9
cinco *five*, 1
cincuenta *fifty*, 2
el cine *movie theater*, 4
la cintura *waist*, 11
el cinturón *belt*, 9
el circo *circus*, 7
una cita *date, appointment*, 7
cítrico/a *citrus*
la ciudad *city*, 7
la ciudadanía *citizenship*, 1
el ciudadano *citizen*, 1
civil *civil*, 10
la civilización *civilization*
el civismo *civics*, 3
el clarinete *clarinet*, 4
¡Claro que sí! *Of course!*, 7
la clase *class, classroom*, 1; **Bueno, tengo clase.** *Well, I have class (now).*, 1; **la clase de baile** *dance class*, 5; **una clase de ejercicios aeróbicos** *aerobics class*, 5; **la clase de inglés** *English class*, 1; ¿Qué clases tiene? *What classes do you/does he/she have?*, 2; **¿Qué haces depués de clase?** *What do you do after school?*, 4
clásico/a *classical*, 1
la clave *key*, 11
el cliente, la cliente *client*, 9
el clima *climate*
el club *club*; el club campeón *champion club, first-ranked club*, 4; el club deportivo *sports club, gym*, 5; el club nocturno *nightclub*, 6
el cobalto *cobalt*
el cobre *copper*
el coche *car*, 4
la cocina *kitchen*; cocina francesa clásica *classical French cooking*, 7; **limpiar la cocina** *to clean the kitchen*, 6
cocinado/a *cooked*, 8
el coco *coconut*, 6
codo/a *stingy*; ser muy codo/a *to be really stingy*, 11
el cohete *rocket*, 1
coleccionar *to collect, to form a collection*, 4
el colegio *high school*, 2
la colina *hill*, 9
colgar (ue) *to hang up*, 10; **colgar (ue) las decoraciones** *to hang*

decorations, 10
el coliseo *coliseum*, 7
el collar *necklace*, 9
colocar *to put, to place*, 8; colocarse *to be put, to be placed*, 10
el colón *currency in Costa Rica*, 9
la colonia *colony*
colonial *colonial*
el color *color*, 6; **de color café brown**, 6; **¿De qué color es/son...?** *What color is/are . . .?*, 6
colorido/a *colored*, 10
la combinación *combination*, 8
combinar *to combine*, 8; combina *combine* (command), 4
combustible *combustible*, 1
la comedia *comedy*, 3
el comentario *comment*, 8
comenzar (ie) *to begin*, 11
comenzó *he/she/it began*
comer *to eat*, 5
el comercial *commercial*
comestible *related to food; edible*
los comestibles, *groceries*; **la tienda de comestibles** *grocery store*, 9
cómico/a *comical, funny*, 3
la comida *food, meal*, (Mex.) *lunch*; **la comida italiana/ china/mexicana** *Italian/ Chinese/Mexican food*, 1
comiendo *eating*, 10
el comienzo *beginning*, 1
como *like, as*; **tan ... como** *as . . . as*, 9
¿Cómo? *How?, What?*; **¿Cómo es...?** *What's . . . like?*, 3; **¿Cómo estás?** *How are you?* (to ask a friend), 1; ¿Cómo se escribe? *How do you write (spell) it?* P; **¿Cómo son...?** *What are . . . like?*, 3; **¿Cómo te llamas?** *What's your name?*, 1; **¿Cómo te sientes?** *How are you feeling?*, 11
¡Cómo no! *Of course!*, 7
cómodo/a *comfortable*, 9
compacto/a *compact*; **el disco compacto** *compact disc*, 9
el compadrazgo *relationship between parents and godparents of a child*, 6
el compadre *friend* (male), 4
la compañera *friend, pal* (female), 3
el compañero *friend, pal* (male), 3
la compañía *company*, 10; la compañía de balet *ballet company*, 2
la comparación *comparison*, 2
compartir *to share*, 11
el complemento *complement, object pronoun*, 8
completa *complete* (command), 1
completar *to complete*, 8
completo/a *complete*, 2
comprar *to buy*, 2
comprender *to understand*, 1
compuesto/a *composed*, 2
la computación *computer science*, 3
la computadora *computer*, 2
común *common* (pl. comunes), P

con *with*, 4; **conmigo** *with me*, 4; **contigo** *with you*, 4

con base en *based on*, 1

con frecuencia *often*, 5; **¿Con qué frecuencia?** *How often?*, 5

¡Con mucho gusto! *Sure!*, 10

el concepto *concept*, 7

el concierto *concert*, 3

el concurso *game, competition, contest*, 3

el condimento *condiment*, 8

el conejo *rabbit*

confirmar *to confirm*, 4

el confite *candy*, 9

la confitería *sweetshop*, 9

el conflicto *conflict*, 6

el congelador *freezer*, 8

el conjunto *group, collection; band*, 9

conmigo *with me*, 4

conocer *to be familiar or acquainted with*, 2; **conocer a** *to get to know (someone)*, 2

conocido/a *known* (adj.), 10

los conocimientos *information; knowledge*, 2

el consejo *advice*, 6

conservar *to conserve*, 11

la consistencia *consistency*, 8

consistir en *to consist of*, 8

constante *constant*, 11

la constitución *constitution*, 4

la construcción *construction*, 1

construido/a *built, constructed*, 9

construir *to build*, 11

consultar *to consult*, 8

el contado *cash*, 8

contar (ue) *to say, to tell*, 9

contener (ie) *to contain*, 8

contesta *answer* (command), 5

contestar *to answer*, 12

el contexto *context*, 10

contigo *with you*, 4

continuo/a *continuous*, 11

contra *against*, 11

controlar *to control*, 5

el convento *convent*, 12

la conversación *conversation*, 1

convertirse (ie) *to change*, 10

el corazón *heart*, 10

la corbata *tie*, 9

la cordillera *mountain range*, 1

el coro *choir*, 3

la coronación *coronation*, 10

correcto/a *correct*, 5

corregir (i) *to correct*, 3

el correo *post office*, 4

correr *to run*, 5; **¡Córrele!** *Hurry up!, Run along!*, 3; **la pista de correr** *running track*, 11

la correspondencia *mail*, 4

corresponder *to correspond*, 6

la corriente: contra la corriente *against the flow*, 6

corrige *correct* (command), 9

cortar *to cut*; **cortar el césped** *to cut the grass*, 6

cortés *polite, courteous*, 8

corto/a *short* (to describe length); **los pantalones cortos** *short pants*, 9

la cosa *thing*, 2

la cosecha *crop*

cosmopolita *cosmopolitan*, 9

la costa *coast*

costar (ue) *to cost*; **¿Cuánto cuesta...?** *How much does . . . cost?*, 9; **¿Cuánto cuestan...?** *How much do . . . cost?*, 9

costero/a *coastal*

crea *create* (command), 7

la creación *creation*, 8

crear *to create*, 7

creativo/a *creative*, 6

creer *to believe, to think*, 10; **¿Crees que...?** *Do you think that . . .?*, 10; **Creo que no.** *I don't think so.*, 10; **Creo que sí.** *I think so.*, 10

la crema de maní *peanut butter*, 8

la cruz *cross*, 2; las cruces *crosses*, 2

cruzar *to cross*, 11

el cuaderno *notebook*, 2

la cuadra *city block*, 9

cuadrado/a *square*

el cuadro *square*, 4; **de cuadros** *plaid*, 9

cual, cuales *which*

¿Cuál? *which?*, 3; **¿Cuál es la fecha?** *What is today's date?*, 5; **¿Cuál es tu clase favorita?** *Which is your favorite class?*, 3

cuando *when*, 5; **sólo cuando** *only when*, 5

¿cuándo? *when?*, 3

¿cuánto/a? *how much?*, 2; **¿Cuántas personas hay en tu familia?** *How many people are there in your family?*, 6; **¿Cuánto cuesta...?** *How much does . . . cost?*, 9; **¿Cuánto cuestan...?** *How much do . . . cost?*, 9; **¿cuántos/as?** *how many?*, 2; **¿Cuánto es?** *How much is it?*, 8; **¿Cuántos años tiene?** *How old is (she/he)?*, 1; **¿Cuántos años tienes?** *How old are you?*, 1

cuarenta *forty*, 2

cuarto *quarter, fourth*; **menos cuarto** *quarter to (the hour)*, 3

el cuarto *room*, 2

cuarto/a *fourth*

el cuate *friend* (slang), 4

cuatro *four*, 1

cuatrocientos/as *four hundred*, 8

cubano/a *Cuban*, 6

el cubo *cube*; cubo de hielo *ice cube*, 8

la cuchara *spoon*, 8

la cucharada *tablespoon*, 8

el cuchillo *knife*, 8

el cuello *neck*, 11

la cuenta *bill*, 8

cuéntame *tell me*, 1

el cuento *story, tale*, 3

la cuerda *string*, 7

el cuero *leather*; **de cuero** *(made of) leather*, 9

el cuerpo *body*, 11

Cuesta un ojo de la cara. *It's very expensive.*, 11

la cuestión *question*, 1

el cuestionario *questionnaire*, 6

cuidar *to take care of*; **cuidar al gato** *to take care of the cat*, 6; **cuidar a tu hermano/a** *to take care of your brother/sister*, 4

la culebra *snake*

culinario/a *culinary*, 6

culminar *to culminate*, 10

cultivar *to farm, to cultivate*, 7

el cultivo *farming, cultivation*

la cultura *culture*, 12

cultural *cultural*

el cumpleaños *birthday*; ¡Feliz cumpleaños! *Happy birthday!*, 10; **una fiesta de cumpleaños** *birthday party*, 7

la cúpula *cupola*, 7

curioso/a *curious, strange*, 6

D

los dados *dice*, 2

la danza *dance*, 3

dar *to give*, 9; **dar una caminata** *to go hiking*, 12; dar un paseo en bicicleta *to ride a bike*, 4

¡Date prisa! *Hurry up!*, 3

los datos *information*, 12; los datos personales *personal information*, 6

de *of, from, made of, in*, 1; **de algodón** *(made of) cotton*, 9; de antemano *beforehand*; **de color café** *brown*, 6; **de cuadros plaid**, 9; **de cuero** *(made of) leather*, 9; **¿De dónde eres?** *Where are you from?*, 1; **¿De dónde es?** *Where is she/he from?*, 1; **de la mañana** *in the morning (A.M.)*, 3; **de lana** *(made of) wool*, 9; **de la noche** *in the evening (P.M.)*, 3; **de la tarde** *in the afternoon (P.M.)*, 3; **¿De parte de quién?** *Who's calling?*, 7; **¿De qué color es/son...?** *What color is/are . . .?*, 6; **de rayas** *striped*, 9; **de seda** *(made of) silk*, 9

De acuerdo. *Agreed.*, 10

de compras *shopping*, 8

de modo que *in such a way that*, 10

de nuevo *again*, 1

de todos modos *by all means, anyway*, 11

de vacaciones *on vacation*, 5

de visita *on a visit*, 3

debajo de *under, beneath*, 4

el debate *debate*, 1

deber *should, ought to*, 6

decidan *decide* (command), 8

decidir *to decide*, 6

decir *to say*; **Dice que...** *She/He says that . . .*, 6; **Diga.** *Hello.* (to answer the phone), 7; **¿Me puede decir...?** *Can you tell me . . .?*, 9

declarado/a *declared*

declarar *to declare*, 7

la **decoración** *decoration*, 10; **colgar (ue) las decoraciones** *to hang decorations*, 10

decorar *to decorate*, 10

el **dedo** *finger, toe*, 11

defender *to defend*, 11

defendieron *you* (pl.)/*they defended*

deja *leave* (command), 7

dejar *to leave behind*, 7; dejar de *to stop*, 9; **¿Puedo dejar un recado?** *May I leave a message?*, 7

del (de + el) *of the, from the*, 3

deletrea *spell out* (command), 5

delgado/a *thin*, 6

delicioso/a *delicious*, 8

demasiado/a *too much*, 6

demostrativo/a *demonstrative*, 9

den *give* (command), 10

dentro *inside, within*, 8

depender (de) *to depend (on)*, 1

los **deportes** *sports*, 3

deportivo/a *having to do with sports*, 10

el depósito *deposit*, 1

la derecha *right hand*, 11

el derecho *right*, 1

desagradable *unpleasant*, 11

el desastre *disaster*, 2

desayunar *to eat breakfast*, 5

el **desayuno** *breakfast*, 8

descansar *to rest*; **descansar en el parque** *to rest in the park*, 4

el **descanso** *recess, break*, 3

el descendiente *descendant*, 6

describe *describe* (command), 3

la descripción *description*, 3

el descubrimiento *discovery*, 2

descubrir *to discover*, 10

desde *since*, 7

¿Desean algo más? *Would you like something else?*, 8

el deseo *desire*

el desfile *parade*, 10

el desierto *desert*; la isla desierta *desert island*, 12

deslumbrante *dazzling*, 9

el desorden *disarray, disorder, mess*, 10

desorganizado/a *disorganized*, 6

la despedida *farewell, goodbye, leave-taking*, 1

después *after*, 3; **después de** *after*, 4

el destino *destination*, 12

el detalle *detail*, 11

determinar *to determine*, 4

di *tell* (command), 11

el **día** *day*, 4; **Buenos días.** *Good morning.* 1; cada día *each day*, 5; día a día *day by day*, 11; **el Día de**

Acción de Gracias *Thanksgiving*, 10; **el Día de la Independencia** *Independence Day*, 10; **el Día de las Madres** *Mother's Day*, 10; **el Día de los Enamorados** *Valentine's Day*, 10; **el Día del Padre** *Father's Day*, 10; día de santo *saint's day*, 1; **los días festivos** *holidays*, 10; **un día libre** *a free day*, 3; **tal vez otro día** *perhaps another day*, 7; **todos los días** *every day*, 5

el diálogo *dialogue*, 1

diariamente *daily*, 6

diario/a *daily*, 8

el diario *diary, journal*, 12

dibujar *to draw*, 4

el dibujo *drawing*; dibujos animados *animated cartoons*, 2

el **diccionario** *dictionary*, 2

dice *he/she says*, 2

diciembre (m.) *December*, 5

el dictado *dictation*, 1

diecinueve *nineteen*, 1

dieciocho *eighteen*, 1

dieciséis *sixteen*, 1

diecisiete *seventeen*, 1

el diente *tooth*; **lavarse los dientes** *to brush one's teeth*, 7

la dieta *diet*; estar a dieta *to be on a diet*, 5

diez *ten*, 1

diferente *different*, 8

difícil *difficult*, 3

la dificultad *difficulty*, 11

Diga. *Hello.* (to answer the phone), 7; **Dígame.** *Hello.* (telephone greeting), 7

dile *tell him/her* (command), 8; dime *tell me*, 2

el dineral *large sum of money*, 2

el **dinero** *money*, 2

el dinosaurio *dinosaur*, 2

la dirección *address*, 4

directo/a *direct*, 4

diría *would say*, 11

el disco *phonograph record*; **el disco compacto** *compact disc*, 9

discutir *to argue, to discuss*, 1

diseñado/a *designed*, 11

el diseño *design*, 2

el disfraz *costume*, 10

disfrutar *to enjoy*, 8

el disgusto *distaste*, 1

disolver (ue) *to dissolve*, 8

la distancia *distance*; distancia social *interpersonal distance*, 1

el distrito *district*

la diversión *diversion, fun*, 10

divertido/a *amusing, fun*, 3

dividido/a *divided*, 5

doblado/a *dubbed*, 2

doblar (una película) *to dub (a film)*, 2

doce *twelve*, 1

el **dólar** *dollar*, 2

doler (ue) *to hurt, to ache*, 11

el dolor de cabeza *headache*, 11; el

dolor de espalda *backache*, 11

doméstico/a *household*; **los quehaceres domésticos** *household chores*, 6

el domicilio *residence*, 1

el **domingo** *Sunday*, 4

el dominó *dominoes*, 6

donde *where*; **¿Adónde?** *Where (to)?*, 4; **¿De dónde eres?** *Where are you from?*, 1; **¿De dónde es?** *Where is she/he from?*, 1; **¿dónde?** *where?*, 4; ¿Dónde te gustaría estudiar? *Where would you like to study?*, 3

dos *two*, 1

doscientos/as *two hundred*, 8

ducharse *to take a shower*, 7

dulce *sweet*, 8; **el pan dulce** *sweet rolls*, 8

la **dulcería** *candy store*, 9

los **dulces** *candy*, 9

la duración *length, duration*, 2

durante *during*, 5

durar *to last*, 10

el durazno *peach*, 8

E

la ecología *ecology*, 1

la edad *age*, 1

la edición *edition*, 2

el edificio *building*, 12

la **educación** *education*, 3

la **educación física** *physical education*, 3

educar *to educate*, 2

Egipto (m.) *Egypt*, 12

egoísta *selfish*, 6

el **ejercicio** *exercise*, 5; **una clase de ejercicios aeróbicos** *aerobics class*, 5; **hacer ejercicio** *to exercise*, 5; hacer ejercicios aeróbicos *to do aerobics*, 4

ejercitar *to exercise*, 11

el ejército *army*, 10

el *the*, 1

él *he*, 2; **Él es...** *He is . . .*, 3

el electrodoméstico *electrical appliance*

la electrónica *electronics*

eliminar *to eliminate*, 11

ella *she*, 2; **Ella es...** *She is . . .*, 3

ellas *they* (f.), 3; **a ellas** *to them*, 5; **Ellas son...** *They are . . .*, 3

ellos *they*, 3; **a ellos** *to them*, 5; **Ellos son...** *They are . . .*, 3

la empanada *turnover-like pastry*, 8

empanizado/a *breaded*, 8

empezar (ie) *to begin*, 7

en forma *in shape*, 11

en *in, on*, 3; **en punto** *on the dot*, 3

en punta: con el pie en punta *with*

R20

the foot extended, 11
en punto *on the dot*, 3
en seguida *immediately*, 8
en voz alta *aloud*, 11
Encantado/a. *Delighted to meet you.*, 1
encantar *to really like, to love*, 8
el encanto *delight, pleasure, enchantment, charm*, 9
la enciclopedia *encyclopedia*, 2
encima de *on top of*, 4
encontrar (ue) *to find*, 2; se encuentra *is found*
el encuadre *framing*, 3
el encuentro *encounter, meeting*, 1; encuentro cultural *cultural encounter*
la encuesta *survey*, 1
endurecer *to strengthen*, 11
enero (m.) *January*, 5
enfermo/a *sick*, 7
enojado/a *angry*, 11
enorme *enormous, large*, 8
la ensalada *salad*, 1
entero/a *entire, whole*, 10
entonces *then*, 12
la entrada *entrance*, 7
entre *among, between*, 8
el entrenador, la entrenadora *coach*, 11
el entrenamiento *training*
el entretenimiento *entertainment*, 10
la entrevista *interview*, 1
entrevistar *to interview*, 5
enviarse *to be sent*, 10
la época *time, epoch*, 8
el equilibrio *equilibrium*, 5
el equipo de transporte *transportation equipment*
la equivocación *mistake*, 5
erigirse *to be built, to be erected*, 10
Es aparte. *It's separate.*, 8
es de... *he/she/it is from . . .*, 1; **es de** + material/pattern *it is made of . . .*, 9
Es el ... de ... *It's the (date) of (month).*, 5
Es la una. *It's one o'clock.*, 3
¡Es un robo! *It's a rip-off!*, 9
esa, **ese** *that*, 9
esas, **esos** *those* (adj), 9
escalar *to climb*; **escalar montañas** *to go mountain climbing*, 12
el escándalo *scandal*, 6
el esclavo *slave*, 6
escoge *choose* (command), 7
escoger *to choose*, 9
escolar *school* (adj.), 3
escribamos *let's write*, P
escribe *write* (command), 1
escribiendo *writing*, 10
escribir *to write*, 5
el escritorio *desk*, 2
escuchar *to listen*, 4; escuchar la radio *listen to the radio*, 4; **escuchar música** *to listen to*

music, 4; para escuchar *for listening*, P
escuchemos *let's listen*, P
la escuela *school*, 2; escuela secundaria *secondary school*, 2
esencial *essential*, 11
eso/a *that*; **por eso** *that's why*, 4
el espacio *space*, 1
la espalda *back*, 11
España (f.) *Spain*
el español *Spanish*, 1
especial (adj.) *special*, 3
la especialidad *specialty*
especialmente *especially*, 5
la especie *species*, 7
el espectáculo *show*, 7
esperar *to wait, to hope for*, 12
espeso/a *thick*, 8
espontáneo/a *spontaneous*, 7
la esposa *wife*, 6
el esposo *husband*, 6
el esqueleto *skeleton*, 1
el esquema *scheme*, 2
esquiar *to ski*, 5
los **esquís** *skis*, 12
esta, **este** *this*, 9
ésta, éste *this* (pron.), 1
Ésta es mi amiga. *This is my friend (female).*, 1
establecido/a *established*
las estaciones *seasons*, 5
el estadio *stadium*, 11
el estadista, la estadista *statesperson*
la estadística *statistic*, 2
el estado *state*
las estampillas *stamps*, 4
el estante *bookcase*, 2
estar de acuerdo *to agree, to be in agreement*, 10
estar *to be*, 4; **¿Cómo estás?** *How are you?*, 1; **Está atrasado/a.** *He/She is late.*, 3; **Está bien.** *She/He is okay.*, 7; **Está bien.** *All right.*, 7; **¿Está incluida?** *Is it included?*, 8; **Está lloviendo.** *It's raining.*, 5; Está lloviendo a cántaros. *It's raining cats and dogs.*, 5; **Está nevando.** *It's snowing.*, 5; **Está nublado.** *It's cloudy.*, 5; estar en forma *to be in shape*, 11; **estar listo/a** *to be ready*, 7; **estar mal** *to feel poorly*, 11; **estar resfriado/a** *to have a cold*, 11; Estás a la última. *You're stylish.*, 9; **Estoy atrasado/a.** *I'm late.*, 3; **Estoy (bastante) bien, gracias.** *I'm (quite) well, thanks.*, 1; **La línea está ocupada.** *The line is busy.*, 7
estás ayudando *you are helping*, 9
estas, **estos** *these* (adj.), 9
éstas, **éstos** *these* (pron.), 6
la estatura *height*, 1
Éste es mi amigo. *This is my friend (male).*, 1
el estéreo *stereo*, 2
el estilo *style*, 1; el estilo personal

personal style, 1
la estima *esteem; respect*, 11
estirarse *to stretch*, 11
el estómago *stomach*, 11
Estoy atrasado/a. *I'm late.*, 3
la estrategia *strategy*, 1
estratégicamente *strategically*
estrecho/a *narrow*, 11
la estrella *star*, 10
el estrés *stress*, 11
estricto/a *strict*, 3
la estructura *structures*
estudiante (m./f.) *student*, 3; estudiante de intercambio (m./f.) *exchange student*, 7
la estudiantina *strolling student band*, 10
estudiar *to study*, 4
Estupendo/a. *Great./Marvelous.*, 1
estuviéramos *we might be, we would be*, 10
estuvieras: como si estuvieras... *as if you were . . .*, 11
la etiqueta *label*, 1
étnico/a *ethnic*, 9
Europa *Europe*, 1
el evento *event*, 7
la exageración *exaggeration*, 2
el examen *exam* (pl. **los exámenes**), 3
Excelente. *Great./Excellent.*, 1
excepto *except*, 10
la excursión *excursion*; ir de excursión *to go sightseeing*, 12
la exhibición *exhibition*, 10
exótico/a *exotic*, 8
la experiencia *experience*, 5
experimentar *to experience*, 8
explica *explain* (command), 7
la explicación *explanation*, 4
explicar *to explain*, 12
el explorador *explorer*
explorar *to explore*, 12
la exposición *exhibition*, 3
expresar *to express*, 10; expresen *express* (command), 10
la expresión *expression*, 1
exprimir *to squeeze*, 8
exquisito/a *exquisite*
externo *external; outside*, 1
extraordinario/a *extraordinary*, 7

F

fácil *easy*, 3
la falda *skirt*, 9
las Fallas *spring festival in Valencia, Spain*, 10
falso/a *false*, 1
la falta de asistencia *absence (from class)*, 3
la familia extensa *extended family*, 6
la familia *family*, 6; **¿Cuántas**

personas hay en tu familia? *How many people are there in your family?*, 6

la familia nuclear *nuclear family, immediate family*, 6

familiar *family member*, 9

famoso/a *famous*, 4

el fanático *fan*, 5

fantástico/a *fantastic*, 3

farmacéutico/a *pharmaceutical*

fascinante *fascinating*, 12

fascinar *to fascinate, captivate*, 1

favor *favor*; **¿Me haces el favor de...?** *Can you do me the favor of . . .?*, 10; **por favor** *please*, 8

favorito/a *favorite*, 4

febrero (m.) *February*, 5

la fecha *date*, 5; **¿Cuál es la fecha?** *What is today's date?*, 5; **¿Qué fecha es hoy?** *What's today's date?*, 5

felicitar *to congratulate*; Te felicito. *Congratulations.*, 10

feliz *happy*, 10; ¡Feliz aniversario! *Happy anniversary!*, 10; ¡Feliz Año Nuevo! *Happy New Year!*, 10; ¡Feliz cumpleaños! *Happy birthday!*, 10; ¡Feliz Navidad! *Merry Christmas!*, 10

¡Felicidades! *Congratulations!*, 10

fenomenal *phenomenal*, 6

el fenómeno *phenomenon*, 2

feo/a *ugly*, 3

la feria *fair*, 10

fértil *fertile*, 7

festejar *to celebrate*, 10

el festival *festival*, 10

festivo/a *festive*; **los días festivos** *holidays*, 10

la fiebre *fever*, 11; **tener fiebre** *to have a fever*, 11

la fiesta *party*, 3; **una fiesta de aniversario** *anniversary party*, 7; **una fiesta de cumpleaños** *birthday party*, 7; **una fiesta de graduación** *graduation party*, 7; **una fiesta de sorpresa** *surprise party*, 7

la figura *figure*, 10

filmado/a *filmed*, 2

la filosofía *philosophy*, 2

el fin *end*, 4; **el fin de semana** *weekend*, 4

la firma *signature*, 1

la física *physics*, 3

flamenco *flamenco (music, singing, dancing)*, 6

el flan *custard*, 8

la flauta *flute*, 4

flexionar *to flex*, 11

la florería *flower shop*, 9

las flores *flowers*, 9

folklórico/a *folkloric*

el folleto *pamphlet*, 9

la forma negativa *the negative form*, 4

formal *formal*, 9

formar *to form*, 9

fortalecer *to strengthen*; fortalece *strengthen, fortify* (command), 11

la foto *photo*, 10

la fotografía *photograph*, 1

la fotonovela *illustrated story*, 1

la frambuesa *raspberry*, 8

el francés *French*, 3

Francia (f.) *France*, 12

la frase *sentence, phrase*, P

la frecuencia *frequency*, 6; **¿Con qué frecuencia?** *How often?*, 5

freír *to fry*, 8

la fresa *strawberry*, 8

fresco/a *fresh*; **Hace fresco.** *It's cool.*, 5

los frijoles *beans*, 8

frío/a (adj.) *cold*, 8

el frío *cold*, 8; **Hace frío.** *It's cold.*, 5; Hace un frío tremendo. *It's really cold.*, 5

la fruta *fruit*, 1

los fuegos artificiales *fireworks*, 10

fueron *you (pl.)/they were; you (pl.)/they went*

fuerte *strong, heavy*, 8

el fuerte *fortress*, 11

la fundación *founding*, 10

fundado/a *founded*, 2

fundar *to found*, 12; se fundó *was founded*

el fútbol *soccer*, 1; **la cancha de fútbol** *soccer field*, 11; **el fútbol norteamericano** *football*, 1

el futuro *future*, 2

G

la galería *gallery*, 9

gallego/a *Galician*, 3

la galleta *cookie*, 8

la gana *desire*; **tener ganas de** (+ infinitive) *to feel like (doing something)*, 7

ganadero/a *having to do with livestock*, 9

el ganado *livestock*

ganar *to win, to earn*, 11

la ganga *bargain*; **¡Qué ganga!** *What a bargain!*, 9

la garganta *throat*, 11

la gaseosa (Col.) *soda pop, carbonated beverage*, 8

gastado/a *tired*, 7

el gato *cat*, 6; **cuidar al gato** *to take care of the cat*, 6

el gazpacho *cold soup served in Spain*, 8

general *general*; por lo general *in general*, 4

generalmente *generally*, 8

generoso/a *generous*, 6

¡Genial! *Great!*, 2

la gente *people*; gente famosa *famous people*, 1

la geografía *geography*, 3

geológico/a *geological*, 7

gigante *giant*

el gimnasio *gym*, 4

girar *to turn around, to rotate*, 11

el globo *balloon*; **inflar los globos** *to blow up balloons*, 10

el gobierno *government*

la goma de borrar *eraser*, 2

gordo/a *overweight*; **un poco gordo/a** *a little overweight*, 6

la gorra *cap*

Gracias. *Thanks.*, 1; **el Día de Acción de Gracias** *Thanksgiving Day*, 10

la graduación *graduation*; **una fiesta de graduación** *graduation party*, 7

la gramática *grammar*, 2

grande *big*, 3; gran *great*, 3

el grano *grain*; al grano *to the point.*

la gripe *flu*; **tener gripe** *to have the flu*, 11

gris *gray*, 9

el grupo *group*, 1

los guantes *gloves*

guapo/a *good-looking, handsome, pretty*, 3; ¡Qué guapo/a estás! *You look great!*, 9

el guarapo *sugarcane juice*, 6

la guarida *den, lair*, 7

la guarnición *garrison*, 11

la guerra *war*, 11

la guía *guide*, 2

el guineo *banana*, 8

la guitarra *guitar*, 4

gustar *to like (someone/something)*; **A mí me gusta** + infinitive *I (emphatic) like to . . .*, 4; **¿A quién le gusta...?** *Who likes . . .?*, 4; **le gustan** *she/he likes*, 3; **les gusta** *they like*, 5; **Me gusta...** *I like . . .*, 1; **Me gusta más...** *I like . . . better*, 1; **Me gustan...** *I like . . .*, 3; **Me gustaría...** *I would like . . .*, 7; **No me gusta...** *I don't like . . .*, 1; **nos gusta** *we like*, 5; **Nos gustan...** *We like . . .*, 7; **¿Qué te gusta?** *What do you like?*, 1; **¿Qué te gusta hacer?** *What do you like to do?*, 4; **Sí, me gusta.** *Yes, I like it.*, 1; **¿Te gusta...?** *Do you like . . .?*, 1; **Te gustan...** *You like . . .*, 3; **¿Te gustaría...?** *Would you like . . .?*, 7

el gusto *taste, pleasure*, 9; **¡Con mucho gusto!** *Sure!*, 10; gustos personales *personal tastes*, 1; **Mucho gusto.** *Nice to meet you.*, 1

H

la habitación *room*, 12
el habitante *inhabitant*
hablando *speaking*, 2
hablar *to speak, to talk;* **hablar por teléfono** *to talk on the phone*, 4
hablemos *let's speak; let's talk*, P
hacer *to do, to make*, 2; **Hace buen tiempo.** *The weather is nice.*, 5; **Hace calor.** *It's hot.*, 5; **Hace fresco.** *It's cool.*, 5; **Hace mal tiempo.** *The weather is bad.*, 5; **Hace (mucho) frío.** *It's (very) cold.*, 5; **Hace sol.** *It's sunny.*, 5; **Hace viento.** *It's windy.*, 5; **hacer ejercicio** *to exercise*, 5; **hacer la cama** *to make the bed*, 6; **hacer la maleta** *to pack the suitcase*, 12; **hacer turismo** *to go sightseeing*, 12; **hacer un viaje** *to take a trip*, 6; **hacer yoga** *to do yoga*, 11; **haz** *do, make*, 10; **¿Me haces el favor de...?** *Can you do me the favor of . . .?*, 10; **¿Qué debo hacer?** *What should I do?*, 6; **¿Qué estás haciendo?** *What are you doing?*, 10; **¿Qué hacen ustedes los fines de semana?** *What do you do on weekends?*, 6; **¿Qué tiempo hace?** *What's the weather like?*, 5
hacia abajo *downward*, 11
hacia arriba *upward*, 11
el hado *destiny, fate*, 2
hagan una lista *make a list* (command), 7
el hambre (f.) *hunger;* **tener (mucha) hambre** *to be (really) hungry*, 8
la **hamburguesa** *hamburger*, 5
ha sido *he/she/it has been*, 9
hasta *until;* **Hasta luego.** *See you later.*, 1; **Hasta mañana.** *See you tomorrow.*, 1
hay *there is, there are*, 2; **¿Cuántas personas hay en tu familia?** *How many people are there in your family?*, 6
haz *do, make* (command), 10
hecho/a *made, done*, 9; hecho/a a mano *handmade*, 10
el helado *ice cream*, 4; **tomar un helado** *to eat ice cream*, 4
el helicóptero *helicopter*, P
la herencia *heritage*, 9
la hermana *sister*, 6; **la media hermana** *half sister*, 6
la hermanastra *stepsister*, 6
el hermanastro *stepbrother*, 6
el hermano *brother*, 6; **el medio hermano** *half brother*, 6
los hermanos *brothers, brothers and sisters*, 6
hermoso/a *beautiful*, 11

el héroe *hero*, 3
hicieron *they did, they made*, 11
hiciste *you did, you made*, 10
el hielo *ice*, 8
el hierro *iron*
la hija *daughter*, 6
el hijo *son*, 6
los hijos *children*, 6
hispano/a *Hispanic*
hispanohablante *Spanish-speaking*, 8
la historia *history*, 3
histórico/a *historic*, 10
hizo *he/she/it did, made*, 10
el hogar *home*, 9
¡Hola! *Hello!*, 1; ¡Hola, pata! *Hello friend!* (slang), 4
el hombre *man*, 10
el hombro *shoulder*, 11
el homenaje *homage*, 6
la hora *hour, time;* **¿A qué hora...?** *At what time . . .?*, 3; la hora latina *Latin time*, 3; **¿Qué hora es?** *What time is it?*, 3
la hora local *local time*, 3
el horario *schedule*, 3; horario escolar *school schedule*, 3
Horrible. *Horrible.*, 1; ¡Qué horrible! *How terrible!*, 2
hoy *today*, 3; **¿Qué fecha es hoy?** *What's today's date?*, 5
hubiera ganado *would have won*, 10
los huevos *eggs*, 8
humanístico/a: lo humanístico *the humanities*, 3
el humano *human*, 1
el humor *humor*, 1; de mal humor *in a bad mood*, 7

I

la idea *idea*, 10; **Buena idea.** *Good idea.*, 10
ideal *ideal*, 8
identificar *to identify*, 9
el idioma *language*
la iglesia *church*, 6
igual *equal*, 6
Igualmente. *Same here.*, 1
la iguana *iguana*, 7
iluminar *to illuminate, to light up*, 10
ilustrado/a *illustrated*, 2
imaginar *to imagine*, 10
el impermeable *raincoat*, 10
el importe *amount*, 8
imposible *impossible*, 3
el impuesto *tax*, 3
los incas *the Incas*
incluir *to include*, 8; **¿Está incluida?** *Is it included?*, 8

incluso *including*
incluye *include* (command), 6; *he/she/it includes*, 10
¡Increíble! *Incredible!*, 2
la independencia *independence;* **el Día de la Independencia** *Independence Day*, 10
independiente *independent*, 6
indica *state, indicate* (command), 1
la indicación *suggestion*, 11
indicar *to point, to show, to indicate*, 2
el índice *index; index finger*, 2
indígena *indigenous, native*
indirecto/a *indirect*, 8
la individualidad *individuality*, 10
la industria *industry;* las industrias extractivas *mining industries*, 3
infantil *for children*, 3
el infinitivo *infinitive*, 11
inflar *to blow up, to inflate*, 10; **inflar los globos** *to blow up balloons*, 10
la influencia *influence*, 10
la información *the information*, 8
informal *informal*, 10
la informática *computer science*, 3
la ingeniería *engineering*, 3
el ingenio *cleverness*, 1
ingenioso/a *ingenious; witty*, 2
Inglaterra (f.) *England*, 12
inglés *English;* **la clase de inglés** *English class*, 1
los ingredientes *ingredients*, 8
ingresar *to enter*, 1
el inicio *beginning*, 10
inocente *innocent*, 10
inolvidable *unforgettable*, 9
insoportable *unbearable*, 6
la instalación *installation, facility*, 1
el instituto *institute*, 3
las instrucciones *instructions*, 8
el instrumento *(musical) instrument;* **tocar un instrumento** *to play an instrument*, 4
inteligente *intelligent*, 3
intentar *to try*, 12
intercambiar *to exchange*, 3; intercambiar papeles *to exchange roles*, 3
el intercambio *exchange;* estudiante de intercambio (m./f.) *exchange student*, 7
interdependiente *interdependent*, 9
interesante *interesting*, 3
interesarse *to be interested*, 12
internacional *international*, 7
interrumpirse *to interrupt*, 6; se interrumpió *was interrupted*
intocable *untouchable*, 3
la intriga *intrigue*, 3
inventa *invent* (command), 8
inventar *to invent, to make up*, 7
el invierno *winter*, 5
la invitación *invitation;* **mandar las invitaciones** *to send the invitations*, 10

invitado,-a (m./f.) *guest*; **llamar a los invitados** *to call the guests*, 10
invitar *to invite*, 7; **Te invito.** *It's my treat.*, 7
ir *to go*, 2; **ir + a +** infinitive *to be going to (do something)*, 7; **ir al centro comercial** *to go to the mall*, 2; **ir de vela** *to go sailing*, 12; **¡Ve!** *Go!*, 10; **¡Vete!** *Go away!*, 10
la irritabilidad *irritability*, 11
la isla *island*, 2
Italia (f.) *Italy*, 12
italiano/a *Italian*; **la comida italiana** *Italian food*, 1
el itinerario *itinerary, route taken on a trip*, 9
izquierdo/a *left*, 11

el jabón *soap*, P
el jai alai *Basque ball game*, 11
el jamón *ham*, 8
el jardín *garden*, 6; **trabajar en el jardín** *to work in the garden*, 6
el jazz *jazz*, 1
joven (pl. **jóvenes**) *young*, 6; **Se ve joven.** *He/She looks young.*, 6
el joven, la joven *young man, young woman*, 1
las joyas *jewelry*, 9
la joyería *jewelry store*, 9
el juego *game*, 3; juego de ingenio *guessing game*, 1; **el juego de mesa** *board game*, 9; **el videojuego** *videogame*, 3
el jueves *Thursday*, 4
jugar (**ue**) *to play*, 4; **jugar al tenis** *to play tennis*, 4
el jugo *juice*, 5; **jugo de naranja** *orange juice*, 8
la juguetería *toy store*, 9
los juguetes *toys*, 9
julio (m.) *July*, 5
junio (m.) *June*, 5
juntar *to get together*, 11
juntos/as *together*, 5
juvenil *juvenile*, 7
la juventud *youth*, 3

el kilómetro *kilometer*, P

L

la *the*, 1; *it/her*, 10
el lado *side*; **al lado de** *next to*, 4
el lago *lake*, 7
la lámpara *lamp*, 2
la lana *wool*; **de lana** *(made of) wool*, 9
la lancha *boat*, 5
la lapicera *pencil holder*, 2
el lápiz *pencil*, (pl. **los lápices**) 2; lápiz de color *colored pencil*, 2
largo/a *long*, 5
las *the*, 3
lástima *shame*; **¡Qué lástima!** *What a shame!*, 7
la lata *can*, 8
el latín *Latin*, 3
lavar *to wash*; **lavar el carro** *to wash the car*, 4; **lavar la ropa** *to wash clothes*, 4
lavarse *to wash oneself*; **lavarse los dientes** *to brush your teeth*, 7
le *to/for him, her, you*, 9
Le pido su número. *I ask him/ her for his/her number.*, 7
leal *loyal*, 6
leamos *let's read*, P
las lecciones *lessons*, 5; tomar lecciones *to take lessons*, 5
la leche *milk*; **el café con leche** *coffee with milk*, 8; **un vaso de leche** *a glass of milk*, 8
la lechuga *lettuce*, 8
la lectura *reading passage*, 10
lee *read* (command), 7
leer *to read*, 5
legal *legal*, 1
las legumbres *vegetables*, 8
lejano/a *far away*, 7
lejos *far*, 4; **lejos de** *far from*, 4
la lengua *language*; la lengua extranjera *foreign language*, 3
los lentes *contact lenses, glasses*; **los lentes de sol** *sunglasses*, 12; ponerse los lentes *to put on one's glasses*, 7
lento/a *slow*, 11
les *to/for them, you* (pl.), 8; **Les gusta...** *They/You like . . .*, 5
la letra *letter*, 1; letra y sonido *letter and sound*
levantado/a *raised*, 11
levantar *to lift, to raise*, 11; **levantar pesas** *to lift weights*, 11
la ley *law*, 3
leyendo *reading*, 10
la liberación *liberation*
libre *free*; **un día libre** *a free day*, 3
la librería *bookstore*, 2
el libro *book*, 2
el liceo *school*, 2
la licuadora *blender*, 8
ligeramente *lightly*

ligero/a *light*, 8
el limón *lemon*, 8
la limonada *lemonade*, 8
limpiar *to clean*, 6; **limpiar la cocina** *to clean the kitchen*, 6
limpio/a *clean*, 8
la línea *line*; **La línea está ocupada.** *The line is busy.*, 7; línea ecuatorial *equator*, 7
el lío *mess*, 7
la lista *the list*, 8
listo/a *clever, smart* (with **ser**), 6; **estar listo/a** *to be ready* (with **estar**), 7
la literatura *literature*, 3
llamado/a *called, named*, 9
llamar *to call, name*; Me llamo. . . *My name is . . .*, P; Mi amigo/a se llama... *My friend's name is . . .*, P
llamar *to call, to phone*; **llamar a los invitados** *to call the guests*, 10; **Llamo más tarde.** *I'll call later.*, 7
llamarse *to be named*, 1; **¿Cómo te llamas?** *What's your name?*, 1; **Me llamo...** *My name is . . .*, 1; **Se llama...** *Her/His name is . . .*, 1
la llanta *tire*, P
el llapingacho *potato cake with cheese*, 8
la llegada *arrival*
llegué *I arrived*, 3
llenar *to fill*, 10
llenarse *to be filled*, 10
llevar *to wear*, 9; *to carry, to lead*; **llevar una vida sana** *to lead a healthy life*, 11
¡Llévatelo! *Take it away!*, 3
llora *he/she cries*, 7
llover (**ue**) *to rain*; 5; **Está lloviendo.** *It's raining.*, 5; Está lloviendo a cántaros. *It's raining cats and dogs.*, 5; **Llueve.** *It's raining.*, 5
lo *it, him, you*, 10; **Lo de siempre.** *The usual.*, 9; lo mejor *the best thing*, 12; lo que *what, that which*, 6; **Lo siento. No puedo.** *I'm sorry. I can't.*, 7; lo siguiente *the following*, 11
el lobo *wolf*, 4
local *local*
el locro *stew containing meat, beans, and vegetables*, 8
lógicamente *logically*, 9
lógico/a *logical*, 6
la loma *small hill, slope*, 7
el lomo *loin*, 8
los demás *the others, the rest*, 12
los *the* (pl.), 3
las luces *lights*, 2
luchó *he/she fought*
luego *then, later*, 3; **Hasta luego.** *See you later.*, 1
el lugar *place*, 7; **ningún lugar** *nowhere, not anywhere*, 12
el lunes *Monday*, 4
la luz *light*, 2

M

la madera *wood*

la madrastra *stepmother*, 6

la madre/mamá *mother/mom*, 6; **el Día de las Madres** *Mother's Day*, 10

la madrileña *resident of Madrid (female)*, 1

el madrileño *resident of Madrid, (male)*, 1

la madrina *godmother*, 6

los maduros *plantains*, 6

maduro/a *mature*, 6

la maestra *teacher (female)*, 3

el maestro *teacher (male)*, 3

magníficamente *magnificently*, 2

¡Magnífico! *Great!*, 11

el maíz *corn*, 8

majestuoso/a *majestic*, 9

mal *bad*, 1; **Hace mal tiempo.** *The weather is bad.*, 5; Lo pasé mal. *I had a bad time.*, 12; No está mal. *It's not bad.*, 2

la maleta *suitcase*, 12; **hacer la maleta** *to pack the suitcase*, 12

malo/a *bad*, 3; Es un perro malo. *It is a bad dog.*, 3

la mamá *mom*, 6

el mamey *mamey (fruit)*, 6

el mamífero *mammal*, 2

la mañana *morning*; **de la mañana** *in the morning (A.M.)*, 3; **por la mañana** *in the morning*, 5

mañana *tomorrow*, 3; **¡Hasta mañana!** *See you tomorrow!*, 1

mandar *to send, to order*, 10; **mandar las invitaciones** *to send invitations*, 10

el mandato *mandate; command, order*, 10

manejar *to manage*, 11

la manera *way*, 8

el mango *mango*, 8

el maní *peanut*; la crema de maní *peanut butter*, 8

la mano *hand*, 11

'mano,-a *friend (short for hermano,-a)*, 4

mantener (ie) *to maintain*, 6

la mantequilla *butter*, 8

mantuvieron *they maintained*, 6

la manufactura *manufacturing*

la manzana *apple*, 8

el mapa *map*, 2

el maquillaje *makeup*, 7

maquillarse *to put on makeup*, 7

la máquina *machine*, 2; la máquina del tiempo *time machine*, 2

la maquinaria *machinery*

el mar Mediterráneo *Mediterranean Sea*, P

la maravilla *marvel*, 12

maravilloso/a *great, marvelous*, 3

el marcador *marker*, 2

el mariachi *mariachi*, 10

marino/a *marine*, 7

la marioneta *marionette*, 7

los mariscos *shellfish*, 8

marrón *brown*, 6

el martes *Tuesday*, 4

marzo (m.) *March*, 5

más *more*, 1; **Llamo más tarde.** *I'll call later.*, 7; **Más o menos.** *So-so.*, 1; **más ... que** *more ... than*, 9; **nada más** *that's all*, 11

la masa *dough*, 8

la máscara *mask*, 10

la mascota *pet*, 6

las matemáticas *mathematics*, 3

la materia *subject*, 3

la matrícula *enrollment*, 3

mayo (m.) *May*, 5

mayor *older*, 6; *greater*

la mayoría *majority; largest part*

me *to/for me*, 9; me acuesto *I go to bed*, 3; **¿Me ayudas a...?** *Can you help me to ...?*, 10; **Me gusta...** *I like ...*, 1; **Me gusta más...** *I like ... better*, 1; **Me gustan...** *I like ...*, 3; **Me gustaría...** *I would like ...*, 7; **¿Me haces el favor de...?** *Can you do me the favor of ...?*, 10; me le acerco *I approach him/her*, 7; **Me llamo...** *My name is ...*, 1; **Me parece bien.** *It seems fine with me.*, 10; **¿Me pasas...?** *Can you pass me ...?*, 10; me pongo: Me pongo a estudiar *I start studying.*, 3; me presento *I introduce myself*, 7; **¿Me puede decir...?** *Can you tell me ...?*, 9; **¿Me puede traer...?** *Can you bring me ...?*, 8; me quedo con *I stay with*, 6; **¿Me traes...?** *Can you (familiar) bring me ...?*, 10

el mecanismo *mechanism*, 1

mediante *through*, 11

las medias *stockings*

medio/a *half*; **media hermana** *half sister*, 6; **medio hermano** *half brother*, 6; **y media** *half past (the hour)*, 3

mejor *best, better*, 5

mejorar *to improve*, 11

mencionar *to mention*, 12

menor *younger*, 6

menos *less*, 6; **Más o menos.** *So-so.*, 1; **menos cuarto** *quarter to (the hour)*, 3; **menos... que** *less ... than*, 9

el menú *menu*, 8

menudo/a *minute, small*; a menudo *often*, 5

la merienda *snack served around 5:00 P.M.*, 8

la mermelada *jam*, 8

el mes *month*, 5; **El ... de este mes...** *On the (date) of this month ...*, 5

la mesa *table*, 2; **el juego de mesa** *board game*, 9; **poner la mesa** *to set the table*, 6

la mesera *waitress*, 8

el mesero *waiter*, 8

la meseta *plateau*, 1

el meteorólogo *weather forecaster(male)*, 5

la meteoróloga *weather forecaster(female)*, 5

la mezcla *mixture*, 8

mezclar *to mix*, 8

mi/mis *my*, 2, 6

mí *me* (emphatic); **A mí me gusta + infinitive** *I* (emphatic) *like to ...*, 4

el miembro *member*, 10

el miércoles *Wednesday*, 4

mil *one thousand*, 8

el militar *soldier*, 10

la milla *mile*, 5; las millas por hora *miles per hour*, 5

el millón, los millones *million*, 9

el mimo *mime*, 7

los minerales *minerals*, 8

minero, -a (m./f.) *miner*, 8

mirar *to watch, to look*; ¡Mira! *Look!*, 1; **mirar la televisión** *to watch television*, 4; mirar hacia *to overlook; to face; to look toward*, 7

la misa *mass*, 9

las misiones *missions*, 9

mismo/a *same*; **Son del mismo precio.** *They're the same price.*, 9

el misterio *mystery*, 1

la mitad *half*, 7

mixto/a *mixed*, 8

la mochila *book bag, backpack*, 2

el modelo *model, example*, 1

el modo *way, mode*, 2

el momento *moment*, 7; **Lo siento, pero en este momento...** *I'm sorry, but right now ...*, 10; **Un momentito.** *Just a second.*, 10; **un momento** *one moment*, 7

el monasterio *monastery*, 12

la montaña *mountain*; **escalar montañas** *to go mountain climbing*, 12

montañoso/a *mountainous*

montar *to ride*; **montar a caballo** *to ride a horse*, 11; **montar en bicicleta** *to ride a bike*, 4

la mora *blackberry*, 8

morado/a *purple*, 9

la moral *morale*, 11

moreno/a *dark-haired, dark-skinned*, 3

mostrar (ue) *to show, to exhibit*, 10

la moto *moped*, 7

el motoesquí *jet-ski*, 5

el motor *motor*, 1

moverse (ue) *to move*, 5

el movimiento *movement*, 6

la muchacha *girl*, 3

el muchacho *boy*, 3

mucho *a lot*, 1

mucho/a *a lot (of)*, 2; **¡Con mucho**

gusto! *Sure!*, 10; **Mucho gusto.** *Nice to meet you.*, 1

muchos/as *many, a lot of*, 2; **muchas veces** *often*, 5

muerto/a *dead*; completamente muerto/a *dead tired* (slang), 7

muestra *show* (command), 4

la muestra *display, sample*, 9

la mujer *woman*, 10

multicultural *multicultural*, 10

mundial *worldly, of the world*, 9

el mundo *world*, 2

la muñeira *traditional Galician dance*, 10

municipal *municipal, city* (adj.), 4

el músculo *muscle*, 11

el museo *museum*, 7; **el museo de antropología** *anthropology museum*, 7

la música *music*, 1; **escuchar música** *to listen to music*, 4; **la música clásica/pop/rock** *classical/pop/ rock music*, 1; **la música de...** *music by . . .*, 1; la música folklórica *folkloric music*, 10

muy *very*, 1; **muy bien** *very well*, 1; **(muy) mal** *(very) bad*, 1

nacido/a en *born in*, 1

nacional *national*

nada *nothing*, 5; **nada más** *that's all*, 11; **para nada** *at all*, 8

nadar *to swim*, 4

nadie *nobody*, 5

la naranja *orange*, 8; **el jugo de naranja** *orange juice*, 8

la nariz *nose*, 11

la natación *swimming*, 1

nativo/a *native*, 7

la natura *nature*, 1

natural *natural*, 7

naturalmente *naturally*, 5

náutico/a *aquatic*; el club náutico *sailing club*, 5

la navaja *razor*

la Navidad *Christmas*, 10; ¡Feliz Navidad! *Merry Christmas!*, 10

la neblina *fog*, 7

necesario/a *necessary*, 7

necesitar *to need*, 2; **Necesita** *She/He needs*, 2; **Necesitas** *You need*, 2; **Necesito** *I need*, 2

negativo/a *negative*, 4

el negocio *business*, 11

negro/a *black*, 6

neo-gótico/a *neo-Gothic*

neoyorquino/a *New Yorker*, 11

nervioso/a *nervous*, 11

nevar (ie) *to snow*; **Está nevando.** *It's snowing.*, 5; **Nieva.** *It's snowing.*, 5

ni *nor*; ni... ni... *neither . . . nor . . .*, 6

el nido *nest*, 2

la nieve *snow*, 12

ningún/ninguna *none, not any*, 12; ninguna parte *nowhere, not anywhere*, 12; ningún lado *nowhere, not anywhere*, 12; **ningún lugar** *nowhere, not anywhere*, 12

el níquel ·nickel

no *no*, 1; **¿no?** *isn't it?/right?*, 3; **No es cierto.** *It isn't true.*, 6; **No me gusta.** *I don't like it.*, 1; **No me gusta el/la...** *I don't like . . .*, 1; No nos dejan pagar. *They don't let us pay.*, 7; **No puedo.** *I can't.*, 7; **No sé.** *I don't know.*, 2; **No te preocupes.** *Don't worry.*, 3

la noche *night*; **Buenas noches.** *Good night.*, 1; **de la noche** *in the evening* (P.M.), 3; **por la noche** *at night*, 5

la Nochebuena *Christmas Eve*, 10

la Nochevieja *New Year's Eve*, 10

nombra *name* (command), 8

nombrar *to name*, 4

el nombre *name*, P; el nombre completo *full name*, 6; nombres comunes *common names*, P

el noreste *northeast*, 10

normal *normal*, 5

normalmente *normally*, 3

el noroeste *northwest*

norteamericano/a *North American*, 11

nos *to/for us*, 9; **Nos gusta...** *We like . . .*, 5; **Nos gustan...** *We like . . .*, 7; **Nos gusta** + infinitive *We like + infinitive* 5; **¿Nos puede traer...?** *Can you bring us . . .?*, 8

nosotros/as *we*, 4

la nota *note*, 8

las noticias *news*, 5

notificar *to notify*, 1

novecientos/as *nine hundred*, 8

la novela *novel*, 3

noventa *ninety*, 2

la novia *girlfriend, fiancée*, 10

noviembre (m.) *November*, 5

el novio *boyfriend, fiancé*, 10

nublado/a *cloudy*, 5; **Está nublado.** *It's cloudy.*, 5

nuestro/a(s) *our*, 6

nueve *nine*, 1

nuevo/a *new*, 3; el Año Nuevo *New Year's Day*, 10; **nuevos amigos** *new friends*, 2

el número *number*, 1; el número secreto *secret number*, 1

numeroso *numerous*, 6

nunca *never, not ever*, 5

la nutrición *nutrition*, 8

o *or*; **Más o menos.** *So-so.*, 1; o sea... *or else . . .*; *I mean . . .*, 7

la obra *work*, 7

la observación *observation*

la ocasión *occasion*, 11

el oceanario *oceanographic institute*, 2

el océano *ocean*, 5; el océano Atlántico *Atlantic Ocean*, P; el océano Índico *Indian Ocean*, P; el océano Pacífico *Pacific Ocean*, P

ochenta *eighty*, 2

ocho *eight*, 1

ochocientos/as *eight hundred*, 8

octubre (m.) *October*, 5

ocupado/a *busy*, 7; **La línea está ocupada.** *The line is busy.*, 7

oficial *official*, 7

ofrecer *to offer*, 9

el oído *inner ear*, 11

oír *to hear, to listen to*, 4; ¡Oye! *Listen!, Hey!*, 3

los ojos *eyes*, 6; ¡Ojo! *Pay attention! Watch out!*, 11; **Tiene (los) ojos verdes/azules.** *He/She has green/blue eyes.*, 6

la ola *wave*, 5

olímpico/a *Olympic*, 5

once *eleven*, 1

operar *to operate*, 5

la opinión *opinion*, 12

la oración *sentence*, 1

orbital *orbital*, 1

el orden *order*, 6

la oreja *(outer) ear*, 11

organizar *to organize*, 2; organizar mi cuarto *organize my room*, 2

el orgullo *pride*, 3

orgulloso/a *proud*

las órdenes *orders*; a sus órdenes *at your service*, 5

oriental *Eastern*

el origen *origin*

originario/a de *from, originating from, native to*

el oso *bear*, P

el otoño *fall*, 5

otro/a *other, another*, 8; **tal vez otro día** *perhaps another day*, 7

¡Oye! *Listen!*, 3

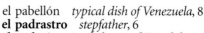

el pabellón *typical dish of Venezuela*, 8

el padrastro *stepfather*, 6

el padre/papá *father*, 6; **el Día del Padre** *Father's Day*, 10

los padres *parents*, 6
el padrino *godfather*, 6
Pagamos la cita. *We pay for the date.*, 7
la página *page*, P
el país *country*, 4
el pájaro *bird*
la pala *paddle*, 11
la palabra *word*, 1
el palacio *palace*
las palmas *palms*, 11
el pan *bread*; **el pan dulce** *sweet rolls*, 8; **el pan tostado** *toast*, 8
la panadería *bakery*, 9
el panecillo *plain or sweet roll*, 8
el panorama *panorama*, 1; panorama cultural *cultural panorama*
los pantalones *pants*, 9; **los pantalones cortos** *shorts*, 9
la pantomima *pantomime*, 10
la papa *potato*; **las papas fritas** *french fries*, 5
el papá *dad*, 6
la papaya *papaya*, 8
el papel *paper*, 2
la papelería *stationery store*, 1
las papitas *potato chips*, 8
para *for, to*, 9; **para** + infinitive *in order to*, 4; **para nada** *at all*, 8; **¿Para quién...?** *For whom . . .?*, 9
el paracaídas *parachute*; **saltar en paracaídas** *to go skydiving*, 12
el parador *inn*, 12; *roadside stand*, 6
el paraguas *umbrella*, 10
el paraíso *paradise*, 12
pardo/a *brown*, 9
parecer *to give the impression of, to seem*; **Me parece bien.** *It seems fine to me.*, 10; **¿Qué te parece si...?** *How do you feel about . . .?*, 10
la pared *wall*, 2
el pariente *relative*, 6
el parking *parking lot or parking garage* (Spain), 4
el parque *park*, 4; **descansar en el parque** *to rest in the park*, 4; **el parque de atracciones** *amusement park*, 7
el párrafo *paragraph*, 3
la parrilla *grill*, 9; la parrillada *barbecue*, 9
la parte *part*; **¿De parte de quién?** *Who's calling?*, 7; ninguna parte *nowhere, not anywhere*, 12
la participación *participation*, 7
participar *to participate*, 5
participó *he/she participated*
el partido de... *game of . . .* (sport), 3
pasado/a *past, last* (with time), 10; **el año pasado** *last year*, 10; **el sábado pasado** *last Saturday*, 10; **la semana pasada** *last week*, 10; **el verano pasado** *last summer*, 10
el pasaje *passage; excerpt; fare*, 1
pasar *to pass, to spend time*; **¿Me pasas...?** *Can you pass me . . .?*, 10; **pasar el rato con amigos** *to spend time with friends*, 4; **pasar la aspiradora** *to vacuum*, 6; **pasarlo bien** *to have a good time*, 10; **¿Qué le pasa a...?** *What's wrong with . . .?*, 11
el pasatiempo *hobby*, 1
las Pascuas *Easter*, 10
paseante (m./f.) *passerby*, 10
pasear *to go for a stroll*, 4; pasear en bicicleta *to ride a bicycle*, 4
el paseo *stroll*, 4
la pasión *passion*, 6
el paso *step*, 1
el pastel *cake*, 8
la pastelería *pastry shop, sweet shop*, 9
patinar *to skate*; **patinar sobre ruedas** *to roller skate*, 11
el patio *patio*, 7
el payaso *clown*, 7
la pecera *fishbowl*, 2
los peces *fish*, 2
el pedacito *small piece*, 8
el pedazo *piece*, 8
el pedido *order* (in a restaurant), 8
pedir (i) *to order, to ask for*, 8
peinarse *to comb your hair*, 7
pelar *to peel*, 8
la película *movie, film*, 4; **ver una película** *to see a movie*, 4
pelirrojo/a *redheaded*, 6
el pelo *hair*, 6
la peña *South American musical event or club*, 7
los pendientes *earrings*, 9
pensar (ie) *to think*; **pensar** + infinitive *to plan, to intend*, 7
pequeño/a *small*, 3
la pera *pear*, 8
la percusión *drums*, 7
la pérdida *loss*, 1
Perdón. *Excuse me.*, 9; **Perdóname.** *Excuse me.*, 10
perezoso/a *lazy*, 6
Perfecto. *Perfect.*, 10
el periódico *newspaper*, 5
el período *period*, 11
el permiso *permission, permit*, P
pero *but*, 1
el perro *dog*; **caminar con el perro** *to walk the dog*, 4; **el perro caliente** *hot dog*, 8
la persona *person*, 3; **¿Cuántas personas hay en tu familia?** *How many people are there in your family?*, 6
el personaje *character*, 6
personal *personal*, 2; anuncios personales *personal ads*, 4; estilo personal *personal style*, 2
la personalidad *personality*, 1
pesado/a *heavy*, 2
las pesas *weights*, 11; **levantar pesas** *to lift weights*, 11
la pesca *fishing*
el pescado *fish*, 8
pescar *to fish*, 5
la peseta *unit of currency in Spain*, 9

¡Pésimo! *Terrible!*, 2
el peso *currency in Colombia, Argentina, and Mexico*, 9
el petróleo *petroleum*
el pez (pl. los peces) *fish*, 2; el pez dorado *goldfish*
el piano *piano*, 4
picado *chopped, crushed*, 8
picante *spicy*, 8
el picnic *picnic*, 8
el pie *foot*, 11
pienso *I think*, 4
la pierna *leg*, 11
la pileta *swimming pool*, 4
el piloto *pilot*, 5
el pincel *paintbrush*, 2
pintar *to paint*, 4
pintoresco/a *picturesque*, 11
la pintura *paint, painting*, 2
la piña *pineapple*, 8
la piñata *hanging ornament filled with fruits and candies*, 10
el piragüismo *canoeing*, 11
la pirámide *pyramid*, 12
los Pirineos *Pyrenees*, 1
la piscina *swimming pool*, 4
el piso *apartment*, 2
la pista *track*; **la pista de correr** *running track*, 11; la pista de esquí *ski slope*, 12
la pizza *pizza*, 1
la pizzería *pizzeria*, 1
la placa *license plate*, P
el plan *plan*, 7; **Ya tengo planes.** *I already have plans.*, 7
planchar *to iron*, 6
la planta *plant*, 9
el plástico *plastic*, 8
la plata *silver*
el plátano *banana*, 8
el plato *plate*, 8
el plato del día *daily special*
el plato hondo *bowl*, 8
los platos *dishes*, 6; lavar los platos *to wash the dishes*, 6
la playa *beach*, 5; **por la playa** *along the beach*, 5
la plaza *square*
Plaza de Armas *Military Square*, 11
el plomo *lead*
la pluma *ballpoint pen*, 2
la población *population*
poblado/a *populated*
poco, un *a little*; **un poco gordo/a** *a little overweight*, 6
poder (ue) *to be able, can*, 8; **¿Me puede decir...?** *Can you tell me . . .?*, 9; **¿Me puede traer...?** *Can you bring me . . .?*, 8; **No puedo.** *I can't.*, 7; **¿Puedo dejar un recado?** *May I leave a message?*, 7
la poesía *poetry*, 7
policíaco/a *police* (adj.), *detective* (adj.), 3
la política *politics*, 6
el pollo *chicken*, 8; el pollo asado *roasted chicken*, 6

el polo opuesto *opposite pole*, 6

el polvo *powder*, 8

poner *to put, to place*, 2; **pon** *put, place*, 10; **poner la mesa** *to set the table*, 6; me pongo: Me pongo a estudiar *I start studying.*, 3; ponerse de acuerdo *to come to an agreement*, 12; ponerse los lentes *to put on one's glasses*, 7

ponerse *to put on (clothing)*, 7

por *at*, 3; *by*, 5; *for*, 12; *in, around*, 4; por ejemplo *for example*, 12; **por eso** *that's why*, 4; **por favor** *please*, 8; **por fin** *at last*, 3; **por la mañana** *in the morning*, 5; **por la noche** *at night, in the evening*, 5; **por la playa** *along the beach*, 5; **por la tarde** *in the afternoon*, 5; **Por lo general tomo...** *I generally eat/drink . . .*, 8; por teléfono *by telephone*, 7

el porcentaje *percentage*

¿Por qué? *Why?*, 3; **¿Por qué no...?** *Why don't . . .?*, 11

porque *because*, 3

la **portada** *cover (of a book or magazine)*, 2

posible *possible*, 5

el póster *poster*, 2

el postre *dessert*, 8

el **porcentaje** *percentage*, 7

practicar *to practice*, 4; practicar deportes *to play sports*, 4

practiquen *you (pl.)/they practice (subjunctive mood)*

el precio *price*, 9; **Son del mismo precio.** *They're the same price.*, 9

predominar *to predominate, to be most important*, 6

preferido/a *favorite*, 3

preferir (ie) *to prefer*, 7

pregunta *ask (command)*, 7

la **pregunta** *question*, 5

pregúntale *ask him/her (command)*, 8

preguntar *to ask*, 11

prehispánico/a *pre-Hispanic*, 7

preliminar *preliminary*, P

el premio *prize, award*, 4; Premio Nóbel *Nobel Prize*, 3

preocupado/a por algo *worried about something*, 11

preocuparse *to worry*; **No te preocupes.** *Don't worry.*, 3

preparado/a *prepared, cooked*, 8

preparar *to prepare*, 4; prepararse *to prepare oneself*, 7; prepara *prepare (command)*, 8

el **preparativo** *preparation*, 10

preparatorio/a *preparatory*, 3

presentable *presentable, well dressed*, 6

la **presentación** *introduction*, 1

presentar *to present*, 11

presentarse *to be introduced, to be presented*, 10; me presento *I introduce myself*, 7

el **presente** *the present*; el presente progresivo *the present progressive*, 10

el **pretérito** *the preterite (tense)*, 10

la **prima** *cousin (female)*, 6

la **primavera** *spring*, 5

primero/a *first*, 3

el primero *the first (of the month)*, 5

el primo *cousin (male)*, 6

principal *principal*, 1

la **prisa** *hurry*; **tener prisa** *to be in a hurry*, 7; **Tengo prisa.** *I'm in a hurry.*, 3

prisionero, -a (m./f.) *prisoner*, 3

probar (ue) *to try, to taste*, 6

el problema *problem*, 6

la **procesión** *procession*, 10

producir *to produce*, 8

el **producto petrolero** *petroleum product*

el profesor *teacher (male)*, 3

la profesora *teacher (female)*, 3

profundamente *deeply*, 11

el **programa** *program*, 3; el programa de televisión *television program*, 3

el **pronombre** *pronoun*, 5

el **pronóstico** *forecast*, 5; el pronóstico del tiempo *weather report*, 5

Pronto. *Hello. (telephone greeting)*, 7; pronto *soon*, 8

la **propina** *tip*, 8

propio/a *own*, 9

proporcionar *to supply*, 11

el **propósito** *purpose*, 10

el **protagonista** *protagonist, main character*, 2

protectivo/a *protective*, 6

la **proteína** *protein*, 7

provenir *to come from*, 9

ptas. *abbreviation of* **pesetas**, *currency of Spain*, 2

pueden *you (pl.) can*, 3

puedo *I can*, 2; **¿Puedo dejar un recado?** *May I leave a message?*, 7

la **puerta** *door*, 2

puertorriqueño/a *Puerto Rican*, 11

pues *well*, 2

el **puesto** *place, position*; el puesto *stand*, 10

punto *point, dot*; **en punto** *on the dot*, 3

el **pupitre** *student desk*, 2

el **puré** *purée*, 8

que *that, which, who*, 4; **Dice que...** *She/He says that . . .*, 6; lo que *what, that which*, 6

¿Qué? *What?*, 3; **¿Qué debo hacer?** *What should I do?*, 6; **¿Qué estás haciendo?** *What are you doing?*, 10; **¿Qué fecha es hoy?** *What's today's date?*, 5; **¿Qué haces despues de clases?** *What do you do after school?*, 4; **¿Qué hay?** *What's up?*, 1; **¿Qué hay en...?** *What's in . . .?*, 2; **¿Qué hay para tomar?** *What is there to drink?*, 8; **¿Qué hiciste?** *What did you do?*, 10; **¿Qué hizo?** *What did he/she/you do?*, 10; **¿Qué hora es?** *What time is it?*, 3; ¿Qué hubo? *What's up?*, 1; **¿Qué le pasa a...?** *What's wrong with . . .?*, 11; ¿Qué onda? *What's up?*, 1; ¿Qué pasa? *What's happening?*, 1; **¿Qué prefieres?** *What do you prefer?*, 8; **¿Qué tal?** *How's it going?*, 1; ¿Qué tal? *What's up?*, 1; **¿Qué tal si...?** *What if . . .?*, 11; **¿Qué te gusta?** *What do you like?*, 1; **¿Qué te gusta hacer?** *What do you like to do?*, 4; **¿Qué te parece si...?** *How do you feel about . . .?*, 10; **¿Qué tiempo hace?** *What's the weather like?*, 5; **¿Qué tienes?** *What's the matter?*, 11; **¿Qué tipo de...?** *What kind of . . .?*, 9

¡Qué barato/a! *How cheap!*, 9

¡Qué caro/a! *How expensive!*, 9

¡Qué ganga! *What a bargain!*, 9

¡Qué lástima! *What a shame!*, 7

¡Qué lío! *What a mess!*, 3

¡Qué padre! *How cool!*, 2

¡Qué pesado/a! *How annoying!*, 2

quechua, quichua *Quechua (adj. & noun), indigenous Andean people*

quedar *to be (situated)*, 9; **Te queda muy bien.** *It fits you very well.*, 9

quedarse *to stay, to remain*, 12

los quehaceres *chores*, 6; **los quehaceres domésticos** *household chores*, 6

la **queja** *complaint*, 11

quemado *burned (past participle)*, 10

quemar *to set on fire*, 10

la **quena** *reed flute used in Andean music*

querer (ie) *to want*, 2; **Quiere...** *He/She wants . . .*, 2; quiere decir *means*, 4; **Quieres...** *You want . . .*, 2; **¿Quieres...?** *Do you want to . . .?*, 7; **Quiero...** *I want . . .*, 2; **quisiera** *I would like*, 8

querido/a *dear*, 1

el queso *cheese*, 8

el **quetzal** *Guatemalan bird; Guatemalan currency*, P

¿quién? *who?*, 4; **¿De parte de quién?** *Who's calling?*, 7; **Para quién?** *For whom?*, 9; **¿quiénes?** *who?*, 5

la **química** *chemistry*, 3

químico/a *chemical*

quince *fifteen*, 1

la **quinceañera** *girl celebrating her fifteenth birthday*, 10

quinientos/as *five hundred*, 8
la **quinoa** *quinoa (plant with edible spinach-like leaves and edible seeds)*
quisiera *I would like*, 8
quitar *to remove, to take out*, 8
quiteño/a *from Quito*, 7

la ración *serving portion*, 8
el racismo *racism*, 1
la **radio** *radio*, 2
la raíz *root*, 10
rallado/a *grated*, 8
el rancho *ranch*, 8
los rápidos *rapids*
ratito *short while*, 11
el ratón *mouse*
la raya *stripe*; **de rayas** *striped*, 9
la reacción *reaction*, 10
real *royal*, 1
la realeza *royalty*, 10
la realidad *reality*, 7
realizar *to carry out, to perform*, 11
rebelde *rebellious*, 6
la rebeldía *rebelliousness*, 6
el recado *message*; **¿Puedo dejar un recado?** *May I leave a message?*, 7
la recepción *reception*, 1
la receta *recipe*, 8
recibió *he/she received*, 9
recibir *to receive*, 5; **recibir regalos** *to receive gifts*, 10
el recipiente de plástico *plastic container, receptacle*, 8
recoger la casa *to clean and straighten up the house*, 6
recorrer *to travel around*, 12
el recorrido *trip, journey*, 11; hacer un recorrido *to go sightseeing*, 12
recostar (ue) *to recline, to lean back*, 11
recto/a *straight*, 11
el recuerdo *souvenir, remembrance*, 9
el recurso *resource*, 7
reducir *to reduce*, 11
la referencia *reference*, 9
referirse (a) *to refer to*, 4
reflejar *to reflect*, 7
refrescante *refreshing*, 8
el refresco *soft drink*; **tomar un refresco** *to drink a soft drink*, 4
regalar *to give (as a gift)*, 9
el **regalo** *gift*, 9; **abrir regalos** *to open gifts*, 10; **recibir regalos** *to receive gifts*, 10
la región *region*, 8
regional *regional*
la **regla** *ruler*, 2
regresar *to return*, 4
Regular. *Okay.*, 1
la reina *queen*, P

el relajamiento *relaxation*, 12
el relato *story*, 7
la religión *religion*, 3
el **reloj** *clock, watch*, 2
la remembranza *memory, remembrance*, 10
el remo *paddle, oar*, 5
rendido/a *tired*, 7
el renombre: de renombre *famous, renowned*, 6
repasar *to review*, 12
el repaso *review*, 1
repetir (i) *to repeat*, 11
el reportaje *report*, 2
los reptiles *reptiles*, 2
la república *republic*, 1
la res *head of cattle*; **la carne de res** *beef*, 8
el resfriado *cold*; resfriado/a *congested*; **estar resfriado/a** *to have a cold*, 11
respirar *to breathe*, 11
responder *to answer*, 8
responsable *responsible*, 6
la respuesta *answer, response*, 2
el **restaurante** *restaurant*, 4
el resto *rest, remainder*, 11
el retrato *portrait*, 6
la reunión *meeting, reunion*, 6
reunirse *to gather, to join together*, 6
la **revista** *magazine*, 2
rico/a *rich, delicious*, 8
el **río** *river*, 12; **bajar el río en canoa** *to go canoeing*, 12; el río Amazonas *Amazon River*, 12
el ritmo *rhythm*, 6
el robo *rip-off*; **¡Es un robo!** *It's a rip-off!*, 9
la rodilla *knee*, 11
rojo/a *red*, 9
romántico/a *romantic*, 4
la **ropa** *clothing*, 2; **lavar la ropa** *to wash the clothes*, 4
rosado/a *pink*, P
rubio/a *blond*, 3
la rueda *wheel*; **patinar sobre ruedas** *to roller skate*, 11
la ruina *ruin*
la rutina *routine*, 7

el **sábado** *Saturday*, 4; **el sábado pasado** *last Saturday*, 10
saber *to know (information)*; **No sé.** *I don't know.*, 2; **Sé.** *I know.*, 2
¿Sabías? *Did you (fam.) know?*, P
el sabor *flavor, taste*, 8
sacar buenas/malas notas *to get good/bad grades*, 6
sacar *to take out*; **sacar la basura** *to take out the trash*, 4

la **sala** *living room*, 6
la sala de clase *classroom*, 2
salado/a *salty*, 8
salgo *I go out*, 5
salir *to go out, to leave*, 6
la salsa *salsa music*, 6
saltar *to jump*; **saltar en paracaídas** *to go skydiving*, 12
la salud *health*, 11
el saludo *greeting*, 1
salvar *to save*, 2
el salvavidas *life jacket*, P
el sancocho *soup made of green plantains, corn, and carne colorada*, 8
las **sandalias** *sandals*, 9
el **sándwich** *sandwich*, 5
sano/a *healthy*, 11; **llevar una vida sana** *to lead a healthy life*, 11
el sasafrás *sassafras*, 9
el saxofón *saxophone*, 4
sazonar *to season, to add seasoning*, 9
Se llama... *Her/His name is . . .*, 1
Se ve joven. *She/He looks young.*, 6
Sé. *I know.*; **No sé.** *I don't know.*, 2
sé (command) *be*; Sé cortés. *Be polite.*, 10
la sección *section, department*, 9
el secreto *secret*, 1
la sed *thirst*; **tener (mucha) sed** *to be (really) thirsty*, 8
la seda *silk*; **de seda** *(made of) silk*, 9
el segmento *segment*, 5
seguir (i) *to follow*, 8; *to continue*, 12
según *according to*, 10
segundo/a *second*
seguro/a *sure, certain*, 5
seis *six*, 1
seiscientos/as *six hundred*, 8
la **selva** *jungle*, 12
el semáforo *traffic signal*, 5
la **semana** *week*, 4; **el fin de semana** *weekend*, 4; **la semana pasada** *last week*, 10
el **semestre** *semester*, 3
las semillas *seeds*, 8
las señales *distinguishing marks*, 1
sencillo/a *simple*, 11
señor *sir, Mr.*, 1
señora *ma'am, Mrs.*, 1
señorita *miss*, 1
la sensación *sensation*, 8
el sentido *sense, faculty of sensation*, 5
sentir (ie) *to regret*; **Lo siento.** *I'm sorry.*, 7; **Lo siento. No puedo.** *I'm sorry but I can't.*, 7; **Lo siento, pero en este momento...** *I'm sorry, but right now . . .*, 10
sentirse (ie) *to feel*, 11; **¿Cómo te sientes?** *How are you feeling?*, 11
septiembre (m.) *September*, 5
sepultado/a en vida *buried alive*, 6
ser *to be*, 1; **¿Cómo es...?** *What's he/she/it like . . .?*, 3; **¿Cómo son...?** *What are . . . like?*, 3; **¿De dónde**

eres? *Where are you from?*, 1; **eres** *you are*, 3; **es** *he/she/it is*, 3; **Es aparte.** *It's separate.* 8; **Es de...** *He/She/It is from . . .*, 1; **Es la una.** *It's one o'clock.*, 3; **¡Es un robo!** *It's a rip-off!*, 9; **No es cierto.** *It isn't true.*, 6; **son** *they are, you are* (pl.), 3; **Son las...** *It's . . . o'clock.*, 3; **soy** *I am*, 1; **Soy de...** *I'm from . . .*, 1
serio/a   *serious*, 5
el servicio   *service*, 1
la servilleta   *napkin*, 8
servir   *to serve*, 8
sesenta   *sixty*, 2
la sesión   *session*, 4
setecientos/as   *seven hundred*, 8
setenta   *seventy*, 2
la sevillana   *folk dance of Seville*, 10
sevillano/a   *from Seville, Spain*, 10
el sexismo   *sexism*, 1
si   *if;* **¿Qué tal si...?** *What if . . .?*, 11
sí   *yes*, 1; **¡Claro que sí!** *Of course!*, 7
la sicología   *psychology*, 1
siempre   *always*, 5; **casi siempre** *almost always*, 6; **¡Lo de siempre!** *The usual!*, 9
siento   *I regret;* **Lo siento. No puedo.**   *I'm sorry. I can't.*, 7
la sierra   *mountain range*, 7
la siesta   *nap, afternoon rest*, 8
siete   *seven*, 1
siga las instrucciones   *follow the instructions*, 8
el siglo   *century*, 6
significar   *to mean*, 10
siguiente   *following*, 3
la silla   *chair*, 2
simpático/a   *nice*, 3
sinfónico/a   *symphonic*, 7
sino   *but rather*, 11
el sintetizador   *synthesizer*, 4
síquico/a   *mental*, 11
sirve   *he/she/it serves*, 11
sirvió   *he/she/it served*, 11
el sistema   *system*, 9
la situación   *situation*, 1
sobre   *about, on*, 4
social   *social*, 1
socio, -a (m./f.)   *member*, 1
la sociología   *sociology*, 1
sol   *sun;* **los lentes de sol** *sunglasses*, 12; **tomar el sol** *to sunbathe*, 12; **Hace sol.** *It's sunny.*, 5
el soldado, la mujer soldado   *soldier*, 11
sólo   *only;* **sólo cuando** *only when*, 5
solo/a   *alone*, 9
soltar (ue)   *to let go, to let out*, 11
el sombrero   *hat*
son   *they are, you are* (pl.) 3; **¿Cómo son...?** *What are . . . like?*, 3; **Son del mismo precio.** *They're the same price.*, 9; **Son las...** *It's . . . o'clock.*, 3

el sonido   *sound*, 1
la sopa   *soup*, 8
el soporte   *support*, 11
el sorbete   *sherbet*, 8
la sorbetera   *ice cream/sherbet maker*, 8
la sorpresa   *surprise;* **la fiesta de sorpresa**   *surprise party*, 7
soy   *I am*, 1; **Soy de...** *I'm from . . .*, 1
su/sus   *his, her, its, their, your* (formal), 2, 6
suave   *soft*, 11
subir   *to go up, to move up*, 11
sucio/a   *dirty*, 8
el sucre   *domestic currency in Ecuador*, 9
Sudamérica   *South America*
el suelo   *floor, ground*, 11
suelta el aire   *let your breath out* (command), 11
el sueño   *dream;* **tener sueño** *to be sleepy*, 7
la suerte   *skillful maneuver;* suertes a caballo   *skillful maneuver riding a horse*, 11
el suéter   *sweater*, 9
suficiente   *sufficient, enough*, 10
sufrir   *to suffer*, 11
la sugerencia   *suggestion*, 11
sugerir (ie)   *to suggest*, 12
sugiérele   *suggest to him/her*, 9
sujetar   *to fasten, to hold*, 11
el supermercado   *supermarket*, 4
el surtido   *assortment*, 8

la tajada   *slice of fried plantain*, 8
tal: **¿Qué tal?**   *How's it going?*, 1
tales como   *such as*
tal vez   *maybe, perhaps;* **tal vez otro día**   *perhaps another day*, 7
el taller   *workshop*, 7
la tamalada   *party at which tamales are made or served*, 9
el tamaño   *size*, 5
también   *too, also;* También se puede decir. . .   *You can also say. . .;* **Yo también.**   *Me too.*, 1
tampoco   *neither, nor, not either*
tan... como   *as . . . as*, 9
la taquilla   *ticket office*, 4
la tarde   *afternoon*, 3; **Buenas tardes.** *Good afternoon.*, 1; **de la tarde** *in the afternoon (P.M.)*, 3; **por la tarde** *in the afternoon*, 5
tarde   *late*, 3; **Llamo más tarde.** *I'll call later.*, 7
la tarea   *homework*, 1; *task, chore*, 10
la tarjeta de crédito   *credit card*, 9
la tarjeta   *greeting card*, 9; **la tarjeta**

postal   *postcard*, 5
la taza   *cup*, 8
el tazón   *bowl*, 8
¿Te acuerdas?   *Do you remember?*, 5
te   *to/for you*, 9; **No te preocupes.** *Don't worry.*, 3; **¿Te gusta...?** *Do you like . . .?*, 1; **Te gustan...** *You like . . .*, 3; Te felicito. *Congratulations.*, 9 **¿Te gustaría...?** *Would you like . . .?*, 7; **Te invito.** *It's my treat.*, 7; **Te queda muy bien.** *It fits you very well.*, 9; **¿Te sientes mal?** *Do you feel bad?*, 11; Te toca a ti. *It's your turn.*, 11
el té   *tea;* **el té frío** *iced tea*, 8
el teatro   *theater*, 7
el techo   *ceiling, roof*, 6
la tecnología   *technology*, 1
tecnológico/a   *technological*, 3
el tejido   *cloth*
la tele   *TV*, 5
telefónico/a   *by phone*, 7
el teléfono   *telephone*, 7; **hablar por teléfono**   *to talk on the phone*, 7; los números de teléfono *telephone numbers*, 10
la telenovela   *soap opera*, 3
la televisión   *television*, 4; **mirar la televisión**   *to watch television*, 4; el programa de televisión *television program*, 3
el televisor   *television set*, 2
templado/a   *temperate, mild*
el tenedor   *fork*, 8
tener (ie)   *to have*, 2; **Bueno, tengo clase.**   *Well, I have class.*, 1; **¿Cuántos años tiene?** *How old is (she/he)?*, 1; **¿Cuántos años tienes?** *How old are you?*, 1; **¿Qué tienes?** *What's the matter?*, 11; **tener fiebre** *to have a fever*, 11; **tener ganas de** + infinitive   *to feel like (doing something)*, 7; **tener gripe** *to have the flu*, 11; **tener (mucha) hambre** *to be (really) hungry*, 8; **tener (mucha) sed** *to be (really) thirsty*, 8; **tener prisa** *to be in a hurry*, 7; **tener que** + infinitive *to have to (do something)*, 7; **tener sueño** *to be sleepy*, 7; **tener tos** *to have a cough*, 11; tener lugar *to take place*, 5; **Tengo ... años.** *I'm . . . years old.*, 1; **Tengo prisa.** *I'm in a hurry.*, 3; **Tengo que irme.** *I have to go.*, 1; **Tiene ... años.** *She/He is . . . years old.*, 1; **Tiene canas.** *He/She has gray hair.*, 6; **Ya tengo planes.** *I already have plans.*, 7
el tenis   *tennis*, 1; **la cancha de tenis** *tennis court*, 11; **las zapatillas de tenis**   *tennis shoes* (Spain), 2
la tensión   *tension*, 11
tercer (o/a) *third*
terminar   *to end, to finish*, 5
el territorio   *territory*
el terror   *terror*, 2

los tesoros *treasures*, 9
el textil *textile*
la tía *aunt*, 6
tibio/a *lukewarm*, 11
el tiempo *weather; time; verb tense;* **Hace buen tiempo.** *The weather is nice.*, 5; **Hace mal tiempo.** *The weather is bad.*, 5; Hace un tiempo precioso. *It's a beautiful day.*, 5; pronóstico del tiempo *weather report*, 5; **¿Qué tiempo hace?** *What's the weather like?*, 5; **el tiempo libre** *free time*, 4
la tienda *store*, 4; **la tienda de camping** *camping tent*, 12; **la tienda de comestibles** *grocery store*, 9
tiene *he/she/it has*, 2; **Tiene … años.** *He/She/It is … years old.*, 1; **Tiene canas.** *He/She has gray hair.*, 6
tienes *you have*, 2; **¿Cuántos años tienes?** *How old are you?*, 1; **¿Qué tienes?** *What's the matter?*, 11
la Tierra *Earth*, 2
las tierras pantanosas *swamplands, wetlands*
tímido/a *shy*, 6
el tío *uncle*, 6
típicamente *typically*, 5
típico/a *typical*, 3
el tipo *type, kind*, 1
las tiras cómicas *comics*, 5
la toalla *towel*, 12
el tocador de discos compactos *compact disc player*, 2
tocar *to touch, to play;* **tocar** (un instrumento) *to play (an instrument)*, 4
el tocino *bacon*, 8
todavía *still, yet*, 5; todavía no *not yet*, 7
todo *everything*, 8; todos/as *everyone*, 7
todo/a *all, every;* todo el tiempo *all the time*, 5; **todos los días** *every day*, 5
tomar apuntes *to take notes*, 11
tomar *to drink, to take*, 4; **tomar el autobús** *to take the bus*, 5; tomarle el pelo *to pull someone's leg*, 11; **tomar el sol** *to sunbathe*, 12; tomar fotos *to take pictures*, 12; **tomar un refresco** *to drink a soft drink*, 4
el tomate *tomato*, 8
el tomo *volume (in a series of books)*, 2
el toro *bull*, 10
la toronja *grapefruit*, 8
la torre *tower*, 9
la torta *sandwich*, 8
la tortilla *tortilla, omelet*, 8; tortilla española *omelet with potatoes, onions, and olive oil*, 8
la tortuga *turtle*
la tos *cough;* **tener tos** *to have a*

cough, 11
tostado/a *toasted;* **el pan tostado** *toast*, 8
los tostones *fried plantains*, 6
trabajador,-a *hard-working*, 6
trabajar *to work*, 4; **trabajar en el jardín** *to work in the garden*, 6
el trabajo *work, job*, 4
el trabalenguas *tongue twister*, 2
tradicional *traditional*, 6
las tradiciones *traditions*, 6
traer *to bring*, 8; **¿Me puede traer...?** *Can you bring me … ?*, 8; **¿Me traes...?** *Can you (informal) bring me … ?*, 10
traído/a *brought*
el traje *suit*, 9; **el traje de baño** *bathing suit*, 9
tranquilo/a *tranquil; calm*, 11
transportado/a *transported, carried away*, 2
el transporte *transportation*, 1
tras *after*, 7
tratar de + infinitive *to try to*, 11
tratarse de *to be a question of*, 11
travieso/a *mischievous*, 6
trece *thirteen*, 1
treinta *thirty*, 1
tremendo/a *tremendous*, 5
tres *three*, 1
trescientos/as *three hundred*, 8
el trigo *wheat*
triste *sad*, 11
la trivia *trivia*, 1
la trompeta *trumpet*, 4
tropical *tropical*, 8
el trozo *piece, bit, fragment*, 8
tú *you*, 1
tu/tus *your (informal)*, 2, 6; Tu ropa hace juego. *Your clothes go well together.*, 9
la tumba *tomb, grave*, 10
el turismo *tourism;* **hacer turismo** *to go sightseeing*, 12
el turista *tourist*, 7
tuve *I had*, 2

la ubicación *location*
último/a *last;* Estás a la última. *You're stylish.*, 9
un *a, an*, 2; **Un momentito.** *Just a second.* 10; **un momento** *one moment*, 7; **un poco gordo/a** *a little over weight*, 6; un poco más *a little more*
una *a, an*, 2
los unicornios *unicorns*, 4
la unidad monetaria *monetary unit*
unido/a *close-knit*, 6
el uniforme *school uniform*, 2

uno *one*, 1
unos/as *some, a few*, 2
usa *use (command)*, 7
usar *to use*, 5; no uses *don't use (command)*, 10
usted *you*, 4
ustedes *you (pl.)*, 4,; **a ustedes** *to you (pl.)*, 5
útil (m./f.) *useful*, P
la utilidad *utility, use*, 2
la utilización *use, utilization*, 1
utilizar *to use*, 6
las uvas *grapes*, 8

vacacionar *to vacation*, 11
las vacaciones *vacation*, 5
valiente *valient*, 1
valioso/a *valuable, worthwhile*, 11
vamos a... *let's …;* Vamos a comprenderlo. *Let's understand (it).*, 1; Vamos a leer. *Let's read.*, 1; **¡Vamos!** *Let's go!*, 3; **vamos** *we go*, 3
variar *to vary*, 3
la variedad *variety*, 8
varios/varias *various, several*, 3
el vaso *glass;* **un vaso de leche** *a glass of milk*, 8
ve *go*, 10; **vete** *go away*, 10
veces: a veces *sometimes*, 5; **muchas veces** *often*, 5
el vecino *neighbor*, 12
vegetal *vegetable (adj.)*, 8
los vegetales *vegetables*, 8
vegetariano/a *vegetarian*, 8
el vehículo *vehicle*, 1
veinte *twenty*, 1
vejigante (m./f.) *reveler*, 10
la vela *sail;* **ir de vela** *to go sailing*, 12
el velero *sailboat*, 5
la velocidad *velocity, speed*, 5
venir *to come*, 7; **ven** *come*, 10; ven conmigo *come with me, come along*
la ventaja *advantage*, 8
la ventana *window*, 2
ver *to watch, to see*, 4; **ver una película** *to see a movie*, 4; ya verán *they'll see, you'll see (pl.)*, 12
el verano *summer*, 5; **el verano pasado** *last summer*, 10
verazmente *truly*, 12
el verbo *verb*, 8
¿verdad? *don't you?, right?*, 3
verdadero/a *true, real, genuine*, 1
verde *green*, 6
las verduras *greens, vegetables*, 8
la vereda *trail*, 12
verificar *to verify, to confirm*, 11

el vertebrado *vertebrate*, 2
el vestido *dress*, 9
la vez *time, turn, occasion, occurrence*; **a veces** *sometimes*, 5; de vez en cuando *once in a while*, 5; **muchas veces** *often*, 5; otra vez *again*, 8; **tal vez otro día** *perhaps another day*, 7; una vez *once*, 5
¡vete! *go away!*, 10
viajar *to travel*, 12
el viaje *trip*; **hacer un viaje** *to take a trip*, 6
la vida *life*, 11; **llevar una vida sana** *to lead a healthy life*, 11; Lo pasé pura vida. *I had a great time.*, 12; la vida nocturna *night life*, 9
el video *video*, 1
la videocasetera *VCR*, 2
videojuego *video game*, 3
viejo/a *old*, 6
el viejo amigo *old friend, long-time friend*, 5
el viento *wind* **Hace (mucho) viento.** *It's (very) windy.*, 5
el viernes *Friday*, 4
vigilar *to watch over*, 6
la villa *village*
el vinagre *vinegar*, 8
el vínculo *bond, tie, link, connection*, 9

el violín *violin*, 4
visitante (m./f.) *visitor*, 7
visitar *to visit*, 6
la vista *view*, 12
la vitamina *vitamin*, 8
vivir *to live*, 6
vivo/a *alive*, 6
el vocabulario *vocabulary, glossary*, 1
volcánico/a *volcanic*
el voleibol *volleyball*, 1
volver (ue) *to return*, 8
vosotros/as *you* (pl.), 4
vuelvo *I return, I go back*, 5
vuestro/a (s) *your*, 6

y *and*, 1; **y media** *half past (the hour)*, 3; **¿Y tú?** *And you?*, 1
ya *already*, 2; **Ya tengo planes.** *I already have plans.*, 7; ya verán *you'll/they'll see*, 12; Ya voy. *I'm on my way.*, 7; ¡Ya, ya! *Enough!*, 7
el yahuarlocro *Andean dish*, 8

el yate *yacht*, P
la yema *yolk*, 7
el yerno *son-in-law*, 7
yo *I*, 1; **Yo también.** *Me too.*, 1
yoga *yoga*; **hacer yoga** *to do yoga*, 11
el yugo *yoke*, 7

la zanahoria *carrot*, 8
la zapatería *shoe store*, 9
las zapatillas de tenis *tennis shoes* (Spain), 2
los zapatos *shoes*, 9
la zarzamora *blackberry*, 8
la zarzuela *light opera*, 9
la zona *zone*
la zoología *zoology*, 1
el zoológico *zoo*, 7
el zumo *juice*, 8

This vocabulary includes all of the words presented in the **Vocabulario** sections of the chapters. These words are considered active—you are expected to know them and be able to use them. Expressions are listed under the English word you would be most likely to look up.

Spanish nouns are listed with the definite article and plural forms, when applicable. If a Spanish verb is stem-changing, the change is indicated in parentheses after the verb: **dormir (ue)**. The number after each entry refers to the chapter in which the word or phrase is introduced.

To be sure you are using Spanish words and phrases in their correct context, refer to the chapters listed. You may also want to look up Spanish phrases in the Summary of Functions, pp. R1–R4.

a/an *un, una,* 2
a few *unos, unas,* 2
a little *un poco,* 6
a lot *mucho,* 1
a lot of; a lot *mucho/a, muchos/as,* 2
ache, to *doler (ue),* 11
aerobics class *una clase de ejercicios aeróbicos,* 5
affectionate *cariñoso/a ,* 6
after *después,* 3; *después de,* 4
afternoon *la tarde,* 3; **in the afternoon** *de la tarde,* 3; *por la tarde,* 5
afterward *después,* 3
agreed *de acuerdo,* 10
all *todo/a, todos/as,* 5
all right *está bien,* 7
almost *casi,* 6; **almost always** *casi siempre,* 6
along *por,* 5; **along the beach** *por la playa,* 5
already *ya,* 2
also *también,* 2
always *siempre,* 5
American *americano/a,* 1; *norteamericano/a,* 1; **American football** *el fútbol norteamericano,* 1
amusement park *el parque de atracciones,* 7
amusing *divertido/a,* 3
and *y,* 1; **And you?** *¿Y tú?,* 1
angry *enojado/a,* 11
anniversary *el aniversario,* 7; **anniversary party** *la fiesta de aniversario,* 7

another *otro/a,* 8
anthropology *la antropología,* 7
apple *la manzana,* 8
appointment *la cita,* 7
April *abril* (m.), 5
aquarium *el acuario,* 7
arm *el brazo,* 11
art *el arte, las artes* (pl.), 3;
as…as… *tan... como...,* 9
ask for, to *pedir (i),* 8
at *a, por,* 3; **at all** *para nada,* 8; **at last** *por fin,* 3; **at night** *por la noche, en la noche,* 5; **At what time…?** *¿A qué hora...?,* 3
attend, to *asistir a,* 5
attraction *la atracción,* 7
August *agosto* (m.), 5
aunt *la tía,* 6
autumn *el otoño,* 5

back *la espalda,* 11
backpack *la mochila,* 2
bacon *el tocino,* 8
bad *mal,* 1; *malo/a,* 3; **to feel bad** *(estar) mal,* 1; *sentirse mal,* 11
bakery *la panadería,* 9
balloons *los globos,* 10
ballpoint pen *el bolígrafo,* 2
banana *el plátano,* 8
bargain *la ganga,* 9; **What a bargain!** *¡Qué ganga!,* 9
baseball *el béisbol,* 1
basketball *el baloncesto, el basquetbol,* 1
bathing suit *el traje de baño,* 9
be, to *ser,* 1; *estar,* 4; **to be**

able *poder (ue),* 8; **to be hungry** *tener hambre,* 8; **to be in a hurry** *tener prisa,* 3; **to be ready** *estar listo/a,* 7; **to be situated** *quedar,* 9; **to be sleepy** *tener sueño,* 7; **to be thirsty** *tener sed,* 8; **to be… years old** *tener... años,* 1
beach *la playa,* 5
beans *los frijoles,* 8
because *porque,* 3
bed *la cama,* 2
beef *la carne de res,* 8
before *antes de,* 4
begin, to *empezar (ie),* 7
believe, to *creer,* 10
belt *el cinturón,* 9
beneath *debajo de,* 4
besides *además,* 9
beverage *la bebida,* 8
bicycle *la bicicleta,* 4
big *grande,* 3
bill *la cuenta,* 8
birthday *el cumpleaños,* 7; **birthday party** *una fiesta de cumpleaños,* 7
black *negro/a,* 6
block, city *la cuadra,* 9
blond *rubio/a,* 3
blouse *la blusa,* 9
blow up balloons, to *inflar los globos,* 10
blue *azul,* 6
bluejeans *los bluejeans,* 9
board game *el juego de mesa,* 9
body *el cuerpo,* 11
book *el libro,* 2
book bag *la mochila,* 2
bookstore *la librería,* 2
boots *las botas,* 9
boring *aburrido/a,* 3
bowl *el plato hondo, el tazón,* 8

boy   *el chico*, 5
bread   *el pan*, 8
break   *el descanso*, 3
breakfast   *el desayuno*, 8
bring, to   *traer*, 8
brother   *el hermano*, 6; **brothers and sisters**   *los hermanos*, 6
brown   *de color café*, 6; *pardo/a*, 9
brunette   *moreno/a*, 3
brush one's teeth, to   *lavarse los dientes*, 7
bus   *el autobús*, 5
busy   *ocupado/a*, 7; **the line is busy**   *la línea está ocupada*, 7
but   *pero*, 1
buy, to   *comprar*, 2
by   *por*, 5
'bye   *chao*, 1

cafeteria   *la cafetería*, 1
cake   *el pastel*, 8
calculator   *la calculadora*, 2
call, to   *llamar*, 7; **to call the guests**   *llamar a los invitados*, 10
camera   *la cámara*, 12
camp, to   *acampar*, 5
Can you bring me…?   *¿Me puede* (formal) *traer…?*, 8; *¿Me traes* (familiar)*…?*, 10; **Can you do me the favor of…?**   *¿Me haces el favor de…?*, 10; **Can you give me…?**   *¿Me das…?*, 10; **Can you help me…?**   *¿Me ayudas a…?*, 10; **Can you pass me…?**   *¿Me pasas…?*, 10; **Can you tell me…?**   *¿Me puede decir…?*, 9
candy   *los dulces*, 9; **candy store**   *la dulcería*, 9
canoe   *la canoa*, 12; **to go canoeing**   *bajar el río en canoa*, 12
can't, I   *No puedo*, 7
car   *el carro*, 4
card   *la tarjeta*, 9
carrot   *la zanahoria*, 8
cat   *el gato, la gata* 6; **to take care of the cat**   *cuidar al gato*, 6
cereal   *el cereal*, 8
chair   *la silla*, 2
cheap   *barato/a*, 9
cheese   *el queso*, 8
chicken   *el pollo*, 8
children   *los hijos*, 6
China   *China* (f.), 12
Chinese food   *la comida china*, 1
chocolate   *el chocolate*, 1
chores   *los quehaceres domésticos*, 6
Christmas   *la Navidad*, 10; **Christmas Eve**   *la Nochebuena*, 10
circus   *el circo*, 7

city   *la ciudad*, 7
city block   *la cuadra*, 9
class   *la clase*, 1
classical music   *la música clásica*, 1
classmate   *el compañero* (male), *la compañera* (female) *de clase*, 3
clean   *limpio/a*, 8
clean, to   *limpiar*, 6; **to clean the kitchen**   *limpiar la cocina*, 6
clever   *listo/a*, 6
climb, to   *escalar*, 12
clock   *el reloj*, 2
close-knit   *unido/a*, 6
closet   *el armario*, 2
clothes/clothing   *la ropa*, 2
cloudy   *nublado*, 5; **It's cloudy.**   *Está nublado.*, 5
coffee   *el café*, 8; **coffee with milk**   *el café con leche*, 8
cold   *frío*, 8; **It's cold.**   *Hace frío.*, 5; **to have a cold**   *estar resfriado/a*, 11
color   *el color*, 6
comb your hair, to   *peinarse*, 7
come, to   *venir (ie)*, 7; **Come!**   *¡Ven!*, 10
comfortable   *cómodo/a*, 9
comical   *cómico/a*, 3
comics   *las tiras cómicas*, 5
compact disc   *el disco compacto*, 9
computer science   *la computación*, 3
concert   *el concierto*, 3
congested   *resfriado/a*, 11
cookie   *la galleta*, 8
corn   *el maíz*, 8
cost, to   *costar(ue)*, 9
cotton   *el algodón*, 9; **(made of) cotton**   *de algodón*, 9
cough   *la tos*, 11
country   *el campo*, 7
court (playing)   *la cancha*, 11
cousin   *el primo* (male), *la prima* (female), 6
custard   *el flan*, 8
cut, to   *cortar*, 6; **to cut the grass**   *cortar el césped*, 6

dad   *el papá*, 6
dance   *el baile*, 3
dance, to   *bailar*, 4
dark-haired, dark-skinned   *moreno/a*, 3
date   *la fecha*, 5; *la cita*, 7
daughter   *la hija*, 6
day   *el día*, 4; **day before yesterday**   *anteayer*, 10; **every day**   *todos los días*, 5; **free day**   *día libre*, 3
December   *diciembre* (m.), 5
decorate, to   *decorar*, 10

decorations   *las decoraciones*, 10
delicious   *delicioso/a*, 8; *rico/a*, 8
delighted   *encantado/a*, 1
department store   *el almacén*, 9
desk   *el escritorio*, 2
dessert   *el postre*, 8
dictionary   *el diccionario*, 2
diet   *la dieta*, 8
difficult   *difícil*, 3
dinner   *la cena*, 4
dirty   *sucio/a*, 8
disagreeable   *antipático/a*, 3
do, to   *hacer*, 2; **Do!**   *¡Haz!*, 10; **Don't worry!**   *¡No te preocupes!*, 3; **to do yoga**   *hacer yoga*, 11
dog   *el perro*, 4; **to walk the dog**   *caminar con el perro*, 4
dollar   *el dólar*, 2
door   *la puerta*, 2
downtown   *el centro*, 4
draw, to   *dibujar*, 4
dress   *el vestido*, 9
drink, to   *tomar*, 4; *beber*, 5
during   *durante*, 5

ear (inner)   *el oído*, 11; **(outer) ear**   *la oreja*, 11
earring   *el arete*, 9
Easter   *las Pascuas*, 10
easy   *fácil*, 3
eat, to   *comer*, 5; **to eat breakfast**   *desayunar*, 5; **to eat dinner**   *cenar*, 6; **to eat lunch**   *almorzar (ue)*, 8
education   *la educación*, 3; **physical education**   *la educación física*, 3
eggs   *los huevos*, 8
Egypt   *Egipto* (m.), 12
eight   *ocho*, 1
eighteen   *dieciocho*, 1
eight hundred   *ochocientos/as*, 8
eighty   *ochenta*, 2
eleven   *once*, 1
end   *el fin*, 4
England   *Inglaterra* (f.), 12
English class   *la clase de inglés*, 1
enough   *bastante*, 6
erase, to   *borrar*, 2
eraser   *la goma de borrar*, 2
especially   *especialmente*, 5
evening   *la noche*, 5; **in the evening (P.M.)**   *de la noche*, 3; *por la noche*, 5
event   *el evento*, 7
every   *todo/a, todos/as*; **every day**   *todos los días*, 5
exam   *el examen* (pl. *los exámenes*), 3
excellent   *excelente*, 1
Excuse me.   *Perdón.*, 9; *Perdóname.*, 10

exercise *el ejercicio*, 5; **to exercise** *hacer ejercicio*, 5
expensive *caro/a*, 9
explore, to *explorar*, 12
eyes *los ojos*, 6

F

fall *el otoño*, 5
family *la familia*, 6
family member *familiar*, 9
fantastic *fantástico/a*, 3
far *lejos*, 4; **far from** *lejos de*, 4
father *el padre*, 6; **Father's Day** *el Día del Padre*, 10
favorite *favorito/a*, 3
February *febrero* (m.), 5
feel, to *sentirse (ie)*, 11; **to feel like (doing something)** *tener ganas de* + infinitive, 7
fever *la fiebre*, 11; **to have a fever** *tener fiebre*, 11
few, a *unos/as*, 2
field, playing *la cancha*, 11
fifteen *quince*, 1
fifty *cincuenta*, 2
find, to *encontrar (ue)*, 2
finger *el dedo*, 11
first *primero*, 2
fish *el pescado*, 8
fish, to *pescar*, 5
fit, to *quedar*, 9; **It fits you very well.** *Te queda muy bien.*, 9
five *cinco*, 1
five hundred *quinientos/as*, 8
flower shop *la florería*, 9
flowers *las flores*, 9
flu *la gripe*, 11
folder *la carpeta*, 2
food *la comida*, 6
foot *el pie*, 11
football *el fútbol norteamericano*, 1
for *para*, 9; **For whom?** *¿Para quién?*, 9
forest *el bosque*, 12
fork *el tenedor*, 8
formal *formal*, 9
forty *cuarenta*, 2
four *cuatro*, 1
four hundred *cuatrocientos/as*, 8
fourteen *catorce*, 1
France *Francia* (f.), 12
free day *el día libre*, 3
free time *el tiempo libre*, 4
French *el francés*, 3
french fries *las papas fritas*, 5
Friday *el viernes*, 4
friend *el amigo* (male), *la amiga* (female), 1; *el compañero* (male), *la compañera* (female), 3
from *de*, 1
fruit *la fruta*, 1

fun *divertido/a*, 3
funny *cómico/a*, 3

G

game *el juego*, 9; **game of . . . (sport)** *el partido de...*, 3
garbage *la basura*, 4
garden *el jardín*, 6
geography *la geografía*, 3
Germany *Alemania* (f.), 12
get to know someone, to *conocer a*, 2
gift *el regalo*, 9; **to open gifts** *abrir los regalos*, 10; **to receive gifts** *recibir regalos*, 10
girl *la chica*, 5
give, to *dar*; **to give a gift** *regalar*, 9
Gladly! *¡Con mucho gusto!*, 10
glass *el vaso*, 8
go, to *ir*, 2; **Go!** *¡Ve!*, 10; **Go away!** *¡Vete!*, 10; **going to (do something)** *ir* + *a* + infinitive, 7; **to go canoeing** *bajar el río en canoa*, 12; **to go down** *bajar*, 12; **to go hiking** *dar una caminata*, 12; **to go mountain climbing** *escalar montañas*, 12; **to go out** *salir*, 6; **to go sailing** *ir de vela*, 12; **to go sightseeing** *hacer turismo*, 12; **to go skydiving** *saltar en paracaídas*, 12; **to go to the mall** *ir al centro comercial*, 2
good *bueno/a*, 3; **Good afternoon.** *Buenas tardes.*, 1; **Good evening.** *Buenas noches.*, 1; **Good idea.** *Buena idea.*, 10; **Good morning.** *Buenos días.*, 1; **Good night.** *Buenas noches.*, 1
Goodbye. *Adiós.*, 1
good-looking *guapo/a*, 3
graduation *la graduación*, 7; **graduation party** *la fiesta de graduación*, 7
grandfather *el abuelo*, 6
grandmother *la abuela*, 6
grandparents *los abuelos*, 6
grapefruit *la toronja*, 8
grapes *las uvas*, 8
grass *el césped*, 6
gray *gris*, 9; **gray hair** *las canas*, 6
great *excelente*, 1; *estupendo/a*, 1; *¡Magnífico!*, 11
green *verde*, 6
greeting card *la tarjeta*, 9
grocery store *la tienda de comestibles*, 9
guests *los invitados*, 10
guitar *la guitarra*, 4
gym *el gimnasio*, 4

H

hair *el pelo*, 6; **He/she has gray hair.** *Tiene canas.*, 6
half brother *el medio hermano*, 6
half past (the hour) *y media*, 3
half sister *la media hermana*, 6
ham *el jamón*, 8
hamburger *la hamburguesa*, 5
hang up, to *colgar (ue)*, 10
have, to *tener (ie)*, 2; **to have a cold** *estar resfriado/a*, 11; **to have a cough** *tener tos*, 11; **to have a fever** *tener fiebre*, 11; **to have breakfast** *desayunar*, 5; **to have the flu** *tener gripe*, 11; **to have to (do something)** *tener que* + infinitive, 7; **to have to go** *tener que irse*, 1
he *él*, 2
head *la cabeza*, 11
healthy *sano/a*, 11
heat *el calor*, 5
heavy (meal) *fuerte*, 8
Hello. *Aló.*, 7; *Diga.*, 7; *¡Hola!*, 1 (telephone greetings)
help *ayudar*, 5; **Can you help me . . . ?** *¿Me ayudas a...*, 10; **to help at home** *ayudar en casa*, 5
her *la*, 10; **to/for her** *le*, 9
her *su(s)*, 2
here *aquí*, 4
high school *el colegio*, 2
him *lo*, 10; **to/for him** *le*, 9
his *su(s)*, 2
holidays *los días festivos*, 10
home *la casa*, 4; **at home** *en casa*, 4
homework *la tarea*, 1
horrible *horrible*, 1
hot *caliente*, 8; **to be hot** *hacer calor*, 4
hot dog *el perro caliente*, 8
hour *la hora*, 3
house *la casa*, 4
how? *¿cómo?*, 1; **How are you?** *¿Cómo estás?*, 1
How cheap! *¡Qué barato/a!*, 9
How do you feel about . . . ? *¿Qué te parece si...?*, 10
How expensive! *¡Qué caro/a!*, 9
how many? *¿cuántos?, ¿cuántas?*, 2
how much? *¿cuánto/a?*, 2; **How much do . . . cost?** *¿Cuánto cuestan...?*, 9; **How much does . . . cost?** *¿Cuánto cuesta...?*, 9; **How much is it?** *¿Cuánto es?*, 8
how often? *¿con qué frecuencia?*, 5
How old are you? *¿Cuántos años tienes?*, 1; **How old is (she/he)?** *¿Cuántos años tiene?*, 1
How's it going? *¿Qué tal?*, 1
hundred *cien, ciento*, 2
hungry, to be *tener hambre*, 8

hurry *la prisa;* **Hurry up!** *¡Date prisa!,* 3; **I'm in a hurry.** *Tengo prisa.,* 3
hurt, to *doler (ue),* 11
husband *el esposo,* 6

I *yo,* 1
I would like *quisiera,* 8
ice cream *el helado,* 4; **to eat ice cream** *tomar un helado,* 4
iced tea *el té frío,* 8
idea *la idea,* 10
if *si,* 11
I'm sorry. *Lo siento.,* 7
in *en, por, de,* 4; **in order to ...** *para + infinitive,* 4; **in the afternoon** (P.M.) *de la tarde,* 3; *por la tarde,* 5; **in the evening** (P.M.) *de la noche,* 3; *por la noche,* 5; **in the morning** (A.M.) *de la mañana,* 3; *por la mañana,* 5
included *incluido/a,* 8 **Is it included?** *¿Está incluido/a?,* 8
Independence Day *el Día de la Independencia,* 10
inflate, to *inflar,* 10
intelligent *inteligente,* 3
intend, to *pensar + infinitive,* 7
interesting *interesante,* 3
invitation *la invitación,* 10
invite, to *invitar,* 7; **It's my treat.** *Te invito.,* 7
iron, to *planchar,* 6
island *la isla,* 12
isn't it? *¿no?,* 3
it *la, lo,* 10
Italian food *la comida italiana,* 1
Italy *Italia* (f.), 12
It's a rip-off! *¡Es un robo!,* 9
It's cloudy. *Está nublado.,* 5
It's cold. *Hace frío.,* 5
It's cool. *Hace fresco.,* 5
It's hot. *Hace calor.,* 5
It's raining. *Está lloviendo.,* 5; *Llueve.,* 5
It's snowing. *Está nevando.,* 5; *Nieva.,* 5
It's sunny. *Hace sol.,* 5
It's (very) windy. *Hace (mucho) viento.,* 5

jacket *la chaqueta,* 9
January *enero* (m.), 5

jazz *el jazz,* 1
jewelry store *la joyería,* 9
job *el trabajo,* 4
juice *el jugo,* 5; **orange juice** *el jugo de naranja,* 8
July *julio* (m.), 5
June *junio* (m.), 5
jungle *la selva,* 12

kitchen *la cocina,* 6
knife *el cuchillo,* 8
know, to *saber,* 2; *conocer,* 2

lake *el lago,* 7
lamp *la lámpara,* 2
last *pasado/a,* 10; **last night** *anoche,* 10; **last Saturday** *el sábado pasado,* 10; **last summer** *el verano pasado,* 10; **last week** *la semana pasada,* 10; **last year** *el año pasado,* 10
late *atrasado/a, tarde,* 3; **It is late.** *Es tarde.;* **to be late** *estar atrasado/a,* 3
later *más tarde,* 7
lead, to *llevar,* 11; **to lead a healthy life** *llevar una vida sana,* 11
leather (made of) *de cuero,* 9
leave, to *salir,* 6; **to leave a message** *dejar un recado,* 7
leg *la pierna,* 11
lemonade *la limonada,* 8
less *menos,* 6; **less ... than** *menos... que,* 9
letter *la carta,* 5
lettuce *la lechuga,* 8
library *la biblioteca,* 4
life *la vida,* 11
lift, to *levantar,* 11; **to lift weights** *levantar pesas,* 11
light *ligero/a,* 8
like, as *como;* **as ... as** *tan... como,* 9
like, to *gustar,* 1; **to really like** *encantar,* 8; **I (emphatic) like to ...** *A mí me gusta + infinitive,* 4
likewise *igualmente,* 1
line *la línea,* 7; **The line is busy.** *La línea está ocupada.,* 7
listen to, to *escuchar,* 4; **to listen to music** *escuchar música,* 4
little, a *un poco,* 6

live, to *vivir,* 6
living room *la sala,* 6
look at, to *mirar,* 4; **Look!** *¡Mira!,* 4
look for, to *buscar,* 9
look young, to *verse joven,* 6
lot, a *mucho,* 1; *mucho/a,* 2
love, to *encantar,* 8
lunch *el almuerzo,* 3

ma'am *señora,* 1
made of *de,* 3
magazine *la revista,* 2
make, to *hacer,* 2
make the bed, to *hacer la cama,* 6
makeup, to put on *maquillarse,* 7
mall *el centro comercial,* 2
mango *el mango,* 8
many *muchos/as,* 2
March *marzo* (m.), 5
mathematics *las matemáticas,* 3
May *mayo* (m.), 5
maybe *tal vez,* 7
me too *yo también,* 1
meat *la carne,* 8
menu *el menú,* 8
message *el recado,* 7; **May I leave a message?** *¿Puedo dejar un recado?,* 7
Mexican food *la comida mexicana,* 1
mile *la milla,* 5
milk *la leche,* 8
milkshake *el batido,* 8
mineral water *el agua mineral,* 8
mischievous *travieso/a,* 6
miss *señorita,* 1
moment *el momento,* 7
Monday *el lunes,* 4
money *el dinero,* 2
month *el mes,* 5
more *más,* 1; **more ... than** *más... que,* 9
morning *la mañana,* 5; **in the morning** (A.M.) *de la mañana,* 3; *por la mañana,* 5
mother/mom *la madre/mamá,* 6; **Mother's Day** *el Día de las Madres,* 10
mountain *la montaña,* 12; **to go mountain climbing** *escalar montañas,* 12
mouth *la boca,* 11
movie *la película,* 4
movie theater *el cine,* 4
Mr. *señor,* 1
Mrs. *señora,* 1
museum *el museo,* 7
music *la música,* 1; **classical music** *la música clásica,* 1; **music**

by... *la música de...*, 1; **pop music** *la música pop*, 1; **rock music** *la música rock*, 1

my *mi*, 2; *mis*, 6

named, to be *llamarse*, 1; **My name is...** *Me llamo...*, 1
napkin *la servilleta*, 8
near *cerca de*, 4
neck *el cuello*, 11
necklace *el collar*, 9
need, to *necesitar*, 2
nervous *nervioso/a*, 11
never *nunca*, 5
new *nuevo/a*, 3; **new friends** *los nuevos amigos*, 2; **New Year's Day** *el Año Nuevo*, 10; **New Year's Eve** *la Nochevieja*, 10
newspaper *el periódico*, 5
next to *al lado de*, 4
nice *simpático/a*, 3
Nice to meet you. *Mucho gusto.*, 1
night *la noche*, 1; **Good night.** *Buenas noches.*, 1; **last night** *anoche*, 10; **the night before last** *anteanoche*, 11
nine *nueve*, 1
nine hundred *novecientos/as*, 8
nineteen *diecinueve*, 1
ninety *noventa*, 2
no *no*, 1
nobody *nadie*, 5
nor *ni*, 6
nose *la nariz*, 11
not *no*, 1
notebook *el cuaderno*, 2
nothing *nada*, 5
novel *la novela*, 3
November *noviembre* (m.), 5
now *ahora*, 3
nowhere *ningún lugar*, 12
number *el número*, P

October *octubre* (m.), 5
of *de*, 3
Of course! *¡Claro que sí!*, 7; *¡Cómo no!*, 7
often *con frecuencia*, 5; *muchas veces*, 5
okay *regular*, 1
old *viejo/a*, 6; **older** *mayor*, 6
on *en*, 3; **on the dot** *en punto*, 3; **on top of** *encima de*, 4

one *uno*, 1; **one moment** *un momento*, 7
one hundred *cien, ciento/a*, 2
one thousand *mil*, 8
onion *la cebolla*, 8
only *sólo*, 5; **only when** *sólo cuando*, 5
open, to *abrir*, 10; **to open gifts** *abrir regalos*, 10
orange *anaranjado/a*, 9
orange *la naranja*, 8; **orange juice** *el jugo de naranja*, 8
order, to *pedir (i)*, 8
organize, to *organizar*, 2
other *otro/a*, 8
ought to, should *deber*, 6
our *nuestro/a*, 6
overweight *gordo/a*; **a little overweight** *un poco gordo/a*, 6

pack the suitcase, to *hacer la maleta*, 12
paint, to *pintar*, 4
pal *el compañero* (male), *la compañera* (female), 3
pants *los pantalones*, 9
papaya *la papaya*, 8
paper *el papel*, 2
paradise *el paraíso*, 12
parents *los padres*, 6
park *el parque*, 4; **amusement park** *el parque de atracciones*, 7
party *la fiesta*, 3
pastry shop *la pastelería*, 9
peanut butter *la crema de maní*, 8
pencil *el lápiz* (pl. *los lápices*), 2
perfect *perfecto/a*, 10
perhaps *tal vez*, 7; **perhaps another day** *tal vez otro día*, 7
physical education *la educación física*, 3
piano *el piano*, 4
pineapple *la piña*, 8
pizza *la pizza*, 1
pizzeria *la pizzería*, 2
place *el lugar*, 7
place, to *poner*, 2; **Place!** *¡Pon!*, 10
plaid *de cuadros*, 9
plan *el plan*, 7; **I already have plans.** *Ya tengo planes.*, 7
plan, to *pensar* + infinitive, 7
plant *la planta*, 9
plate *el plato*, 8
play an instrument, to *tocar un instrumento*, 4
playing court *la cancha*, 11
please *por favor*, 8
pop music *la música pop*, 1
post office *el correo*, 4

postcards *las tarjetas postales*, 5
poster *el cartel*, 2
potato *la papa*, 5
potato chips *las papitas*, 8
practice, to *practicar*, 4
prefer, to *preferir (ie)*, 7
prepare, to *preparar*, 4
pretty *bonito/a*, 3
price *el precio*, 9; **They're the same price.** *Son del mismo precio.*, 9
problem *el problema*, 6
purple *morado/a*, 9
put on makeup, to *maquillarse*, 7
put, to *poner*, 2; **Put!** *¡Pon!*, 10

quarter to (the hour) *menos cuarto*, 3
quite *bastante*, 6

radio *la radio*, 2
rain, to *llover*, 5
read, to *leer*, 5
ready *listo/a*, 7
receive, to *recibir*, 5; **to receive gifts** *recibir regalos*, 10; **to receive letters** *recibir cartas*, 5
recess *el descanso*, 3
red *rojo/a*, 9
redheaded *pelirrojo/a*, 6
rest, to *descansar*, 4; **to rest in the park** *descansar en el parque*, 4
restaurant *el restaurante*, 4
return, to *regresar*, 4
rice *el arroz*, 8
ride, to *montar*, 4; **to ride a bike** *montar en bicicleta*, 4; **to ride a horse** *montar a caballo*, 11
right? *¿verdad?*, 3
rip-off *el robo*, 9; **It's a rip-off!** *¡Es un robo!*, 9
river *el río*, 12
rock music *la música rock*, 1
roller skate, to *patinar sobre ruedas*, 11
room *el cuarto*, 2
ruler *la regla*, 2
run, to *correr*, 5
running track *la pista de correr*, 11

S

sad   *triste*, 11
salad   *la ensalada*, 1
salty   *salado/a*, 8
same   *mismo/a*, 9
Same here.   *Igualmente.*, 1
sandals   *las sandalias*, 9; *las chancletas*, 12
sandwich   *el sándwich*, 5
Saturday   *el sábado*, 4
say, to   *decir*, 6
scarf   *la bufanda*, 12
science   *las ciencias*, 3
scuba dive, to   *bucear*, 5
seasons   *las estaciones*, 5
see, to   *ver*, 7; **to see a movie**   *ver una película*, 4
See you later.   *Hasta luego.*, 1
See you tomorrow.   *Hasta mañana.*, 1
seem, to   *parecer*, 10; **It seems fine to me.**   *Me parece bien.*, 10
semester   *el semestre*, 3
send, to   *mandar*, 10; **to send invitations**   *mandar las invitaciones*, 10
separate   *aparte*, 8; **It's separate.**   *Es aparte.*, 8
September   *septiembre* (m.), 5
set the table, to   *poner la mesa*, 6
seven   *siete*, 1
seven hundred   *setecientos/as*, 8
seventeen   *diecisiete*, 1
seventy   *setenta*, 2
shave, to   *afeitarse*, 7
she   *ella*, 2
shirt   *la camisa*, 9
shoe   *el zapato*, 9
shoe store   *la zapatería*, 9
shopping mall   *el centro comercial*, 2
short (to describe people)   *bajo/a*, 3; (to describe length)   *corto/a*, 9
shorts   *los pantalones cortos*, 9
should   *deber*, 6
shrimp   *los camarones*, 8
sick   *enfermo/a*, 7
silk (made of)   *de seda*, 9
sing, to   *cantar*, 4
sir   *señor*, 1
sister   *la hermana*, 6
six   *seis*, 1
six hundred   *seiscientos/as*, 8
sixteen   *dieciséis*, 1
sixty   *sesenta*, 2
skate, to   *patinar*, 11
ski, to   *esquiar*, 5
skirt   *la falda*, 9
skis   *los esquís*, 12
sleepy, to be   *tener sueño*, 7
slippers   *las chancletas*, 12
small   *pequeño/a*, 3

smart   *listo/a*, 6
snow   *la nieve*, 5; **It's snowing.**   *Nieva.*, 5
soccer   *el fútbol*, 1; **soccer field**   *la cancha de fútbol*, 11
social studies   *las ciencias sociales*, 3
socks   *los calcetines*, 9
soft drink   *el refresco*, 4
some   *unos/as*, 2
something   *algo*, 6
sometimes   *a veces*, 5
son   *el hijo*, 6
so-so   *más o menos*, 1
sorry, I'm   *Lo siento*, 7
soup   *la sopa*, 8
Spanish   *el español*, 1
speak, to   *hablar*, 4
spend time with friends, to   *pasar el rato con amigos*, 4
spicy   *picante*, 8
spoon   *la cuchara*, 8
sports   *los deportes*, 3
spouse   *la esposa* (wife), *el esposo* (husband), 6
spring   *la primavera*, 5
stadium   *el estadio*, 11
stay, to   *quedarse*, 12
steak   *el bistec*, 8
stepbrother   *el hermanastro*, 6
stepfather   *el padrastro*, 6
stepmother   *la madrastra*, 6
stepsister   *la hermanastra*, 6
still   *todavía*, 5
stomach   *el estómago*, 11
store   *la tienda*, 4
strawberry   *la fresa*, 8
stretch, to   *estirarse*, 11
strict   *estricto/a*, 3
striped   *de rayas*, 9
stroll   *el paseo*, 4; **to go hiking**   *dar una caminata*, 12
strong   *fuerte*, 8
student   *el/la estudiante*, 3
study, to   *estudiar*, 4
subject   *la materia*, 3
sugar   *el azúcar*, 8
suit   *el traje*, 9; **bathing suit**   *el traje de baño*, 9
suitcase   *la maleta*, 12; **to pack the suitcase**   *hacer la maleta*, 12
summer   *el verano*, 5
sunbathe, to   *tomar el sol*, 12
Sunday   *el domingo*, 4
sunglasses   *los lentes de sol*, 12
sunscreen   *el bloqueador*, 12
supermarket   *el supermercado*, 4
Sure!   *¡Con mucho gusto!*, 10
surprise   *la sorpresa*, 7; **surprise party**   *la fiesta de sorpresa*, 7
sweater   *el suéter*, 9
sweet   *dulce*, 8
sweet rolls   *el pan dulce*, 8
sweet shop   *la pastelería*, 9
swim, to   *nadar*, 4
swimming   *la natación*, 1
swimming pool   *la piscina*, 4

T

T-shirt   *la camiseta*, 9
table   *la mesa*, 2
take, to   *tomar*, 4
take a shower, to   *ducharse*, 7
take a trip, to   *hacer un viaje*, 6
take care of, to   *cuidar*, 4; **to take care of your brother/sister**   *cuidar a tu hermano/a*, 4
take out the trash, to   *sacar la basura*, 4
take the bus, to   *tomar el autobús*, 5
talk, to   *hablar*, 4; **to talk on the phone**   *hablar por teléfono*, 4
tall   *alto/a*, 3
tea   *el té*, 8; **iced tea**   *el té frío*, 8
teacher   *el profesor* (male), *la profesora* (female), 3
teeth   *los dientes*, 7; **to brush one's teeth**   *lavarse los dientes*, 7
telephone   *el teléfono*, 4
television   *la televisión*, 4; **television set**   *el televisor*, 2
tell, to   *decir*, 6
ten   *diez*, 1
tennis   *el tenis*, 1; **tennis court**   *la cancha de tenis*, 11; **tennis shoes**   *las zapatillas de tenis* (Spain), 2
tent   *la tienda de camping*, 12
Thanks.   *Gracias.*, 1
Thanksgiving   *el Día de Acción de Gracias*, 10
that   *esa, ese*, 9
that   *que*, 4
that's all   *nada más*, 11
that's why   *por eso*, 4
the   *el, la*, 1; *los, las*, 3
theater   *el teatro*, 7
their   *su(s)*, 6
them   *ellas/ellos*, 4; **to/for them**   *les*, 9
then   *luego*, 3
there   *allá*, 4
there is, there are   *hay*, 2
these (adj.)   *estas, estos*, 9; (pron.)   *éstas, éstos*, 6
they   *ellas, ellos*, 3
thin   *delgado/a*, 6
thing   *la cosa*, 2
think, to   *creer*, 10; *pensar (ie)*, 7
thirsty, to be   *tener sed*, 8
thirteen   *trece*, 1
thirty   *treinta*, 1
this   *esta, este*, 9; *ésta, éste*, 1
those   *esas, esos*, 9
thousand   *mil*, 8
three   *tres*, 1
three hundred   *trescientos/as*, 8
throat   *la garganta*, 11
Thursday   *el jueves*, 4
ticket   *el boleto*, 12
tie   *la corbata*, 9

time *la hora*, 3; **to spend time with friends** *pasar el rato con amigos*, 4
tip *la propina*, 8
tired *cansado/a*, 7
to *a*, 4; **to the** *al (a + el)*, *a la*, 4; *para*, 9
to/for her, him, you *le*, 9; **to/for me** *me*, 9; **to/for them, you (pl.)** *les*, 9; **to/for us** *nos*, 9; **to/for you** *te*, 9
toast *el pan tostado*, 8
today *hoy*, 3
toe *el dedo*, 11
together *juntos/as*, 5
tomato *el tomate*, 8
tomorrow *mañana*, 3
too *también*, 4
too much *demasiado/a*, 6
towel *la toalla*, 12
toys *los juguetes*, 9
toy store *la juguetería*, 9
trash *la basura*, 4
trip *el viaje*, 6; **to take a trip** *hacer un viaje*, 6
true *cierto*, 6; *verdad*, 3
Tuesday *el martes*, 4
tuna *el atún*, 8
twelve *doce*, 1
twenty *veinte*, 1
two *dos*, 1
two hundred *doscientos/as*, 8
typically *típicamente*, 5

ugly *feo/a*, 3
uncle *el tío*, 6
under *debajo de*, 4
usual *lo de siempre*, 9

vacation *las vacaciones*, 5; **on vacation** *de vacaciones*, 12
vacuum cleaner *la aspiradora*, 6; **to vacuum** *pasar la aspiradora*, 6
Valentine's Day *el Día de los Enamorados*, 10
vegetables *las legumbres*, 8
very *muy*, 1; **very bad** *muy mal*, 1; **very well** *muy bien*, 1
video game *el videojuego*, 3
visit, to *visitar*, 6
volleyball *el voleibol*, 1

waiter *el camarero*, 8
waitress *la camarera*, 8
walk *la caminata*, 12
walk, to *caminar*, 4; **to walk the dog** *caminar con el perro*, 4
wallet *la cartera*, 9
want, to *querer (ie)*, 2
wash, to *lavar*, 4; **to wash the car** *lavar el coche*, 4; **to wash oneself** *lavarse*, 7
watch *el reloj*, 2
watch, to *mirar*, 4; **to watch TV** *mirar la televisión*, 4
water *el agua (pl. las aguas)*, 5; **mineral water** *el agua mineral*, 8
we *nosotros/as*, 4
wear, to *llevar*, 9
weather *el tiempo*, 5; **The weather is bad.** *Hace mal tiempo.*, 5; **The weather is nice.** *Hace buen tiempo.*, 5; **What's the weather like?** *¿Qué tiempo hace?*, 5
wedding *la boda*, 7
Wednesday *el miércoles*, 4
week *la semana*, 4
weekend *el fin de semana*, 4
weights *las pesas*, 11
well *bien*, 1; **I'm (pretty) well, thanks.** *Estoy (bastante) bien, gracias.*, 1
Well, ... *Bueno...*, 2
what? *¿cuál?*, 3; *¿qué?*, 3
What a bargain! *¡Qué ganga!*, 9
What are ... like? *¿Cómo son...?*, 3
What a shame! *¡Qué lástima!*, 7
What color is ...? *¿De qué color es...?*, 6
What did you do? *¿Qué hiciste?*, 10
What do you like? *¿Qué te gusta?*, 1
What do you like to do? *¿Qué te gusta hacer?*, 4
What if ...? *¿Qué tal si...?*, 11
What is today's date? *¿Cuál es la fecha?*, 5; *¿Qué fecha es hoy?*, 5
What's ... like? *¿Cómo es...?*, 3
What's the matter? *¿Qué tienes?*, 11
What's wrong with ...? *¿Qué le pasa a...?*, 11
What's your name? *¿Cómo te llamas?*, 1
What should I do? *¿Qué debo hacer?*, 6
What time is it? *¿Qué hora es?*, 3
when *cuando*, 5
when? *¿cuándo?*, 3
where *donde*, 1
where? *¿dónde?*, 4; **Where are you from?** *¿De dónde eres?*, 1
where (to)? *¿adónde?*, 4
which *que*, 4

which? *¿cuál?*, 3; *¿qué?*, 1
white *blanco/a*, 9
who *que*, 4
who? *¿quién?*, 4; *¿quiénes?*, 5; **Who likes ...?** *¿A quién le gusta...?*, 4; **Who's calling?** *¿De parte de quién?*, 7
why? *¿por qué?*, 3; **Why don't you ...?** *¿Por qué no...?*, 11
wife *la esposa*, 6
win, to *ganar*, 11
window *la ventana*, 2
winter *el invierno*, 5
wish, to *querer (ie)*, 2
with *con*, 4; **with me** *conmigo*, 4; **with you** *contigo*, 4
wool (made of) *de lana*, 9
work *el trabajo*, 4
work, to *trabajar*, 4; **to work in the garden** *trabajar en el jardín*, 6
worried about something *preocupado/a por algo*, 11
worry, to *preocuparse*, 3; **Don't worry!** *¡No te preocupes!*, 3
Would you like ...? *¿Te gustaría...?*, 7; **I would like ...** *Me gustaría...*, 7; *Quisiera...*, 8
write, to *escribir*, 5

year *el año*, 5; **last year** *el año pasado*, 10; **How old is (she/he)?**, *¿Cuántos años tiene?*, 1; **I'm ... years old.** *Tengo... años*, 1
yellow *amarillo/a*, 9
yes *sí*, 1
yesterday *ayer*, 10
yet *todavía*, 5; **not yet** *todavía no*, 5
yoga *la yoga*, 11; **to do yoga** *hacer yoga*, 11
you *tú*, *vosotros/as* (informal), 4
you *usted*, *ustedes*, 4
young *joven*, 6; **She/He looks young.** *Se ve joven.*, 6
younger *menor*, 6
your *tu*, 2; *tus*, 6; *su*, 2; *sus* 6; *vuestro/a(s)*, 6

zero *cero*, 1
zoo *el zoológico*, 7

Page numbers in boldface type refer to **Gramática** and **Nota gramatical** presentations. Other page numbers refer to grammar structures presented in the **Así se dice, Nota cultural, Vocabulario,** and **A lo nuestro** sections. Page numbers beginning with R refer to the Grammar Summary in this Reference Section (pages R9–R13).

a: 149, 269, 334; see also prepositions

accent marks: 5, **23**

adjectives: agreement—masculine and feminine **93;** agreement—singular and plural **58, 93,** R10; demonstrative adjectives all forms **279,** R10; possessive adjectives all forms **174,** R10

adónde: 123, R11; see also question words

adverbs: adverbs of frequency—**siempre, sólo cuando, nunca, todavía, todos los días, muchas veces** 145; **una vez, de vez en cuando, todo el tiempo, cada día, a menudo** 151; adverbs of sequence—**primero, después, luego** 84, 361; adverbs of time—**de la mañana, de la tarde, de la noche** 88; **por la mañana, por la tarde, por la noche** 151; **anoche, ayer, la semana pasada** 307

affirmative expressions: **algo** 180, 246, 274, 334, R11; **alguien** R11; **alguno (algún), alguna,** R11; **o ... o** R11; **sí** 32, 85; **siempre** 145, 180, R11; **ya** 52, 85, 217

al: contraction of **a + el** 114, 123, R9; see also prepositions

algo: 180, 246, 274, 334, R11

almorzar: 238, 362, R12; see also verbs

-ando: 299

-ar verbs: regular tense **114,** R11; preterite tense **307, 371,** R13; see also verbs

articles: **el, la** 33, R9; **los, las 83,** R9; **un, una 51, 53,** R9; **unos, unas 53,** R9

calendar expressions: dates **154;** days of the week **124**

commands (imperatives): 90, 92; introduction to informal commands **304**

cómo: 30, 92, 178, R11; see also question words

comparisons: with adjectives using **más ... que, menos ... que, tan ... como 277,** R11; all comparatives, including **tanto/a/os/as ... como** R11

con: 116; see also prepositions

conjunctions: **pero** 32, 217; **y** 217; **o** 148, 277, 279; **porque** 95; subordinating conjunction: **que** 184

conmigo: 116

contigo: 116

contractions: al 114, 123, R9; **del 89**

cuál: 95, 154, 277, 279, R11; see also question words

cuando: 145

cuándo: 84, R11; see also question words

cuánto: agreement with nouns **58,** 174; used as a question word 246, 280; see also question words

dates (calendar): **154**

days of the week: **124**

de: used in showing possession **89;** used with color 178; used with material or pattern **275;** used as a preposition 114, 119; see also prepositions

deber: all present tense forms **184**

definite articles: **el, la** 33, R9; **los, las** 83, R9

del: contraction of **de + el 89**

demonstrative adjectives: all forms **279,** R10

demonstrative pronouns: **ésta** and **éste** 22; see also pronouns

diminutives: 187

direct object pronouns: **lo, la 310,** R10; see also pronouns

doler: with parts of the body **336;** all present tense forms R12

dónde: 28, 30, 118, 271, R11; see also question words

durante: 145; see also prepositions

e → ie stem-changing verbs: **querer, empezar, preferir, tener, venir 209, 362,** R12; **pensar 212,** R12; see also verbs

el: 33, R9; see also definite articles

empezar: 209, 362, R12; see also verbs

en: as "on" 88; as "at" 145; see also prepositions

encantar: 236, R13

-er verbs: regular tense **150,** R11; see also verbs

estar: all present tense forms **118;** to ask how someone is and say how you are 24; to tell where people and things are located **118;** to talk about how things taste, look, or feel 240; contrasted with **ser** 240, 369; **estar** + present participle 299

frequency: adverbs of—**siempre, sólo cuando, nunca, todavía, todos los días, muchas veces** 145; **una vez, de vez en cuando, todo el tiempo, cada día, a menudo** 151

future plans: expressions in the present tense 362

gender of nouns: **33, 51, 53**, R9
giving the date: **154**
gustar: likes and dislikes 32, 95, 113, 148; telling what one would like 367; all present tense forms R13

hacer: all present tense forms (including irregular **yo** form) **180**; **hacer** with weather 156, 157; preterite R13
hay: 57, 174, 235

-iendo: 299
imperatives (commands): 90, 92; introduction to informal commands **304**
indefinite articles: **un, una 51, 53**, R9; **unos, unas 53**, R9
indirect object pronouns: **le, me, te 95, 270; les 149, 270**; with **a** for clarification **149**; all forms **236**, R10; see also pronouns
infinitives: **61, 363**
informal commands: **304**; see also commands
interrogatives (question words): **adónde 123**, R11; **cómo 30**, 92, 178, R11; **cuál 95**, 154, 277, 279, R11; **cuánto 246, 280; cuántos 30, 280**, R11; **dónde 28, 30**, 118, 271, R11; **de dónde 30**, R11; **de qué 178; qué 32**, R11; **quién(es) 146**, R11; **cuándo** R11; **por qué 95**, R11
-ir verbs: regular tense **150**, R11; see also verbs
ir: all present tense forms **123; ir + a +** infinitive 208, **212, 363**; preterite **342, 371**, R13
irregular verbs: R12; see also verbs

jugar: all present tense forms **114**, R12; preterite **340**

la: used as a definite article **33**, R9; used as a pronoun **310**, R10
la, lo: 310, R10; see also pronouns, direct object
las, los: 83, R9; see also definite articles
las, los: R10; see also pronouns, direct object
le, les: le 95, 236, 270, R10; **les 149, 236, 270**, R10; see also pronouns, indirect object
lo: 310, R10; see also pronouns, direct object

más ... que: 277, R11; see also comparisons
me: 95, 236, 270, R10; see also pronouns, indirect object

menos ... que: 277, R11; see also comparisons
muchas veces: 145; see also adverbs of frequency
mucho: agreement with nouns **50**

nada: 145, R11
nadie: 145, R11
necesitar: to express needs 52, 60
negative expressions: **nada 145**, R11; **nadie 145**, R11; **no 32, 145; nunca 145**, R11; **ninguno (ningún, -a)** R11; **ni ... ni** R11
negation: with **nada, nunca,** and **nadie** (use of more than one negative word or expression) **145**, R11
nouns: definition of, masculine and feminine forms, singular forms **33**, R9; plural forms **52**, R9
numbers: **0–10** p. 9; **0–30** pp. 10, 27; **31–199** p. 62; **200–100,000** p. 247
nunca: 145, R11; see also negative expressions or negation

o: 148, 277, 279; see also conjunctions
o → ue stem-changing verbs: **almorzar, poder 238;** clarification **362**, R12; **doler 336**, R12; see also verbs
object pronouns: direct object pronouns **lo, la 310**, R10; indirect object pronouns **le, me, te 95, 270, les 149, 279**; with **a** for clarification **149**; all forms **236**, R10; see also pronouns
objects of prepositions: **mí, ti, él, ella, usted, nosotros/as, ellos, ellas, ustedes**, R10; **conmigo** and **contigo** 116; see also pronouns
otro: all forms **244**

para: as "in order to" 123; as "for" 269; see also prepositions
past (preterite) tense: regular **-ar** verbs all forms **307, 371**, R13; **jugar 340; ir 342, 371**, R13
pensar + infinitive: **212**; see also stem-changing verbs
pero: 32, 217; see also conjunctions
personal **a: 181**
plural nouns: **52**, R9
poder: 238, 362, R12; see also verbs
poner: present tense with irregular **yo** form **185**, R12; see also verbs
por: as "at" 88, 151; as "on" 148; as "in" 151; with pronouns R10; see also prepositions
porque: 95; see also conjunctions
por qué: 95, R11; see also question words
possessive adjectives: **174**, R10
preferir: 209, 362, R12; see also verbs
prepositions: **a 149**, 269, 334; **al:** contraction of **a + el** 119, 123, R9; **antes de, después de** 114; **con, conmigo, contigo** 116; **al lado de, cerca de, debajo de, encima de, lejos de** 119; **del:** contraction of **de + el 89; durante** 145; **en** as "on" 88, as "at" 145; **para** as "in order to" 123, as "for" 269; **por** as "at" 88, 151, as "on" 148, as "in" 151; with pronouns R10
present participle: **299**

ACKNOWLEDGMENTS

For permission to reprint copyrighted material, grateful acknowledgment is made to the following sources:

Banco Central de Cuenca: Excerpts and illustrations from "Calendario de Eventos" from *60 Aniversario de la Fundación del Banco Central de Cuenca, Antiguo Hospital San Vicente de Paul*, June–July 1988.

Cafélibro, Ecuador: Advertisement for "Cafélibro" from the "Caleidoscopio" section from *El Comercio*, September 4, 1993.

Casa de la Cultura Ecuatoriana: Advertisement for "En el Museo de Arte Moderno de la Casa de la Cultura Ecuatoriana" from the "Registro Cultural" section from *El Comercio*, September 6, 1993.

La Choza: Advertisement for "La Choza: El palacio de la comida ecuatoriana" from brochure, *Viajes y entretenimientos guía de establecimientos Diners Club del Ecuador*.

Cines Lumiere: Advertisement for "Cines Lumiere" from *Guía El País*, no. 57, December 27, 1990.

Club de Tenis Las Lomas: Advertisement for "Club de Tenis Las Lomas" from *Guía El País*, no. 57, December 27, 1990.

Colsanitas: Adaptation from "17 Claves para manejar el Estrés" (retitled "7 Claves para manejar el Estrés") from *Bienestar*, no. 9. Copyright © by Colsanitas.

Compañía de Turismo, Estado Libre Asociado de Puerto Rico: Excerpts and symbols from brochure, "Descubre los Paradores de Puerto Rico."

Diario Hoy: Advertisement for "El Cafélibro" from the "Ruta del lector" section from *Hoy*, February 11, 1994.

Editorial Atlántida, S.A.: Front cover from video, *Billiken presenta: Mundo Marino*. Copyright © 1992 by Editorial Atlántida, S.A. Excerpt from "Deportes en el agua" by Alejandra Becco from *Billiken*, no. 3762, February 17, 1992. Copyright © 1992 by Editorial Atlántida, S.A. "El esqueleto" and text from front cover of *Billiken*, no. 3767, March 23, 1992. Copyright © 1992 by Editorial Atlántida, S.A. Spaceship drawing and text from "El transbordador espacial" from *Billiken*, no. 3791, September 7, 1992. Copyright © 1992 by Editorial Atlántida, S.A.

Editorial Televisa: Text from front cover of *GeoMundo*, año XXI, no. 6, 1997. Copyright © 1997 by Editorial Televisa. From "Dile adiós a las tensiones... ¡Con ejercicios!" from the "Consejos" section from *Tú Internacional*, año 11, no. 5, May 1990. Copyright © 1990 by Editorial Televisa. Header and adaptation of excerpts from "línea directa" from *Tú Internacional*, año 13, no. 11, November 1992. Copyright © 1992 by Editorial Televisa. From "La Chica Sandwich" from *Tú Internacional*, año 14, no. 1, January 1993. Copyright © 1993 by Editorial Televisa. Header and adaptation of excerpts from "línea directa" from *Tú Internacional*, año 14, no. 6, June 1993. Copyright © 1993 by Editorial Televisa.

Editorial Televisión, S.A. de C.V.: Excerpts adapted from *Tele*Guía*, año 42, no. 2159, December 25-31, 1993. Copyright © 1993 by Editorial Televisión, S.A. de C.V.

Fortín Salteño: Restaurant receipt from Fortín Salteño.

La Guarida del Coyote: Advertisement for "La Guarida del Coyote" from brochure, *Viajes y entretenimientos guía de establecimientos Diners Club del Ecuador*.

Hotel Tryp María Pita: Advertisement for "Hotel Tryp María Pita."

Instituto Municipal de Deportes, Ayuntamiento de Madrid: Advertisement for "Piscina Municipal Aluche" from the "En Forma" section from *Guía El País*, no. 57, December 27, 1990.

Mango: Photographs, descriptive labels, and prices from *Suplemento Mango*, Summer 1992. Photographs, descriptive labels, and prices from Mango, Winter 1992–1993.

Normandie: Advertisement for "Normandie: Cocina Francesca Clásica" from brochure, *Viajes y entretenimientos guía de establecimientos Diners Club del Ecuador*.

The Quintus Communications Group: Excerpts from "Diez cosas curiosas para hacer en la Pequeña Habana" (retitled "Cinco cosas curiosas para hacer en la Pequeña Habana") from *Miami Mensual*, año 13, no. 3, March 1993. Copyright © 1993 by The Quintus Communications Group.

Rincón la Ronda Restaurante: Advertisement for "Rincón la Ronda Restaurante" from brochure, *Viajes y entretenimientos guía de establecimientos Diners Club del Ecuador*.

San Antonio Convention Center and Visitors Bureau: "San Antonio" design, text and photograph from "1: Rio San Antonio," text and photograph from "16: Las Misiones," text from "San Antonio ofrece generosas porciones de su vida cosmopolita..., añaden su sabor propio," text and photographs from "Festivales," text and photographs from "Restaurantes," and text and photographs from "Compras" from *San Antonio...Guía de visitantes y mapa* by the Oficina de Convenciones y Visitantes de San Antonio.

Scholastic, Inc.: Adapted text, photographs, and illustrations from "¿Cuáles son las vacaciones ideales para ti?" from *¿Qué tal?*, vol. 24, no. 6, April–May 1990. Copyright © 1990 by Scholastic, Inc.

Teatro República: Advertisement for "Teatro República" from the "Deportes" section from *El Comercio*, August 22, 1993.

Credits

PHOTOGRAPHY CREDITS

Abbreviations used: (t) top, (b) bottom, (c) center, (l) left, (r) right, (bkgd) background.

All photographs belong to Holt, Rinehart and Winston by Marty Granger/Edge Video Productions except:

Page ix (br) John Langford/HRW; xii (b) Robert Frerck/Odyssey/Chicago; xvi (b) Sam Dudgeon/HRW; xvii (t) Joe Viesti/Viesti Collection; xix (t) Michael Heron/Corbis Stock Market; xix (b) Comstock; xx (t) Suzanne L. Murphy/DDB Stock; 2 (tl) Univision; (br) Michelle Bridwell/Frontera Fotos; (tr) Christine Galida/HRW; (cl) Digital imagery (c) copyright 2003 PhotoDisc, Inc.; (bl) Christine Galida/HRW; 4 (cr) Christie's Images/SuperStock; (tl) Christie's Image/SuperStock; (cl) SuperStock; (bl) Culver Pictures, Inc.; (br) Laurie Platt Winfrey, Inc.; Sor Juana Inés del la Cruz (detail); oil; Miranda; 1651; University of Mexico City.; (tr) Jonathan Daniel/Allsport; 6 (B, J, CH, D, F, G, L, LL,) Sam Dudgeon/HRW; (A, C, I, K) Digital imagery (c) copyright 2003 PhotoDisc, Inc.; (H) Corbis Images; 7 (M, N, Ñ, P, S, U, V, Z) Sam Dudgeon/HRW (O, RR, T, W) Digital imagery (c) copyright 2003 PhotoDisc, Inc.; (Q) Michael Fogden/Animals, Animals/Earth Scenes; (R) C. Prescott-Allen/Animals, Animals/Earth Scenes; (RR) Digital imagery (c) copyright 2003 PhotoDisc, Inc.; (X) Victoria Smith/HRW; (Y) Corbis Images; 8 (all) EyeWire, Inc.; 9 (all) Michelle Bridwell/Frontera Fotos; 11 (all) Victoria Smith/HRW; 12 (border) Joe Viesti/Viesti Collection, Inc.; 12–13 (all) Dallas & John Heaton/Westlight; 14 (cr) Zygmont Nowak Solins/Tony Stone Images; (tr) Danilo Boschung/Leo de Wys; (l) Steve Vidler/Leo de Wys; 14–15 (c) Latin Focus/HRW; 15 (t) David R. Frazier Photolibrary; (cr) Steve Vidler /Leo de Wys; (br) Mike Busselle/Leo de Wys; 26 (tr) David R. Frazier Photolibrary; 27 (1, 9) Mavournea Hay/Frontera Fotos; (10) Michelle Bridwell/Frontera Fotos; (all others) Sam Dudgeon/HRW; 29 (cr) AP/Wide World Photos/Daniel Maurer; (bl, br) Michelle Bridwell/Frontera Fotos; 34 (tr) John Langford/HRW; (br) Steve Powell/Allsport; (cr, bl) John Langford/HRW; (cl) UPPER DECK and the Upper Deck logo are trademarks of The Upper Deck Company, LLC. (c) 2000 The Upper Deck Company, LLC. All rights reserved. Used with permission.; (cl) SuperStock; 36 (tr) Samivel–Rapho/Gamma Liaison; (br) Billiken, no. 3767, March 23, 1992. Copyright (c) 1992 by Editorial Atlántida, S.A.; 37 (tl) Billiken, no. 3791, September 7, 1992. Copyright (c) 1992 by Editorial Atlántida, S.A.; (b) John Cancalosi/Stock

Boston; 43 (br) Michelle Bridwell/Frontera Fotos; 47 (border) Joe Viesti/Viesti Collection, Inc.; 48 (cr) Sam Dudgeon/HRW; 49 (tl, tr, cr) Sam Dudgeon/HRW; 57 (br) John Langford/HRW; 58 (tr) Michelle Bridwell/Frontera Fotos; 59 (all) Michelle Bridwell/Frontera Fotos; 61 (all) Michelle Bridwell/Frontera Fotos; 64 (tl) Temas de Hoy: Front cover of book, Nutrición y Salud by Francisco Grande Covian. (c) by Temas de Hoy.; (cl) Emecé Editores, S.A.: Front cover from 50 cosas que los niños pueden hacer para salvar la tierra by The Earth Works Group; (br) Editorial de Vecchi, S.A.: Front cover from Guía completa para el adiestramiento del perro by Vittoria Rossi; 65 (cr) Penguin photo by Sergio Fitch; (br) Billiken presenta: Mundo Marino Copyright (c) 1992 by Editorial Atlántida, S.A.; 67 (cr) Scott Van Osdol/HRW; 70 (all) Sam Dudgeon/HRW; 71 (all) Michelle Bridwell/Frontera Fotos; 74 (border) Robert Frerck/Odyssey/Chicago; 74–75 (all) Peter Gridley/FPG International; 75 (tr) Marie Ueda /Leo de Wys; 76 (cr) Chip & Rosa María de la Cueva Peterson; (b) Randy Faris/Westlight; 77 (cl) Jorge Núñez/Latin Focus; (tl) SuperStock; (tr) Randy J. Faris/Westlight; (b) Melinda Berge/Bruce Coleman, Inc.; 85 (a, d, f, h) Sam Dudgeon/HRW; (b, e) Richard Haynes/HRW; (c) Ken Lax/HRW; (g) Richard Haynes/HRW; 86 (tr) Chip & Rosa María de la Cueva Peterson; 91 (r) Michelle Bridwell/Frontera Fotos; 100 (c) Sam Dudgeon/HRW; 101 (tr) Chip & Rosa María de la Cueva Peterson; 106 (cl) John Langford/HRW; (l) Michelle Bridwell/Frontera Fotos; (r) Charles Palek/Animals, Animals/Earth Scenes; (tl) Sam Dudgeon/HRW; (tcl) Richard Haynes/HRW; (tr) Eric Beggs/HRW; 109 (border) Robert Frerck/Odyssey/Chicago; 113 (tl) David Young-Wolff/PhotoEdit; (tr, bl, br) Michelle Bridwell/Frontera Fotos; 115 (tc) Index Stock Photography, Inc.; (cl, cr) Peter Van Steen/HRW; (tl) Robert Frerck/Woodfin Camp & Associates, Inc.; (tr, br) Michelle Bridwell/Frontera Fotos; (bl) Bob Daemmrich Photography; 134 (tr) Sam Dudgeon/HRW; 136 (border) Christine Galida/HRW; 136–137 (all) SuperStock; 138 (cr) Stephen Frink/The Stock Market; (bl) Fritz Polking/Peter Arnold, Inc.; 139 (tl) José Fernández/Woodfin Camp & Associates, Inc.; (br) Tony Arruza/Bruce Coleman, Inc.; (bl) David Phillips/HRW; 140–41 (all) Robert Frerck/Odyssey/Chicago; 147 (b) Universal Press Syndicate; 148 (cr) Michelle Bridwell/Frontera Fotos; (bl) Michelle Bridwell/Frontera Fotos; (bc) Michelle Bridwell/Frontera Fotos; (bc) Michelle Bridwell/Frontera Fotos; (br) Michelle Bridwell/Frontera Fotos; 149 (tl) Mark Richards/PhotoEdit; (all others) Michelle Bridwell/Frontera Fotos; 150 (bl) Stuart Cohen/

Comstock; 151 (tl) D. L. Baldwin/Index Stock; (t, tr, c, cr) Michelle Bridwell/Frontera Fotos; (cl) John Langford/ HRW; 158 (tr) Michelle Bridwell/Frontera Fotos; (cr) Bob Martin/Allsport; 159 (t, cl) Comstock; (bc) Peter Grumann/Image Bank; 160 (c) Sam Dudgeon/HRW; 164 (tl) David Young–Wolff/PhotoEdit; (tr) Susan Van Etten/ PhotoEdit; (cl) SuperStock; (cr) Michelle Bridwell/ Frontera Fotos; 169 (border) Christine Galida/HRW; 173 (tl, tr) Michelle Bridwell/Frontera Fotos; (cl) Index Stock; (br) David Young–Wolff/PhotoEdit; 177 (all) Michelle Bridwell/Frontera Fotos; 178 (bc) John Langford/HRW; 180 (bl, cl) Michelle Bridwell/Frontera Fotos; (cr) HRW Photo; (br) Robert Frerck/Woodfin Camp & Associates, Inc.; 181 (bl) Comstock; 182 (all) Sam Dudgeon/HRW; 184 (all) Michelle Bridwell/Frontera Fotos; 188 (all) Michelle Bridwell/Frontera Fotos; 189 (tl) Michelle Bridwell/Frontera Fotos; (t) Bob Thomason/Tony Stone Images; (cl, bl, br) Michelle Bridwell/Frontera Fotos; 196 (all) Natasha Lane/HRW; 198–199 (all) R. Smith/Leo de Wys; 200 (b) Suzanne L. Murphy/DDB Stock; (tr) Suzanne L. Murphy/DDB Stock; 201 (t) Suzanne L. Murphy/FPG International; (bl) Kevin Schafer/Peter Arnold, Inc.; (cr) The Art Archive/Catholic University Quito Ecuador/Dagli Orti; 202–203 (all) Martha Granger Photography/HRW; 204 (all) Martha Granger Photography/ HRW; 205 (all) Martha Granger Photography/HRW; 207 (c) Comstock; (br) Stuart Cohen/Comstock; 208 (br) David Young Wolff/Tony Stone Images; 213 (bl) David Phillips/Words & Images; (cr) Chip & Rosa María de la Cueva Peterson; 214 (all) Sam Dudgeon/HRW; 217 (tl) David Phillips/HRW; 220 (tl) Metaphoto/HRW; (cr, bl) Digital imagery (c) copyright 2003 PhotoDisc, Inc.; (c) Corbis Images; 221 (tl) Digital imagery (c) copyright 2003 PhotoDisc, Inc.; (tr) EyeWire, Inc., Image Club Graphics (c) 1998 Adobe Systems, Inc.; 224 (c) Michelle Bridwell/ Frontera Fotos; 232 (all) Martha Granger Photography/ HRW; 233 (all) Martha Granger Photography/HRW; 235 (all) Sam Dudgeon/HRW; 236 (all) Sam Dudgeon/HRW; 237 (tl) Corbis Images; (tl, tc) Sam Dudgeon/HRW; (c, cr, cl) Digital imagery (c) copyright 2003 PhotoDisc, Inc.; (tr) Sam Dudgeon/HRW; (tc, r, cl) Corbis Images; 240 (b) Universal Press Syndicate; 242 (cl) Martha Granger Photography/HRW; (cr) Martha Granger Photography/ HRW; 244 (cl) Sam Dudgeon/HRW; 245 (flan) Michelle Bridwell/HRW; (camarones) Michelle Bridwell/HRW; (agua) Sam Dudgeon/HRW; (all others) Digital imagery (c) copyright 2003 PhotoDisc, Inc.; 250 (cr) Sam Dudgeon/HRW; 251 (bl) Sam Dudgeon/HRW; 258

(cl, cr, br) Sam Dudgeon/HRW; (bl) Michelle Bridwell/Frontera Fotos; 260–261(all) Sanford/Richard Stockton; 262 (l) C.H. Chryslin/Tony Stone Images; (tr) Courtesy Texas Highways Magazine; (br) Courtesy Texas Highways Magazine; 263 (bl) Stephanie Maize/HBJ Photo; (tl) Michail Schneps/Image Bank; (cr) Bullaty Lomeo/Image Bank; 264–265 (all) Sam Dudgeon/ HRW; 269 (all) Sam Dudgeon/HRW; 276 (t) Carmen Lomas Garza/Wolfgang Dietze; 278 (cr) Digital imagery (c) copyright 2003 PhotoDisc, Inc.; (bc, br) Sam Dudgeon/HRW; (bl) Corbis Images; 279 (cr) Michelle Bridwell/Frontera Fotos; 282 (tc, bc) Courtesy of Adkins Agency, San Antonio, Texas; 283 (tl, c, bl) Courtesy of Adkins Agency, San Antonio, Texas; 284 (c) Michelle Bridwell/Frontera Fotos; 285 (c) Michelle Bridwell/ Frontera Fotos; 288 (all) Sam Dudgeon/HRW; 289 (tr) Digital imagery (c) copyright 2003 PhotoDisc, Inc.; 292–293 (all) Joe Viesti/Viesti Collection, Inc.; (all others) Sam Dudgeon/HRW; 297 (tl) Christine Galida/HRW; 297 (tcr) Pascuas John Neuauer/PhotoEdit; (br) Bob Daemmrich Photography; (tcl) Steven D. Elmore/The Stock Market; (tr) Chip & Rosa María de la Cueva Peterson; (bl) Bob Daemmrich/Tony Stone Images; (bcl, bcr) Michelle Bridwell/Frontera Fotos; 299 (all) David Phillips/Words & Images; 306 (tc) Ramey/Woodfin Camp & Associates, Inc.; 308 (br) John Feingersch/The Stock Market; 309 (br) Rob Gage/FPG International; 312 (cr) Fundación de Etnomusicología y Folklore; (bl) Jack Messler/DDB Stock; 313 (t) Héctor Méndez Caratini; (b) Joe Viesti/Viesti Collection; 318 (all) David Phillips/ Words & Images; 322 (border) Suzanne Murphy-Larronde; 322–323 (all) Ben Simmons/The Stock Market; 324 (tr) SuperStock; (b) Wolfgang Kaehler Photography; 325 (tl, br) DDB Stock/Suzanne Murphy-Larronde; (cr, c) David R. Frazier Photolibrary; (cl) Ira Block/Image Bank; 337 (c) Comstock; 341 (cr) Josy Sturino/Allsport; (cl) Dave Cannon/Tony Stone Images; 343 (tl, cl) Peter Van Steen/HRW; (tr, cr, tr) Michelle Bridwell/Frontera Fotos; 346 (all) Michelle Bridwell/Frontera Fotos; 347 (cl) Michelle Bridwell/Frontera Fotos; 349 (tl) Michelle Bridwell/Frontera Fotos; 351(bc) Daniel J. Schaefer; 352 (cl) Jim Cummins/FPG International; (br) Richard Martin Vandystadt/Allsport; 356 (border) Suzanne Murphy-Larronde; 356–357 (all) Michael Heron/Corbis Stock Market; 359 (tl) Dan Morrison; 368 (tr) David R. Frazier Photolibrary; 370 (cl) John Heaton/Westlight; (cr) Art Wolfe/AllStock; 379 (bc) FPG International.

ILLUSTRATIONS AND CARTOGRAPHY CREDITS

Abbreviations used : (t) top; (b) bottom; (l) left; (r) right; (c) center.

All art, unless otherwise noted, by Holt, Rinehart & Winston.

FRONT MATTER: Page xxiii, MapQuest.com; xxiv–xxv, MapQuest.com; xxvi, MapQuest.com; xxvii, MapQuest.com; xxviii, MapQuest.com; xxix, MapQuest.com.

PRELIMINARY CHAPTER: Page xxx–1, MapQuest.com; 3, MapQuest.com; 9, Precision Graphics; 10, Precision Graphics.

CHAPTER ONE: Page 12, MapQuest.com; 22, Edson Campos; 25, Edson Campos; 28, Manuel García/Richard Salzman; 32, Edson Campos; 40, MapQuest.com.

CHAPTER TWO: Page 51, Edson Campos; 53, Mauro Mistiano; 54, Edson Campos; 56, Antonio Castro; 72, Eva Vagretti Cockrille.

CHAPTER THREE: Page 74, MapQuest.com; 83, Holly Cooper; 86, Precision Graphics; 92, Holly Copper; 94, Antonio Castro; 95, Holly Cooper; 104, Precision Graphics.

CHAPTER FOUR: Page 111, Eva Vagretti Cockrille; 118, Ignacio Gomez/Carol Chislovsky Design, Inc.; 119, Eva Vagretti Cockrille; 120, Gary Undercuffler; 122, MapQuest.com.

CHAPTER FIVE: Page 136, MapQuest.com; 147, Edson Campos; 152, Edson Campos; 154, Eva Vagretti Cockrille; 155, Edson Campos; 156, Precision Graphics; 165, Precision Graphics.

CHAPTER SIX: Page 175, Reggie Holladay; 179, Meryl Henderson; 185, Ignacio Gomez/Carol Chislovsky Design, Inc.; 186, Fian Arroyo/Dick Washington; 192, Fian Arroyo/Dick Washington; 194, Fian Arroyo/Dick Washington.

CHAPTER SEVEN: Page 198, MapQuest.com; 210, Edson Campos; 212, Reggie Holladay; 215, Meryl Henderson; 218, Edson Campos; 226, Eva Vagretti Cockrille.

CHAPTER EIGHT: Page 241, Fian Arroyo/Dick Washington; 243, Precision Graphics.

CHAPTER NINE: Page 260, MapQuest.com; 271, Eva Vagretti Cockrille; 274, Edson Campos; 276, Fian Arroyo/Dick Washington; 278, Mauro Mistiano; 290 (tc), Precision Graphics; 290 (c), Mauro Mistiano.

CHAPTER TEN: Page 298, Holly Cooper; 302, Ignacio Gomez/Carol Chislovsky Design, Inc.; 305, Fian Arroyo/Dick Washington; 308, Meryl Henderson; 309, Mauro Mistiano; 303, Fian Arrayo/Dick Washington; 317, Meryl Henderson; 320, Meryl Henderson.

CHAPTER ELEVEN: Page 322, MapQuest.com; 331, Fian Arroyo/Dick Washington; 332, Edson Campos; 334, Bob McMahon; 335, Fian Arroyo/Dick Washington; 336, Edson Campos; 340, Edson Campos; 342, Ignacio Gomez/Carol Chislovsky Design, Inc.; 352, Fian Arroyo/Dick Washington; 354, Meryl Henderson.

CHAPTER TWELVE: Page 361, José Luis Briseño; 363, Ignacio Gomez/Carol Chislovsky Design, Inc.; 364, Ignacio Gomez/Carol Chislovsky Design, Inc.; 366, Holly Cooper; 371, Ignacio Gomez/Carol Chislovsky Design, Inc.; 374–375, Holly Cooper; 376, Edson Campos; 380, Bob McMahon; 382, Meryl Henderson.

welcome x